INSTRUMENTS
INTERPRÈTES
ET
ORCHESTRES

© 1990-1982
LE LIVRE DE PARIS-HACHETTE
et SALVAT SAE

Avec la collaboration des disques Philips
et Deutsche Grammophon

Dépôt légal : 1er trimestre 1990

ISBN : 2-245-02453-2 (collection)
ISBN : 2-245-02459-1 (vol. 6)

N° d'éditeur : 7909

Achevé d'imprimé en décembre 1989
par Graphicas Estella S.A. - Espagne

Sommaire

INTRODUCTION

La musique joue un rôle essentiel dans l'histoire de la culture. Faut-il la considérer comme un art (capable de nous faire vibrer d'émotion), ou comme une science (que nous devons soumettre à une minutieuse analyse intellectuelle), voilà un point sur lequel les spécialistes ne se sont pas encore mis d'accord. Il est très possible qu'elle participe de ces deux aspects et que, au fond, la science pure ne soit qu'une forme d'art, et l'art une forme de science.

Quelle que soit l'attitude que l'on adopte envers elle, cette question de base de la culture musicale va plus loin que notre connaissance sur les différentes productions musicales et ceux qui les composent. Pour que notre appréciation musicale soit la plus complète possible, il est nécessaire de connaître à fond le monde complexe de la musique, qui englobe des aspects aussi variés que les instruments de musique, l'instrumentation et l'orchestration, l'orchestre lui-même, la voix humaine, les diverses formes musicales... Savons-nous toujours, quand nous écoutons un orchestre, quels sont les instruments qui le composent? Avons-nous une idée exacte de la façon dont ils se groupent, de l'époque à laquelle ils sont apparus, de ceux qui les ont perfectionnés ou du rôle qu'ils jouent dans l'ensemble orchestral? Connaissons-nous réellement les possibilités de la voix humaine, cette merveille capable d'exprimer les sentiments les plus divers? Sommes-nous bien sûrs de savoir ce que sont une symphonie, une cantate ou un lied?

Mais en plus de son aspect culturel, la musique comporte aussi de nombreuses implications sociologiques. Cet ouvrage ne serait pas complet si le lecteur ne pouvait disposer d'informations sur ce que nous pourrions appeler «l'environnement musical»: les plus célèbres interprètes, les caractéristiques de l'édition discographique, l'éducation musicale, les principales salles de concert du monde, l'univers compliqué des festivals internationaux de musique... Tous ces thèmes, ainsi que de nombreux autres, seront évoqués et développés dans les pages qui suivent.

Les instruments de musique

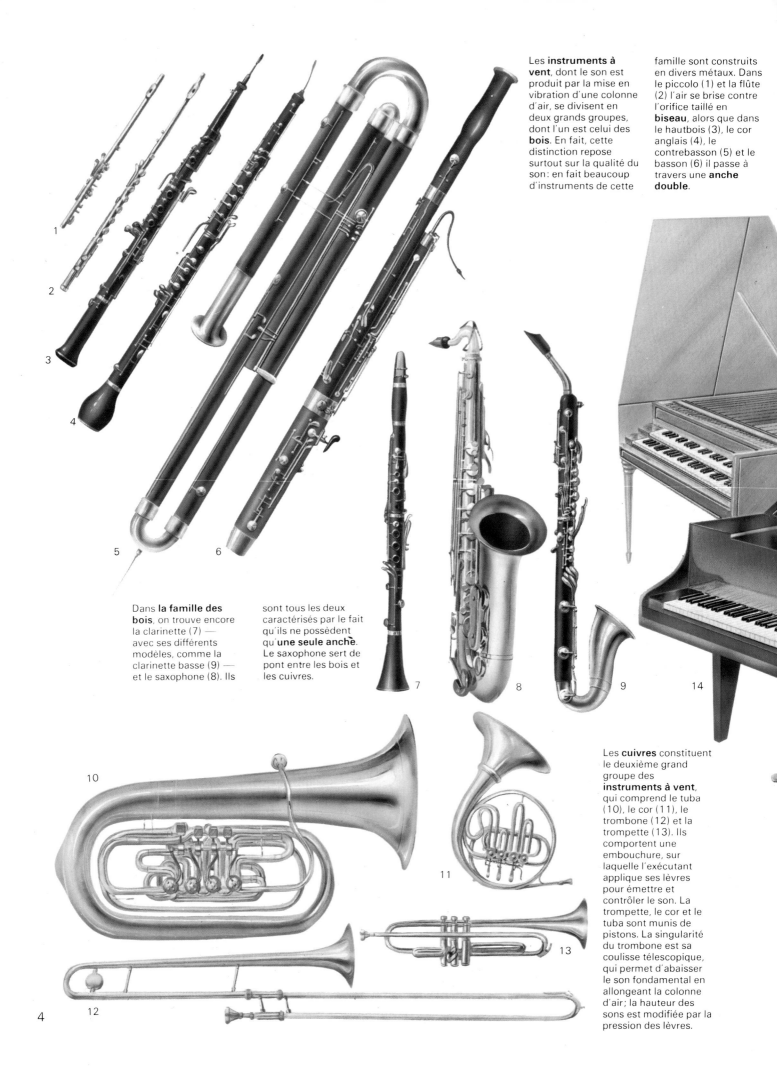

Les **instruments à vent**, dont le son est produit par la mise en vibration d'une colonne d'air, se divisent en deux grands groupes, dont l'un est celui des **bois**. En fait, cette distinction repose surtout sur la qualité du son: en fait beaucoup d'instruments de cette famille sont construits en divers métaux. Dans le piccolo (1) et la flûte (2) l'air se brise contre l'orifice taillé en **biseau**, alors que dans le hautbois (3), le cor anglais (4), le contrebasson (5) et le basson (6) il passe à travers une **anche double**.

Dans **la famille des bois**, on trouve encore la clarinette (7) — avec ses différents modèles, comme la clarinette basse (9) — et le saxophone (8). Ils sont tous les deux caractérisés par le fait qu'ils ne possèdent qu'**une seule anche**. Le saxophone sert de pont entre les bois et les cuivres.

Les **cuivres** constituent le deuxième grand groupe des **instruments à vent**, qui comprend le tuba (10), le cor (11), le trombone (12) et la trompette (13). Ils comportent une embouchure, sur laquelle l'exécutant applique ses lèvres pour émettre et contrôler le son. La trompette, le cor et le tuba sont munis de pistons. La singularité du trombone est sa coulisse télescopique, qui permet d'abaisser le son fondamental en allongeant la colonne d'air; la hauteur des sons est modifiée par la pression des lèvres.

4

Les instruments de musique

Reproduction d'une double page de la section
Instruments, interprètes et orchestres

L'**instrument à clavier** qui joue le rôle le plus important dans l'orchestre moderne est le piano (14) ; ses multiples possibilités permettent d'en jouer comme instrument soliste ou accompagnateur. Ses cordes vibrent lorsqu'elles sont **frappées** par un marteau recouvert de feutre. Le clavecin (15) se différencie du piano principalement en ce que ses cordes ne sont pas frappées, mais **pincées** par un bec de plume.

Les **instruments de percussion**, qui forment une famille étendue et variée, produisent leur son en étant frappés par l'exécutant. Certains d'entre eux ne possèdent pas une hauteur sonore bien définie ; on les emploie seulement occasionnellement, pour renforcer d'autres sons. Dans ce premier groupe d'instruments à percussion se rangent le tambour (16), le tambourin (17), les cymbales (18), le gong (19), le triangle (20) et la grosse caisse (21). Les **instruments de percussion à hauteur sonore définie**, comme les cloches (22), la célesta (23), le xylophone (24), le glockenspiel (25) et les timbales (26), sont employés plus fréquemment ; seules les timbales font partie de l'orchestre moderne de façon permanente.

La harpe est un **instrument à cordes pincées**. Ses cordes vibrent en étant effleurées par les doigts des deux mains.

Les **instruments à cordes frottées** constituent le noyau central de l'orchestre. Les membres les plus importants de cette famille d'instruments sont la contrebasse (28), le violoncelle (29), l'alto (30) et le violon (31). Leur son est obtenu par vibration de leurs cordes tendues et frottées par un archet.

Origine des instruments à archet

Le violon

Les instruments à archet ont joué un rôle très important dans l'évolution de la musique instrumentale européenne. Vers la fin du XIVe siècle, la musique était avant tout vocale; les instruments servaient donc seulement à l'accompagnement. Cependant, à partir du XVe siècle, on commença à les employer de façon plus libre et plus autonome et les avantages qui en découlèrent contribuèrent à généraliser leur utilisation. Quand on découvrit qu'il était possible de transcrire pour des instruments les compositions destinées à être chantées, la musique entra alors dans son ère instrumentale. Rapidement, il apparut très clairement que les instruments à archet étaient ceux dont la sonorité se rapprochait le plus de la voix humaine. Cette convergence permit de faire un usage privilégié de ce type d'instruments, car ils n'entraînaient pas une rupture trop brutale avec les conceptions spécifiquement vocales de la musique ancienne.

Tous les instruments à cordes dérivent d'un ancêtre préhistorique de conception très simple: *l'arc musical*,

Ci-dessus: viole de gambe fabriquée à Bridenell en 1592 par John Rose. A gauche, peinture catalane du XVe siècle représentant des anges jouant d'instruments à cordes.

Ci-contre: viole d'amour, construite par Gasparo de Salo (1540-1609), maître-luthier de Brescia.

qui consistait en une baguette de bois tendue par une corde reliée à ses deux extrémités, auxquelles était adjointe une caisse de résonance: calebasse, coquille, os, bambou, ou simplement la cavité buccale de l'exécutant. C'est de cet instrument primitif que dérivent la harpe, la lyre et la cithare d'une part, et la guitare et le luth d'autre part. Ils reçurent le nom d'instruments à cordes pincées, car on ne peut en jouer qu'avec les doigts ou à l'aide d'un plectre. L'apparition de l'archet, qui consistait d'abord en une simple tige, permit de distinguer ces instruments à *cordes pincées* des instruments à cordes frottées (vièle, viole), plus communément appelés instruments à archet et qui furent utilisés d'abord verticalement, reposant au sol ou sur les genoux (viole de gambe). Ceux-ci, dans leur forme primitive, peuvent se décomposer en deux types principaux: ceux dont on allongea la caisse de résonance pour les pourvoir d'un manche (futurs instruments de la famille du violon), et ceux auxquels on appliqua purement et simplement un manche de longueur adéquate.

Les instruments à archet apparurent au IXe siècle de notre ère, comme on l'observe sur divers documents iconographiques. Ils étaient alors de deux types. Les uns possédaient une caisse piriforme qui se rétrécissait dans sa partie supérieure pour former le manche. Celui-ci se terminait par un chevillier en forme de triangle ouvert en son centre. Les chevilles s'y inséraient latéralement de l'extérieur vers l'intérieur. L'extrémité du manche était sculptée en forme de volute, de tête ou de tout autre motif ornemental. Le couvercle supérieur était de forme plane et comportait deux échancrures en croissant finement ciselées. Ce groupe d'instruments comprenait notamment le rebec, qui dérive du rabâb (instrument arabe), et la gigue (sorte de vièle à archet). L'autre groupe était composé d'instruments à la caisse généralement ovale, dont la table était légèrement bombée et le fond souvent plat. Leur manche rajouté se terminait par un chevillier également plat. Ils possédaient parfois une corde bourdon. Les plus connus de ces instruments sont la rotte et la vièle.

La vièle à archet prit un avantage sur la rotte à partir du Xe siècle. Sa forme était quelque peu rétrécie en son milieu, imitant en cela la guitare, déjà introduite en Occident. Les cordes n'étaient fixées que par une simple pièce de bois sur la partie inférieure. Seuls certains modèles étaient pourvus d'un chevalet. Cet instrument ne possédait à l'origine qu'une ou deux cordes mais ce nombre augmenta peu à peu pour s'établir à cinq. Avec l'évolution de la lutherie et les exigences du contexte musical, la vièle à archet allait connaître un développement important. Le rétrécissement central de sa caisse se fit de plus en plus prononcé; la pièce de bois qui maintenait les cordes fut remplacée par un cordier triangulaire, et on généralisa l'usage du chevalet. Dans un souci de précision et de solidité, on perfectionna le système de fixation du manche à la caisse de résonance. De cette évolution de la vièle à cinq cordes naquirent les familles d'instruments qui allaient dominer la musique de la Renaissance: les violes et les liras.

La viole de gambe apparut à la fin du XVe siècle. Sa forme, à l'origine très variée, se stabilisa définitivement au cours de la seconde moitié du siècle suivant: table bombée, ouïes en forme de demi-circonférence, éclisses assez hautes et fond plat. En outre, le manche était d'assez grande dimension et se terminait par un chevillier triangulaire orné d'un motif sculpté. L'originalité de ce manche était d'être divisé en «frettes» ou sillets, comme la guitare ou le luth. Le chevalet était situé assez bas. Cet instrument possédait jusqu'à six cordes (exceptionnellement sept), accordées de la façon suivante: quarte, quarte, tierce majeure, quarte, quarte. Leur sonorité est plus raffinée que celle des cordes du violon. La famille des violes de gambe comprenait six modèles: le

Vase perse du Xe siècle (Musée d'anthropologie de Munich).

pardessus de viole (dont la corde la plus grave (sol) correspond à celle du violon), le dessus de viole, la viole alto, la viole ténor, la basse de viole, la contrebasse de viole (ou *violone*). On utilisait les plus petites violes en les posant verticalement sur les genoux; les plus grandes, en revanche, étaient placées entre les genoux. C'est d'ailleurs cette position particulière qui leur valut le nom de viole *de gambe* (*gamba*: jambe).

D'autres instruments ont été assimilés à cette famille. C'est le cas de la viole d'amour, instrument «da braccio» (de bras), qui était placé sous le menton et dont la tessiture est celle de la viole alto. Elle était pourvue de six ou sept cordes principales et de quelques cordes sympathiques (qui vibraient seulement par résonance). Citons également la *viola bastarda*, qui était la basse de la viole d'amour

et possédait aussi, selon les modèles, des cordes sympathiques.

La lira est un instrument typique de la Haute-Renaissance italienne. Par sa forme, elle est plus directement l'ancêtre du violon que ne l'est la viole de gambe. Son chevillier était pourtant plat et les chevilles s'y inséraient de haut en bas. A l'origine, ses ouïes étaient en forme de C mais elles prirent par la suite la forme de S barré du futur violon. La famille de la lira comprenait: la lira «da braccio», à six ou sept cordes: la lira «da gamba» ou «lirone», dont le nombre de cordes variait entre onze et quinze; l'archiviola,

ou *accordo*, pouvait être muni d'un nombre encore supérieur de cordes. Tous ces instruments étaient pourvus de cordes sympathiques.

La viole de bras, dérivée de la lira «da braccio» était de taille plus petite que celle-ci. Elle s'apparentait encore à la viole de gambe, et les premiers membres de la famille du violon ont pris le nom de viole de bras. Cependant, elle était pourvue d'éclisses plus basses; son manche, plus court, était incliné en arrière et, ne comportait pas de frettes. Les ouïes de la table avaient une forme de «f» et l'instrument possédait quatre cordes, accordées par quinte. Sa famille se composait de trois modèles: soprano (accordé comme l'alto moderne), ténor et basse.

C'est de la combinaison de certains éléments de la lira et de la viola «da braccio» que naquit le violon.

7

LE VIOLON

Il est probable que le violon apparut dans la région de Milan entre 1520 et 1550. Deux modèles de l'époque sont parvenus jusqu'à nous. Ce sont deux violons à trois cordes, construits en 1542 et 1546 par Andrea Amati, de Crémone. C'est d'ailleurs à ce luthier que l'on doit le premier violon à quatre cordes, daté de 1555. Il reçut, vers 1560, une importante commande de la part du roi de France Charles IX, qui désirait obtenir 24 violons, 6 altos et 8 violoncelles. Cela semble indiquer qu'Amati (v. 1520-v. 1578) fut, sinon l'inventeur, du moins le premier grand constructeur renommé de violons.

Le violon est certainement le plus fascinant des instruments de musique. Il est en tout cas un de ceux qui

A droite: violon fabriqué en 1687 par Domenico Galli. Ci-dessous: peinture de Pietro Falca Longhi (1702-85) intitulée Le concert *(Galerie de l'Académie de Vienne).*

ont été les plus étudiés et qui ont soulevé le plus de légendes (secrets de fabrication des vernis). La beauté de sa forme, la sobriété de sa conception et la pureté de ses sons ont contribué à le faire reconnaître universellement comme l'instrument symbole de la perfection. En outre, sa fabrication exige tant de métier et un si grand amour de la musique (artisan et artiste étant confondus, selon l'étymologie), que certains, parmi les plus grands luthiers, ont accédé à une renommée immortelle. Aux XIVe et XVe siècles, les ateliers de fabricants de luth (dont l'ancêtre est l'instrument persan et arabe connu sous le nom d'*ûd*) se sont multipliés en Europe. Mais ces artisans se consacraient également à la construction d'autres instruments à archet; c'est pourquoi, depuis cette époque, on désigne par le terme *luthier* tout fabricant d'instruments à cordes.

Les principales écoles de lutherie furent surtout italiennes, comme celle de Brescia ou de Cremone. Ce furent elles, en effet, qui produisirent les pièces les plus réputées. Leurs instruments étaient d'une telle perfection qu'ils étaient considérés, de leur temps déjà, comme de véritables œuvres d'art.

L'école de Brescia fut constituée entre la fin du XVe et le début du XVIe siècle. Ses plus éminents représentants étaient Gasparo da Salo (1540-1609) et son élève Giovanni Paolo Maggini (1579-v. 1630).

L'école de Cremone fut créée par Andrea Amati et ses fils Girolamo (1551-1635) et Antonio (1550-1638). Le fils de Girolamo, Nicolo (1596-1684), fut le plus grand constructeur de la famille et forma de nombreux disciples qui allaient par la suite devenir très célèbres: son fils Girolamo II (1649-1740), Andrea Guarneri (v. 1626-1698), Francesco et Giovanni Battista Ruggieri, Angelo et Giovanni Grancino, enfin, et surtout Antonio Stradivari (v. 1644-1737). Ce dernier devint le plus illustre luthier de tout les temps, suivi de peu par son contemporain et compatriote Giuseppe Guarneri del Gesu (1698-1744).

L'école de Cremone connut encore de grands luthiers dans la génération suivante comme: Carlo Bergonzi (1683-v. 1747), Lorenzo Storioni et son disciple Giovanni Battista Cerutti (v. 1750-v. 1817) et Lorenzo Guadagnini (v. 1695-v. 1745).

Le plus grand d'entre eux fut peut-être le fils de ce dernier, Giambattista Guadagnini (1711-1786).

Outre Brescia et Cremone, l'Italie connut plusieurs autres grands centres de lutherie: Venise, avec Domenico Montagnana (né en 1690), Santo' Serafino, Pietro Guarneri II (1695-1762), Milan, avec Giovanni Grancino, Carlo Ferdinando Landolfi (né en 1714), et la famille Testore, dont Carlo Giuseppe (1660-1737) fut le premier représentant; enfin Naples, avec la famille Gagliano dont le fondateur, Alessandro (1660-1728), avait été l'élève de Stradivari.

A partir de la seconde moitié du XVIIIᵉ siècle, la lutherie italienne déclina progressivement. La facture des instruments était nettement de moins bonne qualité. De plus le vernis classique fut remplacé par d'autres liquides à séchage plus rapide. Cette décadence est marquée par le déclin de l'invention (recherche des formes nouvelles), et par le goût de la copie en grande série des instruments des luthiers les plus prestigieux. Cette pratique eut des conséquences graves, et donna lieu notamment à des falsifications.

Toutefois, le XIXᵉ siècle marqua la renaissance de la lutherie italienne. Elle connut un nouvel essor à travers certains noms prestigieux comme Gian Francesco Pressenda (1777-1854) et Giuseppe Rocca (1807-1868). Les pièces de ces deux grands maîtres sont aujourd'hui très recherchées et souvent plagiées.

A la fin du XIXᵉ siècle et au début du XXᵉ de nombreux autres constructeurs italiens se distinguèrent: Andrea Postacchini, Vincenzo Postiglione, Giuseppe Scarampella et Eugenio Degani.

Caractéristiques fondamentales

Accordage: les quatre cordes de violon sont accordées par quinte juste de la manière suivante:

1ʳᵉ corde
2ᵉ corde
3ᵉ corde
4ᵉ corde

Etendue: ses limites, de la note la plus grave à la note la plus aiguë, sont les suivantes:

Cependant, la limite supérieure dans

Faces ventrale et dorsale d'un violon. G. Rocca, 1858.

un orchestre symphonique ne dépasse généralement pas le:

Timbre: le violon, comme les autres instruments à archet, se prête volontiers à l'expression lyrique. Ses quatre cordes ont des caractéristiques très particulières qui lui permettent les nuances les plus diverses et lui confèrent une qualité de son d'une grande pureté. La première corde (dite «chanterelle», *mi*, est claire, brillante et ses notes les plus hautes ont un côté un peu surnaturel; la seconde, *la*, est plus suave et, si l'on ose dire, «veloutée»; la troisième, *ré*, est douce et noble; la quatrième, *sol*, est sobre.

Possibilités techniques: La technique de cet instrument a beaucoup évolué avec les siècles. Sa maîtrise à la fin du XIXᵉ siècle a été le fait des célèbres écoles franco-belge et austro-russe, dont les chefs de file étaient respectivement Eugène Ysaye (1858-1931) et Léopold Auer (1845-1930), dont les élèves sont de grands virtuoses.

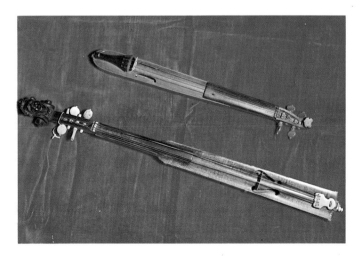

Pochettes du XVIIᵉ siècle.

Construction du violon

La construction du violon et des autres instruments de sa famille — alto, violoncelle et contrebasse — demande énormément d'habileté, de minutie et exige une grande patience.

La fabrication d'un seul instrument nécessite environ 70 pièces de bois (entre l'armature et les accessoires). Ses éléments principaux sont la caisse de résonance et le manche, qui constituent l'armature et comptent à eux seuls 52 pièces. Les éléments accessoires sont: le chevalet, l'âme, les chevilles, le cordier, la mentonnière et les cordes.

La *caisse de résonance* est composée de deux faces: la face supérieure ou *table* harmonique qui est en sapin, et la face dorsale ou *fond* qui est en érable. Elles sont reliées entre elles par des *éclisses* en érable qui font le tour de la caisse.

La table harmonique est formée en général de deux pièces de bois qui sont reliées dans le sens longitudinal. Le fond, pour sa part, est formé selon les cas de deux ou d'une seule pièce. Il se termine, en son extrémité supérieure, par une petite plaque en demicercle qui sert à fixer le manche. La table supérieure est percée de deux ouïes en forme de «f» barré; leur coupe permet souvent d'identifier le style du constructeur. Les deux faces sont ornées de filets de marqueteries sur tout leur pourtour, à quelques millimètres du bord qu'ils renforcent. Les éclisses forment deux courbes supérieures, deux courbes inférieures et deux courbes centrales. Ces dernières, en forme de «C», rétrécissent la caisse en son milieu de façon plus prononcée que celles de la viole de gambe et avec des angles plus saillants. L'intérieur de la caisse est renforcé par plusieurs pièces: les *contres-éclisses* (en sapin); les *coins* triangulaires (en sapin) collés dans les angles formés par le rétrécissement central des éclisses; les *tasseaux* (en sapin), deux autres pièces de bois collées, l'une à la base du manche, l'autre à la partie opposée; enfin, une *barre* harmonique (en sapin), formée

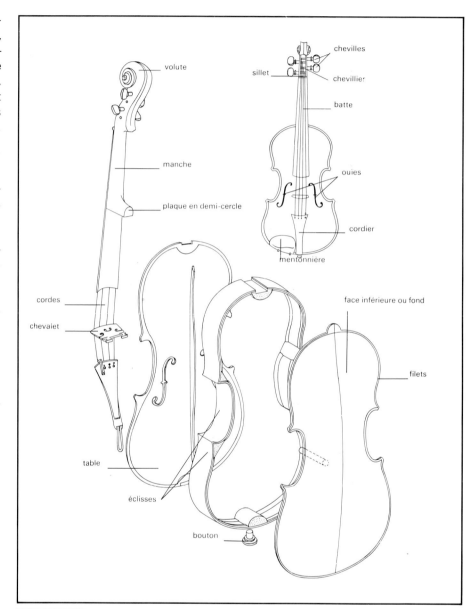

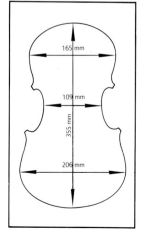

Ci-dessus, croquis détaillé de la forme actuelle du violon ainsi que les différentes parties qui composent la caisse de résonance et le manche.

A gauche, schéma de la caisse d'un violon, qui en indique les dimensions courantes.

par une longue tige de bois.

Le *manche* du violon est composé d'une seule pièce d'érable terminée par un chevillier lui-même orné d'une volute qui permet, comme les ouïes, d'identifier parfois le constructeur. Dans des violons plus anciens, cette volute était parfois remplacée par un autre motif ornemental; ainsi, l'école tyrolienne signait souvent chaque pièce par une tête de lion. Le manche est pourvu d'une pièce en ébène collée, laquelle est séparée du chevillier par le *sillet* (en ébène ou en ivoire), sur lequel les cordes sont tendues.

Le *chevalet* est une petite pièce de bois mobile en pin ou en érable, non vernie, qui repose sur la table supérieure au moyen de deux pieds. Il est placé approximativement sur l'axe central de la table. Sa fonction est de servir de support aux cordes. Autrefois, on le taillait selon des figures différentes et somme toute capricieuses; actuellement, son modèle est plus ou moins établi, bien que sa hauteur et son épaisseur varient et qu'il doive être adapté aux caractéristiques de chaque instrument.

L'*âme* est une petite baguette cylindrique en sapin qui est placée par pression à l'intérieur de l'instrument, presque sous le pied droit du chevalet. Sa fonction est de transmettre le phénomène vibratoire. L'âme, la barre et le chevalet doivent être minutieusement positionnés les uns par rapport aux autres pour obtenir une parfaite plénitude des qualités acoustiques.

Les *chevilles*, au nombre de quatre, s'insèrent latéralement dans le chevillier; elles peuvent être en ébène ou en palissandre. Elles servent à enrouler les cordes, et permettent d'en régler la tension pour accorder l'instrument.

Le *cordier* est une pièce d'ébène sur laquelle on fixe l'extrémité inférieure des cordes; sa forme est plus ou moins triangulaire et sa pointe est solidaire de l'éclisse inférieure grâce à un *bouton* en ébène.

La *mentonnière* est une plaquette en bois (actuellement on en trouve aussi en matière plastique), qui fut introduite au XIXe siècle par le violoniste Louis Spohr. Elle est fixée dans la partie inférieure de la caisse, à gauche du cordier; elle sert à mieux maintenir l'instrument contre le menton de l'exécutant.

Les *cordes* sont au nombre de quatre et accordées par quintes. Autrefois, les trois premières étaient en boyau et la dernière en boyau recouvert de cuivre. Actuellement, la première est en acier; les trois autres sont en boyau recouvert d'aluminium. On fabrique également ces trois cordes en métal filé.

Phases de fabrication

Le premier travail d'un fabricant d'instruments à archet consiste à choisir le bois. En effet, les qualités acoustiques d'un instrument dépendent en grande partie de la qualité du bois employé, surtout pour la table harmonique. Il est très important que le bois ait suffisamment vieilli et que son séchage ait bien été mené à terme par des procédés naturels.

Bien que cela puisse paraître étrange, la première phase de construction concerne les *éclisses,* les *contre-éclisses*, les *coins*, les *tasseaux*, c'est-à-dire le pourtour de l'instrument. La seconde phase concerne le *fond* de la caisse: une fois taillé, on le façonne au moyen d'une gouge jusqu'à ce qu'il atteigne l'épaisseur désirée, plus importante au centre que sur les bords. Ce n'est qu'ensuite que l'on procède à la construction de la *table harmonique*; sa technique de taille est analogue à celle du *fond*; elle se termine par la perce des *ouïes* et le positionnement de la *barre d'harmonie* (ou chaîne).

Une fois terminées, les différentes pièces de la caisse de résonance sont assemblées et collées. On colle ensuite les *filets* et on assure la finition des bords au moyen d'une lime spéciale. La dernière phase du travail concerne le *manche*; taillé d'une seule pièce d'érable, il est sculpté avec beaucoup de soin et de finesse, puis fixé à la caisse déjà terminée. Il ne reste plus qu'une seule opération, mais elle est d'une importance primordiale: le *vernissage*.

Le *vernis* est un des éléments du violon qui a fait le plus parler de lui. Quelques experts lui attribuent toute la beauté du son des instruments des maîtres anciens; ils avancent en effet que si le son a aujourd'hui baissé de qualité, c'est à cause des nouvelles techniques de vernissage, qui constituent la seule différence de fabrication avec les méthodes du passé. Quant aux fameuses formules des maîtres des XVIIe et XVIIIe siècles, soit-disant perdues pour toujours et qui ont suscité tant de spéculations, il semble qu'elles ne furent pas aussi secrètes qu'on l'a prétendu. Selon Ferdinando Sacconi, illustre constructeur et chercheur contemporain, le vernis employé en lutherie était plus ou moins le même que celui dont usaient les artisans ébénistes de l'époque pour les meubles marquetés. Il s'agissait d'un vernis assez résistant pour offrir une protection efficace, suffisamment transparent pour ne pas cacher la beauté naturelle du bois et suffisamment souple pour ne pas empêcher une bonne vibration. A partir de la fin du XVIIIe siècle, avec l'augmentation de la demande en instruments, les luthiers commencèrent à employer des vernis à base d'alcool.

Une description, même sommaire, de la construction du violon ne serait pas complète si on ne parlait pas de la «signature» qui, dès le XVIe siècle, est apparue constamment dans les instruments. Cette griffe est une petite bande de papier encollée dans le *fond*, sous l'*ouïe* droite, sur laquelle étaient mentionnés le nom du constructeur ainsi que le lieu et l'année de fabrication. Quelques griffes portent aussi le nom du maître du constructeur et l'atelier auquel il appartenait. Il est arrivé aussi que les luthiers gravaient quelque part sur l'instrument leurs initiales ou tout autre signe de reconnaissance. Sur les griffes les plus anciennes, le nom est en général latinisé (ainsi, Stradivari, s'écrivait Stradivarius) de même, parfois, que l'ensemble du texte. On trouve, par ailleurs, toutes sortes de signatures: manuscrites, imprimées, gravées et même, au XIXe siècle, lithographiées.

Les différentes parties d'un violon dans un atelier de construction.

La famille du violon

Comme les autres instruments à archet, le violon donna lui aussi naissance à une famille instrumentale. Les éléments les plus connus de cette famille sont ceux qui composent habituellement avec le violon, la section des cordes ou «quatuor», de l'orchestre: à savoir l'alto, le violoncelle et la contrebasse.

Cette famille comporta également d'autres modèles, désormais hors d'usage: le violon *piccolo* ou *alla francese*, de format réduit et accordé une quarte au-dessus du violon normal, et qui disparut au XVIIIe siècle; la *pochette*, un instrument de «poche», employé par les maîtres à danser, et qui s'accordait à l'octave supérieure du violon. Sa forme était celle d'un petit violon à caisse étroite et allongée, dont la table était souvent richement décorée; enfin, la *viole ténor*, de taille supérieure à l'alto, et accordée une quinte ou une quarte plus bas que celui-ci. Cet instrument tomba en désuétude à la fin du XVIIIe siècle.

L'alto. Mis à part sa plus grande taille, l'alto est identique au violon, quant à sa structure et à son processus de fabrication. Il existe, cependant, entre eux une différence importante. Tandis que pour le violon on détermina très vite un format standard (avec des variantes insignifiantes), les mesures types de l'alto n'ont jamais été fixées définitivement. Aujourd'hui encore, on en fabrique de diverses tailles: ainsi la longueur de la caisse de résonance varie souvent entre 40 et 43 cm.

A l'époque baroque, on utilisait deux types d'alto: l'alto proprement dit et la viole ténor, déjà mentionnée. Durant un certain temps, il semble que le quatuor à cordes ait été formé d'un *violon*, d'un *alto*, d'une *viole ténor* et d'un *violoncelle*. Comme nous l'avons vu, la viole ténor disparut à la fin du XVIIIe siècle. Il est, à ce sujet, très intéressant de visiter le Conservatoire de Florence, car on y trouve conservée une viole ténor construite par Stradivari en 1690, pour le grand-duc de Toscane, Côme III de Médicis. La longueur totale de cette viole est de 78 cm et sa caisse de 47,9 cm. Toutes ses pièces sont originales et sa sonorité est merveilleuse, surtout dans le registre grave.

A partir du XIXe siècle, l'alto a été l'objet de beaucoup d'études et de polémiques en vue d'améliorer au maximum sa sonorité et d'établir son format idéal.

Jean-Baptiste Vuillaume crut avoir trouvé la solution, en construisant un alto de longueur ordinaire, mais beaucoup plus large. Cet instrument possédait une sonorité pleine et marquée, mais il était difficile à manier et sa silhouette était si grotesque qu'il faisait rire.

D'autres tentatives en restèrent malheureusement au stade expérimental: le *violon ténor* de B. Dubois, la *haute-viole* de H. Ritter, le *contre-violon* de V. Zordi, la *violetta* de A. Stelzner et la *viole nova* de Hiller. En revanche, l'alto construit par le luthier Sprenger eut un certain succès; il était de longueur moyenne, mais plus large dans sa partie inférieure; en outre, sa table supérieure était très bombée. Cet instrument, qu'Hindemith appréciait pour sa puissante sonorité, fut perfectionné et utilisé avec de bons résultats.

Caractéristiques fondamentales

Accordage: l'alto s'accorde par quintes, comme le violon, et de la manière suivante:

1re corde
2e corde
3e corde
4e corde

Etendue: les limites, entre la note la plus grave et la plus aiguë, se fixent ainsi:

L'alto est noté en clef d'ut en troisième ligne et, dans le registre aigu, en clef de sol.

Timbre: L'alto a un timbre plus intime que le violon. En raison de sa tessiture intermédiaire, il ne permet pas d'obtenir des sons très brillants, mais il possède en revanche une douceur mélancolique sans égale. Son timbre est plus intense dans le grave et plus voilé dans le médium.

La contrebasse est l'instrument le plus grave et qui a la plus grande taille parmi ceux qui composent la famille des cordes.

Bien que l'alto ressemble beaucoup au violon, sa ligne est moins gracile.

Possibilités techniques: les mêmes que celles du violon, puisque sa technique est identique; celle-ci est cependant moins souple en raison des plus grandes dimensions de l'instrument.

Le violoncelle. Cet instrument, qui représente la basse de la famille du violon, est apparu peu après celui-ci, vers 1560. En effet, les basses de viole à bras, construites par les Amati, Gasparo da Salo et Maggini au cours des dernières décennies du XVIe siècle, sont de véritables violoncelles, dont la forme, dérivée du violon, les distingue des basses des autres instruments à archet.

Caractéristiques fondamentales

Accord: l'accord du violoncelle s'effectue également par quintes, comme ceci:

Etendue: son étendue, de la note la plus grave à la plus aiguë, est celle-ci:

Le violoncelle est noté en clef de *fa* sur la quatrième ligne (notes basses), en clef d'*ut* sur la quatrième ligne (notes intermédiaires) et en clef de *sol* (notes aiguës).

Timbre: le violoncelle, comme le violon, possède un timbre très défini. Son registre moyen, bien qu'il soit moins sonore, fait preuve d'un lyrisme personnel plein de poésie; le registre aigu est singulièrement pénétrant et on le considère comme le «ténor» des instruments à archet.

Possibilités techniques: la technique du violoncelle a connu au cours des cinquante dernières années une évolution si considérable qu'elle lui permet parfois des passages de virtuosité comparables à ceux du violon. Des violoncellistes comme Maréchal, Feuermann, Cassado, Piatigorski, Fournier, Rostropovitch et surtout Pablo Casals, peuvent être considérés comme les représentants les plus prestigieux du très haut niveau qu'a atteint la technique de cet instrument.

La contrebasse. Instrument le plus grave du groupe des «cordes», il est le seul qui ne dérive pas complètement du violon, mais de la combinaison de la viole *de gambe* et du violon. La contrebasse de violon apparut vers 1620, soit plus tard que les autres instruments de la famille; c'était à l'origine un instrument de très grande dimension et d'un maniement difficile, et il fut d'ailleurs très peu utilisé. Pour cette raison, on lui préféra la contrebasse de viole *de gambe* ou *violone*,

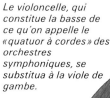

Le violoncelle, qui constitue la basse de ce qu'on appelle le «quatuor à cordes» des orchestres symphoniques, se substitua à la viole de gambe.

laquelle a connu une lente évolution qui déboucha sur la contrebasse moderne.

Si l'on observe une contrebasse, on distingue immédiatement les éléments dérivés des deux familles. Le fond est plat et, dans sa partie supérieure, il est incliné vers le manche; les épaules de la caisse sont tombantes, mais pas rondes; l'amincissement central de la caisse est peu accentué et ses angles ne sont guère saillants. Ces diverses caractéristiques relèvent de la parenté avec la viole *de gambe*. Mais la forme et l'inclinaison du manche vers l'arrière, le chevillier terminé en volute, le haut chevalet qui correspond à l'inclinaison du manche et les ouïes en forme de *f* dérivent pour leur part du violon; il en est de même pour le nombre de cordes, qui s'élève habituellement à quatre, bien qu'il existe des contrebasses de trois ou cinq cordes.

Caractéristiques fondamentales

Accord: la contrebasse moderne à quatre cordes est accordée par quartes et de la manière suivante:

Cependant, le son réel correspond à l'octave inférieure. Dans l'orchestre symphonique, on utilise également des contrebasses à cinq cordes; la cinquième corde, la plus grave, sert à obtenir l'*ut* grave:

Etendue:

Timbre: la contrebasse a un timbre sombre et rude; elle possède cependant des qualités lyriques et sa première corde, *sol*, fait preuve d'une certaine douceur. Cet instrument est irremplaçable pour ses effets étranges, sombres et même cocasses.

Possibilités techniques: sa technique est semblable à celle du violoncelle; cependant, sa taille importante (deux mètres de haut) la rend moins maniable et limite la souplesse de l'exécution.

L'archet

L'archet a été un des éléments déterminants de l'évolution des instruments à cordes. En effet, son apparition donna naissance aux instruments à cordes frottées, dont certains ont joué un rôle très important dans le domaine musical.

L'absence, dans l'Antiquité méditerranéenne, d'une quelconque trace d'instruments à cordes frottées a laissé supposer que l'archet était une invention asiatique, introduite en Europe par les Arabes ou par les tribus barbares d'Asie centrale qui s'établirent dans les pays nordiques. Il est cependant plus juste de penser que l'archet, comme d'autres découvertes importantes, est apparu simultanément à différents endroits.

A droite, photographie qui représente la tête d'un archet d'instruments à cordes. Elle permet de voir comment la baguette s'élargit pour former la tête.

Ci-dessous, tableau intitulé La Jeunesse joyeuse, *œuvre de Judith Leyster (1600-1660). Les archets du XVIIe siècle étaient plus courts et plus rigides que ceux d'aujourd'hui et, en outre, les crins n'étaient guère solides.*

Quand le violon apparut, dans la première moitié du XVIe siècle, on ne conçut pas tout de suite un archet spécial pour en jouer, mais on utilisa ceux qui existaient déjà pour d'autres instruments; néanmoins, lorsque le violon arriva à s'imposer et qu'il eut acquis une technique propre, il fut indispensable de créer un archet qui convienne à ses possibilités. Ainsi, l'archet que l'on utilise actuellement est le fruit d'une longue évolution qui a totalement modifié sa conception primitive.

A l'exception d'un type d'archet de contrebasse, semblable à ceux des violes *de gambe* (on le tient avec la paume de la main vers le haut) qui s'emploie encore en Allemagne, tous les autres archets sont identiques quant à leur forme. Ils varient cependant dans leur longueur, leur épaisseur et leur poids, qui dépendent de l'instrument auquel ils sont destinés.

Les éléments qui composent l'archet sont: la baguette, la hausse, la vis et les crins.

La baguette, généralement en bois de Pernambouc, mesure de 73 à 74 cm. pour le violon, de 74 à 75 cm. pour l'alto, de 70 à 71 cm. pour le violoncelle et de 70 à 72 cm. pour la contrebasse. Son extrémité supérieure s'appelle la pointe et l'inférieure le talon.

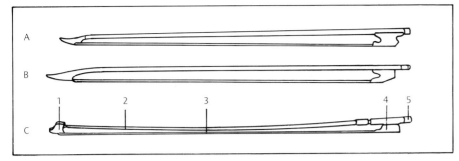

La baguette moderne est ronde ou octogonale, légèrement convexe et son épaisseur diminue progressivement du talon à la pointe, où elle augmente de nouveau pour former la tête. La hauteur de la tête détermine la cambrure de la baguette.

La *hausse* est une petite pièce d'ébène (plus rarement d'ivoire) qui est située sous le talon; elle sert à fixer la mèche et à assurer sa séparation d'avec la baguette.

La longue *vis* qui se trouve insérée à l'extrémité inférieure de la baguette sert à monter ou descendre la hausse. Cette simple opération permet de régler la tension de la mèche.

La *mèche* est composée de crins de queue de cheval, dont le nombre oscille entre 150 et 280 selon l'instrument. A la pointe, la mèche se fixe dans une petite cavité de la tête au moyen d'un coin de bois recouvert d'une petite plaque d'ivoire. A l'autre extrémité, la mèche pénètre dans une cavité de la hausse dissimulée par une plaque de nacre ou d'argent. Elle est retenue dans cette cavité par une vis qui est, elle aussi, recouverte d'un petit disque en nacre.

Sur la poignée, la baguette est protégée par un fil métallique enroulé autour d'elle; en outre, un revêtement de cuir offre un point d'appui aux doigts.

Les transformations successives de l'archet ont été assez spectaculaires. Dans les archets les plus anciens, la baguette était courbée dans le sens opposé à la mèche; aucun mécanisme ne permettait d'en régler la tension, et les crins étaient simplement insérés dans deux encoches aux extrémités de la baguette. Deux autres modèles sont apparus par la suite: un archet courbé seulement à l'extrémité supérieure et un autre pourvu d'une baguette de forme droite en son centre et incurvée à chaque bout. Vers 1400, l'archet entièrement courbé est tombé en totale désuétude et les deux autres modèles donnèrent naissance à une nouvelle forme. Pourvu d'une baguette presque droite, ce nouvel archet possédait des crins fixés à ses extrémités au moyen d'un nœud coulant. La hausse était une pièce indépendante qui, située entre la mèche et la baguette, s'enchâssait dans celles-ci grâce à un petit coin enfoncé dans une encoche. Par la suite, cet archet fut pourvu d'une tête sur laquelle la mèche était fixée de la même manière qu'aujourd'hui.

Vers 1680, les progrès de la technique du violon nécessitèrent un réglage plus précis de la tension des crins; on mit alors au point un dispositif dit à «crémaillère», qui consistait en une pièce métallique dentée fixée à l'extrémité inférieure de la baguette.

Ce n'est que près d'une décennie plus tard qu'apparurent les premiers archets à vis. Le plus ancien que l'on ait conservé porte la date de 1696 gravée dans la hausse. Cette nouvelle forme, cependant, ne s'imposa vraiment qu'au XVIIIe siècle.

Les grands violonistes des XVIIIe et XIXe siècles eurent une grande influence sur l'évolution de l'archet. Ils suggéraient constamment des améliorations aux fabricants pour qu'ils suivent les progrès de la technique instrumentale. On doit à Giuseppe Tartini (1692-1770) l'allongement de la baguette, ainsi que sa forme svelte et élégante. Mais c'est avant tout de l'étroite collaboration entre Giovanni Battista Viotti (1755-1824) et le fameux fabricant d'archets Tourte, que naquit la forme moderne.

François Tourte (1747-1845) était un fabricant génial que l'on surnomma fort justement le «Stradivari de l'archet». Bien qu'il n'inventât pas à proprement parler l'archet moderne, il sut apporter aux formes déjà existantes des perfectionnements définitifs. Il adopta le bois de Pernambouc, détermina la longueur idéale de l'ar-

chet et son épaisseur du talon à la pointe; de même, il introduisit définitivement la baguette convexe, dont il obtenait la courbure après avoir chauffé le bois. Le modèle créé par Tourte se révéla vite le meilleur et s'affirma sans tarder.

Le luthier Jean-Baptiste Vuillaume (1798-1875) fut un autre grand fabricant d'archets; pour faciliter le travail de fabrication, il établit quelques normes fixes qui déterminaient l'épaisseur de la baguette, sa courbure, son poids, etc. Il tenta également de substituer l'acier au bois de Pernambouc, mais cette innovation ne donna pas de bons résultats. Vuillaume eut le mérite de former de nombreux constructeurs très habiles qui donnèrent à la France la suprématie dans cette branche de la lutherie.

Antonio Stradivari et Giuseppe Guarneri del Gesù

Ces deux noms ont une résonance presque mythique pour tous ceux qui, de près ou de loin, s'intéressent aux instruments à archet. Collectionneurs, interprètes et commerçants recherchent avidement et sans épargner leurs moyens les œuvres de ces deux grands maîtres qui surclassèrent de loin des productions aussi prestigieuses que celle de Crémone.

Outre leur beauté extérieure et la perfection de leur conception, les instruments de ces deux artistes possèdent un son merveilleux et naturel, doux et puissant à la fois, qui permet aux interprètes de rivaliser avec l'orchestre avec une garantie absolue de succès. A un point tel que la plupart des grands interprètes cherchent sans ménager leurs efforts à se procurer un instrument de Stradivari ou de Guarneri, malgré les prix véritablement fabuleux qu'ils atteignent de nos jours (de 200 000 à 400 000 dollars).

On ne sait rien de la naissance d'Antonio Stradivari ni de ses parents. Dans un document de 1680, relatif à l'acquisition d'une maison sur la place Saint-Dominique de Crémone, Antonio apparaît comme le fils du défunt Alessandro Stradivari; on n'a malheureusement pas pu retrouver dans les archives de la ville de Crémone une quelconque trace de ce dernier. La seule personne de ce nom qui apparaisse dans les documents officiels mourut quelques années avant que naisse Antonio. La date probable de cette naissance a pu être établie à partir de deux éléments: d'une part parce qu'on possède son certificat de décès, survenu le 19 décembre 1737, et d'autre part parce qu'à l'intérieur d'un violon de la même année le maître nota avec une certaine fierté son âge avancé, *di anni 93*, ce qui permet donc de situer sa naissance aux environs de 1644.

Antonio Stradivari fit son initiation comme apprenti dans l'atelier du célèbre Nicola Amati; c'est ce que confirme un violon de 1666, seule pièce dont l'étiquette porte l'inscription *Antonius Stradivarius Cremonensis alumnus Nicolai Amati faciebat anno 1666.*

L'année suivante, Antonio conquit son indépendance. Il se maria avec une jeune veuve, Francesca Ferraboschi. Malgré le passé quelque peu tumultueux de son épouse, cette union fut heureuse et il en naquit six fils; deux d'entre eux, Francesco (1671-1743) et Omobono (1679-1742), allaient exercer avec succès la profession de leur père.

Les premiers temps furent difficiles pour le jeune maître, dont le nom n'était pas encore connu. Les bois qu'il utilisait à cette époque n'étaient pas, en effet, d'excellente qualité. Ce défaut était heureusement largement compensé par la perfection du travail de fabrication et la beauté du son de l'instrument. Au cours de cette première période, qui s'étend approximativement de 1665 à 1672, Stradivari se montra très influencé par Nicola Amati, mais sa forte et originale personnalité commençait déjà à poindre.

Peu à peu, son indiscutable maîtrise réussit à s'imposer et il finit par conquérir une place privilégiée parmi ses compagnons de corporation.

Gravure qui représente Antonio Stradivari (vers 1644-1737) ainsi qu'un des instruments de sa fabrication. Aux XVIIe et XVIIIe siècles, l'école de lutherie de Crémone atteignit, avec Stradivari et Guarneri, un niveau de perfection qui n'a jamais été égalé depuis.

Durant la seconde période de sa vie, de 1672 à 1700, le style de ses instruments allait changer: ils réunissaient la douceur de ceux d'Amati et la puissance si caractéristique de ceux de l'école de Brescia. La réputation de Stradivari s'étendit dès lors rapidement hors de Crémone et même d'Italie. Vers 1685, un banquier vénitien lui commanda un quintette composé de deux violons, un alto, deux violoncelles (dont un *piccolo* et un grand). Il était destiné au duc d'York, frère du roi d'Angleterre, qui allait à son tour monter sur le trône sous le nom de Jacques II. Dès lors, les commandes se succédèrent sans interruption. Elles lui étaient passées par des personnages aussi importants que le cardinal Orsini (futur pape Benoît II), le roi Amédée II de Sardaigne, le duc de Modène, le grand-duc de Toscane et le marquis de Rolla; ce dernier lui commanda un quatuor destiné à la chapelle de la Cour de Madrid.

La misère de ses premières années n'était plus désormais pour lui qu'un souvenir. Grâce à son inlassable acharnement et à son habileté en affaires, il avait fait très largement fortune et pouvait assurer sans problème l'avenir de sa nombreuse famille. Il perdit sa première épouse en mai 1698, mais se remaria un an plus tard avec Antonia Zambelli, de vingt ans plus jeune que lui. Cette seconde union fut, elle aussi, très heureuse; Stradivari en eut cinq enfants, ce qui, si l'on compte les cinq autres enfants issus de son premier mariage, constituait, même à l'époque, une famille assez nombreuse.

La troisième période de sa vie, de 1700 à 1725, a pu être qualifiée de «dorée». Il créa en effet un troisième type de violon encore plus perfectionné que les précédents. C'est ainsi qu'il nous a laissé des chefs-d'œuvre aussi prestigieux que le «Cremonese», le «Delfino», le «Messia» et la «Pulcella».

Cependant, à partir de 1725, le rythme de son travail allait diminuer. Certains violons de cette époque montrent même quelques signes de faiblesse.

Violons construits par Antonio Stradivari en 1721, conservés au Musée d'art métropolitain de New York. Entre 1721 et 1725, Stradivari créa son troisième modèle de violon, le plus perfectionné.

En ce qui concerne leur sonorité, ces instruments ne déméritaient en rien par rapport à ceux qui avaient été construits auparavant. Stradivari lui-même devait les trouver très satisfaisants, puisqu'il a souvent fait référence à son âge avancé, sur certaines étiquettes.

Mis à part ses deux fils, Stradivari avait deux autres disciples : le Napolitain Alessandro Gagliano et le Crémonais Carlo Bergonzi, tous deux maîtres réputés. On a calculé que près de deux mille instruments (violons, altos, violoncelles, etc.) sont sortis de leur atelier. La vie du plus célèbre luthier de tous les temps s'est écoulée paisiblement, tout entière consacrée à son art prodigieux et au soin de sa famille.

Contrairement au cas de Stradivari, on connaît parfaitement les origines familiales de Giuseppe Guarneri. Il fut le plus illustre représentant de toute une dynastie de luthiers fondée aux alentours de 1653 par Andrea Guarneri (1628-1698). Ce dernier appartenait à une noble famille crémonaise déchue. A l'âge de 16 ans, il entra comme apprenti dans l'atelier de Nicolas Amati. Onze ans plus tard, il se maria et ouvrit son propre atelier. Ses deux fils, Giuseppe Giovan Battista et Pietro I allaient lui succéder. Pietro I s'installa par la suite à Mantoue. L'un des deux fils de Giuseppe, Pietro II, émigra à Venise où il fit fortune. L'autre, Giuseppe II, devint sans aucun doute le plus grand artiste de la famille. Il fut surnommé «del Gesù» car, à côté de son nom, ses étiquettes portaient les lettres IHS, accompagnées d'une petite croix.

Giuseppe naquit à Crémone le 21 août 1698, mais on ne sait rien de plus sur son enfance. On a souvent dit qu'il avait été l'élève de Stradivari, mais son style ne ressemble en rien à celui du grand maître. Par ailleurs, selon certaines étiquettes authentiques de ses œuvres de jeunesse, il semblerait qu'il ait été l'élève du Crémonais Andrea Gisalberti. Ses instruments sont pourtant plus proches des œuvres de Giovampaolo Maggini (école de Brescia) que du style classique de Crémone.

Sa vie professionnelle peut être divisée en trois époques. La première fut de caractère expérimental. Les instruments qu'il construisait alors étaient pour la plupart de petit format; leur qualité était excellente, mais n'avait rien d'une maîtrise suprême.

C'est aux alentours de 1730 que débuta sa deuxième période. Il créa son modèle classique et construisit quelques-unes de ses œuvres maîtresses. Cette période prometteuse fut malheureusement interrompue par un événement dû à son tempérament colérique. Au cours d'un banquet où le vin coulait à flots, il en vint aux

Lettre de Stradivari à un client, dans laquelle il s'excuse du retard qu'il a pris dans la réparation d'un instrument.

FAC SIMILE D'UNE LETTRE D'ANTOINE STRADIVARIUS

mains avec un convive et le jeta brusquement à terre. En tombant, l'homme se fracassa la tête contre la table et mourut sur le coup. Ce tragique accident valut à Giuseppe Guarneri plusieurs années de prison.

Selon une anecdote rapportée par Carlo Bergonzi, une jeune fille se présenta un jour devant le vieux Stradivari et lui proposa d'acquérir un violon. Il s'agissait d'un instrument étrange, fait d'un bois de mauvaise qualité et mal verni. Sa conception était cependant remarquable et sa volute extraordinairement belle. Stradivari comprit alors qu'il s'agissait d'une œuvre de Guarneri. La jeune fille, en pleurant, lui expliqua que ce dernier se sentait très malheureux, surtout parce qu'il ne pouvait pas travailler. Elle lui raconta également comment il avait construit son violon avec les ustensiles et les matériaux qu'il avait pu trouver. Il l'avait alors priée d'aller le vendre pour se procurer le strict nécessaire. Stradivari raconta les faits aux autres luthiers de Crémone et tous prêtèrent secours à leur infortuné compagnon. Guarneri put alors construire toute une série de violons surnommés *violini della serva*.

Guarneri sortit de prison vers 1740. C'est alors que débuta sa troisième période créatrice. Il allait produire des instruments magnifiques, de coupe audacieuse et de sonorité puissante. Cependant, le maître de Crémone mourut quatre ans plus tard, le 17 octobre 1744. Avec lui s'éteignait la branche crémonaise des Guarneri.

La flûte et le piccolo

Parmi les instruments à vent, la famille des bois groupe tous ceux qui étaient à l'origine construits dans cette matière. On continue en effet aujourd'hui à les appeler «bois», bien que leur matériau de construction ait changé. Cette dénomination sert maintenant uniquement à préciser leurs caractéristiques acoustiques et de timbre, ainsi que leur place dans l'orchestre. Les bois se divisent en deux groupes, selon la forme de leur embouchure : à anche double ou à anche simple. La flûte, dont l'embouchure diffère de celle des autres bois, reste un cas particulier.

La flûte est un instrument très ancien, dont les origines remontent à la préhistoire. Des exemplaires de flûtes à bec ont en effet été retrouvés dans des fouilles datées de 25000 ans avant notre ère.

On a également retrouvé, outre des flûtes à bec très perfectionnées, des flûtes traversières en Egypte et en Asie Mineure. Elles sont probablement originaires de l'Inde. Les Grecs, pour leur part, utilisèrent seulement la flûte à bec. Les Romains, en revanche, ont connu eux aussi la flûte traversière, par l'intermédiaire des Etrusques.

Au cours du Moyen Age, on a également vu apparaître en Europe les deux mêmes types d'instruments : la flûte à bec et la flûte traversière. La flûte à bec (appelée aussi «flûte douce») était la préférée des musiciens cultivés ; la flûte traversière devint, quant à elle, l'instrument des soldats mercenaires suisses et allemands. Ce n'est que plus tard qu'elle attira l'attention des compositeurs.

La flûte douce pouvait être faite de matières précieuses ou d'ivoire. En raison de son étendue limitée (seulement deux octaves), elle constitua rapidement une famille d'instruments très nombreuse. Il existe aujourd'hui cinq types de flûte douce : sopranino en *fa*, soprano en *do*, contralto en *fa*, ténor en *do* et basse en *fa*. Cette dernière est pourvue d'une embouchure en métal en forme de *S*.

A partir du XVIIe siècle, la flûte tra-

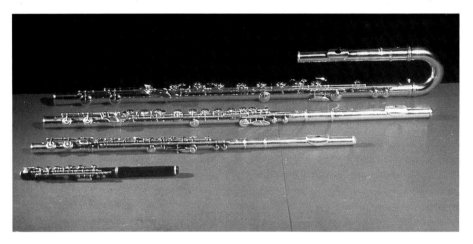

La famille de la flûte traversière est composée de plusieurs instruments qui vont du registre le plus aigu — le piccolo *— au registre le plus grave — flûte basse.*

versière commença à rencontrer un certain succès. Des recherches permirent d'améliorer ses possibilités. Il existait alors trois modèles de cet instrument : une flûte basse en *sol*, une ténor en *ré* et une soprano en *la*. Toutes les trois étaient pourvues d'un tube cylindrique percé de six trous égaux et équidistants. Cette particularité rendait leur accord difficile (cette opération nécessitait une grande habileté de la part de l'instrumentiste). Jusqu'au XIXe siècle, les perfectionnements apportés à la flûte traver-

sière furent empiriques, et dépourvus de toute base scientifique. On lui donna d'abord une forme conique et on élargit son embouchure, ce qui facilita l'émission des sons aigus. On perça de nouveaux trous, que l'on pouvait fermer au moyen de clés ; en outre, on modifia son diamètre. Vers 1707, le constructeur Cristoph Denner (1655-1707) en divisa le tube en quatre parties. Les parties centrales pouvaient être interchangées, permettant ainsi de jouer dans toutes les tonalités (flûte de registres).

Détail d'un retable de Pedro Garcia de Benabarre (seconde moitié du XVe siècle). On y voit un musicien jouant de la flûte à bec, qui était la flûte préférée des musiciens cultivés du Moyen Age.

Flûtiste, *bronze réalisé en 1950 par le sculpteur espagnol Apeles Fenosa.*

ment ingénieux, qui permettait d'en boucher plusieurs avec un seul doigt. Quelques années plus tard, il adopta le tube de métal et donna à l'embouchure de l'instrument une forme parabolique. A quelques modifications près, c'est toujours cette flûte de Böhm que nous utilisons aujourd'hui.

Caractéristiques fondamentales

Etendue: Les limites habituelles de la flûte vont du *do₁* au *do* de la troisième octave:

Le *si* grave peut être obtenu avec une certaine facilité, mais il est plus fréquent de dépasser la limite dans le domaine des aigus. Le *do dièse* suraigu, bien que les traités d'instrumentation considèrent qu'il n'entre pas dans les limites habituelles, s'obtient pourtant avec facilité. Wagner l'utilise d'ailleurs dans le dernier acte de *La Walkyrie*. Le *ré* suraigu est déjà plus difficile: on le réserve d'ordinaire au piccolo. Stravinsky l'emploie cependant dans *Renard* et va même jusqu'au *ré dièse* dans le *Jeu de Cartes*. Ces deux notes servent à obtenir des effets plus violents.

Timbre: La flûte possède un timbre homogène, qui passe sans différences accusées d'un registre à un autre.

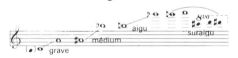

Le *registre grave* s'éloigne du son caractéristique de la flûte. Joué en *pianissimo*, il rappelle celui des instruments à cordes.

Les sons chauds et doux du *registre médium* sont plus purs et se font plus clairs à mesure que l'on monte.

Le *registre aigu* est lumineux et le *suraigu* incisif et violent. On ne peut obtenir ce dernier qu'en jouant fort.

Possibilités techniques: Outre une grande rapidité d'exécution (proche de celle du violon), la flûte actuelle permet de jouer toutes sortes de gammes et d'arpèges, ainsi que de grands intervalles.

*Aulète ou joueur d'*aulos, *qui figure sur la partie latérale gauche du Trône Ludovisi (Rome).*

Par la suite, le virtuose Johann Joachim Quantz (1697-1773) lui rajouta de nouveaux éléments, à savoir une autre pièce médiane et quelques clés, et obtint ainsi des résultats satisfaisants.

Jusqu'à Theobald Böhm (1794-1881), la principale préoccupation des constructeurs était de faciliter toujours plus l'exécution. Böhm, en revanche, étudia à fond les vibrations de l'air dans les tubes ainsi que leurs relations avec le diamètre et l'emplacement des trous. Il adopta le tube cylindrique et construisit un instrument de quinze trous. La difficulté résidait dans le fait qu'il était impossible de boucher tous ces trous avec les neuf doigts disponibles. Böhm mit alors au point un système de clés extrême-

Le **piccolo**, ou petite flûte, est un instrument identique au précédent, mais de dimensions plus réduites.

Caractéristiques fondamentales

Etendue: Elle est plus courte que celle de la flûte et sonne à l'octave supérieure des notes écrites:

Son étendue habituelle va du *ré* grave au *si bémol* suraigu. Le *do* grave ne peut être obtenu que sur certains instruments; le *si* naturel suraigu est plus ouvert.

Timbre: Le piccolo continue l'étendue de la flûte dans le *registre aigu*. Il n'en possède pas la qualité, car il est plus pauvre en possibilités expressives.

Son *registre grave* est faible et «vacillant». A partir du *médium*, il se fait de plus en plus brillant jusqu'à sa dernière octave, incisive et violente.

Possibilités techniques: Sa technique est presque la même que celle de la flûte, ainsi que son doigté et l'agilité qu'il demande, car il possède la même mécanique.

Le hautbois et le cor anglais

Le groupe des instruments à anche double comprend le hautbois et ses dérivés (hautbois d'amour et cor anglais), le basson et le contrebasson.

Comme la flûte, le hautbois est un instrument très ancien. Cependant, tous les instruments découverts en archéologie ont perdu leur embouchure, ce qui rend difficile leur identification. On a néanmoins pu établir que des instruments semblables au hautbois existaient en Egypte 2000 ans avant J.-C.

Ceux-ci furent à l'origine de l'*aulos* grec et de la *tibia* romaine, ancêtres probables du hautbois européen. Certains écrivains grecs nous ont même laissé des descriptions précises de l'*aulos* à anche double et attribuent son invention à un roi de Libye, à Pallas ou au dieu Apollon.

Au cours du Moyen Age, une série d'instruments dérivés de la *tibia* est apparue: le *chalumeau*, la *musette,* la *bombarde,* etc. Au XVe siècle, tous ces instruments ont pris le nom de *hautbois*, qui n'allait plus désigner par la suite que celui que nous connaissons actuellement.

Aux XVIIe et XVIIIe siècles, les *hautbois* français faisaient partie de la distribution musicale de la Grande Cavalerie du Roi. Dotés d'une sonorité forte, pénétrante et parfois même stridente, les instruments à anche double s'avéraient parfaits pour la musique d'extérieur, mais non pour la musique de chambre: ils s'accordaient mal avec les instruments à cordes, qui constituaient alors la base de l'orchestre. Lorsque Lully (1632-1687) entra au service de Louis XIV, il élimina tous les bois de l'orchestre de la Cour, à l'exception de la flûte à bec. Il s'aperçut alors rapidement de la nécessité de la présence d'un nouveau bois, qui offrirait une sonorité à la fois suave et dramatique.

C'est ainsi que le hautbois naquit en France. Dérivé du *chalumeau* médiéval, il apparut d'abord sous deux versions: l'une populaire, et l'autre pour l'orchestre. On doit les premiers instruments pour orchestre (à sept trous et trois clés) à Jean Hotteterre (mort en 1678): le célèbre construc-

Musiciens jouant d'instruments à anche double de roseau, selon une miniature des Chansons *d'Alphonse X le Sage (XIIIe siècle).*

teur présenta sa nouvelle invention au cours de la comédie-ballet de Lully *L'Amour malade* (1657).

Malgré tous les efforts de perfectionnements dont il faisait l'objet, le hautbois resta un instrument imparfait jusqu'au XIXe siècle. C'est alors que Guillaume Triébert (1770-1848) mit au point un nouveau système de trous et de clés, perfectionné plus tard par son chef d'atelier François Lorée (mort en 1902). On utilisa d'autres systèmes en Allemagne et en Italie, mais ceux de Triébert sont les plus répandus actuellement.

Le hautbois couramment utilisé dans l'orchestre moderne est un instrument soprano qui se compose de trois pièces tubulaires et coniques, insérées les unes dans les autres avec beaucoup de précision. On modifie l'amplitude de la colonne d'air en ouvrant et en fermant avec les doigts, au moyen de clés, les trous pratiqués tout au long du corps. Les notes obtenues peuvent être répétées à l'octave grâce à deux clés spéciales. L'anche exige une grande maîtrise des lèvres et on doit la changer assez souvent.

Le hautbois d'amour

Cet instrument diffère du hautbois courant par ses dimensions un peu plus grandes et son pavillon sphérique et non conique. Sa sonorité pathétique et hautement expressive a beaucoup plu à Bach, qui l'employa souvent comme «voix dramatique» dans ses œuvres. Par la suite, il disparut de l'orchestre, mais revient aujourd'hui en usage pour interpréter correctement la musique baroque. Il s'accorde une tierce plus bas que le hautbois normal.

Caractéristiques fondamentales
Etendue:

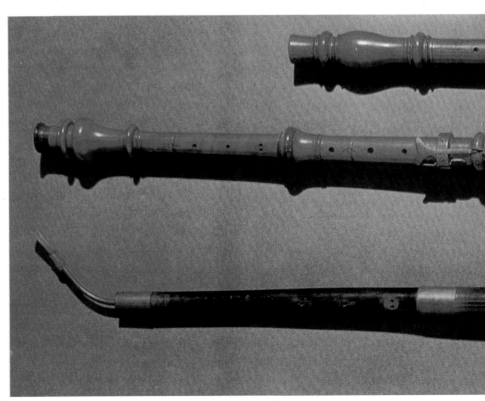

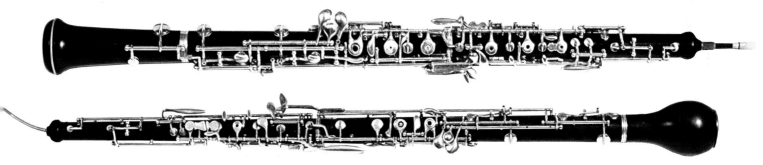

Son étendue normale va du *si bémol* au *ré* aigu; à partir de cette note, le son perd sa sonorité propre et devient strident. Le sol dièse suraigu est très forcé et possède un timbre assez pauvre.

Timbre:

Le hautbois possède un timbre homogène; le passage d'un registre à un autre se perçoit à peine, du moment que l'on n'exécute pas les premières notes de son registre grave. Du *mi* grave au *ré* du registre aigu, cet instrument offre une sonorité très particulière, mordante et un peu nasillarde, douce et très expressive.

Possibilités techniques: le hautbois est un instrument particulièrement expressif. Il permet de réaliser des

A droite, pavillons de la famille du hautbois:
A, ancien; B, da caccia; C, moderne;
D, d'amour et cor anglais.
Ci-dessous; hautbois du XVIIIᵉ siècle.

En haut, un hautbois; en dessous, un cor anglais. Ces deux instruments se différencient par leur embouchure et leur languette différentes.

gammes et des arpèges avec commodité et dans n'importe quelle tonalité, mais avec moins d'agilité que la flûte.

Le cor anglais est simplement un hautbois contralto en *fa*; légèrement plus grand que le hautbois normal, il est accordé une quinte plus grave que lui. Il possède un pavillon sphérique,

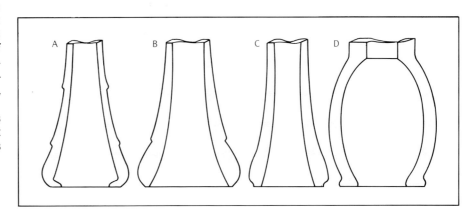

comme le hautbois d'amour; en revanche, son embouchure est différente car l'anche double s'emboîte sur un tube métallique court et légèrement incurvé. Il fut également appelé hautbois *da caccia*; en effet, lorsqu'il apparut, à la fin du XVIIᵉ siècle, sa forme était souvent semi-circulaire, comme celle d'un cor de chasse. On ne connaît pas avec certitude l'origine de son nom actuel. Selon le musicologue français Roland de Candé, il pourrait s'agir d'une transcription erronée

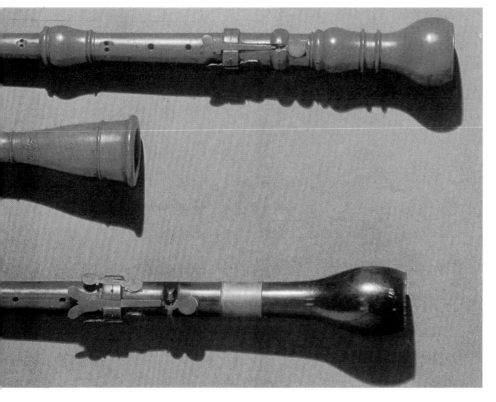

de son nom en vieil allemand, *englisches Horn*, qui signifie «cor angélique».

Caractéristiques fondamentales
Etendue:

Le cor anglais est accordé une quinte en dessous du hautbois ordinaire, et s'écrit à la quinte au-dessus de ses sons réels. Son étendue est un peu inférieure à celle du hautbois.

Timbre: les premières notes du registre grave sont puissantes et d'un certain relief, mais elles sont difficiles à exécuter en *pianissimo*. Du *ré* à sa dernière quinte, le cor anglais possède un timbre nostalgique; cette sonorité originale le rend irremplaçable dans l'orchestre symphonique.

Possibilités techniques: la technique de cet instrument est semblable à celle du hautbois, bien que moins aisée. L'émission du son est également moins rapide.

Le basson et le contrebasson

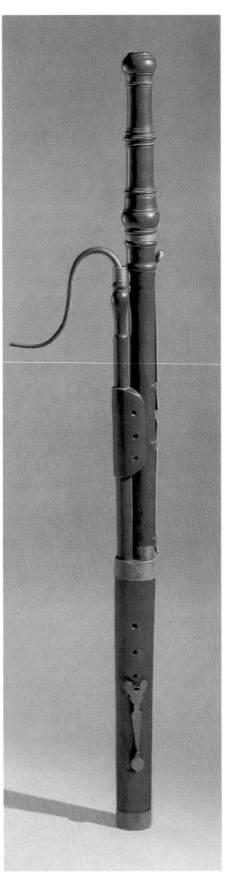

Le basson, la basse de la famille des bois, est considéré comme le plus moderne des instruments à anche double, bien qu'on puisse lui trouver un ancêtre lointain dans la *tuba bassa* des Romains. Au Moyen Age, l'instrument le plus proche du basson était une sorte de cornemuse dont le bourdon était formé de deux tubes en partie parallèles; à cette époque, cependant, la basse de la famille des bois était constituée par la bombarde.

En 1532, le chanoine Afranio degli Albonesi fit connaître à Mantoue un instrument de son invention qu'il appela *fagotto*, peut-être en raison de sa

Ci-dessus: tableau d'Edgar Degas (1834-1917) intitulé Les Musiciens de l'Orchestre, *dans lequel on peut voir, au premier plan, un bassoniste soufflant dans son instrument. A droite: basson allemand construit vers 1700.*

ressemblance avec un fagot de bois. Selon une description détaillée faite en 1539 par son neveu Teseo Ambrosio, cet instrument semblait être en fait une cornemuse perfectionnée.

L'ancêtre le plus direct du basson est la dulcian ou doulcine, apparue au XVIIe siècle.

Cet instrument était formé d'une pièce de bois de forme allongée et conique, dont le corps était percé sur toute sa longueur de deux tubes parallèles. A l'extrémité la plus étroite, un bec en forme de *S* se terminait par une embouchure à anche double; le tube plus large s'achevait par un court pavillon conique. Ces tubes, de perce conique, allaient prendre rapidement une longueur différente. Comme son nom l'indique, le dulcian était doté d'une sonorité douce et agréable, qui s'adaptait très bien aux exigences de la musique de chambre. C'est pour cette raison qu'il se substitua très rapidement à la bombarde.

Au XVIIe siècle, la famille du basson, dont le nom remplaça celui de dulcian, comprenait différents instruments: le basson soprano en *do* ou *fagottino*, le *piccolo* en *sol*, le basson en *fa* et le basson en *sol*, semblable au contrebasson actuel. Seul le basson en *do* fut choisi pour faire partie de l'orchestre. Il possédait onze trous, dont certains étaient pourvus de clefs. Il allait subir plusieurs modifications à partir du XVIIIe siècle, notamment l'augmentation du nombre de ses clefs. En raison de l'importance que le basson avait acquise dans l'orchestre, les constructeurs du XIXe siècle s'efforcèrent de le perfectionner.

Vers 1855, Triébert voulut lui appliquer le système que Böhm avait inventé pour la flûte, mais sa tentative échoua: le timbre de l'instrument s'en trouvait par trop modifié. Carl Almenräder (1786-1843) et Johann Adam Heckel (1812-1877) obtinrent quant à eux les résultats les plus significatifs. Après de patientes recherches, ils mirent au point un instrument de sonorité pleine et uniforme, d'accordage juste et d'une grande expressivité.

Le basson actuel mesure 1 m. 37, mais son tube, dédoublé, atteint une longueur totale de 2 m. 59. Il se compose de cinq parties, dont quatre en bois et une en cuivre: la petite branche (aux trous obliques), la culasse, la grande branche, le pavillon et le bocal. Ce dernier, recourbé en forme de *S*, est en cuivre. Il est muni d'une anche double plus importante que celle du hautbois.

Le compositeur Antonio Cesti (1623-1669) a été le premier à introduire le basson dans l'orchestre, à l'occasion de son opéra *Il pomo d'oro* (1666-1667). Antonio Vivaldi (1678-1741) a sans aucun doute été le premier à l'employer en tant qu'instrument soliste et lui consacra de nombreux concertos.

Caractéristiques fondamentales
Etendue:

Les quatre dernières notes aiguës sont difficiles à émettre et il convient de ne pas les attaquer trop directement. Dans le *forte*, tous les sons s'avèrent excellents, surtout son puissant registre grave. Ses premières notes graves ne peuvent cependant pas être attaquées en *piano*.
Timbre:

Ses caractéristiques sont ici semblables à celles du hautbois. Son registre grave est plein et puissant, et plus spécialement sa première quinte. Son timbre, légèrement voilé, assure la basse dans la famille des bois et des cors.

Son registre moyen est plus léger, mais d'une belle rondeur; il se combine parfaitement avec les cors et les violoncelles. Enfin, le basson possède une sonorité très particulière dans l'aigu, d'une saveur impossible à confondre.
Possibilités techniques: instrument agile, il permet de nombreuses acrobaties techniques. Seuls les intervalles descendants ne peuvent être exécutés avec une grande rapidité. Son répertoire est d'une insoupçonnable abondance.

Le contrebasson. Il est la contrebasse des bois. Il est accordé une octave plus bas que le basson. On en distingue deux types; l'un est identique au basson, mais beaucoup plus grand; l'autre possède un tube d'environ 5 m. 93 de long et présente trois ou quatre courbures parallèles; il se termine par un pavillon métallique.

Haendel a sans doute été le premier à l'utiliser dans l'orchestre, dans son hymne pour le couronnement de George II. Avant Beethoven et Berlioz, il n'est guère que Mozart, dans son *Ode funèbre,* et Haydn, dans *La Création* et *Les Saisons*, qui l'aient utilisé.

Caractéristiques fondamentales
Etendue:

Il possède l'un des sons les plus graves de l'orchestre. Ses premières notes, mises entre parenthèses, *si* bémol et *si* normal, sont difficiles à émettre.

Son meilleur registre est compris entre:

Pour monter plus haut, il est préférable d'utiliser le basson.
Possibilités techniques: sa technique est la même que celle du basson, bien que

Modèles de basson et de contrebasson. Le contrebasson (à droite) est semblable au basson, mais il est beaucoup plus long.

moins agile. Son registre grave possède les mêmes qualités de puissance et de timbre que celui du basson.

Sa principale fonction dans l'orchestre symphonique est de renforcer la sonorité des *tutti* orchestraux. Il commence néanmoins, depuis quelques années, à conquérir une certaine autonomie. Paul Dukas, Richard Strauss et Maurice Ravel n'ont pas hésité à lui confier des soli de grande importance.

La clarinette et la clarinette basse

La famille des bois à anche simple est formée par la clarinette et le saxophone.

Parmi les instruments à vent égyptiens du IVe s. av. J.-C., on trouve l'*arghoul*, qui peut être considéré comme l'ancêtre lointain de la clarinette. L'*arghoul*, de forme cylindrique, était pourvu d'une anche simple directement taillée dans son tube. Un type d'*aulos* grec allait plus tard présenter les mêmes caractéristiques. La clarinette actuelle dérive cependant du *chalumeau*, instrument populaire utilisé en France au Moyen Age. Il s'agissait d'une variante, à anche simple et de forme cylindrique, de l'instrument qui fut à l'origine du hautbois. Le *chalumeau* était généralement construit en buis et n'avait pas de pavillon. Son étendue se limitait à une dixième (de *fa* à *la*$_1$).

Ce furent principalement les constructeurs allemands qui entreprirent la conversion du *chalumeau* français en un instrument artistique. C'est aux alentours de 1700 que Johann Cristoph Denner (1655-1707) apporta à la clarinette des perfectionnements décisifs. Il avait élargi l'étendue du *chalumeau* grâce à un trou d'octave et lui ajouta deux clefs. Cet instrument était, cependant, très différent de celui d'aujourd'hui. Son embouchure et son anche étaient plus étroites.

En outre, il manquait toujours un pavillon. Dans son registre aigu, sa sonorité était semblable à celle de la trompette aiguë alors appelée *clarino*, d'où son nom de clarinette.

Au cours du XVIIIe siècle, la clarinette fut peu à peu perfectionnée. Elle fut pourvue d'un pavillon; on modifia l'emplacement de ses trous; de plus, le nombre de ses clefs fut porté à six en 1791.

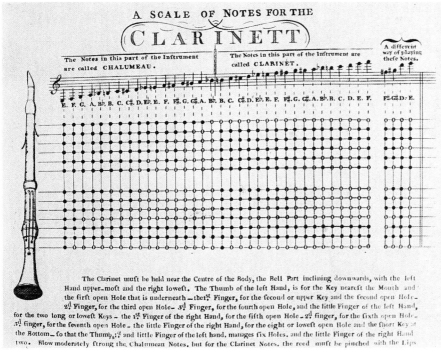

Ci-dessus: détail d'un éventail français du XVIIIe siècle, qui représente une scène galante entre une dame qui joue d'un instrument à cordes et un jeune chevalier qui joue d'une clarinette.
A gauche et ci-dessous: gravures tirées de l'ouvrage The Clarinet Instructor *(Longman & Broderip). Elles représentent la tessiture de la clarinette et le doigté correspondant, ainsi qu'un clarinettiste jouant de son instrument.*

En 1812, le musicien allemand Iwan Müller (1786-1854), fondateur d'une école de clarinette, mit au point un instrument à treize clefs; celui-ci allait être un peu plus tard perfectionné par un de ses élèves, Hyacinthe Eléonore Klosé (1808-1880), en collaboration avec Louis-Auguste Buffet (mort en 1885), qui le dotèrent du système de Böhm.

La clarinette actuelle comporte 24 trous et se compose de 5 segments: le *bec*, sur lequel l'anche se trouve fixée par une bague métallique pourvue de vis: le baril; le *corps supérieur*, ou corps de la main gauche; le *corps*

Clarinette

Clarinette basse

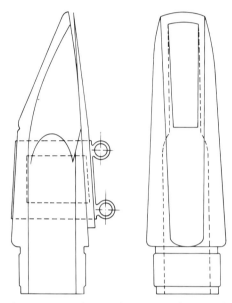

Dessin de face (à droite) et de profil (à gauche) du bec d'une clarinette, montrant la fixation de l'anche, petite pièce mobile que l'exécutant tient contre ses lèvres

inférieur, ou corps de la main droite, et, enfin, le *pavillon*. Il n'existe plus aujourd'hui que quatre modèles de clarinettes: la clarinette en *mi bémol* ou *piccolo*, la clarinette en *si bémol*, la clarinette en *la* et la clarinette basse en *si bémol*, qui sont des instruments transpositeurs. Il existe aussi une grande clarinette en ut (qui donne les sons réels), pratiquement inutilisée de nos jours. Les modèles les plus utilisés actuellement sont la clarinette en *si bémol* et la clarinette basse en *si bémol*.

La *clarinette basse* est un instrument de sonorité grave et puissante. De dimensions plus grandes que la clarinette normale, elle possède un pavillon métallique recourbé vers le haut, ce qui lui donne l'aspect d'une pipe. Son bocal, également métallique, est en col de cygne (S) et se termine par le bec de bois de l'anche. Verdi fut un des premiers à l'utiliser (dans son opéra *Aïda*).

Caractéristiques fondamentales de la clarinette en *si bémol* et en *la*

Etendue:

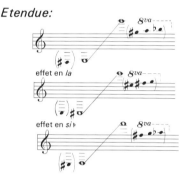

effet en *la*

effet en *si♭*

Le *do dièse* grave, indiqué entre parenthèses, peut être obtenu sur la clarinette en *si bémol*, mais plus difficilement sur celle en *la*. Le *sol dièse* du registre suraigu peut aujourd'hui être obtenu, alors que le *la* et le *si bémol* sont difficiles, et de ce fait rarement utilisés dans l'écriture orchestrale.

Timbre:

Les sons compris dans son étendue normale peuvent être émis du *pianissimo* au *fortissimo*. La clarinette en *si bémol* est fluide, lumineuse et expressive. La clarinette en *la*, d'un usage moins courant, est moins brillante, plus douce et un peu moins agile.

Le timbre de ces deux instruments est très distinct dans les registres graves et aigus; il est fort et beau et tout à la fois pathétique, ce qui a fait de la clarinette l'un des instruments les plus considérés de l'orchestre. Elle est sans doute le plus fluide et le plus mobile des bois.

Le *registre grave*, également appelé *chalumeau*, est dramatique et plein. En *forte*, le son devient froid et menaçant mais, en *piano*, il se fait chaud et transparent.

Le *registre moyen* est le plus faible et, bien que ses notes ne puissent être

exécutées très fort, elles peuvent en revanche être émises avec une très grande facilité en *molto pianissimo*.

Le *registre aigu* est brillant et incisif; le *suraigu*, cependant, est un peu perçant, mais s'avère utile pour obtenir certains effets.

Possibilités techniques: la clarinette est extrêmement agile et se montre capable de résoudre les passages les plus compliqués avec la même facilité que la flûte. Elle est en cela plus agile que le hautbois, par exemple, en raison de sa plus grande fluidité dans l'émission du son.

Caractéristiques fondamentales de la clarinette basse

Cet instrument occupe une place particulière dans l'orchestre moderne. Deux fois plus grand que la clarinette normale, il sonne une octave plus bas qu'elle.

Etendue:

effet en *si♭*

Timbre:

Le *registre grave*, le plus usité, est celui qui émet les notes les plus belles, que l'on peut exécuter selon toutes les nuances possibles.

Le *registre moyen* émet des notes épaisses et mates.

Le *registre aigu* est moins puissant en comparaison de celui de la clarinette normale; il sert surtout à renforcer les instruments et à compléter les accords.

Possibilités techniques: la clarinette basse est un instrument assez agile, qui permet d'exécuter des passages particulièrement rapides — y compris en *staccato*.

Le saxophone

Cet instrument a été inventé par le Belge Adolphe Sax (1814-1894) aux alentours de 1840. Il résulte de l'association d'une embouchure à anche simple, comme celle de la clarinette, avec un tube conique comme celui du hautbois. Le saxophone, bien qu'il soit en métal, appartient à la famille des bois en raison de ses principes. Malgré son apparition relativement récente, il est peut-être l'instrument à vent dont les possibilités artistiques sont le moins connues. Grâce au jazz, qui en a fait un usage intense, il est devenu très populaire, mais sa réputation ne correspond en rien aux intentions de son créateur, lequel l'avait conçu comme un instrument très expressif pour orchestre et fanfares.

Le saxophone est né à Bruxelles, mais a été connu à Paris, où Sax s'était installé en 1842. C'est en 1844 qu'il apparut pour la première fois en concert. La presse parisienne se confondit en louanges pour ce nouvel instrument qui allait être, l'année suivante, incorporé à différentes fanfares militaires.

En 1846, Sax obtint un brevet et répartit alors ses instruments en deux familles de huit membres chacune; la première, accordée en *do* et en *fa,* était destinée à l'orchestre symphonique; la seconde, accordée en *si bémol* et *mi bémol,* était conçue pour les fanfares. Ces deux séries allaient plus tard se réunir en une seule, de sept membres, accordée en *mi bémol* et en *si bémol.*

Entre-temps, différents fabricants d'instruments, jaloux de son succès, l'avaient couvert des critiques les plus absurdes, stigmatisant le caractère hybride et «monstrueux» de l'instrument et niant l'originalité de son principe. Après une longue suite de querelles, le saxophone réussit (en 1847) à triompher de toutes ces controverses, et fut enfin reconnu comme un instrument original. L'année suivante, le Gymnase militaire allant être supprimé, six de ses classes furent trans-férées au Conservatoire de Paris. Parmi elles se trouvait la classe de saxophone, dont Sax fut alors nommé professeur; il y enseigna jusqu'en 1870, date à laquelle le Ministère de la guerre ferma cette classe.

Quelques compositeurs — Berlioz, Rossini, Halévy, Meyerbeer, et d'autres — aidèrent Sax pendant ses années de lutte, en employant le saxophone dans leurs œuvres; peu à peu, cependant, les défenseurs et le créateur de l'instrument disparurent. Paradoxalement, ce fut au moment où le saxophone semblait relégué à quelques rares fanfares militaires ou civiles que les compositeurs commencèrent à s'intéresser sérieusement à lui. Thomas, Bizet, Massenet, Richard Strauss, Ravel, Milhaud et Honegger, entre autres, se mirent en effet à l'employer de plus en plus souvent.

Différents membres de la famille du saxophone, qui se compose d'un total de sept instruments. Les plus usités dans l'orchestre symphonique sont l'alto et le ténor.

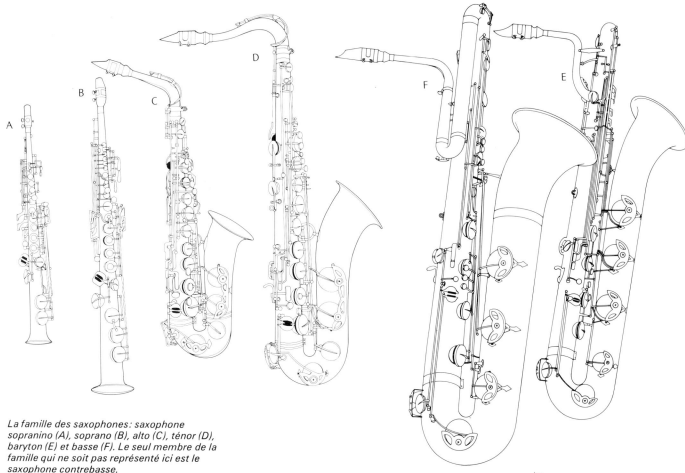

La famille des saxophones: saxophone sopranino (A), soprano (B), alto (C), ténor (D), baryton (E) et basse (F). Le seul membre de la famille qui ne soit pas représenté ici est le saxophone contrebasse.

Le jazz a joué un rôle important dans la diffusion du saxophone, bien qu'il ait ignoré cet instrument jusqu'en 1915 et qu'il ne l'ait adopté de manière définitive qu'à partir de 1920 environ.

Au début du siècle, Elisa Hall, présidente du Boston Club Orchestra, commanda différentes œuvres pour saxophone à des compositeurs français comme Debussy et d'Indy ainsi qu'à l'Allemand Schmitt. Le saxophone commençait ainsi à se constituer un répertoire spécifique, alors qu'il en avait toujours été dépourvu et que l'on se voyait contraint de recourir à des transcriptions ou à des fantaisies.

En 1942, le Conservatoire de Paris ouvrit de nouveau ses portes au saxophone, et l'on en confia l'enseignement à Marcel Mule (né en 1901). Ce dernier devint le fondateur de l'école classique de saxophone, qui allait donner de nombreux et excellents instrumentistes.

Le saxophone se compose de cinq parties: le corps, la culasse, le pavillon, le bocal et le bec. Les trois premiers éléments sont soudés entre eux; le bocal et le bec (sauf dans le sopranino et le soprano) sont démontables. Le bocal s'emboîte dans la partie supérieure du corps et le bec

dans l'extrémité du bocal. L'anche en roseau se trouve quant à elle fixée au bec par une bague, comme pour la clarinette. Le corps, la culasse et le pavillon sont percés de plusieurs trous que l'on obture à l'aide de plateaux; ceux-ci sont actionnés directement avec les doigts ou avec des clefs. Le bocal est lui aussi pourvu d'un trou et d'une clef, appelée clef d'octave.

La famille du saxophone comprend: le sopranino en *mi bémol*, le soprano en *si bémol*, l'alto en *mi bémol*, le ténor en *si bémol*, le baryton en *mi bémol*, la basse en *si bémol* et la contrebasse en *mi bémol*. Les deux derniers ne sont utilisés que dans les fanfares militaires. On reconnaît le sopranino et le soprano à leur forme droite; les autres, en revanche, possèdent un pavillon recourbé en forme de pipe. Leur bocal forme un angle avec le corps (dans le ténor, il revêt même la forme d'un *S*). Les plus utilisés dans l'orchestre symphonique sont l'alto et, plus rarement, le ténor, le baryton et le soprano.

Caractéristiques fondamentales
Etendue: l'étendue totale des sept instruments qui composent la famille du saxophone représente cinq octaves et demie. L'étendue, en notes réelles, est la suivante:

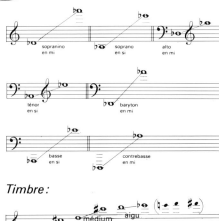

Timbre:

Cet instrument révèle une grande variété de nuances et son timbre est pénétrant et voilé, doux et sensuel.

Le *registre grave* est sonore et intense. A partir du *ré* du *registre moyen*, le son se fait plus chaud et intime. Avançant dans le *registre aigu*, le son se transforme, tout en gardant son timbre caractéristique.

Possibilités techniques: bien que le saxophone soit un instrument éminemment lyrique, ses possibilités techniques sont remarquables, surtout pour le *legato*, car il permet d'exécuter n'importe quel type de gammes et d'arpèges avec la même vélocité qu'on le ferait avec les bois les plus agiles.

27

La trompette

La famille des cuivres comprend: la trompette, le cor, le trombone et le tuba.

Comme la plupart des instruments à vent, la trompette est apparue dès l'époque préhistorique. Les trompettes antiques, dépourvues de pavillon et d'embouchure, avaient une forme droite ou légèrement courbe. Elles étaient en bois ou en roseau. On trouvait également des instruments d'origine animale, faits avec des conques (leur nom grec est *strombos*, d'où dérive le mot trompe) ou avec des cornes d'animaux évidées. La découverte des métaux, et en particulier celle du bronze, allait fournir un excellent matériau pour la construction des instruments à vent. Les plus anciennes trompettes en métal n'étaient pas pourvues d'embouchures — on les inventera beaucoup plus tard; cette pièce fut tout d'abord soudée au tube dont elle ne fut séparée que postérieurement.

En Egypte, la trompette était un instrument militaire, mais on l'utilisait aussi dans les mystères en l'honneur du dieu Osiris, considéré comme son inventeur.

Pour les Hébreux, la trompette revêtait un caractère sacré, car selon eux, Jéhovah en avait ordonné la construction à Moïse (*Nombres* 10, 1: 10), lui donnant par ailleurs des instructions précises quant à la manière de l'utiliser. Seuls les prêtres en jouaient; elle servait lors des fêtes solennelles et pendant les cérémonies d'action de grâces, bien qu'elle ait connu également un usage militaire. Les Juifs utilisaient aussi le *shofar* (corne de bélier) pour annoncer certaines cérémonies du culte à la synagogue.

Les Grecs et les Etrusques utilisèrent les instruments de métal à des fins presque exclusivement militaires. Les Romains, quant à eux, les employèrent également lors de certaines cérémonies religieuses, de préférence en plein air.

A droite: un trompette de l'armée impériale, aquarelle du XVIe siècle. Ci-dessous: scène du Jugement dernier de Michel-Ange (Chapelle Sixtine), montrant des anges jouant de la trompette.

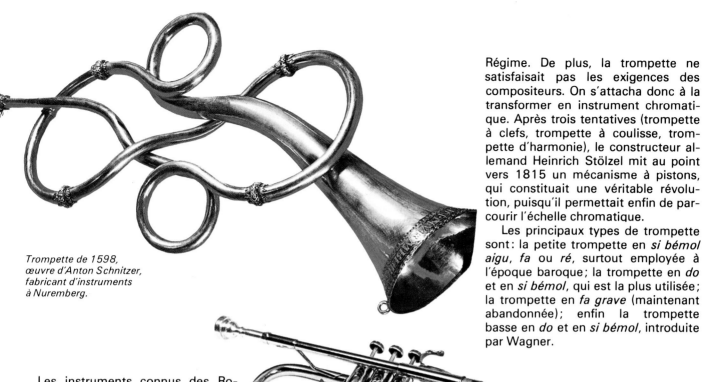

Trompette de 1598,
œuvre d'Anton Schnitzer,
fabricant d'instruments
à Nuremberg.

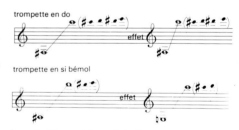

Trompette à pistons moderne.

Les instruments connus des Romains étaient les suivants: la *tuba*, long instrument de tube conique utilisé dans l'infanterie; le *lituus*, plus court, de tube cylindrique et de pavillon recourbé vers le haut, employé dans la cavalerie; le *cornu* qui, comme son nom l'indique, possédait un tube enroulé en spirale. Le *buccin,* lui, était moins connu. Le *lituus* fut le premier à être pourvu d'une embouchure indépendante. Avec la chute de l'Empire romain d'Occident, la trompette allait disparaître totalement d'Europe.

Les croisés allaient cependant remettre les cuivres à l'honneur. Les chrétiens furent en effet impressionnés par l'éclat des orchestres militaires musulmans, et ils adoptèrent certains de leurs instruments comme le *nafir*, trompette longue et étroite. Son nom arabe fut remplacé par celui de *buisine,* probablement dérivé du *buccin* latin. La *buisine* était un instrument imposant qui mesurait près de six pieds de long et se terminait par un large pavillon.

L'appellation de trompette, diminutif de *trump* ou de *trompe*, allait s'appliquer à différents types d'instruments. Son côté spectaculaire, sa sonorité forte et éclatante la rendaient idéale pour les cérémonies. Les trompettistes (comme les joueurs de timbales) jouaient lors des cérémonies solennelles et jouissaient d'une position sociale plus élevée que celle des autres musiciens professionnels.

Au XVe siècle, la trompette allait cesser d'être droite: les fabricants trouvèrent les moyens de recourber son tube. Celui-ci prit d'abord une forme de *S* et, un siècle plus tard, adopta plus ou moins sa forme ac-

tuelle, cylindrique pour les deux tiers de sa longueur et qui va s'élargissant vers son extrémité pour former le pavillon. A la même époque, elle allait subir une série de modifications destinées à adoucir sa sonorité. Elle put dès lors entrer dans les ensembles instrumentaux. Comme elle ne pouvait émettre que les harmoniques de sa note fondamentale, cette trompette fut qualifiée de «naturelle». On dut alors construire des modèles dans différentes tonalités et on obtint une famille composée de 5 membres: *clarino, quinto, alto, vulgaro* et *basso.* Claudio Monteverdi, dans son opéra *Orphée* (1607), fut le premier compositeur à utiliser la trompette.

Le XVIIe siècle et la première moitié du XVIIIe constituèrent l'âge d'or de la trompette naturelle. Celle-ci occupait d'une part une place importante dans la musique militaire et, d'autre part, connut une telle évolution dans sa technique d'exécution qu'elle put être introduite dans la musique de concert. De 1750 à 1815, la trompette allait cependant traverser une longue période de remise en question en raison, en particulier, de la Révolution française, au cours de laquelle elle fut considérée comme un instrument typique de l'Ancien

Régime. De plus, la trompette ne satisfaisait pas les exigences des compositeurs. On s'attacha donc à la transformer en instrument chromatique. Après trois tentatives (trompette à clefs, trompette à coulisse, trompette d'harmonie), le constructeur allemand Heinrich Stölzel mit au point vers 1815 un mécanisme à pistons, qui constituait une véritable révolution, puisqu'il permettait enfin de parcourir l'échelle chromatique.

Les principaux types de trompette sont: la petite trompette en *si bémol aigu, fa* ou *ré*, surtout employée à l'époque baroque; la trompette en *do* et en *si bémol*, qui est la plus utilisée; la trompette en *fa grave* (maintenant abandonnée); enfin la trompette basse en *do* et en *si bémol*, introduite par Wagner.

Caractéristiques fondamentales de la trompette en *do* et en *si bémol*

Etendue:

Le *ré dièse* et le *mi* de la trompette en *do* (ses dernières notes) sont assez périlleuses.

Timbre: son timbre est fort, noble et clair. Excepté dans ses notes les plus basses et les plus hautes, il est homogène du grave à l'aigu. Son intervention idéale se situe entre:

Possibilités techniques: la trompette est un instrument très agile, qui permet de répéter très rapidement des notes en *staccato* et d'effectuer des gammes diatoniques ou chromatiques, de même que des arpèges liés *(legato)* avec une extraordinaire facilité.

Le cor

Le cor est un instrument de cuivre constitué d'un long tube conique, enroulé en spirale sur lui-même, qui s'élargit vers son extrémité pour former le pavillon.

Tout ce qu'on a pu dire des origines de la trompette peut être appliqué au cor; ces deux instruments entretiennent une étroite parenté. Leur principale différence réside dans la forme de leur tube et dans la hauteur de leurs sons. Nous avons déjà traité plus haut des cuivres dans l'Antiquité et de leur disparition, en Europe, avec la chute de l'Empire romain d'Occident. Avant que réapparaissent les

Cependant, outre cet instrument somme toute aristocratique, il existait toute une série de «cornes». Elles servaient à annoncer les heures, à prévenir en cas de danger ou d'incendie, à convoquer des assemblées populaires.

En plus de ces fonctions, la corne jouait un rôle important à la chasse. C'est ce dont témoignent les anciens traités d'art cynégétique. Pour que chaque chasseur puisse s'enquérir de la position des autres, on avait mis au point une série d'appels correspondant à toutes les phases de la partie de chasse.

Les premiers cors de chasse métalliques imitaient la forme et les dimensions des cornes d'animaux. Comme elles, ils n'émettaient qu'une seule note ou, tout au plus, deux.

Au Moyen Age, la noblesse européenne utilisait un petit cor (ou corne) d'ivoire, qui était artistiquement façonné dans une défense d'éléphant. La littérature a rendu célèbre l'olifant du héros de la Chanson de Roland, *chanson de geste française du XIe siècle.*

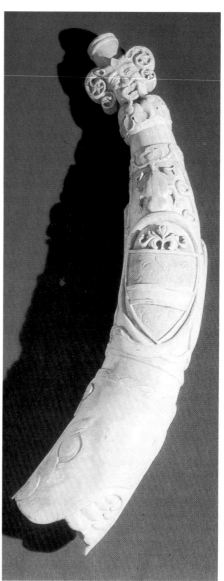

cuivres, réintroduits par les croisés, les cors d'origine animale étaient utilisés pour la guerre ou la chasse.

Au Moyen Age, l'*olifant* rencontra un grand succès dans la noblesse européenne. Le premier exemplaire en fut offert par le calife de Bagdad, Harun al-Rashid, à l'empereur Charlemagne. Il était façonné dans une défense d'éléphant (d'où son nom d'olifant) très habilement évidée et décorée. Cet objet très coûteux ne pouvait être utilisé que par des personnes de haut rang et devint peu à peu un des symboles de la cavalerie (voir, à ce sujet, la *Chanson de Roland*).

Les cornes d'animaux, évidées et percées, étaient utilisées anciennement à plusieurs fins: chasse, guerre, avertissements, fêtes, cérémonies, etc.

Ce n'est qu'au XVIe siècle que l'on découvrit le système consistant à enrouler leur tube sur lui-même. Ainsi put naître le grand cor de chasse en forme de spirale. Cet instrument pouvait émettre la série des harmoniques naturels de sa note fondamentale, déterminée par la longueur du tube. C'est la raison pour laquelle il fut appelé «cor naturel».

Après de premières et rares apparitions dans quelques opéras baroques, le cor de chasse allait commencer à être utilisé dans l'orchestre au début du XVIIIe siècle. Dès lors, les musiciens ressentirent la nécessité de pouvoir disposer d'un instrument moins limité et pouvant émettre un plus grand nombre de notes. On le pourvut donc peu à peu de quelques pièces additionnelles appelées «tons de rechange». Elles consistaient en seg-

Cor à pistons construit à Bruxelles au début du XIXe siècle. Il se compose de six pistons en argent aux touches ciselées. Le corps est composé d'un alliage de zinc et de cuivre.

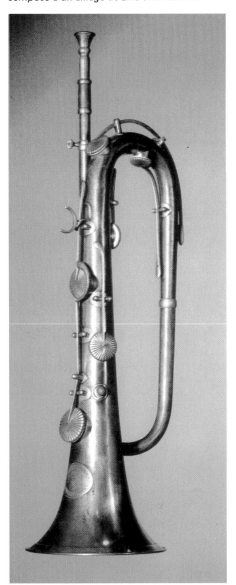

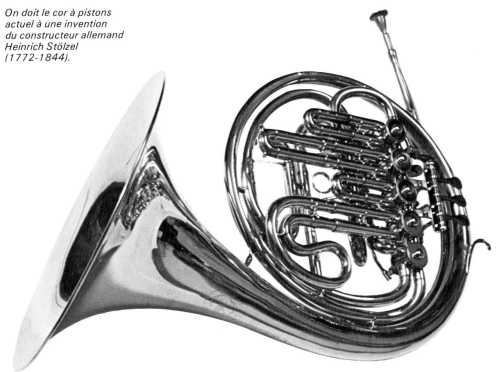

On doit le cor à pistons actuel à une invention du constructeur allemand Heinrich Stölzel (1772-1844).

ments de tube qui pouvaient être ajoutés au cor pour le rallonger, afin de modifier sa note fondamentale. Vers 1760, un instrumentiste allemand, Anton Joseph Hampel, découvrit qu'on pouvait diminuer la hauteur d'une note d'un demi-ton ou plus en bouchant le pavillon de l'instrument avec la main. Ainsi, entre les sons naturels et bouchés et avec l'utilisation des tons de rechange, le cor pouvait émettre presque tous les intervalles chromatiques, élargissant considérablement le champ de ses possibilités.

Ainsi amélioré et sous le nom de «cor d'harmonie», il allait devenir très apprécié des compositeurs de la période classique. Le recours aux tons de rechange ne s'avérait cependant guère commode pour l'instrumentiste et l'on dut rechercher de nouvelles solutions. C'est ainsi qu'en 1815, le cor allait connaître un perfectionnement définitif avec l'invention d'un système de pistons, également appliqué à la trompette.

Le cor à pistons ou cor «chromatique» allait de ce fait se substituer entièrement au cor d'harmonie au sein de l'orchestre.

Dans celui-ci, il se fond très bien avec les bassons et les clarinettes; on se mit par ailleurs à l'employer comme instrument soliste, même dans la musique de chambre.

Les premiers compositeurs à utiliser le cor dans l'orchestre furent Reinhard Keiser (1674-1739), avec son opéra *Octavia* (1705), et Alessandro Scarlatti (1660-1725) dans son opéra *Tigrane* (1715).

Caractéristiques fondamentales

Parmi les différents types de cors, le cor en *fa* est le plus utilisé dans l'orchestre symphonique, où l'on emploie généralement quatre cors (deux pour les parties aiguës et deux pour les graves).
Etendue:

Si l'on désire jouer au-delà du *fa* aigu, il faut faire preuve de beaucoup de prudence: il est difficile d'y parvenir avec précision, et sans que le son s'appauvrisse ou devienne inexpressif.
Timbre: dans celui que l'on considère comme son registre normal

le cor possède une sonorité pleine et douce, et parfois assez lointaine. Au fur et à mesure que l'on s'éloigne du *do* en descendant, le son se fait de plus en plus obscur.
Emission du son: mis à part le son que le cor possède en soi, les autres timbres peuvent être classés ainsi: *sons bouchés,* que l'on obtient en obturant le pavillon avec la main droite, ce qui produit une sonorité un peu nasale; *sons métalliques (cuivrés),* qui sont un peu forcés; *sons demi-bouchés,* qui produisent un effet de lointain et sont très doux.
Possibilités techniques: le cor est un instrument expressif, qui permet d'effectuer toutes sortes de gammes avec autant d'agilité que la trompette.

31

Le trombone et le tuba

Le trombone, inventé au XVe siècle, dérive d'un type de trompette, appelée «coulissante», dont l'embouchure s'emboîtait sur un large tube, lequel s'insérait dans le tube principal de l'instrument. En maintenant d'une main l'embouchure appliquée contre les lèvres, on pouvait, de l'autre main, faire coulisser l'instrument de haut en bas, modifiant ainsi la hauteur des sons. Même si son principe était intéressant, la trompette coulissante s'avérait cependant fort peu maniable, en raison de la différence de poids entre les parties fixe et mobile.

Pour en faciliter l'utilisation, on donna à la trompette coulissante la forme d'un *S*. On inventa peu après la «coulisse», ce qui allait donner naissance à un nouvel instrument. Celui-ci fut d'abord appelé trompette basse, ou plus communément «saqueboute» car sa forme rappelait une arme d'assaut du même nom. Ce n'est que plus tard que le nom italien de *trombone* s'imposa, nom qui indique d'ailleurs sa parenté avec la trompette et le cor. En Allemagne, on l'appelait *Posaune,* mot dérivé de l'ancien nom de la trompette, *buisine.* On ne peut établir avec exactitude la date d'apparition du trombone. Une chronique relatant l'entrée des prélats au Concile de Constance (1414-1418) permet néanmoins de déterminer une date intéressante : «Les trombones jouaient ensemble trois parties, comme on fait avec la voix.» Jusqu'à la fin du XVe siècle, l'emploi du trombone allait être fort rare. Les «chœurs de cuivre» (XVIe-XVIIe s.) de Gabrieli, Schütz et Monteverdi font une large place au trombone, à côté des autres instruments de cuivre.

A partir de 1500, les Neuschel, célèbres constructeurs d'instruments de cuivre de Nuremberg, en fabriquèrent régulièrement. Dans le trombone Neuschel, le pavillon était fixe tandis que la tête coulissante et l'embouchure étaient mobiles. Mis à part ce seul détail technique, le trombone moderne se distingue de son prédécesseur par le grand évasement de son pavillon.

Cependant, malgré son étendue considérable, ses grandes possibilités chromatiques et son intonation juste, le trombone fut peu utilisé dans l'orchestre, jusqu'au début du XIXe siècle. L'une des causes en est que son usage se limitait à des effets spéciaux.

Le trombone, comme d'autres instruments, se construit en différentes tonalités. Sa famille comprend : le piccolo, le soprano, l'alto, le ténor et la basse. Depuis le XIXe siècle, on a utilisé surtout le ténor et la basse.

Comme la trompette, le trombone se compose d'un tube cylindrique qui s'évase en son extrémité pour former le pavillon. La principale caractéristique du trombone est l'emploi d'une coulisse télescopique qui permet d'abaisser progressivement le son fondamental en allongeant la colonne d'air. La coulisse, dont le jeu permet des effets de *glissando*, est soumise à sept positions bien définies, chacune d'elles donnant une fondamentale un demi-ton plus grave que la précédente. La première position correspond à la coulisse entièrement rentrée; la septième à la coulisse entièrement tirée. On a également fabriqué au XIXe siècle des trombones à pistons, mais l'orchestre symphonique l'a toujours dédaigné, en raison de sa mauvaise sonorité. Le trombone ténor est en si ♭; c'est l'instrument le plus couramment utilisé aujourd'hui, avec le trombone ténor-basse, dont la fondamentale est le *fa* grave, obtenue par le jeu d'un piston actionné par le pouce de la main gauche; la colonne d'air passe alors dans une boucle supplémentaire et l'instrument est abaissé d'une quarte.

Caractéristiques fondamentales
Etendue :

Ses meilleures notes sont comprises entre

Au-dessus de

les sons sont plus difficiles à émettre. *Timbre :* c'est dans son registre moyen

que le trombone possède sa sonorité la plus pleine et la plus homogène, surtout en *forte*, où son intensité lui donne un caractère héroïque. Le grave se montre obscur et menaçant, tandis que les dernières notes de l'aigu présentent une certaine dureté.

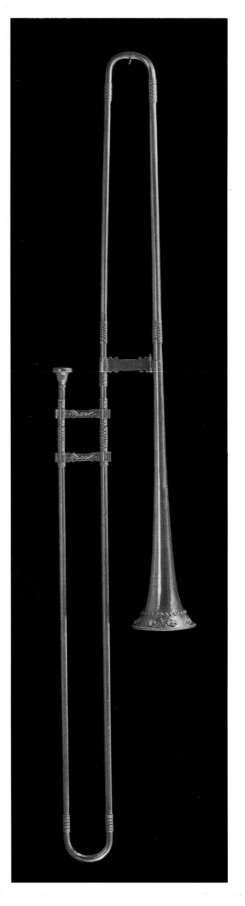

Page de gauche: trombone basse allemand de 1668, dont on peut ici juger de l'étroitesse du pavillon.

Ci-dessous, tuba allemand de 1835, déjà pourvu du mécanisme à pistons mis au point par Heinrich Stölzel en 1815.

Le trombone est pourvu d'une coulisse télescopique dont le jeu permet de modifier la hauteur des sons.

Possibilités techniques: le trombone nécessite un gros volume d'air pour ses notes graves. De ce fait, — et en raison aussi du jeu de la coulisse — son agilité est réduite par rapport à celle des autres instruments à vent.

Parmi les instruments à vent, le **tuba** est celui dont l'incorporation à l'orchestre est la plus récente. Il y figure aujourd'hui comme instrument grave de la section des cuivres (doublant souvent à l'octave inférieure la partie des trombones), fonction à laquelle il a été autrefois précédé par le *serpent* et par l'*ophicléide*.

Le *serpent* a été inventé en France au XVIe siècle par un chanoine d'Auxerre, Edmé Guillaume. Il s'agissait alors d'un instrument de grande dimension, constitué de deux tubes de bois de perce conique. Il avait la forme de deux *S* réunis et était recouvert de cuir. Sa profonde embouchure était montée sur un long bocal de cuivre cintré en forme de coude. Le serpent était la basse de la famille des *cornetti a bocchino*, instruments de bois pourvus d'une embouchure, très en vogue à la Renaissance et également utilisés à l'époque baroque. Sa forme ondulée (à laquelle le serpent doit son nom) facilitait l'exécution, car

elle rendait très accessibles les six trous dont son tube était pourvu. Très apprécié aux XVIIe et XVIIIe siècles, il cessa d'être employé bien que Wagner l'ait utilisé dans *Rienzi* et Verdi dans *I Vespri siciliani*.

L'*ophicléide* est un instrument en cuivre pourvu de clefs. Il aurait été inventé par le Français Frichot vers 1790, mais le premier à obtenir un brevet et à le construire fut un autre Français, Halary, en 1817. Le nom d'*ophicléide* dérive du grec *ophis* (serpent) et *cleis* (clef). Bien que son timbre soit assez vulgaire, l'ophicléide a remplacé le serpent dans l'orchestre, où il est resté jusqu'en 1850 environ, date à laquelle on lui substitua le *tuba à pistons*. Le tuba dérive pour sa part du *bass horn*, lequel était en réalité un serpent pourvu de clefs. En 1835, Wilhelm Wieprecht et Johann Gottfried Moritz adaptèrent au *bass horn* le mécanisme à pistons mis au point par Stölzel. Ainsi naquit le tuba. Perfectionné vers 1845 par Adolf Sax, il allait devenir dans l'orchestre la contrebasse des cuivres. De perce conique, il est pourvu de six pistons.

Le tuba contrebasse en *ut* est le plus usité dans l'orchestre symphonique.

Caractéristiques fondamentales
Etendue:

Timbre: sa sonorité pleine, ample et ronde, s'avère fort différente du mordant caractéristique des trombones.
Possibilités techniques: sa technique de pose du son est analogue à celle des trombones — mais non sa mécanique, qui fait appel à des pistons en lieu et place de la coulisse. A mesure que l'on descend dans le registre grave, l'émission se fait plus difficile, moins spontanée et de ce fait moins agile: chaque son nécessite en effet une certaine préparation.

Les timbales

Il existe une infinie variété d'instruments de percussion, mais seuls quelques-uns d'entre eux font partie en permanence de l'orchestre symphonique. On répartit généralement les instruments de percussion en deux groupes: ceux à intonation définie ou à son déterminé, et ceux à intonation indéfinie ou à son indéterminé. Les premiers peuvent remplir dans l'orchestre une fonction mélodique ou harmonique en raison de la hauteur précise de leurs sons. Appartiennent à ce groupe: les timbales, le xylophone, le célesta, le glockenspiel (ou jeu de timbres), les cloches et le gong. Les seconds émettent des sons dont la fréquence est difficile, voire même impossible à déterminer, et que l'on considère par conséquent comme des bruits. Appartiennent à ce groupe: le triangle, les cymbales, les crotales, le tam-tam, la grosse caisse, le tambour militaire, la caisse claire, le tambourin, et le tambour de basque.

La timbale est un tambour de forme semi-ovale ou semi-sphérique pourvu d'une seule membrane. Sa caisse (ou chaudron) est de bois, de cuivre ou de bronze.

Comme de nombreux autres instruments de musique, la timbale est d'origine très ancienne; elle était déjà connue des Egyptiens au Ve millénaire avant notre ère. En Grèce, elle prit le nom de *tympanon* et fut par la suite adoptée par les Romains.

Dans le nord de l'Afrique, comme en Asie Mineure, elle connut dès la plus haute Antiquité un usage militaire. Plus tard, les Arabes qui envahirent l'Espagne au début du VIIIe siècle utilisèrent dans leurs orchestres militaires des timbales montées sur des chameaux. Au XIe siècle, les croisés, à leur retour d'Orient, contribuèrent à diffuser cet instrument dans l'est européen. Néanmoins, il fallut encore attendre jusqu'au XVe siècle pour que la timbale commence à être connue en Europe occidentale. En 1457, le roi de Hongrie envoya en effet en France une ambassade dont la suite comprenait des joueurs de timbales à cheval, qui allaient causer une grande impression à la Cour. Presque à la même époque, l'instrument fut introduit en Allemagne pour s'étendre rapidement à toute l'Europe où, avec la trompette, il devint vite un symbole d'aristocratie et de pouvoir.

Dans un premier temps, on assista à un mouvement de rejet de ce nouvel instrument. Le musicien et écrivain allemand Sebastian Virdung (*Musica getutscht*, 1511) le censura en arguant du fait que la timbale n'était que «peu musicale».

Des timbales de l'époque étaient cependant des instruments très rudimentaires dépourvus de tout accordage exact. De ce fait, elles servaient uniquement à renforcer les notes basses des trompettes et à marquer le rythme. Au XVIe siècle, quelques fabricants allaient enfin apporter à cet instrument d'importants perfectionnements; ils s'inspirèrent de méthodes orientales pour étirer les membranes de peau grâce à des cordes; de plus, ils dotèrent la timbale de clefs rendant possible l'accordage. Ces clefs permettaient de varier le ton des caisses, leur conférant ainsi de plus riches possibilités. Près d'un siècle plus tard, les timbales, comme les trompettes, allaient cesser d'être réservées à un usage exclusivement militaire, pour être intégrées dans des ensembles musicaux.

Jean-Baptiste Lully fut le premier, dans son opéra *Thésée* (1675), à introduire la timbale dans l'orchestre.

Détail de La Pyramide musicale, *tableau d'Edgard Tytgat, dans lequel se détache, devant une rangée de tuyaux d'orgue, un joueur de timbales.*

La timbale est un instrument qu'on a toujours utilisé au moins par paires dans l'orchestre. Le timbalier peut avoir, disposées autour de lui, quatre timbales — ou davantage.

Avec Haydn et Mozart, les timbales ont joué un rôle de plus en plus grand. Dès lors, les constructeurs cherchèrent à les perfectionner par tous les moyens. Ils mirent au point des mécanismes spéciaux pour étirer les membranes et remplacer les clefs simples, ce qui permit alors d'obtenir — avec une grande facilité — des sons plus aigus et d'augmenter l'étendue de l'instrument. La timbale rotative, tournant sur un axe et permettant à l'exécutant un accordage plus rapide, constitua un progrès important. On mit au point par la suite une timbale à bassin de taille supérieure à celles déjà incorporées à l'orchestre, afin d'augmenter l'étendue des notes basses. Cette innovation fut très bien accueillie par les exécutants; disposant ainsi d'une troisième membrane, ils se virent épargner des changements d'accords fastidieux; leur travail s'en trouva facilité d'autant. Cependant, les exigences des compositeurs, de plus en plus intéressés par l'usage des timbales, allaient entraîner de nouveaux perfectionnements. En 1882, les constructeurs de Dresde Pittrich et Queisser proposèrent les premières timbales à pédales. Elles offraient des possibilités insoupçonnées et rencontrèrent de ce fait un accueil très favorable. Leur mécanisme complexe et leur poids excessif firent cependant obstacle à leur large diffusion, malgré le mérite qu'elles avaient de révolutionner leur technique d'utilisation. Aux Etats-Unis, R. C. Danley et William Ludwig mirent au point, en 1911, des timbales à pédales légères, pratiques et peu coûteuses. Par des perfectionnements successifs, on s'est peu à peu acheminé vers l'actuel modèle «Ludwig», dont le système de coques paraboliques suspendues accroît considérablement la pureté et la puissance du son.

Caractéristiques fondamentales

Dans l'orchestre actuel, on utilise les timbales à pédales; leur nombre dépend de l'œuvre interprétée. Dans de nombreuses pièces contemporaines, on en emploie jusqu'à quatre unités. Ces quatre bassins ont des diamètres différents et se trouvent disposés du plus petit au plus grand; ils atteignent ainsi une étendue d'une dixième:

Les baguettes : pour percuter les timbales, le timbalier utilise généralement deux mailloches (une dans chaque main) constituées chacune d'un manche de bois dur d'environ 35 cm. de long, dont une des extrémités est garnie de laine ou de feutre; elle peut être aussi recouverte de liège, de caoutchouc ou de cuir. Il existe des baguettes de différentes duretés selon les effets que l'on désire obtenir. Dans certains cas, assez rares, comme par exemple dans la musique baroque, on emploie des baguettes sans aucun revêtement.

Timbre: les timbales offrent une grande richesse sonore et permettent ainsi d'obtenir les effets les plus divers. De son rôle fréquent de renfort des basses jusqu'à la frappe minutieuse en *pianissimo*, la timbale recèle une gamme étendue de nuances qui contribue à faire d'elle un des instruments les plus riches et les plus appréciés de toutes les percussions.

Possibilités techniques: les timbales modernes autorisent le plus large éventail de prouesses possibles en matière de virtuosité. La forte personnalité qu'a réussi à conquérir cet instrument a contribué à ce que de nombreux compositeurs contemporains l'utilisent en soliste dans leurs œuvres.

Le xylophone et le vibraphone

Le **xylophone** est un instrument de percussion composé de petites lames de bois (ou de tubes de bambous) plates ou semi-cylindriques, de longueur et d'épaisseur variables, qui sont suspendues sur une caisse de résonance ou soutenues par un cadre. Son nom dérive des mots grecs *xulon* (bois) et *phone* (son). On en joue en frappant les lattes avec des mailloches dont la tête est garnie le plus souvent d'ivoire.

Le xylophone, probablement d'origine indonésienne, s'est autrefois répandu dans une grande partie de l'Asie (il était cependant inconnu en Inde). Il fut introduit en Afrique par les marchands arabes. Les xylophones africains sont généralement composés de lames plus étroites et plus minces et chacune d'elles possède son propre résonateur. On trouve le même instrument en Amérique du Sud, où il fut introduit par les esclaves noirs. Le xylophone proprement dit est apparu en Europe vers le XVIe siècle. Il fut mentionné pour la première fois en 1511 par l'organiste et compositeur Arnold Schlich (vers 1460-1521), qui l'appelait *huolze glechter* (claquebois). En 1528, Martin Agricola (1486-1556) mit au point un instrument formé de 25 lames de bois, auquel il donna le nom allemand de *Strohfiedel*. Près d'un siècle plus tard, Michael Praetorius (1571-1621) dessina et décrivit un instrument constitué d'une série de quinze lames, longues d'environ 15 à 50 cm. et disposées sur une seule rangée en forme de pyramide. Les gravures de Hans Holbein le Jeune (vers 1497-1543) intitulées *La Danse de la Mort* représentent elles aussi de façon détaillée des xylophones. L'une d'entre elles montre un squelette qui joue d'un petit xylophone suspendu à son cou par un ruban et qu'il fait reposer sur ses hanches pour le maintenir à l'horizontale.

En 1695, le musicien bolonais Giuseppe Paradossi († 1706) (Troili, de son vrai nom) publia un manuel intitulé *Modo facile di suonare il sistro nomato il timpanio*. A la première page se trouvait représenté un xylophone à 12 lames. Ce livre comprenait, outre une introduction, huit pages de mélodies dont la plupart étaient des danses folkloriques, selon des transcriptions chiffrées. Le théori-

Les xylophones africains disposent d'un résonateur situé sous chaque lame; celui-ci a pour objet d'en amplifier et parfois d'en déformer le timbre.

cien français Martin Mersenne (1588-1648) décrivit, quant à lui, dans un traité intitulé *Harmonie universelle* (1636-1637), deux instruments (*claquebois patouilles* et *eschelletes*) dont les lames étaient disposées comme sur un clavier et percutées par des marteaux indépendants. Au cours du XVIIIe siècle, divers modèles de xylophones à clavier allaient apparaître. Au siècle suivant, Heinrich Nikolaus Gerber (1702-1775) inventa même un xylophone dont le clavier était semblable à celui du clavecin; son étendue était de quatre octaves et ses touches reliées à de petites boules de bois qui frappaient les lames.

Bien qu'il ait été introduit dès le XVIe siècle, le xylophone fut peu répandu en Europe occidentale jusqu'à la seconde moitié du XIXe siècle. En Pologne et en Russie méridionale, on l'utilisait comme instrument mélodique. Il allait d'ailleurs revenir à un musicien russe, Micha Josef Guzikow (1806-1837), de populariser l'instrument lors de ses tournées de concerts dans toute l'Europe. Sa virtuosité lui valut les encouragements de Chopin et de Liszt. Elle attira également l'attention de Mendelssohn. L'instrument de Guzikow était un xylophone de quatre rangées qui comptait 28 lames accordées par demi-tons et placées sur un support de forme trapézoïdale.

Le xylophone d'orchestre est actuellement construit avec la plus grande rigueur scientifique et le plus grand soin. Ses lames sont en résineux ou en bois dur (souvent en palissandre rose); elles sont soigneusement séchées, puis accordées avec précision. Chacune de ces lames se trouve pourvue d'un tube métallique placé à la verticale sous elle, et qui lui sert de résonateur. Pour leur percussion, on utilise deux petites mailloches dont la tête peut être en bois dur, en bakélite ou en caoutchouc, selon les effets désirés.

Caractéristiques fondamentales
Etendue: son étendue couvre trois octaves:

Les sons, cependant, s'écrivent souvent à l'octave inférieure du son réel.
Timbre: parmi les percussions, le xylophone est un de ceux qui possèdent les plus grandes ressources mélodiques et le plus large éventail sonore. Son timbre sec et quelque peu ligneux permet de l'utiliser pour obtenir toutes sortes d'effets suggestifs. C'est ainsi que Saint-Saëns lui a donné un caractère funèbre dans sa *Danse macabre.* Stravinski l'a exploité avec génie dans *Petrouchka,* conférant ainsi une coloration particulière à l'orchestre. Le xylophone se mélange bien avec les cordes, ainsi qu'avec le piano.
Possibilités techniques: le joueur de xylophone, qui utilise généralement deux mailloches, doit faire preuve d'une très grande habileté et d'une grande virtuosité. Cet instrument permet en effet toutes sortes d'agilités

L'incorporation du xylophone à l'orchestre remonte au XIXe siècle, lorsque Saint-Saëns l'utilisa dans sa Danse macabre.

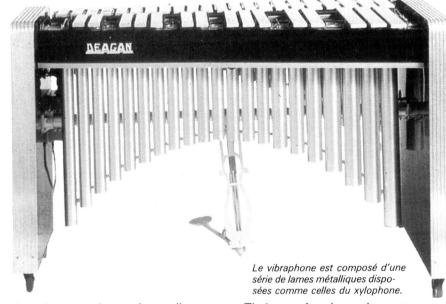

Le vibraphone est composé d'une série de lames métalliques disposées comme celles du xylophone.

diatoniques et chromatiques. Il permet par ailleurs d'obtenir un effet de *glissando,* en faisant rapidement glisser une baguette sur les lames, du registre grave au registre aigu, ou inversement.

Le vibraphone et la marimba sont des instruments dérivés du xylophone. La marimba possède des lames plus étroites et son étendue est plus importante.

Le **vibraphone,** inventé par Hermann Winterhoff en 1916, est en réalité un xylophone dont les lames de bois ont été remplacées par des lames de métal. Chaque tube de résonance contient un petit appareil actionné par un moteur électrique, dont la fonction est d'augmenter le volume et la durée des vibrations provoquées par le choc de la baguette. Perfectionné en 1921, le vibraphone fut petit à petit intégré

aux orchestres de musique légère. En 1934, Alban Berg (1885-1935) allait l'utiliser dans son opéra *Lulu,* l'introduisant ainsi pour la première fois dans l'orchestre symphonique. Benjamin Britten (1913-1976) l'employa également dans sa *Spring-Symphony* ainsi que dans d'autres œuvres. Après Olivier Messiaen, Pierre Boulez (né en 1925) a lui aussi consacré au vibraphone une importante partie dans *Le Marteau sans Maître* (1954-1957).

Caractéristiques fondamentales
Etendue: on peut jouer de cet instrument avec deux, trois ou quatre baguettes, ce qui permet de réaliser des accords. Son étendue couvre trois octaves:

Timbre: grâce à ses baguettes revêtues de laine, le vibraphone possède un timbre hautement poétique, à la fois doux et fantastique, d'une grande force expressive. On peut tout aussi bien lui conférer un caractère lugubre ou joyeux. Le son qu'il produit se rapproche de celui du célesta, bien qu'il soit plus puissant et moins cristallin. Pour obtenir des effets de *glissando,* on utilise des baguettes à tête dure, en bois ou en métal. Son usage dans certains passages orchestraux en *piano* ou *pianissimo* avec les cordes, les bois ou les cuivres (avec sourdine) s'avère souvent d'un effet saisissant.
Possibilités techniques: grâce à une pédale, on peut obtenir le *staccato* et le *legato,* ou laisser vibrer librement les lames de l'instrument. Les *glissandos* s'obtiennent comme au xylophone.

Le glockenspiel, le célesta et les cloches

Le **glockenspiel** fut incorporé pour la première fois à l'orchestre par Georg Friedrich Haendel (1685-1759) dans son oratorio *Saül* (1739). Charles Jennens (1700-1773), ami et collaborateur de Haendel, écrivit à son cousin Lord Guernsey: «La tête de M. Haendel n'a jamais été aussi pleine de fantaisies. J'ai trouvé chez lui, hier, un instrument extravagant qui s'appelle le carillon... On en joue avec des touches de même que pour le clavecin, et avec cet instrument cyclopéen, il pense rendre fou le pauvre Saül.» L'instrument en question, appelé carillon ou glockenspiel, couvrait à l'origine une étendue chromatique d'une trentaine de notes; il était d'une dimension considérable et était pourvu d'un clavier. Haendel l'utilisa conjointement au triangle et au tambourin dans le premier acte de l'oratorio *Saül,* au cours de la scène où les femmes juives accueillent par des danses le jeune David vainqueur du géant Goliath. Les opinions divergent quant au fait de savoir s'il était composé de clochettes ou de disques de métal. Selon Sachs, il s'agissait de petites lames de métal; Berlioz soutenait, au contraire, qu'il comptait un nombre élevé de clochettes actionnées par un clavier. On sait, en effet, qu'un instrument de ce type (pourvu de clochettes semblables à des sonnettes de bicyclettes) fut abandonné à Covent Garden par une compagnie d'opéra italienne. Mozart, pour sa part, employa le glockenspiel dans *La Flûte enchantée* (1791), où il met en scène Papageno jouant de cet instrument. Il existe d'ailleurs à ce propos une anecdote amusante que le grand compositeur rapporta lui-même dans une lettre de 1791 adressée à son épouse; pendant une représentation de *La Flûte enchantée,* Mozart, qui interprétait dans les coulisses la partie de glockenspiel, commença à somnoler et se trompa à maintes reprises, provoquant

Ci-dessous, à gauche, glockenspiel et célesta; à droite, cloches.

ainsi la colère du chanteur qui interprétait Papageno: celui-ci finit par jeter à terre le faux instrument qu'il avait dans les mains en criant: «Ça suffit!» Et Mozart d'ajouter que ce fut seulement à cette occasion que le public se rendit enfin compte que le personnage de Papageno ne jouait pas réellement du glockenspiel.

De nos jours, le glockenspiel est un petit instrument semblable au xylophone, pourvu de lames d'acier variant graduellement de longueur. On l'appelle «jeu de timbres». Ces lames, accordées de façon chromatique, sont alignées sur deux rangées et fixées sur un support. La seconde rangée occupe un plan légèrement plus élevé que la première. Le support est garni de feutre ou d'une autre matière isolante afin d'obtenir le maximum de résonance. Il existe deux types de glockenspiel: le *carillon à lames d'acier* (étant celui que nous venons de décrire), dont on joue avec de petits marteaux; l'autre est pourvu d'un clavier et est appelé plus ordinairement *carillon à clavier.*

Caractéristiques fondamentales

Etendue: elle varie de deux à trois octaves. La plus courante est cependant celle-ci:

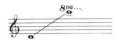

Ses notes sonnent à l'octave supérieure du son écrit.

Timbre: il est cristallin et lumineux et peut se mêler notamment avec les bois de l'orchestre, particulièrement dans la nuance mezzo-forte ou forte.

Possibilités techniques: grâce à ses lames d'acier disposées chromatiquement, l'interprète peut réaliser des gammes ainsi que toutes sortes d'intervalles avec une extrême facilité.

Le **célesta** dérive du glockenspiel à clavier. Il a l'aspect d'un petit piano droit. Il fut inventé en 1866-1868 par le Français Victor Mustel (1815-1890) sous le nom de *typophone,* et fut breveté sous le nom de *célesta* en 1886 par les fils de l'inventeur, Auguste et Alphonse. Le mécanisme du célesta est semblable à celui du piano, mais les cordes y sont remplacées par des lames métalliques; celles-ci sont percutées par des marteaux recouverts de feutre et reliés aux touches du clavier. Chaque lame est fixée à un tube de résonance généralement en bois, qui confère à l'instrument son timbre doux. L'étendue primitive du célesta était de cinq octaves, mais, en raison de la sonorité pauvre des notes graves, on peut dire qu'il n'existait pas d'octave grave. Récemment, cependant, on a réussi à construire des instruments de cinq octaves car on a pu améliorer la sonorité de ces notes graves. La musique pour célesta s'écrit sur deux portées.

Caractéristiques fondamentales

Etendue: son étendue, de quatre octaves, est la suivante:

L'effet réel sonne à l'octave supérieure du son écrit.

Timbre: sa sonorité charmeuse est d'une grande pureté. On utilise le célesta dans les passages où l'orchestre est discret, avec les cordes ou avec les bois, dans des moments d'une cer-

taine féerie. L'instrument se mélange également assez bien au piano et à la harpe.

Possibilités techniques: sa facilité d'exécution est comparable à celle du piano. Dans des passages très colorés, les auteurs modernes et contemporains vont même jusqu'à lui faire faire des démonstrations de grande virtuosité — mais toujours en tenant compte de son timbre spécifique.

Les cloches. Cet instrument, comme beaucoup d'autres, apparut dès l'Antiquité, mais on ne connaît pas avec exactitude son lieu d'origine. Ce fut peut-être la Chine: les plus anciens exemplaires connus proviennent de cette région et datent du premier millénaire avant notre ère. Bien qu'on n'en possède aucune preuve, il semblerait que les premières cloches aient été fabriquées avec des coques, des carapaces, du bois évidé, etc. Les cloches chinoises les plus anciennes étaient carrées; elles prirent, au cours des siècles, la forme d'une campanule durant la dynastie Chang.

En Europe, les cloches allaient, comme en Chine, connaître un usage dans l'activité religieuse, mais elles furent également utilisées pour la musique profane, surtout celle de danse. Au cours du Moyen Age, le jeu de cloches (représenté par l'iconographie dès le Xe siècle et jusqu'au XVe siècle) devint l'instrument de percussion le mieux considéré. Un jeu n'était généralement composé que de huit ou neuf cloches; de taille réduite et qui augmentait graduellement, elles étaient suspendues en une seule rangée sur un support placé face à l'exécutant. En général elles étaient dépourvues de battant et l'on en jouait en les frappant avec un ou deux marteaux. Parmi les compositeurs du XIXe siècle qui se sont distingués en ayant recours à cet instrument, citons Hector Berlioz (1803-1869), dans sa *Symphonie fantastique* (1830).

Les cloches ont été très utilisées au théâtre et à l'opéra; certains de ceux-ci, comme le Bolchoï de Moscou, possèdent ainsi de véritables jeux de cloches d'église. Cependant, elles sont souvent remplacées par de grands plateaux de bronze, des barres d'acier ou encore des gongs. De nos jours, on appelle plus précisément «cloches» un instrument (incorporé à l'orchestre à la fin du XIXe siècle) composé d'une série de tubes d'acier ou de plaques de bronze d'une longueur et d'un diamètre différents, suspendus sur un même support, généralement en deux rangées. On en joue au moyen de deux marteaux dont les têtes sont recouvertes de cuir ou de feutre.

Caractéristiques fondamentales

Etendue: on construit de nos jours des cloches tubulaires comportant l'échelle chromatique sur une étendue de deux octaves.

Timbre: l'emploi approprié des cloches produit un effet saisissant. Que ce soit dans un ouvrage lyrique ou dans une œuvre symphonique, la présence de cet instrument est devenue très attrayante, notamment dans la musique contemporaine. On l'utilise très souvent dans des scènes religieuses et tragiques ou pour une évocation primitive; mais aussi dans des scènes de fête — comme on l'entend dans les *Noces* de Stravinski. On peut employer les cloches aussi bien dans les nuances *piano* que *forte,* avec peu ou beaucoup d'autres instruments, et leurs sons si spécifiques ressortent, quelle que soit l'intensité, avec un relief qui les met particulièrement en valeur.

Possibilités techniques: le son prolongé de l'instrument n'autorise guère de prouesses techniques et n'incite pas à une particulière rapidité d'exécution.

Triangle, cymbales, gong et tam-tam

Le **triangle** dériverait de l'ancien *sistre,* sorte de hochet muni d'un manche et consistant en une mince lame de bois ou de métal recourbée qui était fixée au manche et pourvue de petits disques en métal (ou autre matière), lesquels s'entrechoquaient lorsque l'on agitait l'instrument. Ce fut de la simplification du sistre que naquit le triangle. Formé d'une mince tige d'acier cylindrique, il est recourbé en forme de triangle isocèle ou équilatéral et ouvert en l'un de ses angles. On en joue en le frappant avec des baguettes métalliques d'épaisseur et de longueur différentes — ces petites tringles sont appelées «batt» — ou même encore avec une baguette de tambour.

Le triangle fit son apparition en Europe vers le Xe siècle. L'iconographie médiévale le représente sous une forme qui varie du triangle équilatéral au trapèze, et parfois pourvu de petits anneaux métalliques à sa base, ce qui pourrait indiquer que l'on en jouait des deux mains, soit en le percutant, soit en l'agitant. Au cours du Moyen Age et jusqu'à ce que son usage fût prohibé dans les églises, le triangle joua un rôle important dans les cérémonies religieuses. Dans la musique profane, on l'employait pour accompagner les instruments à vent, surtout la flûte. Haendel devait l'utiliser dans son oratorio *Saül* (1739) et Mozart dans *L'Enlèvement au Sérail* (1781-1782).

Le triangle sans anneaux résonateurs fut adopté par l'orchestre symphonique au XIXe siècle et ne fut tout d'abord utilisé qu'à des fins de coloration sonore. On doit à Liszt d'avoir écrit le premier solo pour triangle dans son *Concerto pour piano et orchestre en mi bémol majeur* (1849, 1856). Grieg devait lui aussi l'utiliser dans *Peer Gynt* (1874) et Wagner dans *Les Maîtres Chanteurs de Nuremberg* (1861-1867).

Le triangle peut émettre des sons du *pianissimo* au *fortissimo.* En plus de son emploi dans les passages espiègles, on l'utilise aujourd'hui à des fins plus dramatiques. Ce petit instrument, qui possède la particularité de se faire entendre distinctement en plein *fortissimo* orchestral, doit donc être employé avec précaution.

Les cymbales. Les cymbales sont probablement l'instrument de métal le plus ancien que l'homme ait inventé. Elles consistent en deux plaques métalliques légèrement concaves et d'un creux plus accusé en leur centre, pourvues chacune d'une anse. On en joue en les heurtant l'une contre l'autre, en un mouvement vertical légèrement oblique, ou bien en les percutant avec une baguette métallique (batt du triangle), diverses baguettes de timbale ou encore une mailloche de grosse caisse (elles sont dans ce cas suspendues à un support ou fixées sur un pied). On peut également obtenir une sonorité bruissante à l'aide d'un petit balai en fils d'acier qui remplace les baguettes. Un orchestre symphonique nécessite au moins deux paires de cymbales de taille distincte, plus une série de cymbales suspendues.

Certains historiens font remonter l'usage des cymbales au quatrième millénaire avant J.-C. Elles furent, par ailleurs, très largement diffusées, pratiquement dans toute l'Asie, l'Egypte, la Grèce et l'Empire romain. Leur emploi était surtout réservé aux cérémonies religieuses. En Egypte et en Mésopotamie, elles accompagnaient les danses sacrées; les Hébreux, quant à eux, les utilisaient lors des sacrifices d'actions de grâce, tandis que les Grecs et les Romains les employaient en même temps que le sistre et le *tympanon* (sorte de tambourin) dans les rites de leurs cultes à Dionysos et à Cybèle.

Les cymbales utilisées actuellement dans l'orchestre symphonique sont formées de deux plaques de métal pourvues en leur centre d'une poignée.

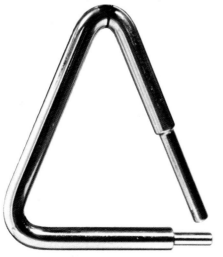

Le triangle est généralement suspendu à une cordelette; on en joue en le frappant avec une baguette de tambour ou des baguettes métalliques (batt).

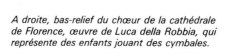

A droite, bas-relief du chœur de la cathédrale de Florence, œuvre de Luca della Robbia, qui représente des enfants jouant des cymbales.

De petites cymbales appelées *crotales* étaient utilisées par les danseuses; elles avaient une forme semblable à cette des castagnettes. Elles étaient généralement en bronze, mais parfois d'un autre métal (argent, cuivre, etc.) ou même encore en bois. Au Moyen Age, elles conservèrent la forme et les dimensions qu'elles avaient dans l'Antiquité.

On joue des cymbales en les frappant par coups secs ou résonants ou bien encore en provoquant des trémolos. Quand on les emploie par paires, on les entrechoque. Si l'on désire obtenir un coup sec, les plateaux doivent être rapidement ramenés sur la poitrine de l'exécutant afin d'amortir les vibrations; pour les coups résonants, au contraire, les plateaux doivent être tenus à bout de bras. En liaison avec les timbales, le tambour et la grosse caisse, les cymbales peuvent contribuer par des trémolos ou des attaques diverses à un grand *crescendo* orchestral. Utilisées seules *pianissimo,* elles réussissent à évoquer un climat de luminosité intense.

Le gong et le tam-tam. Ces deux instruments originaires d'Extrême-Orient furent introduits en Europe au XVIIIᵉ siècle. Le gong consiste en un grand disque métallique, d'épaisseur variable et dont le bord est incurvé; il est en outre suspendu à un support. On en joue en le frappant à l'aide d'un maillet dont la tête est garnie de feutre dur ou de liège. Il peut offrir une surface plane, quoique le plus souvent légèrement bombée et pourvue en son centre d'une protubérance appelée «mamelon». Cette dernière constitue le point de frappe et produit un son assez mordant. Le tam-tam est une variante du gong utilisé en Chine. Son diamètre oscille entre 30 et 65 cm. Son disque est plat en son centre. Son bord n'est que partiellement galbé et sa face antérieure est martelée irrégulièrement pour donner plus de richesse au son produit. Sa face postérieure n'est jamais polie. On ne connaît pas exactement le lieu d'origine du gong. Selon la tradition chinoise, il proviendrait de la région de Hsi Yu, entre le Tibet et la Birmanie, où on le trouve mentionné dès le VIᵉ siècle av. J.-C. Les chercheurs ont cependant découvert l'existence de deux instruments qui lui sont antérieurs: le *tjing* coréen

et le *rang* de Garo. Les principaux centres de production de gongs furent la Birmanie, la Chine, l'Annam et Java. Il faut souligner l'importance de Java, où cet instrument était construit selon sept types différents et d'où provient le nom de *gong*. Considéré comme l'instrument musical le plus important d'Extrême-Orient, le gong était étroitement lié à tous les aspects de l'activité humaine. Il accompagnait les danses et avait sa fonction au théâtre (il existait de véritables orchestres de gongs de dimensions variables); on l'utilisait aussi pour transmettre des messages, pour battre la retraite de l'armée, ainsi que dans les cérémonies funèbres, à la chasse, etc. On lui attribuait également de grands pouvoirs magiques pour attirer les vents, soigner les malades, chasser les esprits et conjurer les démons du corps humain.

La qualité de l'instrument varie sensiblement selon les alliages des métaux qui le composent. Ils sont généralement à base de bronze, composé de 80% de cuivre et 20% d'étain; parfois, on lui ajoute du fer pour obtenir un son plus sourd. Autrefois, le mélange se constituait aussi d'argent et d'or. Le gong fut introduit pour la première fois dans l'orchestre par François-Joseph

Gossec (1734-1829) dans sa *Marche lugubre* (1793), pour les obsèques de Mirabeau. En 1804, Jean-François Lesueur (1760-1837) l'utilisa dans son opéra *Les Bardes ou Ossian* et, en 1807, Gaspare Spontini (1774-1851) l'employa à son tour dans *La Vestale.* Vers 1835, il commença à faire définitivement partie de l'orchestre.

Le gong et le tam-tam peuvent émettre des sons du *pianissimo* jusqu'au *fortissimo.* Le tam-tam est cependant plus pénétrant en raison de la nature de ses vibrations. On l'utilise aussi bien dans des situations lugubres qu'en des moments d'exaltation ou de grande solennité. On le percute avec la main droite et on amortit les vibrations avec la main gauche. Le gong, quant à lui, avec un son plus velouté est remarquable pour traduire des passages descriptifs, de peur ou d'interrogation. Il produit un effet saisissant lorsqu'il est associé au registre grave des cuivres, des bois et même des cordes. Sa présence est également irremplaçable en *fortissimo* lors d'un passage particulièrement dramatique, comme dans les *Tableaux d'une Exposition* (1874) de Moussorgski, orchestrés par Ravel.

Le terme *tam-tam* dérive du malais *tammitam,* qui signifie tambour.

Les tambours

Le tambour, outre qu'il représente un des instruments les plus anciens, est probablement le plus universellement répandu.

En règle générale, on désigne par ce nom les instruments de la famille des membranophones dont une caractéristique fondamentale consiste en la présence d'une caisse de résonance de forme et de dimensions variables; sur son (ou ses) ouverture(s) sont fixées une ou deux membranes tendues. Les membranes étaient autrefois exclusivement en peaux naturelles, alors qu'au XXe siècle s'est généralisé l'emploi des peaux synthétiques, avec lesquelles on obtient d'aussi bons résultats.

La dénomination de tambour dérive du provençal *tabor,* et provient sans doute du persan *tabir.* Il existe aussi d'autres instruments qui portent ce nom, mais leur nature est différente — comme par exemple les tambours de bois et ceux de bronze. Les plus anciens parmi les membranophones sont les tambours de terre et les tambours sur cadre. Des spécimens de tambours de terre en forme de vase ou de gobelet ont été retrouvés dans des fouilles archéologiques de gisements néolithiques. Les tambours sur cadre, quant à eux, sont apparus dès l'aube de l'histoire. Ces derniers se composent d'un châssis, souvent en bois, qui adopte une forme circulaire, carrée ou hexagonale, et sur lequel se trouvent tendues une ou deux peaux. Divers procédés ont été mis au point pour fixer et tendre les peaux. La taille des instruments s'avère également très variable; elle va en effet du petit *tambour* de la fanfare jusqu'à la grosse caisse de l'orchestre symphonique.

Le tambour, de forme circulaire ou carrée et de dimensions variables, parfois considérables, apparut dans l'iconographie orientale dès le IVe millénaire av. J.-C. En Mésopotamie, en Perse et en Egypte, on l'utilisait comme instrument faisant partie du culte religieux. Il fut ensuite introduit dans l'armée, où il avait comme mission d'intimider l'adversaire. Les Grecs et les Romains allaient uniquement l'employer pour des cultes déterminés. On utilisait au Moyen Age différents types de tambour, bien que le plus répandu fût le tambourin, qui était pourvu de deux membranes tendues au moyen d'une attache en forme de «Y». Ses dimensions variaient d'un pays à l'autre, mais il était généralement cylindrique. On le suspendait au bras gauche ou au cou et on en jouait soit directement avec la main soit au moyen d'une baguette et, plus rarement, de deux.

Si la timbale était l'instrument spécifique de la cavalerie, l'infanterie allait adopter, quant à elle, un autre instrument qui consistait en un type de tam-

Instruments à vent et à percussion, selon une miniature du XVIe siècle.

bour semblable au tambourin, mais de dimensions plus grandes. La hauteur du corps de cet instrument équivalait souvent à son diamètre. L'exécutant le portait en bandoulière et il reposait sur la hanche avec une inclinaison de 45 degrés. On jouait de cet instrument au moyen de deux baguettes.

Dans la peinture de la Renaissance et du Baroque, les tambours étaient d'ordinaire joués par des musiciens orientaux, turcs pour la plupart. Il n'est donc pas étonnant que Mozart ait incorporé pour la première fois le tambour à l'orchestre, dans son *Enlèvement au Sérail* (1781-1782).

Actuellement, l'orchestre symphonique utilise régulièrement la grosse caisse, la caisse roulante, la caisse claire et le tambour de basque.

La grosse caisse. C'est un grand tambour cylindrique en bois, muni de deux membranes dont la peau est très résistante. Les membranes sont fixées par le biais de cercles d'enroulage en bois et se tendent avec des clefs disposées autour de ces cercles. On parle de tension unique quand les clefs règlent les deux peaux à la fois et de double tension quand chaque peau est tendue indépendamment. Dans l'orchestre, on place la grosse caisse sur un support, en position verticale ou horizontale; la seconde position, qui offre une plus grande liberté de mouvements, est celle que l'on préfère actuellement. L'instrument est frappé avec une mailloche à tête de liège ou feutrée. On percute le centre de la peau si on désire obtenir un son grave et sec; pour les autres effets, on peut exploiter toute la surface de la peau se situant entre le centre et le rebord de l'instrument. Son usage dans l'orchestre est essentiel dans les *fortissimi*.

La caisse claire. C'est un instrument formé d'un fût circulaire en bois ou en métal (diamètre de 35 cm. pour une hauteur de 13 cm.). Les deux membranes, en peau de veau ou synthétiques, sont tendues au moyen de vis à clefs. Ces membranes sont de différentes épaisseurs: la supérieure, dite «peau de batterie», est plus épaisse que l'inférieure, dite «peau de timbre».

Divers instruments de percussion: ci-dessus, la grosse caisse; à gauche, le tambour de basque; en haut à droite, la caisse claire et, en bas à droite, le tambour militaire.

Celle-ci, comme son nom l'indique, est pourvue d'un timbre (système de petites tiges fines généralement en métal) qui peut être tendu sur la membrane ou relâché. On joue de la caisse claire avec deux baguettes de bois, ou avec deux balais métalliques.

Le tambour militaire. Souvent confondu avec la caisse claire, le tambour militaire est pourtant de dimensions plus grandes. Son effet le plus typique est le roulement, qui est à la base de sa

Le tambour africain est un instrument pourvu d'une seule membrane et que l'on frappe avec les mains.

technique d'exécution. On peut également obtenir d'autres effets donnant des coups secs ou en frappant la membrane en son centre ou près du bord.

Le tambour de basque. C'est un petit tambourin à une seule membrane. Celle-ci est tendue sur une couronne généralement en bois, percée de fentes qui sont chacune pourvue, le plus souvent, d'une paire de petites cymbales qui s'entrechoquent lorsque l'on frappe ou que l'on agite l'instrument. Bien qu'il en existe de différentes tailles, le tambour de basque mesure généralement 6 centimètres de

haut et 25 centimètres de diamètre. On en joue avec les doigts, avec des baguettes de feutre et, parfois même, avec des baguettes de tambour.

Tambours divers. Au XXe siècle, on a incorporé à l'orchestre une vaste série de tambours, de conceptions les plus diverses, venant d'Amérique latine, d'Afrique ou d'Asie.
Le bongo. D'origine cubaine, cet instrument possède un fût légèrement conique. On l'utilise toujours par paire, en le maintenant entre les genoux ou avec les pieds. On le frappe avec les doigts ou avec la paume de la main.
Le conga ou *tumba.* Membranophone utilisé dans la musique afro-cubaine (au Brésil et dans les Antilles), le conga possède un long fût légèrement conique pourvu d'une seule membrane fixée par un cerclage métallique et des clefs. On l'utilise en le serrant entre les genoux ou en le faisant pendre à l'épaule au moyen d'une lanière. On le percute avec les doigts ou avec la paume des mains. L'instrument peut également être employé par paire, fixé, dans ce cas, sur un support.
Le tambour africain. Il est semblable au conga, mais ses dimensions sont plus grandes. Il n'est pourvu que d'une seule peau tendue par des cordelettes et on en joue avec les doigts.
Le tambour chinois. Il consiste en un cylindre de bois de dimensions réduites (25 cm × 8 cm) dont les bords sont légèrement arrondis. Il possède deux membranes de peau tendues par des clefs et décorées par des dessins. On le percute avec les mains et il possède une sonorité plutôt sèche.

Autres instruments à percussion

A partir de la fin du XIXᵉ siècle, les instruments à percussion ont joué un rôle de plus en plus important dans l'ensemble orchestral. L'évolution singulière propre à la recherche de nouveaux effets en matière de timbres a entraîné non seulement de nouvelles façons d'utiliser les instruments appartenant déjà à l'orchestre, mais elle a conduit également à incorporer en son sein un grand nombre de nouveaux instruments, pour la plupart à son indéterminé. Les instruments à percussion, destinés à l'origine à satisfaire des exigences rythmiques ou à intervenir à des moments particuliers pour accentuer le caractère dramatique d'une situation, sont devenus des éléments de première importance dans les audacieuses orchestrations

Ci-dessous, le woodblock, instrument originaire de l'Extrême-Orient et introduit en Occident par les orchestres de jazz.

Le tempelblock (ci-dessus) est généralement utilisé par groupes de quatre ou cinq. Il tient une place importante parmi les percussions employées dans les orchestrations contemporaines.

La crécelle, connue en Europe dès le Moyen Age, remplaçait le carillon et servait notamment à transmettre des signaux, comme la présence des lépreux.

contemporaines. Edgar Varèse, par exemple, n'emploie pas moins de 35 instruments à percussion dans son œuvre *Ionisation* (1929-1931).

L'attention portée au monde de la percussion a entraîné de nouvelles possibilités expressives, contribuant ainsi à rénover et à enrichir la technique traditionnelle.

La variété des instruments à son indéterminé qui ont été incorporés à l'orchestre pourrait encore s'étendre à l'infini. On est même allé jusqu'à utiliser des enclumes, diverses chaînes, des machines à écrire, des casseroles et autres ustensiles ménagers....

Abstraction faite de ces cas pour le moins pittoresques, nous allons maintenant étudier une série d'instruments qui ont été et sont encore employés pour répondre à des exigences spécifiques.

Le tempelblock. Cet instrument originaire .d'Extrême-Orient consiste en une boule plus ou moins sphérique de bois sonore, évidée et pourvue d'une entaille horizontale en son centre. On en joue avec des baguettes en bois ou recouvertes de feutre. Bien que ces instruments puissent être employés seuls, on les groupe généralement par séries de quatre ou cinq. Darius Milhaud a brillamment utilisé le tempelblock dans son *Concerto pour batterie et orchestre.*

Le wood-block. Cet instrument, qui n'est pas sans parenté de facture avec le tempelblock, consiste en un bloc de bois rectangulaire qui présente sur ses deux flancs des sillons horizontaux. On le percute avec des baguettes de tambour et son timbre s'avère plus sec que celui du tempelblock. Après W. Walton, qui l'utilisa en 1926 dans sa suite symphonique *Façade,* George Gershwin fut l'un des premiers à l'incorporer à l'orchestre, dans son œuvre *Un Américain à Paris* (1928).

Castagnettes. Petit instrument typiquement espagnol. Il consiste en deux coquilles de bois dur ou d'ivoire, taillées, et réunies par un cordon que l'on fixe au pouce. On utilise généralement les castagnettes par deux paires dont l'une produit un son plus aigu que l'autre. Chaque paire est tenue au creux de la paume de chaque main et on fait s'entrechoquer les deux coquilles en les manipulant avec les doigts. Dans les orchestres symphoniques modernes, elles sont fixées à un manche et on en joue en les agitant.

Le fouet. Instrument formé de deux lames de bois réunies par une charnière, dont on joue en les percutant. Leurs dimensions oscillent généralement entre 40 et 50 cm. de long, sur 5 à 6 cm. de large. Si on l'utilise isolément, le fouet peut non seulement produire des effets lugubres et dramatiques, mais également assez colorés, et comme c'est le cas dans le *Concerto pour piano* (1929-1931) de Ravel.

Le tambour de bois. C'est l'un des instruments les plus caractéristiques de la musique primitive. Le type le plus répandu consiste en un tronçon d'arbre creusé et évidé sur toute sa

Ci-dessous, tableau de Ramon Bayeu (1746-1793) intitulé Le Musicien aveugle. *Le guide du musicien (sur la droite) joue des castagnettes.*

longueur. Il mesure généralement environ 90 cm. de long pour 35 cm. de diamètre. Il est dépourvu de membrane et on en joue avec deux maillets de bois que l'on frappe sur les bords de la fente percée sur le corps de l'instrument. Les meilleurs effets s'obtiennent grâce à la subtilité rythmique de la percussion.

Les grelots. Ensemble de petites boules vides et percées, généralement en cuivre, qui contiennent une petite bille métallique. Les grelots sont souvent fixés à une lanière de cuir et on en joue en les agitant ou en les percutant avec la main. Il existe également des grelots à son déterminé. On les emploie presque toujours pour imiter ceux que portent les chevaux.

La maraca. Instrument typique de la musique sud-américaine; de forme souvent ovale, il consiste en une calebasse vidée et séchée que l'on fixe à un manche en bois. Elle est généralement remplie de graines dures que l'on fait s'entrechoquer en agitant l'instrument à la manière d'un hochet. Il est souvent utilisé par paire. C'est à Milhaud que l'on doit l'incorporation de cet idiophone dans l'orchestre symphonique: il a utilisé en effet les maracas dans plusieurs de ses œuvres, notamment dans *Saudades do Brazil* (1920-1921).

Le guiro. C'était à l'origine un instrument des Indiens d'Amérique du Nord; il se compose d'une calebasse évidée et très allongée dont un des côtés est strié. On en joue en raclant ces stries avec un bâtonnet de bois. Stravinski dans *Le Sacre du Printemps* (1913) et Varèse dans *Ionisation* (1929-1931) l'ont utilisé dans l'orchestre.

La crécelle. Instrument en bois formé d'une roue dentelée autour de laquelle pivote un cadre pourvu d'une ou de plusieurs langues de bois flexibles; celles-ci entrent en vibration en butant contre les dents de la roue. L'effet obtenu consiste en une intense crépitation.

Il existe également un autre type de crécelle en forme de girouette, que l'on utilise en lui imprimant un mouvement de rotation. R. Strauss utilisa la crécelle avec beaucoup d'esprit dans *Till Eulenspiegel* (1894-1895).

Le kijada. Instrument typique d'Amérique du Sud, composé d'une mâchoire de mulet ou de cheval dont on a extrait les dents pour les réintroduire pourvues d'un petit ressort métallique. Dans la partie externe, en relation avec les dents, on fixe quelques petits grelots. On tient cet instrument de la main gauche et on le percute avec le poignet de la main droite. Il produit un effet clair et sec.

L'orgue (I)

Les instruments à clavier peuvent être classés en deux catégories: celle de l'orgue et celle des instruments dont le son est produit par des cordes vibrantes frappées (clavicorde, piano) ou pincées (épinette, clavecin).

L'orgue est le plus ancien des instruments à clavier. Le mot orgue dérive du grec *organon,* qui signifie machine, ustensile ou instrument. Les premiers orgues furent appelés *organa hydraulica* ou simplement *hydra* ou *hydraule.* Ils prirent par la suite le nom d'*organum,* mais ce dernier terme ayant divers autres sens, il en est résulté parfois quelques confusions.

Le premier type d'orgue connu, l'orgue hydraulique, dérivait d'un modeste instrument pastoral, le *syrinx polycalama* ou flûte de Pan. Il était formé d'une série de roseaux (de 5 à 13) de différentes longueurs, disposés en ordre décroissant. Selon la longueur des roseaux qui constituaient l'instrument, on obtenait des sons de différentes hauteurs.

est de Vitruve (Ier siècle avant J.-C.) et traite d'un instrument plus complexe, constitué de plusieurs rangs de tuyaux qui pouvaient être utilisés simultanément ou en groupes séparés (registres). L'orgue hydraulique fonctionnait au moyen d'un clavier composé de touches de bois actionnées comme des leviers, qui permettaient ou empêchaient l'entrée de l'air dans les tuyaux. L'air, emmagasiné dans un réservoir, maintenait la pression grâce à un certain volume d'eau. L'instrument se constituait de trois parties principales: un *soubassement* qui contenait le réservoir d'eau et qui était pourvu, de chaque côté, d'une pompe à piston régularisant la pression; un *réservoir d'air* appelé «sommier» et divisé en plusieurs compartiments, correspondant à des tuyaux de différentes embouchures (il existait en effet, dans l'orgue décrit par Vitruve, deux types de tuyaux: ceux pourvus d'une embouchure à bouche et ceux pourvus d'une anche double); le *cla-*

ble cependant que ce fût l'empereur Néron qui l'introduisit à Rome. Il le découvrit pendant son voyage en Grèce, apprit à en jouer et réalisa même quelques améliorations de son mécanisme. En très peu de temps, l'orgue hydraulique devint l'instrument préféré des Romains, qui le répandirent d'ailleurs dans tous les territoires de l'empire.

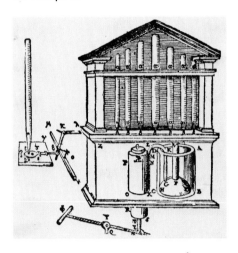

Ci-dessus, page du livre de Héron d'Alexandrie représentant l'orgue hydraulique inventé par Ctésibios vers 426 avant J.-C.
L'orgue hydraulique est le plus ancien type d'orgue connu.

A gauche, illustration tirée d'une page du Psautier d'Utrecht (IXᵉ siècle), au centre de laquelle se trouve représenté un orgue.

C'est en associant une série de tuyaux décroissants avec un mécanisme de son invention que Ctésibios d'Alexandire inventa l'orgue hydraulique, vers 246 avant J.-C. Ctésibios était un ingénieur spécialisé dans la fabrication des machines mécaniques. Aussi son invention devait-elle dans un premier temps susciter un intérêt plus technique que musical. On dispose actuellement de deux témoignages écrits qui font référence à l'orgue hydraulique. L'un est dû à Héron d'Alexandrie (Ier siècle apr. J.-C.), qui décrit un instrument archaïque assez simple; l'autre

vier, quant à lui, se trouvait dans la partie postérieure du sommier.

Enfin, sur le sommier, les tuyaux étaient disposés en rangs parallèles; ils étaient de différentes longueurs mais d'un seul diamètre. L'orgue hydraulique se répandit dans tout le monde hellénistique. Il y jouissait d'une grande popularité dans les représentations théâtrales, les jeux de cirque et les cérémonies en plein air. Ce fut l'instrument profane par excellence.

Au cours des dernières années de la République, les Romains connaissaient déjà l'orgue hydraulique. Il sem-

En 1931, lors des fouilles d'Aquicum (Hongrie), on retrouva les restes d'un orgue dont une inscription permit d'en faire remonter la construction à l'année 228. Cet instrument, reconstruit en 1959, s'avère particulièrement intéressant du point de vue de l'organologie.

Le remplacement du mécanisme hydraulique par un soufflet pouvant être actionné par l'exécutant lui-même ou par une autre personne permit enfin la construction d'instruments plus petits, favorisant ainsi une utilisation plus aisée.

On construisit dès lors des orgues pneumatiques de plus en plus grandes qui remplacèrent l'orgue hydraulique dans toutes ses fonctions; seul le nom d'orgue hydraulique survécut encore quelque temps pour désigner improprement le nouvel instrument.

Avec la chute de l'Empire d'Occident, l'orgue disparut d'Europe mais continua cependant à être utilisé dans l'Empire d'Orient, où il devint même l'instrument officiel de la cour. Les Byzantins allaient le diffuser dans les pays arabes et, en 757, le réintroduisirent en Europe: l'empereur Constantin V Copronyme, dans le dessin de s'atta-

admettre ou non que la musique fasse son entrée dans les cérémonies religieuses. Les Pères de l'Eglise, dans leurs écrits, s'opposaient à l'emploi d'instruments qu'ils jugeaient impropres à l'exercice du culte. Seul le chant fut toléré en tant que forme d'oraison qui élève l'âme vers Dieu. Bien qu'elle refusât toujours son utilisation, l'Eglise s'intéressait cependant vivement à l'orgue. Origène (185-253) avait même comparé l'Eglise à l'instrument et saint Grégoire (540-604) le considérait comme le symbole de la *Sancta praedicatio.*

On manque de documents quant à

aux cérémonies religieuses, l'instrument fut enfin adopté. Au début du Xe siècle apparurent les premiers traités sur la facture des orgues. Vers 950, on construisit, en l'église Saint-Pierre de Winchester (Angleterre), un orgue monumental; pourvu de 400 tubes et nécessitant 70 souffleurs, il exigeait la présence de deux instrumentistes. Cet instrument grandiose resta toutefois une exception; d'après ce que l'on sait, les autres orgues de cette époque eurent des dimensions beaucoup plus réduites.

L'orgue allait en outre être très apprécié comme instrument domesti-

Après plusieurs siècles d'oubli, l'orgue fut réintroduit en Europe par les Byzantins au VIIIe siècle. Ci-dessus, ancien orgue de l'église de Saint François d'Assise.

A gauche, gravure tirée du Psautier de Cantarell, représentant un musicien jouant d'un orgue pneumatique. Comme on peut le voir, une autre personne devait actionner le soufflet qui insufflait de l'air dans les tuyaux de l'instrument.

cher l'appui du roi des Francs, Pépin le Bref, lui dépêcha des ambassadeurs porteurs des plus riches présents, parmi lesquels figurait un orgue. Celui-ci allait causer une forte impression à la cour de France. En 826, le troisième fils de Charlemagne, Louis le Débonnaire, commanda la construction d'un orgue à un moine italien, Giorgio da Venezia, pour son palais d'Aix-la-Chapelle. Cet orgue allait être le premier construit en Occident depuis quatre ou cinq siècles.

Au cours de ses premiers siècles d'existence, l'Eglise chrétienne se trouva devant le dilemme suivant: admettre ou non que la musique fasse

l'introduction de l'orgue dans l'Eglise; on peut toutefois supposer que Giorgio da Venezia, après avoir satisfait à la commande de Louis le Débonnaire, ne put résister à la tentation de construire également un orgue pour son couvent. Par ailleurs il est fort probable qu'il ait transmis ses connaissances à d'autres moines. Les facteurs d'orgue furent en effet pour la plupart, au cours des siècles suivants, des religieux.

Lorsqu'on s'aperçut que la sonorité de l'orgue non seulement pouvait porter mais également remplacer la voix humaine et que, d'autre part, elle conférait une solennité plus grande encore

que. Il en existait différents types; les plus courants étaient le portatif, le positif et le régale-bible. L'orgue portatif était pourvu de courts tuyaux, d'un clavier et d'un petit soufflet que l'instrumentiste devait actionner de la main gauche. On en jouait en le tenant sur ses genoux ou porté en bandoulière.

L'orgue positif (du latin *posare*) était plus grand et plus lourd; on le posait à terre ou sur une table; quant au régale (instrument qui avait la forme d'une grosse bible), il était un type d'orgue portatif composé d'un seul jeu à anches battantes, sans tuyau et à un ou deux claviers.

L'orgue (II)

La structure originale de l'orgue évolua considérablement tout au long des XIIIe, XIVe et XVe siècles. On abandonna la taille unique, et on introduisit le pédalier. D'autre part, les claviers manuels allaient se multiplier en même temps que l'on mettait au point la registration et le buffet de l'instrument.

L'augmentation de son étendue, tant dans les graves que dans les aigus, entraîna l'abandon de la taille unique des tuyaux (qui avaient tous,

été introduit à une époque antérieure. On peut en tout cas retracer l'évolution de ce pédalier de la façon suivante, en trois étapes:

1) On ajouta à l'orgue des tuyaux pour les notes basses (bourdons), actionnés par des clapets situés à gauche du clavier. Plus tard, afin de faciliter la tâche de l'organiste, on déplaça ces clapets (qui se trouvaient originairement à hauteur de la main) pour les transformer en pédales rudimentaires.

chant choral. L'organiste était obligé de se déplacer d'un instrument à l'autre pour en jouer, ce qui était pour le moins incommode. Pour pallier cet inconvénient, on plaça l'orgue positif derrière l'organiste et son clavier fut disposé sous celui du grand orgue, dans la partie de l'instrument appelée pupitre. L'organiste pouvait désormais jouer de l'un ou l'autre clavier très facilement et même des deux en même temps. On devait plus tard leur ajouter

L'orgue, qui atteignit l'apogée de sa splendeur avec l'époque baroque, fut une source d'inspiration fertile pour de nombreux artistes. A gauche, Les Muses, de Jacopo di Robusti, dit Le Tintoret.

jusqu'à cette époque, le même diamètre, même s'ils variaient en longueur). Si l'étendue se limitait à deux ou trois octaves, l'instrument fonctionnait correctement; en revanche, s'il dépassait les limites de cette étendue, le registre grave devenait trop faible et le registre aigu trop ample. C'est ce qui entraîna le changement de diamètre des tuyaux, grâce auquel on put dès lors faire varier la sonorité trop uniforme de l'orgue primitif.

L'invention du pédalier serait l'œuvre de Bernard l'Allemand, vers 1470; il existe cependant des preuves selon lesquelles le pédalier avait déjà

2. Dans un second temps, on ajouta aux basses du clavier manuel des pédales qui n'étaient autres, en réalité, que des touches.

3. Enfin, au XIVe siècle, apparut le pédalier indépendant du clavier manuel, et pourvu désormais de touches et de tuyaux spécifiques.

Au XVe siècle, les claviers furent multipliés par deux, en raison de la réunification de deux orgues indépendants. Au Moyen Age, en effet, on employait à l'église deux orgues: le grand orgue, qui occupait toute la nef et était donc fixe, et un orgue positif mobile qui servait à accompagner le

un troisième demi-clavier appelé *Oberwerk* (en italien *tastiero,* en français *récit*), que l'on utilisait pour les registres délicats.

Nous avons vu plus haut que l'orgue hydraulique antique possédait des registres ou des jeux de tuyaux de différents timbres qui pouvaient être utilisés séparément ou non. En revanche, l'orgue médiéval primitif voyait tous ses tuyaux fonctionner en même temps; il fut appelé *organum plenum.* Cependant, du fait que cette sonorité «pleine» était monotone, la nécessité se fit sentir de revenir à l'utilisation de jeux de tuyaux indépendants.

Ce retour à l'utilisation des registres a entraîné une nouvelle évolution de l'instrument. On rechercha de nouveaux timbres et on construisit des tuyaux différents de ceux qui étaient alors en usage. On les divisa en jeux que l'on désigna alors du nom de l'instrument à vent dont ils imitaient la voix: flûte, cromorne, cornet, bombarde, etc. Au XVIIIe et au XIXe siècle, on devait encore leur ajouter des jeux imitant les instruments à archet.

La dernière des innovations introduites au cours du bas Moyen Age fut le buffet. Les instruments antiques et ceux du haut Moyen Age ne possé-

dire non seulement la musique, mais même le chant liturgique. Des années plus tard, les autorités protestantes se livrèrent à une véritable bataille, dont l'enjeu était l'acceptation ou le refus de l'orgue dans l'exercice du culte. Les diverses assemblées de fidèles regrettaient cependant l'absence de musique au cours du service divin, et elles commencèrent ainsi à négliger les interdictions décidées par la hiérarchie religieuse. C'est ainsi que l'orgue put enfin triompher et reprendre sa place dans l'Eglise. A l'époque baroque, qui peut être considérée comme l'âge d'or de la musique pour orgue, l'instrument

XVIe siècle, leur forme commença à différer d'un pays à l'autre. L'Italie, l'Espagne et l'Angleterre développèrent chacune leur style propre et nettement différencié de celui des autres régions. Les pays de l'Europe centrale, en revanche, s'influencèrent mutuellement.

A ses débuts, l'orgue espagnol ressemblait à l'orgue italien par son type de clavier et la conception du pédalier. A partir du XVIe siècle, cependant, les claviers se multiplièrent mais les pédaliers atteignirent rarement une grande étendue (cf. l'orgue de l'Escurial). L'orgue espagnol, comme tous les

daient pas de buffet fermé. Au XIe siècle, on recouvrait tout simplement l'instrument d'une sorte de tente faite d'étoffe et de lattes de bois afin de le protéger de la poussière. C'est à partir du XIVe siècle que l'on a construit des buffets de bois destinés à protéger les tuyaux (buffet de Salamanque, v. 1380). La partie avant (ou façade) s'ouvrait et se fermait par des volets que l'on décorait avec des peintures, des sculptures et des dorures. L'orgue commençait ainsi à devenir un élément architectural à part entière dans l'ensemble de l'église.

La Réforme

La Réforme menaça en son temps l'existence de l'orgue, dans quelques pays européens, alors que l'instrument connaissait paradoxalement sa plus grande expansion.

Luther, qui aimait la musique, ne s'opposa pour sa part ni au chant ni au maintien de l'orgue dans l'Eglise. Pour d'autres réformateurs, en revanche, il n'en fut pas de même. Calvin admit seulement le chant des psaumes, sans accompagnement; Zwingli (qui jouait pourtant de nombreux instruments, mais considérait la prédication comme primordiale) en arriva même à inter-

Ci-dessus, gravure tirée de L'Art du Facteur d'Orgues *(1766-1778) de François Bedos, livre considéré comme le véritable catéchisme du facteur d'orgues.*

L'orgue espagnol se caractérisa par son goût pour les registres de jeux de trompettes disposés de façon horizontale, comme dans le cas de l'orgue de l'Escurial (à droite).

s'enrichit de nouveaux registres: on essaya d'obtenir un certain équilibre entre claviers, pédalier et soufflerie, grâce notamment au perfectionnement des soufflets. Ce type d'orgue fut celui des grands instrumentistes baroques, de Frescobaldi et A. Scarlatti jusqu'à Pachelbel, Couperin, Haendel et Bach.

La Renaissance avait ouvert un autre chapitre important dans l'histoire de l'instrument en entraînant la naissance des écoles nationales. Jusqu'à la fin du Moyen Age, les orgues que l'on construisait étaient identiques dans toute l'Europe, mais à partir du

orgues, se composait principalement du grand orgue (ou orgue principal) et du positif (ou orgue mobile placé derrière l'organiste). Son pédalier comprenait généralement douze notes et un ou deux jeux. Outre ses principaux registres (appelés «flûtés»), l'orgue espagnol possédait de nombreux jeux de «solo» à bouche (cymbales, nasard, gros nasard, flûte de diverses dimensions, etc.) et à anche (clairons, trompettes, *orlos,* bassons, etc.). Les deux particularités les plus importantes de l'orgue espagnol furent toutefois son emplacement et la position horizontale de certains jeux de tuyaux.

49

L'orgue (III)

L'orgue romantique

Au XIXe siècle, sous la poussée de nouvelles exigences musicales, l'orgue subit une profonde transformation. L'austère spiritualité et la magnificence baroque de la musique pour orgue de jadis ne soulevaient plus guère d'intérêt. Il fallait acquérir une plus grande expressivité et doter l'instrument d'un véritable langage symphonique. L'un des problèmes qu'il fallait résoudre consistait à découvrir comment amplifier ou diminuer le son. Dans ce but, on recourut à deux dispositifs dont l'un était déjà ancien et l'autre plus récent: la boîte expressive et l'«expression-crescendo». La première, déjà connue en Espagne au XVIIe siècle, consistait à mettre la partie de l'orgue appelée *récit* dans une caisse pourvue de jalousies qu'on pouvait ouvrir ou fermer au moyen d'une pédale à bascule; la seconde consistait en un dispositif, également actionné avec le pied, qui permettait d'ajouter de nouveaux jeux selon un ordre préétabli et de passer très rapidement du *pianissimo* au *fortissimo*.

La modification la plus importante s'opéra cependant dans la composition même de l'orgue, par l'introduction de nouveaux jeux et la suppression de certains jeux déjà existants; puis, finalement, dans le groupement des claviers. Le pupitre se sépara du corps de l'instrument, devenant ainsi indépendant et mobile; en outre, le mécanisme de production et de transmission de l'air fut rénové et l'on obtint ainsi des améliorations quant à la puissance et à l'expressivité de l'instrument.

La redécouverte et la revalorisation de la musique de la Renaissance et de celle de l'époque baroque que connut le XXe siècle a permis de se rendre compte que l'orgue romantique du XIXe siècle n'était pas adapté à ce type de musique. Aussi les organistes européens allaient-ils entreprendre une campagne en faveur d'une revalorisation de l'ancien orgue qui aboutit à une nouvelle transformation de l'instrument.

Principaux éléments de l'orgue

La tuyauterie. Les tuyaux se divisent en tuyaux à bouche et tuyaux à anche et se répartissent en différents registres. Les tuyaux à bouche peuvent être cylindriques ou coniques et leur extrémité supérieure peut être ouverte, fermée ou partiellement fermée. La hauteur du son dépend de la longueur du tuyau; l'intensité dépend de la largeur de la bouche; quant au timbre, il relève du diamètre, de la forme et des matériaux des tuyaux; dans les tuyaux à anche, c'est d'ailleurs l'élément le plus important. La hauteur et l'intensité du son dépendent de la longueur de la partie vibrante.

Sur cette double page:
orgues baroques d'Europe centrale.

Le corps du tuyau, appelé pavillon, est, selon sa longueur (pavillon normal, pavillon raccourci), l'élément qui influe sur le timbre. Les matériaux employés dans la construction des tuyaux sont le cuivre, le bronze, le bois et le zinc. On employait autrefois des métaux plus précieux, le cuir, le carton, la canne de bambou et même le verre.

Les soufflets. Considérés comme les «poumons de l'orgue» par Bach, ils n'étaient au début que de simples soufflets de forge. Il évoluèrent par la suite, les perfectionnements apportés ayant surtout pour but d'éviter leur usure. On les construisit désormais entièrement en bois; leurs plis étaient eux-mêmes constitués par des planchettes de bois très minces articulées par des charnières. Ce n'est qu'au XIXᵉ siècle qu'on inventa un grand soufflet multiple, pourvu d'un réservoir d'air assurant enfin une pression d'air constante. Les soufflets étaient actionnés à la main (mais à l'aide de différents moyens mécaniques permettant de réduire les efforts et d'économiser le personnel nécessaire). Ce procédé ayant eu cours jusqu'au siècle passé, ce n'est qu'à partir de cette époque que la soufflerie fut pourvue de moteurs de différents types (thermiques, hydrauliques, à gaz, etc.). On utilise de nos jours des moteurs électriques.

Le sommier. Il s'agit de la partie de l'orgue dans laquelle viennent s'insérer les tuyaux. Il reçoit l'air des soufflets et se trouve connecté aux claviers, par le moyen de différents mécanismes.

La console. Il s'agit de la partie de l'orgue qui contient les claviers, le pédalier et toutes les autres commandes de registres de l'instrument. Elle peut être fixe (dans les orgues les plus anciens) ou indépendante et mobile.

Les claviers. Un orgue peut contenir un, deux, trois, quatre et même jusqu'à cinq ou six claviers. On les appelle: positif, grand orgue, *Brustwerk* et *Oberwerk,* bombarde et écho.

Le pédalier. Sorte de clavier pour les pieds de l'instrumentiste. Il a revêtu différentes formes tout au long de son évolution. Il a adopté actuellement une forme dans laquelle les pédales sont disposées en éventail, pour faciliter leur accès.

Le buffet. Il s'agit du revêtement en bois de l'orgue, qui ne laisse visible que le premier rang de tuyaux, appelés «tuyau de façade». La façade d'un orgue comprend les tuyaux à bouche,

ceux à anche étant disposés à l'intérieur du buffet.

Caractéristiques fondamentales

Étendue: les claviers de l'orgue n'ont pas toujours eu la même étendue. A l'époque de Bach celle-ci était la suivante:

L'orgue romantique, en revanche, comprenait déjà cinq octaves:

Registres. La commande de chacun des jeux de l'orgue se réalise au moyen d'un *registre.* Dans une composition pour orgue, la *registration* équivaut à l'*instrumentation* d'une pièce pour orchestre. Lorsque celle-ci n'a pas été indiquée par le compositeur, il appartient à l'instrumentiste de la réaliser. Cette tâche est difficile; elle exige une grande responsabilité, puisque c'est de la registration que dépend la version que l'on veut obtenir de la partition. De nos jours, le nombre de registres a considérablement augmenté, ce qui permet une registration plus riche et une plus grande variété de sonorités.

Cependant, si l'on tient compte des différents jeux, il faut préciser ceci: vers le grave, ceux de 16 pieds sont à l'octave inférieure des jeux de 8 pieds et ceux de 32 pieds sont à l'octave inférieure des jeux de 16 pieds. Vers l'aigu, les jeux de 4 pieds sont à l'octave supérieure des jeux de 8 pieds et ceux de 2 pieds sont à l'octave supérieure des jeux de 4 pieds (la note écrite pour le piano correspond à l'orgue, en son réel, à un jeu de 8 pieds). L'étendue de l'orgue s'avère donc considérable.

51

Instruments à clavier et à cordes pincées

Les instruments à clavier équipés de cordes résonnantes sont d'une invention relativement récente, bien qu'ils dérivent d'instruments plus anciens utilisant déjà le même principe de base, mais de façon beaucoup plus simple. Les instruments à clavier peuvent être répartis en deux groupes: ceux à cordes pincées (virginal, épinette, clavecin) et ceux à cordes frappées (clavicorde, pianoforte, piano).

Ces deux catégories présentent certaines caractéristiques communes. Tous sont en effet constitués d'une caisse de résonance (de formes et de dimensions variables), d'un certain nombre de cordes, d'un mécanisme et d'un clavier pour l'actionner. C'est dans la nature de ce mécanisme que réside précisément la différence fondamentale entre tous ces instruments. Pour les premiers, les cordes sont mises en vibration au moyen de sautereaux munis de becs. Pour les seconds, les cordes sont frappées par des tangentes (clavidorde) ou des petits marteaux (piano). Ils faut donc abandonner l'idée répandue mais erronée selon laquelle le piano dériverait du clavecin. Ces deux instruments reposent en effet sur des principes mécaniques fort différents. Ce que l'on peut dire, en revanche, c'est que le succès du piano entraîna l'abandon progressif du clavecin, de même que celui du clavicorde.

On ne sait au juste laquelle des deux catégories d'instruments définies plus haut – à cordes pincées ou à cordes frappées – a précédé l'autre. Vers la moitié du XVe siècle, les deux types d'instruments étaient en tout cas déjà nettement différenciés, comme en témoignent les travaux de Henri Arnault de Zwolle, médecin astrologue et musicographe au service des ducs de Bourgogne (v. 1440). Antérieurement déjà, au milieu du XIVe siècle, différents documents attestent l'existence d'un instrument appelé *échiquier, eschaquier* ou *exaquier;* il était probablement à clavier, comme le confirme une lettre du roi Jean II d'Aragon, qui le décrit comme un *sturment semblant dorguens que sona ab cordes.* On n'a malheureusement pas pu déterminer le genre de mécanisme dont était pourvu l'instrument.

Le plus lointain ancêtre des instruments à cordes pincées fut le *psalte-rion,* lui-même issu du *quânûn* arabe, et introduit en Espagne dès le XIe s. Il se composait d'une table d'harmonie d'abord de forme trapézoïdale en partie rectangulaire ou ayant l'aspect d'un trapèze isocèle, pour adopter enfin celle, plus fonctionnelle, d'une double courbe latérale (en croissants opposés) sur ses côtés. D'un extrême à l'autre de cette table et parallèlement à elle se trouvaient tendues des cordes (doubles ou triples), dont la tension pouvait être réglée au moyen de clefs. On en jouait en le tenant appuyé contre la poitrine ou encore posé sur ses genoux ou sur une table. Les cordes étaient pincées avec les doigts ou, plus couramment, au moyen d'un ou de deux plectres.

Le *dulcimer* ou *tympanon,* issu du *santûr* iranien, était semblable au psaltérion. Cet instrument, exception faite de quelques variantes de moindre importance (cordes métalliques et non en boyau comme celles du psaltérion), possédait en effet la même structure

fondamentale. Pour en jouer, cependant, on utilisait deux petits marteaux de bois servant à frapper les cordes. Ces instruments connurent une large diffusion en Europe tout au long du Moyen Age. Le psaltérion devait disparaître au XVIe siècle; le dulcimer, en revanche, continue d'être employé aujourd'hui dans la musique populaire.

On ne sait pas à quelle époque surgit l'idée de pourvoir le psaltérion d'un clavier. Cette innovation allait en tout cas donner naissance à une famille d'instruments qui, pour être munis de la même mécanique, n'en étaient pas moins différents quant à leur forme et

Originaire du Proche-Orient et introduit en Europe par les croisés au XIIe siècle, le psaltérion (ci-dessus) est le plus ancien des instruments à cordes pincées.

L'épinette, qui appartient à la même famille que le virginal et le clavecin, atteignit l'apogée de sa splendeur aux XVIIe et XVIIIe siècles. A gauche, épinette triangulaire du XVIIIe siècle.

Page suivante, clavecin à double clavier, construit par Hans Rucker le Vieux, à Anvers en 1612, et restauré par Pascal Taskin en 1774. Les peintures qui se trouvent à l'intérieur de son abattant représentent Louis XIV et sa cour. Elles sont l'œuvre, comme les paysages qui ornent ses côtés, de A. F. Van der Meulen.

à leur taille. Cette famille comprenait l'épinette, le virginal et le clavecin.

L'*épinette* est un petit instrument, facilement transportable, que l'on peut aisément poser sur une table ou tout autre meuble. Sa forme est variable, bien qu'elle soit le plus souvent rectangulaire ou pentagonale. Son clavier se trouve sur son côté le plus long et les cordes sont obliques ou perpendiculaires par rapport aux touches.

Le *virginal* est une sorte d'épinette de forme rectangulaire. Son clavier occupe une partie de l'un de ses côtés les plus longs, au centre de celui-ci ou légèrement plus à droite ou à gauche.

Comme l'épinette, le virginal possédait un seul jeu de cordes. Il existait, cependant, un instrument appelé «double virginal», qui résultait de l'union d'un virginal normal et d'un instrument plus petit. Ce dernier, accordé à l'octave supérieure, s'emboîtait sous la table du premier et leurs claviers pouvaient s'accoupler, permettant ainsi un jeu plus riche en nuances.

Le **clavecin** est l'instrument le plus important et le plus complexe du groupe. Il est monté sur pieds et a la forme d'une aile d'oiseau (de là son nom allemand, *Flügel*). Malgré le grand succès de l'épinette et du virgi-

nal jusqu'au XVIIIe siècle, surtout comme instruments domestiques, le clavecin joua un rôle plus important en raison même de sa sonorité plus riche et brillante, sous les trois aspects d'instrument «directeur» (on dirigeait depuis le clavecin), «accompagnateur» et «soliste». Il fut utilisé comme instrument «accompagnateur» tant au théâtre qu'à l'église, où son rôle consistait, tout comme l'orgue, à exécuter la basse continue.

Les principales parties du clavecin sont: la mécanique, les registres et le clavier. La mécanique est simple: elle se réduit à une pièce de bois rectangu-laire, appelée sautereau, qui se situe dans le prolongement de chaque touche. A l'extrémité supérieure du sautereau se trouve le plectre (petite plume, morceau de cuir ou d'autre matière) et, au-dessus de celui-ci, un étouffoir en feutre. En appuyant sur la touche, le sautereau se lève et le plectre griffe la corde, la mettant ainsi en vibration. Un petit ressort métallique permet au sautereau de revenir à sa position initiale; le plectre passe à côté de la corde sans la toucher tandis que le feutre étouffe le son produit. Ce mécanisme, cependant, ne permettait pas de faire varier l'intensité du son. Pour remédier à cet inconvénient, on introduisit donc les registres. Situés entre le sommier et la table d'harmonie, ces registres sont des baguettes de bois percées d'autant de mortaises qu'il y a de touches au clavier.

Chaque touche peut agir sur un ou plusieurs sautereaux qui correspondent aux divers jeux, ainsi appelés par analogie avec ceux de l'orgue; ces jeux étaient commandés d'abord au moyen de tirettes manuelles puis de pédales, à partir du XVIIe siècle. Le jeu fondamental est celui de 8 pieds (8') (à l'unisson du 8 pieds de l'orgue). On ajoute à celui-ci, dans les grands clave-cins, un second jeu de 8 pieds (8'), un jeu de 4 pieds (4') à l'octave supérieure et un jeu à l'octave grave de 16 pieds (16'). Il existe également d'autres jeux, qui portent le nom des instruments qu'ils évoquent, comme celui de luth, de harpe et de basson. Le jeu de 16 pieds resta très rare avant le XVIIIe siècle; c'est pourquoi la plupart des clavecins anciens semblent avoir fait l'objet d'un ajout postérieur.

Au XVIIe siècle, le clavier du clavecin correspondait en général à une étendue de quatre octaves et demie (49 touches). Par la suite, l'étendue atteignit jusqu'à cinq octaves et, afin de jouer plus facilement des différents jeux, on dota l'instrument d'un second clavier (rarement d'un troisième). Les deux claviers pouvaient s'accoupler de sorte que lorsque l'on jouait sur l'inférieur, les touches correspondantes du supérieur fonctionnaient également. A l'intérieur de la caisse, souvent richement décorée, parfois même par des peintres célèbres, se trouvent les autres éléments du clavecin. La table d'harmonie, qui épouse la forme de la caisse, est une planche de bois résineux (sapin) très fine, dont la fonction consiste à amplifier les vibrations des cordes. Celles-ci sont tendues sur deux chevalets et sont fixées à des chevilles servant à l'accord. Ces chevilles sont enfoncées dans une planche de bois dur, le sommier, où se trouve collé le premier chevalet, tandis que le second transmet les vibrations des cordes à la table d'harmonie.

Le clavecin est apparu en Italie à l'angle des XVe et XVIe siècles, d'où il fut diffusé aux Pays-Bas et en Angleterre. Au XVIIe siècle, les fabricants d'Anvers, et surtout la famille Ruckers, perfectionnèrent l'instrument en construisant un grand clavecin muni de deux claviers et de plusieurs jeux. Plus tard surgirent d'importants facteurs en France, en Angleterre et en Allemagne. L'apparition du pianoforte allait cependant entraîner l'abandon progressif du clavecin, qui sombra finalement dans l'oubli pendant plus d'un siècle. Nous avons assisté, au XXe siècle, à la renaissance de cet instrument grâce à l'effort de quelques grands interprètes.

Caractéristiques fondamentales
Etendue: le clavecin se compose de deux claviers ayant une étendue de cinq octaves chacun.

Monocorde, clavicorde et pianoforte

Le **monocorde,** décrit par Euclide au IIIe siècle av. J.-C., mais déjà connu par Pythagore trois cents ans auparavant, n'était pas à proprement parler un instrument de musique, mais il servait principalement à démontrer les lois fondamentales de l'harmonie et à mesurer les intervalles d'une échelle musicale.

De forme rectangulaire, le monocorde consistait en une caisse de résonance graduée, étroite et allongée, pourvue de deux chevalets sur lesquels était tendue une seule corde. Un troisième chevalet mobile servait à raccourcir la corde en sections de différentes longueurs qui, mises en vibration, émettaient des sons distincts.

Le monocorde allait conserver sa fonction assez comparable à celle d'un diapason jusqu'au Moyen Age, puis il donna naissance, avec l'adjonction d'autres cordes et de plusieurs chevalets mobiles, à un véritable instrument de musique. Vers le XIIIe siècle, l'idée d'appliquer au monocorde (appelé également *manicorde* ou *monacorde*) un clavier se substituant au système incommode des chevalets mobiles, donna naissance au clavicorde.

Le clavicorde. Le mécanisme de cet instrument est très simple: la partie postérieure de chaque touche se termine par une petite lamelle métallique appelée *tangente*. En enfonçant la touche, la tangente s'élève et frappe la corde en un point bien déterminé, la mettant ainsi en vibration et la subdivisant en deux parties. Une bande de feutre servant d'étouffoir isole la section la plus courte. Le clavicorde le plus ancien est dit *lié,* car à chaque corde (ou groupe de cordes s'il s'agit de chœur) correspondent plusieurs touches qui la frappent en des endroits différents selon l'emplacement des tangentes. C'est seulement beaucoup plus tard, vers 1720, que l'on construisit des clavicordes *libres* ou *indépendants,* dans lesquels à chaque corde correspond une touche.

L'étendue du clavicorde n'était au début que de trois (vers 1500) à quatre octaves et elle n'atteignit les cinq octaves que très lentement (fin du XVIIe s.). Vers 1800, alors que l'instrument devenait désuet, il comportait six octaves.

Le clavicorde se compose généralement d'une caisse de résonance de forme rectangulaire (bien qu'il en existe également de forme pentagonale). Le clavier occupe, comme dans l'épinette, l'un des deux côtés les plus longs, et les cordes sont perpendiculaires aux touches. Les cordes graves sont en laiton ou en cuivre, tandis que les cordes aiguës sont en acier.

Dans les premiers instruments, toutes les cordes étaient de même longueur, mais on allait raccourcir rapidement les cordes aiguës. Les touches adoptaient le même ordre que sur les claviers actuels. Elles étaient cependant plus étroites et plus courtes et leurs couleurs se trouvaient souvent inversées par rapport à celles du piano d'aujourd'hui. Mis à part quelques exceptions, correspondant à des commandes spéciales, la décoration de cet instrument n'était pas chargée.

La sonorité du clavicorde est douce et claire, mais peu puissante. Sa richesse de nuances en fit cependant un instrument très apprécié tout au long du XVIIe siècle et une partie du XVIIIe siècle, surtout en Allemagne, où tous les grands organistes étaient devenus maîtres dans le toucher du clavicorde. On lui incorpora également un pédalier, le transformant ainsi en instrument d'étude pour les organistes. L'exigence d'une sonorité plus puissante favorisa toutefois la domination progressive du pianoforte et l'abandon du modeste clavicorde.

Actuellement, en raison du regain d'intérêt pour les instruments anciens, on construit à nouveau des clavicordes, et peut-être n'est-il pas faux de prédire une renaissance de cet instrument, d'autant plus que ses dimensions réduites facilitent largement son transport.

Le pianoforte. En 1711, le *Giornale dei Letterati d'Italia* annonçait une invention «audacieuse, non moins heureusement conçue qu'exécutée à Florence, par M. Bartolomeo Cristofori de Padoue, facteur de clavecins au service de Ferdinand de Médicis. La production d'un son plus fort ou plus faible dépend du degré de puissance avec lequel l'interprète frappe les touches; au moyen de ce mécanisme on obtient non seulement les *piano* et les *forte,* mais aussi le degré et la diversité de puissance».

A gauche: Femme jouant du clavicorde, *par Hemessen. Cet instrument, de petite dimension et de sonorité douce et claire, fut très apprécié au XVIIe siècle et pendant une partie du XVIIIe siècle.*

Le pianoforte (à droite), de forme et de dimensions semblables à celles du clavecin, possédait une mécanique très perfectionnée, pourvue d'une série de marteaux en bois situés derrière les touches.

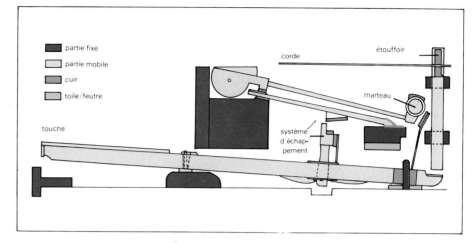

Dans le diagramme:
- partie fixe
- partie mobile
- cuir
- toile/feutre

corde — étouffoir — marteau — système d'échappement — touche

L'invention en question n'était autre que le «*gravicembalo col piano e forte*» comme l'avait appelé son inventeur Bartolomeo Cristofori, et qui fut connu plus tard sous le nom de *fortepiano* ou *pianoforte*.

Cristofori (1655-1731) était un artisan très habile, un facteur d'instruments génial. Il avait construit en 1698 un instrument aux formes élégantes et dont la mécanique était étonnamment perfectionnée. Le gravicembalo, cependant, ne remporta pas le succès qu'il était en droit de mériter dès son apparition; l'instrument tomba dans l'oubli lorsque son constructeur mourut. Il faudra alors attendre près d'un demi-siècle avant que le pianoforte ne devienne populaire en Europe, grâce à un constructeur allemand, Gottfried Silbermann (1683-1753).

Extérieurement, le pianoforte ne se différenciait guère du clavecin quant à ses formes et à ses dimensions. A l'intérieur de sa caisse, on trouvait une table d'harmonie comparable à celle du clavecin, montée sur une armature de bois appelée *barrage*. Les cordes étaient tendues par-dessus la table;

elles étaient fixées, dans la partie postérieure, à un *sommier d'attache* et, dans la partie antérieure, au *sommier de chevilles*. Ces cordes étaient soutenues par un chevalet en bois de hêtre, disposé sur la table. A l'ensemble formé par le barrage et ces deux sommiers, construits entièrement en bois, on a donné le nom de *cadre* au pianoforte.

La mécanique du pianoforte consiste en une série de marteaux de bois fixés dans la partie postérieure des touches, chacun d'entre eux correspondant à une corde ou à un groupe de deux ou trois cordes accordées à l'unisson. En appuyant sur la touche, le marteau vient frapper la corde puis

revient librement à sa position initiale. A chaque marteau correspond un étouffoir de feutre chargé, comme son nom l'indique, d'étouffer le son lorsque le marteau revient à sa place. Les premiers pianoforte comportaient l'inconvénient suivant: lorsque l'on appuyait trop fort sur la touche, les marteaux retombaient et rebondissaient plusieurs fois sur les cordes. Pour éviter ce phénomène, on mit au point un système dit *d'échappement*, mécanisme ingénieux qui servait à séparer aussitôt après la percussion le marteau de la corde, et à le faire tomber lentement pour qu'il ne retourne à sa position initiale qu'au moment où la touche cesse d'être enfoncée.

Mécanique et progrès du pianoforte

Dans la facture des instruments à clavier et à cordes frappées, deux types distincts de mécanique apparurent assez tôt: la mécanique allemande ou viennoise, et la mécanique anglaise.

La mécanique viennoise, inventée par Johann Andreas Stein (1728-1792) vers 1770, fut utilisée par la suite sous une forme perfectionnée. Dans une lettre datée de 1777, Mozart parle avec enthousiasme des instruments de Stein, lesquels répondaient parfaitement aux exigences de l'époque. Avec leurs marteaux légers et de petite taille, recouverts de cuir, leurs cordes fines en général doublées, et leur mince table d'harmonie, ils possédaient une sonorité cristalline d'une grande transparence et riche en harmoniques.

La mécanique anglaise s'inspirait quant à elle directement de celle de Cristofori. Le premier à l'adopter avait été Silbermann, dont nous avons déjà parlé plus haut. Il fut à l'époque de la

La caisse du piano évolua au cours des XVIIIᵉ et XIXᵉ siècles et revêtit les formes les plus capricieuses, comme celle du piano-lyre ou piano-girafe (à gauche). Cependant, le modèle le plus courant devint rapidement le piano vertical, comme celui que représente, ci-dessus à droite, le tableau de Renoir.

guerre de Sept Ans (1756-1763) le plus important facteur et marchand de pianoforte. La guerre lui fit perdre sa suprématie et certains de ses élèves durent émigrer à Londres. L'un deux était Johannes Zumpe qui, en 1762, construisit le premier pianoforte anglais: un *square piano,* qui fut présenté peu de temps après au Covent Garden comme instrument d'accompagnement. Zumpe imposa en Angleterre la mécanique de Silbermann, qui devait être améliorée par Burkat, d'origine suisse (1702-1773), et surtout par le gendre et associé de ce dernier, John Broadwood (1732-1812), qui présenta ses premiers modèles en 1773. La mécanique anglaise se caractérisait par des marteaux plus grands et plus lourds, qui frappaient les cordes avec plus de force. En conséquence, l'instrument était plus robuste que le pianoforte viennois et sa sonorité était plus puissante, mais tout aussi claire et délicate.

Les pianoforte viennois et anglais eurent un grand prestige en Europe jusqu'à l'apparition de la facture française, qui s'affirma rapidement grâce à des constructeurs aussi remarquables que Sébastien Erard (1752-1831) et Ignaz Joseph Pleyel (1757-1831).

Plus tard, les constructeurs européens durent affronter la concurrence des entreprises américaines. L'une d'elles, fondée en 1853 par l'émigré allemand Heinrich E. Steinweg (1797-1871) (dont le nom fut anglicisé en Henry Steinway) devint même l'une des plus prestigieuses du monde.

Il est intéressant d'observer que, sur le principe des deux mécaniques, allaient naître deux conceptions fort différentes du point de vue de la technique pianistique au XVIIIe siècle. Elles eurent pour principaux représentants Mozart et Clementi. Mozart (1756-

1791), le premier grand compositeur qui écrivit pour le pianoforte, utilisait principalement le piano viennois. L'expressivité tenait à la sensibilité du toucher et à la délicatesse sonore spécifique à cet instrument qui s'adaptait bien à l'écriture mozartienne.

L'Italien Muzio Clementi (1752-1832), fixé à Londres dès 1776, ne fut pas seulement l'un des concertistes les plus réputés et les plus admirés de son temps; il fut également éditeur et facteur de pianoforte. Grand connaisseur

des instruments anglais, il tint compte de leurs possibilités et créa une technique axée sur la vélocité, recherchant l'éclat sonore et la variété du toucher.

Tout au long du XVIIIe siècle, le pianoforte se développa de façon constante. L'une des innovations les plus importantes — et qui eut des répercussions dans l'écriture pianistique jusqu'à nos jours — apparaît dans l'introduction des pédales: la pédale droite ou *forte* a pour fonction d'éloigner tous les étouffoirs, ce qui permet aux cordes de vibrer librement et, en conséquence, de prolonger le son; la

pédale gauche ou *douce* déplace latéralement la mécanique, de manière à ce que les marteaux ne frappent qu'une corde sur deux ou deux cordes sur trois. Dans les cas ne présentant qu'une corde unique, comme pour les notes graves, le marteau la frappe différemment, de façon à produire un son moins timbré et, par conséquent, plus suave. Steinway introduisit ensuite une troisième pédale dite *tonale,* qui permet de prolonger le son de certaines cordes sans affecter les autres. Pri-

mitivement, la fonction des pédales était remplie par des boutons manuels, qui furent ensuite remplacés par des genouillères, placées sous le clavier. Les pédales ne furent employées qu'à partir des années 1780.

Il serait fastidieux de décrire ici l'ensemble des formes spéciales et expérimentales qui caractérisent l'évolution du pianoforte. A ce sujet, rappelons la tentative d'appliquer au pianoforte la technique de registration propre à l'orgue, dans le dessein d'effectuer différents changements de timbre. L'instrument fut ainsi pourvu de jeux de basson, de luth, de harpe et d'autres plus insolites encore, comme ceux de cloches, de timbales ainsi que d'une percussion qui imitait la musique turque...

En même temps se multiplièrent les différents modèles de pianoforte. Ainsi, naquirent les pianos-girafes, les pianos-lyres, les pianos-secrétaires, etc. Tous ces instrument ne devaient, pour la plupart, connaître qu'une existence très éphémère. Seul subsista un peu plus longtemps le piano-pyramide, inventé par le constructeur Christian Ernst Friederici (1709-1780). Dans ce piano-forte, la caisse, *verticale,* diminuait progressivement, évoquant ainsi

plus ou moins la forme d'une pyramide tronquée. En dépit d'une légère analogie, on ne peut considérer ce modèle comme l'ancêtre du piano droit puisque la mécanique en était rudimentaire et que les cordes se trouvaient au-dessus du clavier et non, comme dans le piano droit, distribuées tant au-dessus qu'au-dessous du clavier. Le premier modèle de piano droit, quoique très primitif, fut construit par Johann Schmidt, de Salzbourg, vers 1780.

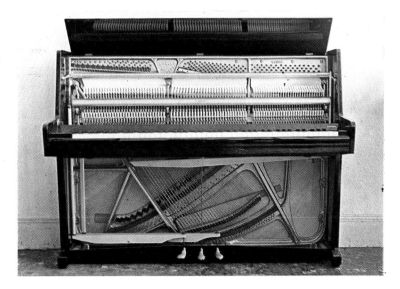

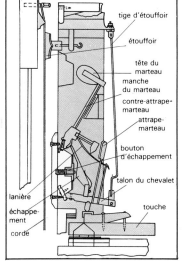

A partir de la seconde moitié du XVIIIe siècle, et avec des facteurs de l'envergure d'Erard et de Pleyel, les pianos français occupèrent une position privilégiée en Europe. Ci-dessus: piano Pleyel.

A droite: intérieur d'un piano droit à sommier de chevilles métalliques. Tout à droite: schéma du mécanisme du même modèle de piano.

tige d'étouffoir

étouffoir

tête du marteau

manche du marteau

contre-attrape-marteau

attrape-marteau

bouton d'échappement

talon du chevalet

lanière

échappe-ment

corde

touche

Le piano moderne

L'entrée dans le XIXe siècle marqua le début de la grande époque du pianoforte, qui évolua rapidement pour devenir l'instrument privilégié de la période romantique. Il sera en effet le plus spectaculaire des instruments solistes, comparable, à lui tout seul, au grand orchestre. Le développement du piano a résulté en grande partie de la collaboration entre les constructeurs, les compositeurs et les interprètes.

L'augmentation de la puissance sonore et de l'étendue, qui est passée rapidement de cinq octaves à plus de six octaves, exigeait des instruments plus grands et plus solides. L'ensemble des cordes dut être renforcé, ainsi que le cadre et la table d'harmonie. Les marteaux devinrent plus lourds afin de favoriser un jeu plus énergique. D'importantes innovations allaient par ailleurs se succéder en un court laps de temps. En 1823, Pierre Erard (1796-1855), associé à son oncle Sébastien, créa le mécanisme dit «à double échappement». En 1825, le constructeur de Boston, Alpheus Babcock (1785-1842) introduisit le cadre en fonte et, en 1826, le Parisien Jean Henri Pape (1789-1875), ancien collaborateur de Pleyel, utilisa pour la première fois des marteaux à garniture de feutre, et pratiqua le croisement des cordes (1828). L'invention des Erard, simplifiée et améliorée vers 1850 par Henri Herz (1803 ou 1806-1888), constitua la base de la mécanique du piano à queue moderne. Le châssis en fonte d'acier d'une seule pièce, appliqué pour la première fois par Babcock à un piano carré, fut une découverte très importante permettant d'augmenter considérablement la tension des cordes. Enfin, le marteau garni de feutre enrichit grandement la sonorité du piano.

Ces dernières découvertes accrurent donc tant la sonorité que la solidité et elles entraînèrent une modification de la forme extérieure de l'instrument. Du léger et fragile pianoforte propre au XVIIIe siècle, on passa ainsi au grand et puissant piano de concert que nous connaissons aujourd'hui.

Le piano actuel se compose de quatre éléments: le bloc instrumental, la mécanique, le clavier et le meuble.

Le *bloc instrumental* ou bloc de lutherie est l'ensemble formé par le châssis, la table d'harmonie, les chevalets, les cordes et le chevillier. Dans le piano moderne, le châssis est constitué d'une seule pièce en fonte d'acier — le cadre — qui épouse exactement

Depuis l'époque romantique, le piano n'a cessé d'occuper une place privilégiée dans l'histoire de la musique.
Ci-dessus: Le Pianiste, *de Pablo Picasso.*

la forme intérieure du meuble. On fixe au cadre l'extrémité postérieure des cordes et sa fonction consiste à supporter la forte tension de celles-ci (qui peut dépasser vingt tonnes).

La table d'harmonie se situe sous le châssis. Construite en bois, elle est conçue pour amplifier les vibrations des cordes que lui transmettent les chevalets. Ces derniers exerçant une certaine pression sur la table, celle-ci doit être renforcée par des barres résistantes, fixées perpendiculairement à la direction des fibres du bois; ces barres reçoivent le nom de *barrage.* Naturellement, le matériau de la table d'harmonie doit être d'excellente qualité. Le choix du bois est donc extrêmement important. On utilise généralement de l'épicéa, car il présente des fibres régulières dépourvues de nœuds; le séchage du bois doit lui aussi être parfait. L'épaisseur de la table varie de sept à dix millimètres.

Les chevalets, d'un bois identique à celui de la table, sont au nombre de deux: l'un pour soutenir les cordes moyennes et aiguës, et l'autre pour soutenir les graves, ce dernier se situant derrière le chevalet des cordes aiguës. L'ensemble des cordes est bien évidemment un élément capital du piano.

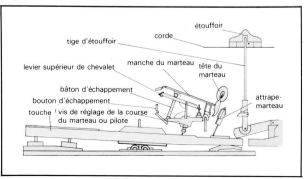

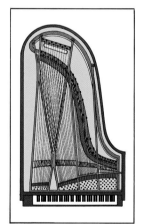

Ci-dessus, à gauche: vue du clavier et de l'intérieur d'un piano à queue.

Ci-dessus: dessin représentant la caisse d'un piano à queue. A remarquer, la disposition presque perpendiculaire des cordes par rapport au clavier.

A gauche: mécanisme d'un piano à queue de concert.

Photographie réalisée avec une longue exposition, qui a pu ainsi capter, en différentes couleurs, les évolutions de chacune des mains d'un pianiste virtuose.

Une bonne corde doit produire un son franc au timbre correct. Elle doit être suffisamment résistante pour ne pas se rompre ou se désaccorder. Une corde trop souple se désaccorde en effet facilement, tandis qu'une corde trop rigide peut se rompre si le châssis est sensible aux changements de température. Les cordes «blanches» actuelles sont en acier. Celles qui produisent des sons graves sont recouvertes d'un filage de cuivre d'épaisseur variable, raison pour laquelle elles ont reçu le nom de cordes «filées». Pour chaque note, les cordes «blanches» sont au nombre de trois alors que les cordes «filées» sont unicordes, doubles ou triples (du grave à l'aigu en direction des cordes «blanches»). Vers 1828, J. H. Pape réussit à obtenir une plus grande sonorité de l'instrument en en réduisant les dimensions: il croisa les cordes graves au-dessus des aiguës. Ce procédé, qui devait assurer le succès du piano droit, fut également appliqué au piano à queue, ce qui permit, pour les notes graves, d'utiliser des cordes plus longues sans pour autant accroître la taille de l'instrument. On compte en général 224 cordes. Celles-ci se trouvent fixées à une extrémité sur le châssis métallique et à l'autre par des chevilles (qui traversent ce châssis par des trous spécialement ajustés) s'enfon-

çant dans un sommier en bois dur. Ces chevilles servent à tendre les cordes afin de les accorder correctement.

Quant à la *mécanique,* elle constitue un ensemble de leviers qui relie chacune des touches aux marteaux. Le mécanisme dit «à double échappement» a été universellement adopté; il donne une plus grande précision dans l'attaque et permet plus de dynamisme et d'agilité dans l'exécution. Les matériaux employés sont principalement le bois de hêtre blanc, le cuir de daim, le feutre et le métal. Les marteaux sont l'objet d'un travail particulièrement minutieux: ils constituent en effet l'élément de la mécanique qui produit le son. Le revêtement de feutre a une épaisseur de 3 ou 4 mm. pour les marteaux correspondant à l'aigu et va jusqu'à 30 mm. pour ceux des graves. De la qualité du feutre dépendent non seulement la solidité des marteaux, mais aussi et surtout le timbre de l'instrument; enfin, à chaque marteau correspond un étouffoir, sauf pour les dernières cordes de l'extrême aigu.

Le *clavier* du piano à queue compte en général 88 touches, celui du piano droit 85 ou 88 également. Les touches blanches sont en bois de tilleul ou de sapin recouvert d'ivoire; les touches noires sont en ébène. Dans le registre grave, pour compenser le poids plus élevé des marteaux, on incorpore aux touches un élément de plomb qui les alourdit. Chaque touche est minutieusement taillée et calibrée selon un plan

préétabli; elle occupe en conséquence une place très précise sur le clavier et ne peut être interchangée.

Le *meuble* du piano moderne ne fait plus appel aujourd'hui aux décorations somptueuses qui faisaient le charme des instruments de jadis. Il a adopté une forme stylisée fort élégante et se trouve rehaussé d'un placage en bois précieux (acajou, noyer, etc.). Les bois sont très soigneusement sélectionnés, séchés par des procédés naturels et moulés selon un modèle adéquat. Une fois le meuble construit, on procède à l'assemblage des différents éléments, ce qui nécessite une série d'opérations particulièrement délicates et, en conséquence, ne se trouve confié qu'à des artisans hautement qualifiés. Il reste enfin l'accordage de l'instrument: cette ultime étape s'avère régulièrement nécessaire et doit être effectuée soigneusement note par note.

Etendue: elle est de sept octaves un quart:

Le timbre du piano de concert utilisé aujourd'hui offre une palette infinie de nuances sur toute son étendue, depuis les sonorités les plus douces, les plus transparentes et les plus veloutées jusqu'aux sonorités les plus incisives et les plus éclatantes. Soulignons que sa puissance sonore le rend apte à affronter sans peine les *tutti* orchestraux.

59

La harpe

Parmi les nombreux instruments à cordes pincées, la harpe est l'un des plus répandus et aussi l'un des plus anciens. Dérivée de l'*arc musical,* la harpe était déjà connue de la civilisation suméro-chaldéenne environ 3000 ans avant notre ère.

Comme nous l'avons déjà vu plus haut, l'*arc musical* simple consistait en une tige de bois flexible, incurvée en forme d'arc grâce à une corde tendue à ses deux extrémités. Cet instrument était généralement pourvu d'une caisse de résonance d'origine naturelle (calebasse, coquille, etc.). L'union de plusieurs arcs (chacun pourvu de sa corde correspondante) sur une même caisse de résonance donna naissance au *pluriarc,* encore utilisé de nos jours par certains peuples primitifs. Le plus ancien type de harpe, la *harpe arquée,* fut obtenu en attachant ensemble tous les arcs du pluriarc à un manche unique et en tendant les cordes entre ce manche et le résonateur. A une étape ultérieure, le résonateur fut remplacé par une caisse de résonance appropriée qui allait en se rétrécissant pour former elle-même le manche. Cet instrument apparut donc dans l'art sumérien au troisième millénaire avant notre ère, mais également dans l'art égyptien dès l'Ancien Empire. Deux façons de jouer de l'instrument étaient courantes, soit verticalement, soit horizontalement, ainsi qu'on peut l'observer sur des bas-reliefs. Après l'Egypte, la harpe arquée apparut en Etrurie et en Grèce; elle se répandit parallèlement à l'est, notamment en Asie centrale, en Inde et jusqu'aux îles du Pacifique.

En Mésopotamie, vers le premier millénaire avant J.-C., la *harpe angulaire* fut substituée à la harpe arquée. Comme son nom l'indique, la caisse de résonance et le manche de cet instrument forment un angle droit ou aigu; mais au contraire de l'instrument que nous venons de décrire, la caisse de résonance est séparée de la barre de fixation, laquelle se situe dans la partie inférieure de la harpe. Comme la harpe arquée, la harpe angulaire ne possédait pas de colonne capable de la soutenir. L'instrument ne pouvait en conséquence subir de fortes tensions et sa sonorité était assez faible, grave et douce. La harpe angulaire se répandit rapidement à travers la Méditerranée, la Perse et, en général, dans toute l'Asie, gagnant même la Chine. Il semble que ce soit vers le IXe siècle avant notre ère que la harpe angulaire ait été pourvue d'un élément de soutien, acquérant ainsi une forme triangulaire à trois éléments: caisse de résonance, console (partie supérieure où étaient fixées les cordes) et colonne. Les Grecs adoptèrent cette *harpe à cadre* et la diffusèrent en Occident.

Au cours du Moyen Age, la harpe devint l'instrument préféré des troubadours pour accompagner leurs chants. Elle connut une grande vogue jusqu'au XVe siècle, époque à partir de laquelle elle fut progressivement remplacée par le luth.

La harpe fut reléguée au second plan au cours de la Renaissance et du Baroque, époque à laquelle elle fit pourtant son apparition dans l'orchestre grâce à Claudio Monteverdi, qui l'introduisit dans son opéra *Orfeo* (1607). Le type de harpe utilisé était la *arpa doppia* (harpe double) sans doute d'origine irlandaise, introduite en Italie vers 1580. Ses deux jeux de cordes (d'où son nom) permettaient d'effectuer le passage d'un mode à un autre. Elle n'allait réapparaître dans la vie musicale qu'au XVIIIe siècle, époque à laquelle le luthier allemand Georg Hochbrucker (1662-1763) fit subir à l'instrument des changements importants. Vers 1660, des facteurs tyroliens avaient imaginé un système simple à base de crochets actionnés à la main qui modifiaient d'un demi-ton l'accord des cordes. S'inspirant de cette invention, Hochbrucker mit au point un mécanisme constitué par des pédales fixées à la base de la colonne.

A partir de 1794, Sébastien Erard (1752-1831) perfectionna le mécanisme de la harpe en substituant aux crochets un système «à fourchettes» monté sur des disques en cuivre qui, sous l'action des pédales, pouvaient tourner sur leurs axes. Le système d'altération des cordes était alors véritablement mis au point. En 1811, Erard présenta au public les premiers instruments dits «à double mouvement» qui, avec quelques modifications, sont toujours utilisés.

La harpe actuelle est de grande dimension; la caisse de résonance, en pin, est fixée à un corps en hêtre, plaqué de bois précieux (érable, palissandre, etc.). La table d'harmonie, sur laquelle sont fixées les cordes, doit être très résistante car elle supporte une pression de plus de deux tonnes.

Peinture murale ornant la tombe d'un noble égyptien de l'Antiquité; elle représente deux musiciens jouant d'une harpe arquée (à gauche) et d'une espèce de luth (à droite).

A gauche: sainte Cécile, patronne des musiciens, représentée ici par William Bond (XVIIIᵉ siècle), en train de jouer de la harpe. A droite: harpe utilisée de nos jours, que l'on accorde généralement en ut bémol majeur.

Dans la partie inférieure de la caisse, à la base de la colonne, se trouvent situées les sept pédales qui correspondent aux sept degrés de la gamme. Trois sont situées à gauche *(si, do, ré)* et quatre à droite *(mi, fa, sol, la)*. La console a conservé sa forme en «col-de-cygne». Dans sa partie droite se trouvent les chevilles qui servent à tendre et à accorder les cordes; quant aux fourchettes, elles sont situées à gauche. Les pédales possèdent chacune trois crans, la position de repos étant située au cran supérieur. La harpe s'accordant diatoniquement en *ut bémol majeur,* chaque corde peut produire trois sons: le *bémol,* le *bécarre* et le *dièse.* En position de repos, *(bémol),* les cordes passent librement entre les fourchettes. La première position de la pédale fait pivoter la fourchette supérieure, raccourcissant ainsi la corde d'un demi-ton *(bécarre)*; quant à la seconde position, elle permet d'obtenir le *dièse* selon le même principe. Chaque pédale agit sur l'ensemble des octaves d'un même degré. Les cordes sont au nombre de 46 et forment une étendue de six octaves et demie; elles sont en boyau de mouton ou en nylon pour le registre aigu et pour le médium, et en maillechort ou en cuivre, filées sur acier, pour le grave. La colonne, formée de deux pièces de bois évidées, contient les tringles de transmission entre les pédales et les fourchettes.

Pour jouer de cet instrument, l'exécutant doit être assis, la partie supérieure de la caisse de résonance reposant sur son épaule droite. Les cordes sont pincées ou tirées avec quatre doigts de chaque main (l'usage de l'auriculaire, tenté par certains harpistes, est exceptionnel).

Caractéristiques fondamentales

Etendue:

son meilleur registre est compris entre:

Au fur et à mesure que l'on s'élève dans le registre aigu, la sonorité est moins pleine, surtout à la dernière octave où le son est déjà faible. D'autre part, en descendant dans le registre grave, la sonorité devient plus confuse et ne se prête guère à des passages d'une certaine rapidité.

Timbre: cet instrument, si apprécié à l'époque dite impressionniste, produit une sonorité extrêmement délicate et poétique, irremplaçable dans l'ensemble symphonique. La harpe permet d'offrir, avec une incomparable pureté, la gamme de nuances la plus riche, depuis le *molto pianissimo* jusqu'au *fortissimo.* On peut en outre obtenir des effets semblables au *pizzicato* des instruments à cordes, des sons évocant ceux d'une guitare, des sonorités ligneuses et sourdes, etc.

Technique de l'instrument: la harpe se caractérise notamment par sa grande agilité. Les arpèges sont normalement réalisés avec les deux mains et le *glissando* ascendant ou descendant est l'un des effets les plus employés; le *glissando* lent est très beau.

61

Le luth, la mandoline et la guitare

Hormis ceux dont nous avons déjà parlé plus haut, il existe d'autres instruments à cordes pincées, qui ont été et sont encore utilisés dans l'orchestre comme éléments de l'ensemble ou en qualité de solistes. Il s'agit du *luth,* de la *mandoline* et de la *guitare.*

Le **luth** est un instrument très ancien, qui était déjà connu en Mésopotamie et en Egypte au IIe millénaire avant notre ère. Il fut très répandu, sous des formes assez diverses.

Le luth européen, qui a joué un rôle très important dans la musique instrumentale des XVIe et XVIIe siècles, dérivait d'un instrument du Proche-Orient appelé *al'ûd* par les Arabes, qui l'avaient introduit en Espagne vers le XIIIe siècle. Dans sa forme définitive, adoptée à partir du XVIe siècle, le luth se compose d'une volumineuse caisse de résonance en forme de demi-poire et d'une table de résonance plane. Le dos est constitué d'un nombre variable de «côtes», petites lamelles en bois fin assemblées et collées entre elles. Le

Joueur de Luth, tableau de l'école du Caravage (XVIe siècle). Au cours de la Renaissance, le luth était l'instrument domestique le plus en vogue.

sycomore est le matériau plus communément employé pour fabriquer ces «côtes». La table, en bois résineux, s'appuie sur quelques barres transversales fixées à l'intérieur de la caisse et présente une ouverture artistiquement travaillée qu'on appelle la *rosette.* Le chevalet, qui fait également office de cordier, est fixé sur la table, en sa partie inférieure. Le manche, plat vers le bas et arrondi vers le haut, est divisé en plusieurs cases délimitées par des frettes. Le chevillier, situé à l'extrémité supérieure du manche, est rejeté vers l'arrière de celui-ci en formant presque un angle droit. Le luth utilisé à l'époque de la Renaissance était pourvu de cinq doubles cordes (accordées à l'unisson ou à l'octave) est d'une corde simple, la chanterelle. L'instrument fut accordé de façon variable, l'accord le plus fréquent étant appelé «vieux ton» (XVIe siècle).

Le théorbe (également appelé *archiluth* ou *chitarrone*) appartient à la famille du luth. Il est pourvu d'un manche très long et possède un second chevillier pour les cordes graves. Le théorbe fut utilisé au cours de l'époque baroque, en ayant la charge de réaliser la basse continue.

La mandoline. Etroitement apparenté au luth, cet instrument a lui aussi été introduit en Espagne par les Arabes: il s'agissait alors de la *mandole* ou *mandore.* De dimensions plus réduites que le luth, la mandole semble être contemporaine de la guitare mauresque, mentionnée par l'archiprêtre de Hita. Vers 1600, on appela en Italie *mandolino* une petite mandole très utilisée dans la musique populaire. La mandoline la plus connue est la napolitaine (il y en a une autre variété dite «milanaise»); c'est l'instrument idéal pour accompagner les sérénades et les chansons d'amour. Outre sa taille, la mandoline se distingue du luth par la présence d'un chevillier droit (ou très peu incliné) et par des cordes métalliques qui sont attachées à la lisière inférieure de la table. Le chevalet se trouve situé à mi-distance entre le cordier et la rosace. La mandoline est pourvue de quatre doubles cordes, accordées comme celles du violon (*sol, ré, la, mi*); on joue de cet instrument à l'aide d'un plectre.

Considérée d'usage populaire — au contraire de la vihuela — la guitare s'est imposée à partir de 1600. Ci-dessous, Le Guitariste, *par J.-B. Greuze.*

Vivaldi écrivit trois concertos pour mandoline (l'un pour une mandoline, les deux autres pour deux mandolines et orchestre).

Après lui, Grétry employa l'instrument dans l'*Amant jaloux* (1778) et Mozart dans son *Don Giovanni,* (1787). A l'époque moderne, Schönberg a fait appel à la mandoline dans sa *Sérénade, Op. 24.*

Caractéristiques de l'instrument
Etendue:

La mandoline se caractérise par son trémolo qui nécessite une technique particulière.

La guitare. Deux théories tentent d'expliquer les origines de cet instrument. Selon la première, la guitare serait originaire du Proche-Orient et aurait été introduite en Europe par les Arabes. Selon la seconde théorie, elle serait d'origine gréco-romaine et dériverait de la *fidicula* (petite lyre), instrument apparenté à la *rota gallica,* sorte de cithare, qui elle-même descendait de la lyre grecque. Quant à son nom, la guitare l'a emprunté à l'arabe *qitara,* transcription du terme grec *kithara* (cithare).

Au XIIe siècle, on distinguait deux types de guitares: la «mauresque», de forme ovale, qui s'apparentait à la mandore et au luth, et la «latine», dont la table et le fond plats étaient reliés par des éclisses; le manche de cet instrument était long et pourvu d'un chevillier semblable à celui du violon. De cette guitare latine allaient naître deux instruments très proches: la *vihuela* et la guitare. La vihuela était un instrument de cour à cinq cordes doubles; la guitare, pourvue quant à elle de quatre cordes, était d'un usage plus populaire. Le terme *vihuela,* comme la désignation italienne de *viola,* fut appliqué à divers instruments à cordes. Afin de pouvoir être différencié, chacun d'entre eux fut pourvu d'un déterminatif qui en précisait l'identité. C'est ainsi que l'on distinguait la *vihuela de arco,* la *vihuela de pendola,* dont on jouait en utilisant un plectre, et enfin la *vihuela da mano,* dont on pinçait les cordes avec les doigts. Il n'existait cependant pas de nette différence entre la vihuela et la guitare, et l'on uti-

lisa indistinctement les deux noms pour les deux instruments jusqu'aux alentours de 1600, date à laquelle le terme de *guitare* l'emporta. A la fin du XVe siècle, l'usage du plectre tomba définitivement en désuétude (comme dans le cas du luth) et l'on se mit à perfectionner la technique du jeu «punteado» (pincement) avec les doigts, qui favorisa le jeu polyphonique.

En Espagne, la popularité de la guitare connut des fortunes diverses; l'instrument réussit à s'imposer à la fin du XVIe siècle et atteignit même une certaine période de splendeur au XVIIe siècle. Au cours du siècle suivant, cependant, la guitare fut considérée comme un instrument populaire et délaissée, pour connaître un regain

d'intérêt au début du XIXe siècle. Cette «résurrection» fut en grande partie le fait de Frère Manuel Garcia, plus connu sous le nom de Père Basile, moine cistercien d'un couvent de Madrid et professeur de la reine Marie-Louise, épouse de Charles IV.

De nos jours, la guitare la plus utilisée est la guitare espagnole, dont il existe deux modèles: la guitare classique et la guitare flamenco. Cette dernière se différencie de la première en ce qu'elle possède une caisse plus étroite et une sonorité plus sourde. Il existe encore d'autres instruments, mais de moindre importance, comme la guitare ténor, la petite guitare *(requinto),* la grande guitare *(guitarro)* et la petite guitare *(guitarillo* ou *tiple).* 63

Construction de la guitare

La forme de la guitare a varié à travers les siècles; de l'ancienne vihuela ovale on passa à la belle vihuela en forme de huit de la Renaissance, pour aboutir enfin à la forme de la guitare actuelle.

Comme pour tous les instruments à cordes, le processus de fabrication de la guitare est long et difficile. Il existe encore en Espagne des luthiers qui travaillent toujours de façon totalement artisanale; leurs magnifiques instruments de concert sont réputés dans le monde entier. Cependant, la grande demande de guitares a entraîné l'apparition de lutheries semi-mécanisées, à mi-chemin entre l'artisanat pur et la fabrication en série.

Les bois employés pour la fabrication de la guitare sont le palissandre, le sapin ou le cèdre du Canada, l'épicéa, l'acajou, le noyer et l'érable. Ils doivent être parfaitement secs et leurs fibres régulières, sans présenter aucun nœud.

La guitare se compose de deux éléments principaux: la caisse de réso-

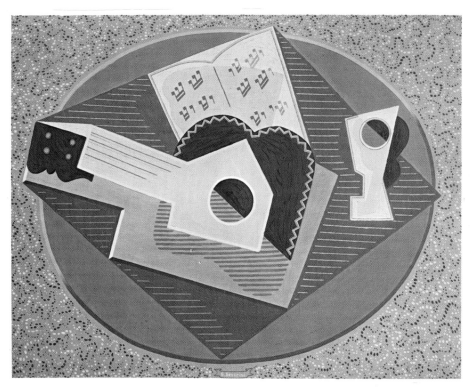

La guitare est, semble-t-il, l'instrument qui a le plus inspiré les peintres cubistes. Ci-dessus: La Guitare, tableau réalisé en 1918 par l'Italien Gino Severini. A gauche: schéma qui détaille les différents éléments d'une guitare. Il montre en particulier les deux méthodes utilisées pour assembler la caisse et le manche: la méthode espagnole et celle dite «en queue d'aronde».

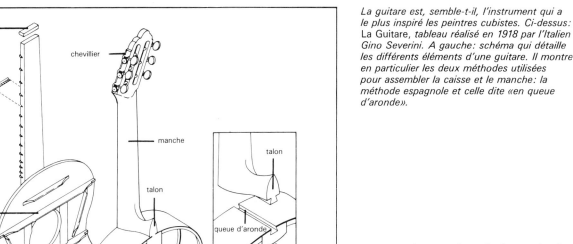

nance et le manche, ainsi que de cinq pièces secondaires: le chevalet, les chevilles, la touche, les frettes et les cordes.

La caisse de résonance est constituée d'éclisses ainsi que d'une table d'harmonie et d'un fond plats. Le fond est en palissandre; la table est en épicéa, en sapin ou en cèdre du Canada. Elle est percée d'une ouïe et renforcée intérieurement par sept barres d'harmonie en bois disposées en éventail. Les éclisses sont deux longues pièces de palissandre de forme incurvée qui se rejoignent aux extrémités inférieure et supérieure de la caisse. Elles sont assemblées par deux pièces de bois fixées l'une à la base du manche et l'autre sur la partie opposée.

Six phases différentes du processus de fabrication d'une guitare. De gauche à droite et de haut en bas: cintrage à chaud des éclisses; assemblage de la table et du manche; polissage de la table d'harmonie; fixation des éclisses; pose de la touche sur laquelle on dispose les frettes, et, enfin, vernissage. Cette dernière opération, qui était autrefois réalisée à la main, s'effectue au pistolet sur les instruments de série.

Les éclisses sont renforcées sur leur face interne par deux lattes de bois de la même forme, appelées *contre-éclisses.*

Le *manche,* en palissandre ou en cèdre, se divise en trois parties: le chevillier, le manche proprement dit et le talon. Dans les guitares de série, le chevillier est taillé à la machine et il est conçu pour recevoir les petites pièces sur lesquelles s'enroulent les cordes ainsi que les clés métalliques qui servent à les tendre afin d'accorder l'instrument. Le manche proprement dit est recouvert de la touche, fine pièce de bois en ébène ou en palissandre sur laquelle les doigts pressent les cordes. Le manche est creusé de sillons longitudinaux afin de réduire le poids de l'instrument et d'éviter toute déformation, ainsi que de deux autres sillons transversaux dans lesquels se trouvent insérées deux baguettes de renforcement en duralimin. Quant au talon, il constitue la base du manche qui s'adapte à la caisse de résonance.

Une fois collés tous les éléments qui composent la caisse de résonance, celle-ci est alors assemblée avec le manche. On pose ensuite des filets de renforcement sur tout le pourtour de la table, sur le fond, au centre, et à la jonction des éclisses, à la base de l'instrument. L'opération suivante consiste à fixer la touche. Entre le manche et le chevillier se trouve le sillet, sur lequel s'appuient les cordes. Cette petite pièce est en marbre sur les guitares de luthier, et en os, en plastique ou en métal sur celles qui sont construites en série. La guitare peut alors subir l'épreuve du vernissage. Dans les fabriques, on a remplacé le long processus du vernissage à la main, avec une gomme-laque, par l'application au pistolet d'un vernis à base de polyuré-tane qui sèche rapidement et reste assez souple pour ne pas affecter la pureté du son. Après la pose de cette couche de vernis, on s'applique avec soin à faire briller la surface de la guitare.

Une des dernières et des plus délicates opérations de cette fabrication consiste dans l'aplanissement de la touche et le placement des frettes, qui sont souvent en maillechort ou en laiton. Cette opération est d'une extrême importance car c'est d'elle que dépend la justesse de l'accord. On applique enfin le chevalet, pièce en palissandre

qui fait aussi office de cordier, en le collant entre le bord inférieur de la table d'harmonie et l'ouïe.

Jusqu'à une date très récente, les cordes graves étaient en boyau et les cordes aiguës en boyau gainé de métal; à l'heure actuelle, les graves sont en métal et les aiguës en nylon.

Caractéristiques de l'instrument
Accord: les six cordes de la guitare sont accordées de la manière suivante:

avec une notation à l'octave supérieure.

Les cordes sont mises en vibration par le pouce, l'index, le médium et l'annulaire de la main droite, tandis que les doigts et la main gauche exercent une pression sur les cordes dans les cases délimitées par les frettes.
Timbre: la guitare est un instrument au timbre assez faible, mais offrant toute une palette de nuances et des timbres différents.
Possibilités techniques: actuellement, et grâce à des guitaristes comme Andrés Segovia, Narciso Yepes et Regino Sáinz de la Maza, la guitare est devenue un instrument de concert de haut niveau. Elle permet de réaliser n'importe quel genre de gammes et d'arpèges.

Les formations instrumentales

L'orchestre symphonique est la plus complète de toutes les formations instrumentales.
L'ensemble de 36 instrumentistes que le compositeur italien Claudio Monteverdi utilisa dans son opéra Orfeo (1607) en est l'un des antécédents les plus anciens. Pourtant, ce n'est qu'entre 1700 et 1850 que l'orchestre acquit la structure de base que nous lui connaissons aujourd'hui. Johann Stamitz (1717-1757) en fixa la composition en quatre sections essentielles: bois, cuivres, percussions et cordes. Mozart lui-même comparait avec envie le niveau des musiciens qui interprétaient ses œuvres avec celui de l'orchestre de Mannheim dirigé par Stamitz. Avec le romantisme, la section des vents conquit une plus grande indépendance, à partir de la Troisième Symphonie «Héroïque» de Beethoven (1804). Les compositeurs contemporains accordent une importance de plus en plus grande à la famille des percussions. Bartók lui donna même un rôle concertant dans sa Musique pour cordes, célesta et percussions. Il n'est pas rare, aujourd'hui, de voir 4 percussionnistes évoluer autour d'une douzaine d'instruments très divers. Des compositeurs comme Berlioz, Wagner ou Rimski-Korsakov (au XIXᵉ siècle) et Richard Strauss, Mahler ou Stravinski (au XXᵉ siècle) écrivirent des partitions pour des ensembles symphoniques sans précédent tant par le nombre des instruments que par l'ampleur de leurs ressources sonores.
A droite, photographie représentant la disposition habituelle d'un ensemble symphonique moderne.

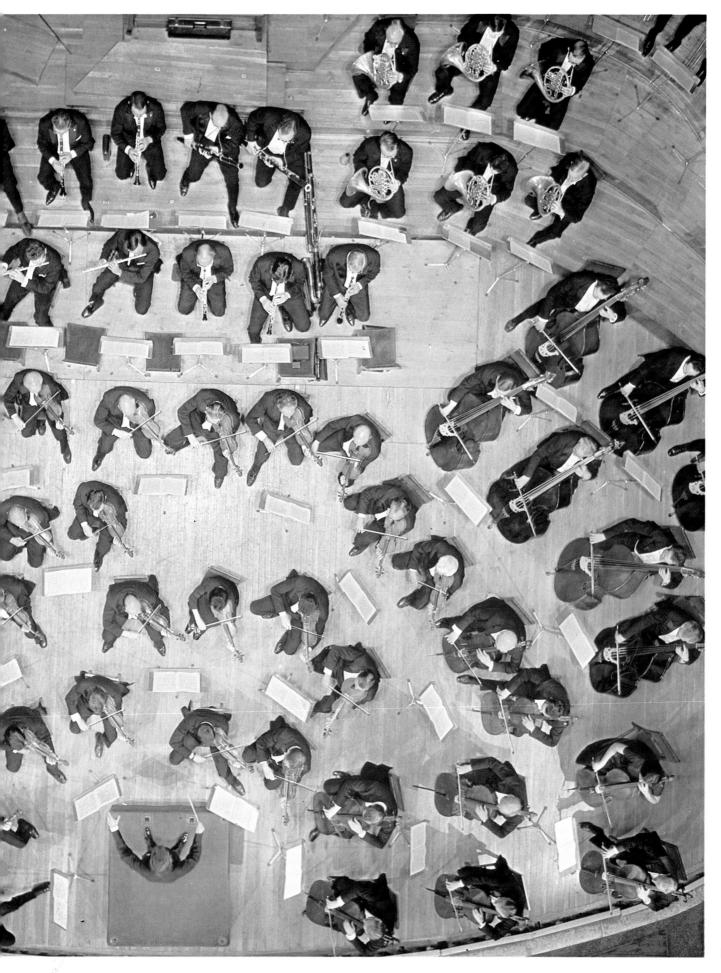

Le quatuor à cordes

Des différentes combinaisons instrumentales propres à la musique de chambre, le quatuor à cordes est devenu la plus importante, grâce, notamment, à l'histoire de sa propre évolution et à l'attention particulière que lui ont portée de très nombreux compositeurs. Sa prépondérance est même tellement évidente que le quatuor a été la formation instrumentale de prédilection de presque tous les compositeurs classiques, romantiques et contemporains, dans le domaine de la musique de chambre. On ne peut évoquer la musique de chambre de Beethoven sans penser immédiatement à ses quatuors!

Son éloquence expressive, ses possibilités techniques et ses ressources dynamiques ont fait du quatuor à cordes, grâce à son parfait équilibre, une formation privilégiée. Ces qualités lui ont permis de survivre et de s'imposer à travers l'évolution souvent houleuse des différents styles du langage harmonique.

Le secret d'une telle pérennité tient peut-être dans sa structure interne, dans la disposition et les rapports de ses différents instruments. La distribution des tessitures de ses quatre éléments — premier violon, second violon, alto et violoncelle — correspond de façon presque «naturelle» avec celle des quatre voix harmoniques: soprano, contralto, ténor et basse. Cependant, les deux instruments les plus aigus du quatuor — qui correspondent aux voix de soprano et de contralto — conservent, en raison de leur constitution identique, la même relation de hauteur et la même conformation de timbre; ils ne se différencient guère que par quelques particularités d'ordre musical. Pour sa part l'alto, qui fait office de ténor, s'accorde une quinte plus bas que le violon et une octave plus haut que le violoncelle. Ce dernier assume la fonction de basse de l'ensemble.

Le quatuor à cordes est une formation instrumentale composée de deux violons, d'un alto et d'un violoncelle. Il apparut vers le milieu du XVIIIe siècle. A la fin du siècle, Haydn et Mozart posèrent les bases fondamentales de cet ensemble qui atteignit sa pleine maturité au début du XIXe siècle avec Schubert et Beethoven. (Notre document: le Quartetto Italiano.)

L'amplitude globale de la tessiture des instruments qui forment un quatuor à cordes permet d'obtenir une sonorité brillante et puissante sans nuire à la finesse ni à la délicatesse des couleurs. Si l'on s'intéresse à la fluctuation des registres propres à chaque voix ou instrument, il convient de se pencher sur l'évolution de cette formation instrumentale qui trouve son origine dans les changements de style musical survenus aux XVIe, XVIIe et XVIIIe siècles. C'est ainsi qu'à la fin du XVIe siècle, l'on observe la répartition suivante (de l'aigu au grave): un violon accordé comme l'instrument moderne; deux instruments dont l'un correspond à notre alto et le second est accordé une quinte au-dessous de celui-ci; à l'instar du médium, au grave appartiennent également deux instruments, l'un un ton au-dessous du violoncelle actuel, l'autre, à l'extrême grave, est accordé par quarte comme une contrebasse moderne. Ce n'est qu'au XVIIIe siècle que le quatuor à cordes tel que nous le connaissons sera utilisé.

On peut considérer l'*ensemble de violes* comme l'ancêtre indirect du quatuor à cordes. Cette formation était composée d'instruments ayant chacun de cinq à sept cordes et appartenant, en raison de leur facture et de leurs possibilités, à une famille différente de celle du violon. Il y avait (de l'aigu au grave): le pardessus de viole, le dessus de viole, la haute-contre de viole, la taille de viole, la basse de viole et le *violone,* qui était l'instrument le plus grave et qui survécut dans l'orchestre après la disparition des autres violes. Cet ensemble de violes correspondait mieux à l'image du quatuor vocal et l'on constate d'emblée que les noms associés aux instruments sont en relation directe avec la terminologie des tessitures vocales. Mais la fonction représentative ou imitative du chant, assignée au début à la musique instrumentale, devait progressivement céder la place à une exploitation des ressources purement instrumentales. Particulièrement approprié à l'interprétation de la musique polyphonique du XVIe siècle, l'ensemble de violes, à la sonorité voilée, allait cependant s'effacer peu à peu lorsque la famille du violon fut constituée en raison des qualités propres à cet instrument.

L'une des formations de chambre les plus caractéristiques de l'époque baroque, la sonate à trois, pour deux violons et basse continue, est elle aussi un ancêtre du quatuor, plus proche de lui dans le temps. Il s'agissait en fait d'une formation composée de quatre instruments, car la basse continue était réalisée à la fois par le clavecin et par un instrument à cordes grave. Avec l'individualisation des parties, le support harmonique, qui était dévolu jusqu'alors exclusivement à la basse continue, allait être désormais élargi de ce cadre. Reléguée dans un premier temps au seul rôle de redoublement de la basse, le plus grave des instruments à cordes se vit alors jouir d'une fonction plus active en participant désormais à des exposés thématiques d'un relief et d'une importance plus grands. Mais cette évolution fut plutôt lente. On doit à Alessandro Gabrieli (1660-1725) d'avoir — vers la fin de sa vie — dans ses quatre *Sonate a quattro* précisé «senza cembalo».

L'évolution qui aboutira à la création du quatuor à cordes commença lors de la scission apparue entre la musique vocale et instrumentale; par ailleurs, l'avènement progressif de la conscience tonale favorisa naturellement le développement de ce genre musical.

Ce bref aperçu historique montre à l'évidence combien il est difficile de délimiter avec précision la date d'apparition du quatuor à cordes comme formation instrumentale. Il est toutefois possible de la situer à l'époque de J. Haydn, et cela non seulement en raison de la présence manifeste du quatuor dans l'œuvre du compositeur, mais pour des motifs d'ordre purement musical. C'est dans les *opus 17, 20, 33* et *50* (ces derniers constituant les fameux «Quatuors prussiens») que Haydn a plus particulièrement jeté les bases de la forme propre à ce genre musical, lequel est resté l'un des plus difficiles à entreprendre par les compositeurs.

Sous la dénomination de «forme quatuor», on désigne un plan qui suit celui de la sonate bithématique, en quatre mouvements. Cette forme quatuor connut un approfondissement et un élargissement de ses possibilités expressives dans les œuvres postérieures de Haydn lui-même, puis dans les quatuors de Mozart; elle atteindra un degré de concentration incomparable dans les derniers quatuors de Beethoven. A l'époque contemporaine, les quatuors de B. Bartók sont des modèles du genre.

D'autres compositeurs nés peu après Haydn ont également écrit des quatuors à cordes. Rappelons entre autres les noms de J. Vanhal (1739-1813), F.-J. Gossec (1734-1829), I. Pleyel (1757-1831) — dont les quatuors soulevèrent l'admiration de Mozart — A. Gyrowetz (1763-1850) et L. Boccherini (1743-1805). Au cours de la période classique, les compositeurs se sont particulièrement préoccupés de la mise en valeur des tonalités, comme en témoignent notamment les œuvres de Haydn, Mozart et Beethoven. Ces auteurs ont principalement axé leurs recherches sur l'aspect formel du langage musical, sur le jeu d'oppositions internes que celui-ci révèle et sur son contenu expressif. Les chefs-d'œuvre laissés dans ce domaine par les trois grands maîtres «viennois» restent une source inépuisable de découvertes en raison de l'énergie créatrice d'une potentialité très élevée qui «habite» ces partitions.

Cette évolution historique n'affecta pas la structure fondamentale du quatuor à cordes qui était désormais définitivement établie. Les expériences postérieures, d'ordres expressifs et stylistiques, portèrent surtout sur les capacités spécifiques à chacun des instruments de l'ensemble. Sous cette formation désormais immuable, le quatuor deviendra un genre privilégié de toute la musique postclassique. Successivement porteur du lyrisme propre à Schubert, puis de l'équilibre et de la chaleur que nous livre Mendelssohn, il fut ensuite au service de l'originalité harmonique et de l'invention mélodique qui caractérisent la musique de Schumann. Enfin, il permit à Brahms d'affirmer son esthétique qui repose sur une poésie contenue par l'austérité formelle. Plus tard, le quatuor s'imposa à Max Reger qui en fit un véhicule particulièrement apte à traduire sa science accomplie du contrepoint et sa sensibilité ouverte à la subtilité tonale la plus fine. Il donna également à Debussy et à Ravel l'occasion d'approfondir leur sens éminent du coloris instrumental.

Au XXe siècle, le quatuor dut affronter l'atonalité, et fut alors illustré par la nouvelle école de Vienne (Schönberg, Berg et Webern). Après Béla Bartók, dont nous avons déjà parlé et auquel on doit six quatuors à cordes (composés entre 1908 et 1939), Hindemith, enfin, fit de cette formation le véritable modèle de sa conception néo-baroque de la musique de chambre.

Formations instrumentales de chambre

La notion de musique de chambre, appliquée à diverses formes instrumentales, date environ de la fin du XVIᵉ siècle. Le terme a revêtu des acceptions variées tout au long de l'histoire de la musique. C'est ainsi qu'il servait notamment à faire une distinction entre la musique pratiquée dans les salons de la noblesse et celle qui était destinée à une assistance nombreuse qui se réunissait à l'église ou se pressait au théâtre. Au sujet des auditions données dans des salles de concerts proprement dites, on s'accorde à souligner leur apparition dès la fin du XVIIᵉ siècle. Une spécificité se marque assez tôt dans les formes musicales, où coexistent nettement deux genres principaux: la *cantate* et la *sonate.*

Tandis que la forme strictement vocale était représentée par la cantate, la sonate résultait de l'indépendance et du développement de la pratique purement instrumentale. C'est alors que se distinguent la cantate *da camera* et la cantate *da chiesa,* d'une part; la sonate *da camera* et la sonate *da chiesa,* de l'autre. La différenciation entre les dénominations «da camera» et «da chiesa» s'imposera sans rigidité au cours du temps. Cette distinction relevait davantage de questions strictement formelles plutôt que du nombre d'interprètes ou du lieu où se déroulait l'audition. La cantate *da camera* et la cantate *da chiesa* se caractérisaient plus par leur destination respectivement profane et liturgique. En revanche, la différence entre la sonate *da camera* et la sonate *da chiesa* résidait en cela: la première était agencée selon une succession de mouvements de danse (écrits en général dans la même tonalité), alors que la seconde se composait le plus souvent de quatre mouvements (lent — rapide — lent — rapide) ayant un caractère plus austère et plus abstrait du fait de l'écriture fuguée.

La sonate allait ainsi donner naissance, par le biais de diverses transformations, à de nombreuses formations instrumentales propres à la musique de chambre. Selon le nombre d'exécutants, celles-ci prirent le nom de *trio,* *quatuor, quintette,* etc. Elle allait aussi avoir une importance du point de vue formel dans la composition des symphonies et des concerts. La sonate pour un seul instrument a également été cultivée, qu'il s'agisse d'un instrument à clavier ou que l'instrument fasse partie d'un autre groupe organologique.

L'époque classique stimula l'essor des différents ensembles instrumentaux ainsi que les divers aspects formels qui leur étaient intimement liés. A partir de l'œuvre de Carl Philipp Emanuel Bach (1714-1788), la sonate fut considérée comme un type de création exemplaire; sa conception formelle se trouvait alors régie de façon rigoureuse en ce qui concerne le plan tonal, les contrastes des idées rythmiques, l'opposition des thèmes et leur développement. Précisons que, parallèlement à la «forme sonate», de nombreuses autres architectures formelles subsistaient: *variations, suites, fantaisies,* etc.; toutes celles-ci dérivaient des usages propres aux périodes précédentes. Le fait que l'on accorde une plus grande importance à la «forme sonate» tient à ce que celle-ci est devenue le puissant catalyseur d'une grande partie des œuvres de musique de chambre et des œuvres orchestrales de la fin du XVIIIᵉ, du XIXᵉ et même du XXᵉ siècle.

La formation à deux instruments, le *duo,* a suscité de multiples possibilités associatives. La plus caractéristique est sans doute celle qui réunit le violon et le piano. On peut cependant souligner l'intérêt particulier et la variété des duos formés par des instruments du même type ou faisant partie d'un même groupe instrumental.

Ci-dessous: Concert de Femmes, *de S. Tuset. La formation instrumentale représentée ici était peu courante, en raison notamment de la présence de la harpe.*

Les compositeurs, depuis l'époque romantique jusqu'à nos jours, ont fait divers usages de cette combinaison instrumentale; depuis Mendelssohn et Brahms jusqu'à Bartók (sonates), à Stravinski (duo concertant, 1932) et à Schönberg (fantaisie, 1949). D'autres duos caractéristiques sont ceux que l'on forme avec le piano et des instruments comme l'alto (sonates pour alto et piano de Brahms, Hindemith, 1939, etc.), le violoncelle (sonates pour violoncelle et piano de Mendelssohn, Chopin, etc.) et ceux de la famille des bois ou des cuivres: flûte, clarinette, hautbois, basson, cor, trompette, trombone, etc. Une liste des diverses formations de musique de chambre à deux instruments serait interminable. Soulignons que Hindemith composa des sonates pour piano avec la plupart des instruments à vent (bois et cuivres) et à cordes. Rappelons en outre les duos formés par la réunion de deux instruments du même type; la musique pour deux pianos est l'exemple le plus connu, mais il y a aussi celle qui est destinée exclusivement à deux instruments à cordes, comme les 44 duos pour deux violons de Béla Bartók (1931) ou la sonate pour violon et violoncelle de Ravel (à la mémoire de Debussy).

Le trio, ensemble de trois instruments, présente, comme le duo, de nombreuses combinaisons possibles. Les plus courantes sont le trio pour

Les soirées musicales de la noblesse au XVIIIe siècle étaient agrémentées par la présence de formations musicales où figuraient des musiciens de l'envergure de Haydn.

cordes seules (violon, alto et violoncelle) et le trio avec piano (violon, violoncelle et piano). Le trio avec piano a été souvent illustré par les classiques et les romantiques: Haydn en a écrit trente et un, Mozart sept, Beethoven treize (parmi lesquels le célèbre *Trio de l'Archiduc,* 1811), Schubert et Mendelssohn deux, Schumann trois, Brahms quatre, etc. Le trio pour cordes, l'une des combinaisons de musique de chambre les plus difficiles à entreprendre pour un compositeur, n'a pas connu un attrait aussi grand que celui du trio avec piano. Parmi les compositions écrites pour ce type de formation, citons le *Divertimento* K. 563 de Mozart et la *Sérénade op. 8* de Beethoven. A l'époque contemporaine, mentionnons le trio *Opus 45* de Schönberg (1946) et l'*Opus 20* de Webern (1927), qui fut son élève. Il existe naturellement d'autres types de trio: presque toujours, ils résultent de la substitution de l'un des instruments de la formation de base — trio à cordes ou avec piano — par un autre, généralement à vent. C'est le cas du *Trio pour violon, cor et piano, op. 40* de Brahms et des *Contrastes,* trois pièces pour *violon, clarinette et piano de* Bartók (1938).

Avec les quatuors, il se passe quelque chose d'analogue à ce que nous venons d'observer pour les trios: il y a en effet le quatuor à cordes — qui est l'ensemble de chambre par excellence — et le quatuor avec piano. Le quatuor avec piano (violon, alto, violoncelle et piano) se rencontre moins fréquemment dans la production des grands

compositeurs: Mozart, Beethoven, Schubert, Mendelssohn, Schumann, Brahms, Dvorák, etc. Le quatuor étant l'union de quatre voix ou parties instrumentales, on pourrait croire assez spontanée la formation d'ensembles de musique de chambre pour chaque famille d'instruments. Ainsi, dans la famille des bois, on obtiendrait un ensemble composé d'une flûte, d'un hautbois, d'une clarinette et d'un basson. Cependant, cette combinaison n'a pas connu un très grand attrait.

Parmi les œuvres pour cinq instruments, écrites à l'époque romantique, se détachent les quintettes pour piano de Schubert (*op. 114, La Truite,* pour violon, alto, violoncelle, contrebasse et piano), de Schumann, *op. 44* et de Brahms, *op. 34* (deux violons, alto, violoncelle et piano). Citons, de Brahms également, le *Quintette pour clarinette, 2 violons, alto et violoncelle, op. 115;* avec le *Quintette pour clarinette et cordes,* K. 581 de Mozart et l'*Opus 146* de Max Reger, qui fait appel à la même formation, nous sommes en présence de partitions exemplaires dans ce genre musical. La musique pour quintette à cordes est représentée excellemment par la production pour deux violons, deux altos et un violoncelle de Mozart; ces œuvres (surtout les quintettes K. 515, 516, 593 et 614) dégagent une intensité expressive hors du commun. Avec son *Quintette pour deux violons, alto et deux violoncelles en ut majeur, op. 163,* Schubert nous a laissé une pièce d'une beauté réellement saisissante. Les quintettes de Brahms pour deux violons, deux altos et un violoncelle, *op, 88* et *111,* sont aussi dignes d'éloges que les œuvres qui viennent d'être signalées.

Parmi les exemples de sextuors, il faut citer trois œuvres qui restent des modèles du genre et font appel à la même formation: deux violons, deux altos et deux violoncelles. Il s'agit des *Opus 18* et *36* de Brahms, et de l'*op. 4, Verklärte Nacht,* de Schönberg.

Enfin, parmi les combinaisons de plus de six instruments, il y a lieu de mentionner le *Septuor, op. 20* de Beethoven, pour clarinette, cor, basson, violon, alto, violoncelle et contrebasse, et celui de Stravinski, pour violon, alto, violoncelle, clarinette, cor, basson et piano (ou clavecin), 1952; cet auteur composa également un octuor pour instruments à vent (1924). On doit aussi à Franz Schubert un octuor célèbre pour clarinette, cor, basson, deux violons, alto, violoncelle et contrebasse, *op. 166.*

71

Entre la musique de chambre et la musique symphonique

Entre la musique de chambre et la musique symphonique, il est un domaine de la musique instrumentale dans lequel on peut inclure aussi les créations symphonico-chorales et les opéras, qui présente une certaine difficulté de classification. Il s'agit des œuvres qui se situent à mi-chemin entre la musique de chambre et la musique symphonique. Dans beaucoup de cas, on ne peut les classer avec certitude faute de critères suffisants. Ce n'est pas ici le lieu d'effectuer, du point de vue musicologique, une systématisation rigoureuse de cette musique, mais il ne sera pas inutile de parler de ces œuvres impossibles à réduire au strict domaine de la musique de chambre et qui, pour diverses raisons, ne peuvent non plus être considérées comme de la musique symphonique. Lorsqu'on aborde cette question, il convient de laisser de côté les problèmes de pure terminologie résultant de considérations sur le nombre d'interprètes ou sur un quelconque élément quantitatif des formations pour lesquelles ce type de musique a été écrit. Il semble plus logique de se limiter au contenu, à ce qui détermine la qualité, les aspects formels et esthétiques de la matière musicale, ainsi qu'à ce qui la transcende; autrement dit, il faut se limiter à ce qu'on appelle habituellement le caractère expressif de l'œuvre.

Il est intéressant d'observer comment, partir de réflexions particulières sur un sujet aussi difficile à cerner et dont la définition ne repose que sur un très petit nombre de références, on peut arriver à jeter l'interdit sur ce que la coutume a transformé en fait historique. Il ne faut pas oublier que le terme «symphonique» s'applique à toute composition qui a l'orchestre pour moyen d'expression. Ceci n'entraîne aucune «anormalité» en termes musicaux et reste tout à fait justifié, sur le plan pratique, dans l'utilisation quotidienne. Mais cela pourrait faire oublier que cette expression, telle qu'on l'emploie aujourd'hui, ne désigne que l'extension de ce qu'était à l'origine l'orchestre symphonique, c'est-à-dire un groupe instrumental nombreux pour lequel on avait écrit une œuvre fondée sur la forme sonate. Autrement dit, l'orchestre symphonique prenait ce nom parce qu'il avait pour rôle d'interpréter les symphonies, qui, dans la seconde moitié du XVIIIe siècle, n'étaient que la forme sonate appliquée à l'orchestre. Ainsi donc, les interférences et les influences réciproques ont été la règle en musique comme elles l'ont été dans d'autres domaines de l'activité humaine.

Cela étant certain à l'intérieur des frontières bien délimitées de la musique de chambre (ensembles allant jusqu'à dix instruments) et de la musique orchestrale, cela ne peut que l'être davantage dans le domaine aux limites floues dont nous parlons ici. On comprendra qu'il n'est pas facile de décrire avec précision les contours de cet «intermédiaire» ambigu qui, comme on le verra, occupe une place de choix à la fin du XIXe et pendant tout le XXe siècle.

Ce groupe instrumental peut être représenté aussi bien par la section des cordes de l'orchestre symphonique que par un ensemble spécifique de cordes ayant les caractéristiques propres des formations de chambre élargies. De là, on déduit que certaines œuvres destinées aux cordes peuvent être interprétées par l'un quelconque de ces deux ensembles. Tel est le cas, par exemple, des *Divertissements* K. 136, 137 et 138 de Mozart ainsi que de la *Petite musique de nuit* et de son *Adagio et fugue en do mineur,* K. 546; de la *Sérénade* de Tchaïkovski; de la *Simple symphony* de Britten; de la *Suite en sol* de Schönberg ou de la *Suite lyrique* (dans la version de 1928) d'Alban Berg, pour n'en citer que quelques-unes. (Nous laissons de côté les compositions pour cordes de l'époque baroque — les concertos de Corelli, d'Alessandro Scarlatti, de Haendel, etc. — œuvres fréquemment interprétées par des ensembles de ce type, mais qui présentent des difficultés de définition dues au sens particulier de la musique de chambre de cette époque.) Dans tous les cas, on conçoit aujourd'hui l'ensemble de cordes — violons, altos, violoncelles et contrebasses, instruments distribués en fonction de leur tessiture: davantage d'interprètes dans les parties aiguës et moins dans les parties graves — comme un groupe spécialisé auquel on réserve l'exécution de compositions pour cordes comme celles qui ont été citées plus haut. L'orchestre à cordes forme un ensemble bien spécifique dans les formations de chambre élargies, à côté de l'orchestre de chambre proprement dit. C'est dire qu'il contient au moins, d'habitude, un élément de chacun des membres des trois familles instrumentales — bois, cuivre et cordes — à quoi s'ajoute parfois un instrument à percussion. (Il n'est pas courant, cependant, de rencontrer la formation complète de l'orchestre de chambre; on trouve plutôt des groupes instrumentaux plus ou moins étoffés par les diverses sections de l'ensemble.)

Une œuvre, en particulier, permet d'illustrer ce point; elle constitue, en outre, un bon exemple qui permet de montrer l'ambiguïté existant entre musique de chambre et musique symphonique. Il s'agit de la *Symphonie de chambre No 1, op. 9,* de Schönberg. Cette œuvre, écrite pour quelques instruments seulement — flûte, piccolo, hautbois, cor anglais, clarinette en ré, clarinette en la, clarinette basse, basson, contrebasson, deux cors, deux violons, un alto, un violoncelle et une contrebasse — contient dans son titre une apparente contradiction. L'œuvre possède la structure d'une symphonie, dont l'ossature est constituée par l'idée d'un mouvement unique — déjà exploré par Schönberg dans le *Quatuor op. 7* — et par une coloration d'œuvre de musique de chambre proportionnée à un nombre réduit d'instruments. La preuve de la souplesse de cette formule est donnée par le fait que Schönberg lui-même en a élargi le spectre sonore en réalisant une version pour orchestre en 1935.

La préférence donnée aux groupes instrumentaux réduits, c'est-à-dire à l'orchestre de chambre, pour l'exécution d'œuvres musicales très expressives, est constante dans la production des compositeurs de notre siècle. Ce fait, dû à une recherche des lignes sobres et à un maximum d'expressivité obtenue avec un minimum d'éléments — entendu comme un presque abandon des conceptions romantiques — donnera lieu à des possibilités de combinaisons auxquelles participeront les cuivres et la percussion, habituellement relégués à des interventions ponctuelles.

La recherche de la concision thématique et l'élimination du thème conçu comme ligne directrice du discours musical, ainsi que la grande économie des moyens employés, a conduit Webern à créer des œuvres pour orchestre qui pourraient être incluses dans l'éventail de celle des formations de musique de chambre élargies.

L'ensemble I Musici, *de Rome, est composé de six violons, deux altos, deux violoncelles, une contrebasse et un clavecin. Il est surtout connu pour ses interprétations du répertoire baroque italien.*

Ses *Cinq pièces pour orchestre, op. 10,* sont ainsi écrites pour seize instruments de toutes familles, et une ample section de percussions. L'ensemble est constitué de cinq instruments polyphoniques — orgue, célesta, mandoline, guitare et harpe — qui établissent un dialogue pointilliste avec le reste de l'orchestre. Cette composition doit être considérée comme une œuvre de chambre, au sens où nous l'avons définie, en raison de l'emploi en solo de chaque élément de l'orchestre, sans redoublement et avec une section de cordes composée d'un violon, d'un alto, d'un violoncelle et d'une contre-

basse. C'est également le cas de sa *Symphonie opus 21,* à la seule différence que le nombre d'instruments employés ne permet pas de parler d'ensemble de chambre amplifié. Cette œuvre est conçue pour neuf instruments: clarinette en si bémol, clarinette basse, deux cors, une harpe et un quatuor à cordes.

Stravinski, pour sa part, confère à sa musique une couleur particulière par une instrumentation judicieusement choisie. Pour le *Ragtime,* œuvre caricaturale qui possède d'évidentes références à la musique de jazz, il utilise onze instruments: flûte, clarinette, cor, trompette, trombone, percussion, deux violons, alto et contrebasse. Il composa également un *Concerto en mi bémol* pour quinze instruments, ainsi qu'une *Symphonie pour instruments à vent* en hommage à Debussy. Cette dernière œuvre recourt

à des représentants de la famille des bois et des cuivres. Son orchestration est la suivante: trois flûtes, trois hautbois, trois bassons, quatre cors, trois trompettes, trois trombones et un tuba.

Le concerto possède lui aussi des ramifications dans la musique de chambre. Dans ce domaine, l'œuvre la plus importante de la première moitié de notre siècle est le *Concerto de chambre pour piano, violon et trois instruments à vent* d'Alban Berg. Le piano et le violon y dialoguent en tant que solistes avec les autres instruments.

Les musiciens qui se sont intéressés à ce type de composition sont nombreux. Le répertoire du XXᵉ siècle comporte ainsi beaucoup d'œuvres de musique de chambre qui utilisent la voix ou donnent la préférence à un instrument soliste déterminé.

Les instruments
et l'orchestre dans la musique de Bach

A l'époque de Bach, l'orchestre comptait un nombre variable d'instruments. Il n'allait toutefois revêtir sa forme définitive qu'à partir du XIXe siècle. Ci-dessus: tableau représentant un ensemble orchestral de l'époque (vers 1740).

A l'époque de Claudio Monteverdi (1567-1643), l'orchestre était composé d'un nombre variable d'instruments, dont le choix dépendait du nombre de musiciens disponibles au moment de la représentation. Sur la première page de la partition imprimée de son *Orfeo*, Monteverdi établit le détail de l'instrumentation qu'il avait choisie pour la création de l'œuvre à la cour de Mantoue. Ces indications ne revêtaient toutefois qu'un caractère général et pouvaient être sujettes à modifications selon les circonstances. Cette orchestration était la suivante: *duoi gravicembali* (instrument à clavier dont les cordes étaient pincées par des plectres; sorte de clavecin ou d'épinette), *duoi contrabassi de viola* (contrebasse de la famille des violes, également appelée *violone*), *dieci viole da brazzo* (de la famille des violes), *un arpa doppia* (harpe à deux rangées de cordes), *duoi violini piccoli alla francese* (accordés une quarte ou une tierce mineure au-dessus du violon normal), *duoi chitarroni* (élément grave de la famille du luth, qui possède des cordes en métal), *duoi organi di legno* (orgues pourvues de tuyaux en bois), *tre bassi da gamba*, *quattro tromboni*, *un regale* (orgue portatif à anches battantes en métal), *duoi cornetti* (instrument droit ou légèrement courbé, sans pavillon et pourvu de trous pour les doigts à la façon d'une flûte douce), *un flautino alla vigesima secunda* (petite flûte de trois octaves), *un clarino con tre trombe sordina* (petite trompette aiguë, en *ut*, et trois trompettes avec sourdine).

Cette liste détaillée ne doit néanmoins pas faire illusion: l'orchestre et l'orchestration n'étaient encore que dans l'enfance de leur histoire. Le fait qu'il n'existait pas à l'époque d'orchestre type stimula énormément l'imagination des compositeurs et des interprètes (qui étaient souvent eux aussi compositeurs), lesquels s'essayèrent à toutes sortes de combinaisons orchestrales. La fixation définitive de l'ensemble orchestral n'était pas encore à l'ordre du jour et il fallut attendre de nombreuses années avant que soit rendue possible une définition précise de la fonction orchestrale.

Vers 1700, nombre d'instruments que nous avons cités plus haut avaient été depuis lors perfectionnés techniquement, certains ayant subi de très importantes modifications et d'autres encore faisant leur apparition. C'était le cas notamment du cor *da caccia*, ancêtre du cor chromatique moderne. Cet instrument comportait un mécanisme naturel, car le souffle de l'exécutant produisait directement les sons sans autre médiation artificielle que l'utilisation de tubes de rechange servant à faire varier l'accord. Le cor *da caccia* fut, semble-t-il, incorporé à l'orchestre pour la première fois par Reinhard Keiser, dans son opéra *Octavia* (1705). On l'utilisa depuis l'époque de Bach jusqu'à ce qu'il fût remplacé par le cor chromatique, vers la seconde moitié du XIXe siècle. Autre exemple significatif: la substitution progressive de la famille du violon à celle des violes, dont quelques membres disparates continuèrent à être employés séparément dans certaines œuvres. Ainsi, pour prendre un exemple concret, *La Passion selon Saint Matthieu* utilise-t-elle à la fois la viole *da gamba* dans certains numéros et toute la famille du violon. Ce fut également le cas de la flûte à bec ou flûte douce qui, malgré l'emploi croissant de la flûte traversière, continua d'être utilisée par Purcell, Telemann, Haendel ou Bach.

Les termes employés à l'époque pour désigner tous ces instruments étaient loin de revêtir la même signification qu'aujourd'hui. Les instruments d'alors n'avaient rien à voir du point de vue de la tessiture et de la couleur, de l'intensité et de la sonorité, pas même de la construction, avec les caractéristiques des instruments modernes. Par ailleurs, les maîtres baroques, notamment Bach, n'indiquaient pas toujours rigoureusement dans leurs partitions l'instrument qui devait interpréter telle ou telle partie. Ainsi, l'expression *clarino* désignait-elle dans certaines cantates de Bach le registre déterminé d'un instrument (cor ou trompette) et, de la même façon, l'instrumentiste jouant dans ce registre. Avant que les termes de *tromba, clarino* ou *corno* ne viennent préciser les choix pour une partie semblable, seuls les facteurs musicaux permettaient de déterminer en dernière instance quel instrument devait être choisi. Cela explique pourquoi Bach écrivit toujours en fonction d'exécutants bien précis qu'il savait familiarisés avec ses exigences.

Ce bref aperçu permet de voir que, malgré de réels progrès, l'orchestre n'avait pas encore atteint avec la musique de Bach sa maturité définitive, ni délimité précisément son effectif de base. Ce qui ne signifie pas pour autant que l'orchestre ne revêtait pas, chez Bach ou ses contemporains, un caractère plus ou moins fixe. L'ensemble était généralement constitué de la façon suivante: deux flûtes traversières, deux hautbois, un ou deux bassons, deux cors *da caccia*, deux trompettes, timbales, cordes (premiers et seconds violons; altos) et continuo: violoncelle, contrebasse et instrument à clavier (orgue ou clavecin), avec participation du basson. L'effectif instrumental du *Magnificat* comporte trois parties de trompette, n'utilise pas les cors mais recourt, en outre, au hautbois *d'amore*.

Nombre de ces instruments, à l'exception de ceux qui assuraient le continuo, n'étaient utilisés qu'à des moments précis de l'œuvre à interpréter afin de faire ressortir tel ou tel aspect expressif ou symbolique bien déterminé. Certains passages de la musique de Bach appellent la sonorité du hautbois *d'amore*, du hautbois *da caccia* ou de la viole *d'amore*. Ces instruments ne font pas partie de la liste dressée plus haut, mais donnent lieu à des moments d'un grand lyrisme et d'une résonance particulière qui ne sont pas sans évoquer certaines formes d'aria et de récitatif accompagné. Bach utilisa d'ailleurs largement les hautbois *d'amore* et *da caccia*, comme en témoignent plusieurs très beaux passages de la *Passion selon Saint Matthieu*. Le hautbois *da caccia*, dont la hauteur se situe en dessous de celle du hautbois normal, tomba en désuétude après le grand compositeur. Instrument qui se situe entre le hautbois proprement dit et le cor anglais, le hautbois *d'amore* se distingue aisément par son timbre très caractéristique et son pavillon piriforme. Il fut utilisé dans des partitions modernes (Ravel, Strauss). La viole *d'amore* possédait quant à elle une sonorité très particulière due, notamment, à ses cordes sympathiques qui passaient sous le cordier et à travers le chevalet. Bach l'utilisa notamment dans sa *Passion selon Saint Jean*. Il employa aussi très fréquemment dans ses cantates le hautbois ténor en *fa*.

A côté des hautbois *da caccia* et *d'amore*, on trouvait également le hautbois normal en *do*. Bach semblait avoir une certaine prédilection pour la palette de timbres de ces instruments. Leur timbre (surtout de celui en *do*) permettait, lorsqu'il était marié à celui des violons, de préciser parfaitement le contour et le détail des lignes harmoniques. C'est sur lui que repose la sonorité si particulière de l'orchestre de Bach. Le compositeur l'utilisa entre autres dans presque toutes ses cantates, dans ses deux *Passions*, dans son célèbre *Magnificat*, dans trois de ses quatre *Suites* pour orchestre.

Bach possédait un sens aigu des caractéristiques de timbre et de l'orchestration qui lui permirent de marier intimement la musique au texte, comme dans la *Passion selon Saint Matthieu*. Il possédait également parfaitement l'art de la couleur. A ce sujet, il n'est que de rappeler ses fameux *Concertos brandebourgeois*: ils recèlent depuis la sonorité compacte des cordes *(Troisième Concerto en sol majeur)* jusqu'à la luminosité et la transparence *(Deuxième Concerto en fa majeur* orchestré de la façon suivante: trompette, flûte, hautbois, violon dans le *concertino*; cordes et continuo dans le *ripieno)*.

La sonorité de la musique orchestrale de Bach est en fait la sonorité de l'orgue; non seulement en raison de la distribution des plans et des proportions dynamiques, mais également de la grande clarté des lignes contrapuntiques. On comprend mieux, dès lors, l'importance qu'il accorda toujours à la délimitation précise des frontières entre les timbres ainsi qu'à l'équilibre et à la correspondance des plans sonores.

Contrairement à une croyance trop répandue, l'immense maîtrise de Bach ne se limite pas à un entrelacs polyphonique savamment planifié et souvent trop abstrait. Tout au contraire, Bach sut tresser un jeu de relations étroites entre les différents niveaux symbolique et musical, du timbre et de la ligne, autant d'aspects qui ne peuvent être considérés séparément les uns des autres par qui veut comprendre et appréhender réellement l'œuvre du grand maître d'Eisenach.

L'orchestre dans la période classique

Au milieu du XVIIIe siècle, l'orchestre s'achemina vers ce que l'on pourrait appeler sa «standardisation» définitive. Peu à peu, les compositeurs précisèrent le rôle et l'emploi des différents instruments dans leurs partitons, éliminant ainsi progressivement le flou qui caractérisait jusqu'alors le traitement instrumental. Approximativement entre 1750 et 1800, on jeta les premières bases solides de l'orchestre symphonique. Dès lors, fort de cette première ébauche de constitution, il put se développer tant sur le plan quantitatif que qualitatif (évolution de la technique et changements intervenus dans la sonorité des instruments).

Mannheim et Vienne étaient les centres musicaux les plus importants de l'époque; ils furent les véritables catalyseurs du «nouveau style» et, surtout, forgèrent une nouvelle conception de l'orchestre symphonique et du plan (en trois ou quatre mouvements) de la symphonie proprement dite. Pour mener à bien cette réforme, l'école de Mannheim disposait d'un orchestre prestigieux très discipliné qui souleva en son temps l'admiration de Mozart. Cet orchestre fut paradoxalement rendu célèbre par des innovations (comme le fameux effet du crescendo *Mannheim*) qui, en réalité, n'étaient pas de sa propre invention. Johann Stamitz (1717-1757) en fut l'un des chefs les plus importants. En tant que compositeur, il fut à l'origine de nombreux changements survenus tant dans l'art de l'instrumentation que dans la construction de la symphonie. Pour sa part, l'école de Vienne groupa des compositeurs qui ne furent pas toujours estimés à leur juste valeur. Matthias Georg Monn (1717-1750) fut l'un des plus importants d'entre eux, car il contribua notamment à jeter les bases structurelles de la symphonie. Mais les compositeurs viennois les plus marquants furent bien évidemment Haydn et Mozart, qui portèrent le genre symphonique à sa plus haute perfection avant que Beethoven reprenne le flambeau.

D'un point de vue strictement instrumental, le classicisme se caractérisa par le rejet de nombre de sonorités baroques. D'un autre côté, il privilégia des instruments dont l'usage s'est révélé indispensable jusqu'à nos jours. Le *clarino* (trompette au registre très aigu), la flûte à bec, le luth, les hautbois *d'amore* et *da caccia,* la famille des violes et même certains membres injustement qualifiés de mineurs de la famille du violon, comme le violon *piccolo* ou le violon ténor, allaient en revanche, tomber presque totalement en désuétude et disparaître de la scène musicale de l'époque.

La naissance de l'orchestre classique peut être considérée comme le résultat de l'émancipation définitive de la musique instrumentale par rapport à la musique vocale. Emancipation qui gagna également le monde de l'opéra: le chanteur se vit intégré au processus musical, au même titre que les différents groupes de l'orchestre. Le goût italianisant pour le chant accompagné céda la place à une prise en compte plus globale du contenu dramatique, ouvrant ainsi directement la voie à l'opéra allemand.

La base de l'orchestre classique était formée par la section des cordes. Celle-ci groupait les membres de la famille du violon déjà utilisés au cours de l'époque baroque. Cette famille connaissait alors une popularité croissante et jouait un rôle de plus en plus important. Le classicisme conféra un aspect prépondérant à cette section de cordes qui s'imposa, de par son caractère indispensable, aux orchestres romantiques et modernes. Malgré les perfectionnements que ceux-ci lui apportèrent, l'effectif de cette section resta inchangé: premiers et seconds violons, altos, violoncelles et contrebasses. Les seules modifications qu'elle connut concernèrent d'une part la mobilité des parties (surtout celle des graves) et d'autre part l'exploitation plus poussée de ses ressources en matière de timbre et de technique.

Au début de la période classique, l'orchestre était seulement composé de deux hautbois, deux cors et de la section des cordes. Peu à peu, à cet effectif initial vinrent s'ajouter d'autres instruments à vent, comme la flûte traversière (à cette époque flûte et hautbois étaient joués par un même instrumentiste) et les trompettes. Les timbales y furent incorporées comme élément de précision rythmique. Le trombone, en revanche, n'y trouva pas place; cet instrument n'était utilisé que dans la musique sacrée, (dans laquelle il doublait les parties de contralto, ténor et basse) et dans l'opéra. Le basson, qui ne se trouvait pas toujours mentionné dans la partition, se voyait quant à lui utilisé de façon régulière; à la fin de la période classique, il conquit une certaine autonomie et ne fut plus confiné dans le simple rôle de doublage de la ligne de basse qui lui avait été dévolu jusqu'alors.

Les cors et les trompettes, eux aussi, ne furent plus relégués dans la simple fonction de soutiens de l'orchestre. La basse continue, autrefois prépondérante, voyait ainsi son rôle diminuer sensiblement. Son déclin définitif commença vers 1760 et l'instrument disparut presque totalement à la fin du XVIIIe siècle. L'orgue et le clavecin, piliers du développement harmonique, continuèrent encore à jouer un rôle déterminant dans la musique sacrée et dans la réalisation du *recitativo secco,* à l'opéra essentiellement. Le clavecin remplit une fonction importante dans la musique symphonique tant que les instruments de l'orchestre n'assumèrent pas la totalité des relations harmoniques. Le compositeur, d'ailleurs, dirigeait lui-même l'orchestre depuis le clavecin. Ce fut le cas de Haydn lorsqu'il était à la tête de l'ensemble instrumental des Esterházy et jusqu'en 1791, lorsqu'il présenta à Londres ses dernières œuvres. Mais la participation de plus en plus active des instruments de l'orchestre clarifia le discours harmonique, progrès notable qui, avec la conception nouvelle du langage musical, rendit définitivement caduc le rôle de la basse continue.

La clarinette connut à cette époque une prodigieuse évolution. Cet instrument dérivait de l'ancienne et riche famille du *chalumeau.* Elle fut utilisée de façon intermittente au cours de la première moitié du XVIIIe siècle pour enfin jouer un rôle plus conséquent à partir de 1750. On la trouve mentionnée pour la première fois dans une partition en 1720, dans une *messe* de Faber.

Par la suite, Haendel et Rameau l'utilisèrent à leur tour, mais de façon parcimonieuse. Il fallut attendre 1758 et le prestigieux Orchestre de Mannheim pour qu'elle fût enfin incorporée à part entière et définitivement à l'ensemble symphonique. Cependant, ce fut à Mozart qu'elle dut sa véritable consécration.

Tirant un grand profit de ses ressources techniques et de la qualité de sa sonorité expressive et suggestive, il l'introduisit dans ses propres œuvres. Elle devint dès lors un élément indispensable de l'orchestre symphonique. Mozart l'employa pour la première fois dans sa *Symphonie «parisienne»*. Dans le domaine symphonique, il l'incorpora à l'orchestre de la *Symphonie en mi bémol majeur,* K. 543, et dans là seconde version de la *Symphonie en sol mineur,* K. 550. La clarinette apparaît également dans *Don Giovanni* et dans *La Flûte enchantée;* mais l'œuvre la plus marquante que Mozart lui ait consacrée reste évidemment le *Concerto pour clarinette en la majeur,* K. 622.

En 1781, Mozart relata l'exécution à Vienne de l'une de ses symphonies, probablement la *Symphonie en ut majeur,* K. 338. Selon son propre témoignage, l'orchestre était alors composé de quarante violons, dix altos, huit violoncelles, dix contrebasses, six bassons. En outre, le reste de la section des vents était doublé. Une telle orchestration ne revêtait toutefois qu'un caractère exceptionnel.

La section des cordes, par ailleurs, variait considérablement d'un lieu à l'autre. Elle se composait en moyenne dans un orchestre de six premiers violons, six seconds violons, deux altos, trois violoncelles et une contrebasse; dans une cour importante comme celle de Dresde, ce nombre pouvait toutefois atteindre huit premiers violons, huit seconds violons, quatre altos, quatre violoncelles et deux contrebasses. Vers 1783, l'orchestre des Ester-rhàzy, que dirigeait Haydn, se composait de onze violons, répartis entre les premiers et les seconds, deux altos, deux violoncelles, deux contrebasses, deux hautbois, deux bassons et deux cors. Vers 1782, l'Orchestre de Mannheim était composé, pour sa part, de dix-huit violons, trois altos, quatre violoncelles, trois contrebasses, quatre flûtes, trois hautbois, trois clarinettes, quatre bassons et quatre cors. Comme on peut l'observer, le nombre des instruments variait donc sensiblement; mais la fonction de chacun d'entre eux devenait de plus en plus précise, les couleurs orchestrales, plus caractérisées, traduisaient mieux les intentions du compositeur. Désormais nanti de nouveaux principes formels et sonores, l'orchestre allait s'acheminer peu à peu vers une formation stable, qui ne devait en rien freiner son évolution. Il atteignit ainsi la configuration symphonique dont Beethoven posa les premières bases à l'aube du XIXe siècle.

L'orchestre beethovenien

On ne peut parler des combinaisons instrumentales sans traiter de l'art de l'orchestration. L'orchestre a connu une riche évolution: à l'origine, quatuor à cordes, il s'est élargi et est devenu progressivement une formation groupant les différentes familles instrumentales. Cette complexité interdit toute approche trop simpliste. Somme d'instruments de nature différente, l'orchestre tire sa grande richesse de cette hétérogénéité et des combinaisons qu'elle permet. Par ailleurs, on ne peut pas le considérer comme une entité fixe et universelle puisqu'il a revêtu des caractères fort

différents selon les époques et les compositeurs. Ecrire pour un orchestre nécessite une connaissance théorique de chacun des instruments qui constituent cet organisme musical complexe et vivant. La composition d'une partie de violon est bien sûr différente de celle d'un cor. Ce dernier était en effet, à l'époque de Mozart et de Beethoven, un instrument limité aux seules notes de la série harmonique. Par la suite, il s'est développé jusqu'à posséder toutes les possibilités de la gamme chromatique. Le compositeur doit ainsi étudier les particularités de chaque instrument, ses possibilités réelles, les

caractéristiques de chacun des registres ainsi que les difficultés d'émission du son. Il doit donc être en mesure de pouvoir mettre à profit toutes les ressources instrumentales pour choisir parfaitement celle qui s'impose au fur et à mesure du travail de composition.

Le rôle du compositeur évolua parallèlement aux nouvelles formes d'expression musicale. Au service de la noblesse jusqu'au XVIIIe siècle, le compositeur conquit plus tard son indépendance, mais il vit son succès dépendre désormais exclusivement du public. Ci-dessous: le Théâtre des Romantiques, à Paris en 1830.

Au sein du langage musical, on confond trop souvent les termes d'instrumentation et d'orchestration. L'un et l'autre ne recouvrent pourtant pas la même signification; l'instrumentation consiste dans l'étude des différentes techniques des instruments de l'orchestre et fait en outre appel à l'acoustique, science qui traite des caractéristiques des émissions sonores propres à chaque instrument. L'orchestration est quant à elle l'art de l'utilisation des instruments; elle consiste dans la connaissance et la maîtrise des possibilités expressives résultant de leur combinaison. On peut dire qu'il s'agit en quelque sorte de l'art de créer un équilibre sonore. Faire l'historique de l'évolution du timbre musical s'avérerait en ce sens passionnant. Ses différentes étapes ont partie liée avec les perfectionnements constants des instruments et avec les progrès apportés dans leur construction. Cet enrichissement croissant de leurs possibilités et de leur palette de nuances nécessitent de la part du compositeur un art de l'orchestration et de l'instrumentation de plus en plus poussé, afin de répondre toujours plus parfaitement à ses exigences en matière d'expression.

Ces questions fondamentales en matière d'expression ont pris un tour radicalement nouveau avec la transformation sociale engendrée par la Révolution française. Ainsi Beethoven, ne connut pas le même sort que les compositeurs de l'Ancien Régime, qui étaient généralement maîtres de chapelle au service d'un grand seigneur. Il fut pour sa part un compositeur indépendant qui conquit le public à la force de sa personnalité. Au XIXᵉ siècle, l'exécution publique des concerts revêtit donc une tout autre signification. Le compositeur cessa d'être un fonctionnaire de la noblesse pour devenir un artiste indépendant qui ne vivait (et mourait) que par et pour son art. Cette évolution décisive éveilla de nouvelles manières d'aborder la musique et, partant, le fait orchestral.

Autre élément considérable, qui n'a pas toujours été pris en compte: les dimensions plus grandes des nouvelles salles de concert. Celles-ci offrirent de plus larges perspectives en matière de possibilités sonores. Les *forte* et les *piano* gagnèrent respectivement en impétuosité et en douceur. L'expressivité poétique de leur contraste s'en trouva renforcée.

L'orchestre allait lui aussi participer activement à cette évolution. C'est ainsi que la clarinette, qui y avait été incorporée depuis peu et mise en valeur surtout par Mozart, joua avec Beethoven un rôle important: les œuvres du grand maître immortalisèrent son timbre si particulier et le rendirent désormais indispensable à l'orchestre.

Les dimensions nouvelles de l'orchestre firent ressortir de plus en plus les limites de certains instruments, notamment le cor ou la trompette, qui obligeaient compositeur et instrumentiste à faire mille acrobaties. Jusqu'au moment où leurs possibilités seront décuplées grâce à l'adjonction des pistons (milieu du XIXᵉ siècle), ces instruments rudimentaires continuèrent à être employés pour soutenir l'harmonie et renforcer lorsqu'il le fallait la sonorité pleine de l'ensemble. L'invention du mécanisme des pistons leur

Lors de la première de sa Neuvième Symphonie *en 1824, Beethoven ne se rendit pas compte du succès qu'il remportait auprès du public, car il était déjà gravement frappé de surdité. Il dut se retourner vers la salle pour apprécier l'hommage qu'on lui rendait.*

permit enfin de produire toutes les notes chromatiques, avec la combinaison des harmoniques. Avant ces perfectionnements, Beethoven dut lutter contre de nombreux écueils d'ordre technique, mais cela ne l'empêcha pas de porter l'art de l'orchestration à un très haut niveau de perfection. L'effectif et le nombre des instruments de son orchestre étaient à peu de chose près les mêmes que ceux du Mozart de la dernière époque. Il ne fit guère qu'ajouter des trombones, une petite flûte ou un contrebasson dans l'une de ses symphonies et élargir le groupe des percussions dans la *Neuvième.* Pourtant, à conditions égales, son traitement de l'orchestre, plus énergique et impétueux, possédait une tout autre dimension que chez Mozart. Il conféra

aux instruments solistes de la section des bois (flûte, hautbois, clarinette ou basson) une valeur expressive encore inégalée; les cordes acquirent avec lui une force dramatique et une vigueur de sonorité insoupçonnées jusqu'alors. Leur opposition au groupe des bois et des cuivres donne aux œuvres du grand maître une intensité de couleur et une accentuation rythmique des plus originales. Certes, comme le dit Boucourechliev, «un des signes les plus évidents d'une nouvelle conception de l'orchestre, où tous les instruments sont appelés de plein droit à assumer des fonctions particulières, apparaît dans le dépassement des limites de la suprématie des cordes, des violons en particulier», mais également des contrebasses (tel ce magnifique effet de la tempête dans la *Symphonie pastorale,* où les contrebasses descendent jusqu'à des tessitures graves encore jamais obtenues pour simuler le hurlement des éléments déchaînés).

Le puissant orchestre beethovenien influencera presque tout le romantisme postérieur. En Allemagne, notamment, Johannes Brahms se montra le plus digne continuateur du grand maître. L'orchestre utilisé par Brahms dans ses quatre *Symphonies* est similaire à celui de Beethoven quant à son effectif, à la densité de sa texture, de même qu'à la complexité contrapuntique de ses allegros. Mais par un grand sens de la masse orchestrale, Brahms a su conférer à son ensemble un caractère monumental.

Schubert, bien qu'il ait été un compositeur très fécond en regard de sa trop courte existence, ne parvint pas à donner dans ce domaine toute la mesure de son génie. Et cela malgré l'inspiration et les trouvailles orchestrales que l'on découvre tout au long de ses symphonies, notamment dans *L'Inachevée* et dans *La Grande.*

Mendelssohn se caractérise par l'ordre et la clarté, la maîtrise de la forme et une plus grande sincérité, autant de qualités qui, en plein cœur du romantisme, en font un compositeur classique. Chaque timbre occupe de façon très naturelle la place qui lui est précisément dévolue, ce qui n'empêche pas de produire les plus beaux effets. On ne peut guère le comparer qu'à Weber pour sa luminosité.

Quoi qu'il en soit il s'avérait difficile, sinon impossible, de dépasser Beethoven. Ainsi apparaît la nécessité d'ouvrir d'autres voies, comme le théâtre lyrique ou le poème symphonique, pour que l'évolution de la musique orchestrale connaisse un nouvel essor.

L'orchestre moderne

Le romantisme fut une époque en pleine ébullition; son incomparable effervescence fut riche en figures et en tendances des plus contradictoires. Entre autres personnages typiques de cette période foisonnante vient d'abord à l'esprit le nom d'Hector Berlioz. Ce compositeur à l'imagination exacerbée fut l'un de ceux qui ont le plus contribué à l'évolution technique et esthétique de l'orchestre.

L'expérience beethovenienne avait ancré solidement les bases fondamentales d'une nouvelle conception de l'orchestre. La contradiction qui s'était fait jour entre les moyens orchestraux traditionnels limités et la puissance de la musique beethovenienne fut la source d'une évolution qui allait déboucher sur le grand orchestre de Berlioz et de Wagner, en passant par celui de Meyerbeer, Halévy et Rossini. La plupart de ces compositeurs possédaient un grand sens dramatique, auquel s'ajoutait l'influence décisive de Beethoven. La nouvelle conception de l'orchestre influença peu à peu la musique elle-même; jusqu'aux pages écrites pour piano seul, comme un nocturne de Chopin ou une ballade de Liszt, dont les partitions comportèrent de plus en plus d'indications de nuances destinées à créer le climat escompté. La musique revêtait maintenant de nouvelles parures et de nouvelles harmonies. Le nouveau traitement du timbre nécessitait désormais d'autres moyens plus adaptés aux exigences qui étaient nées en matière d'expression. La musique de scène et le concerto puisèrent de plus en plus dans la littérature et ainsi naquit un nouveau genre appelé à un grand avenir: le *poème symphonique*. C'est précisément dans cette nouvelle forme musicale que Berlioz allait s'illustrer. En 1830, trois ans seulement après la mort de Beethoven, sa *Symphonie fantastique* s'imposa comme l'une des œuvres les plus marquantes de toute l'histoire musicale du romantisme; la *Fantastique* s'avérait en effet de conception radicalement nouvelle, tant par son inspiration que par sa réalisation orchestrale. Son argument, de caractère autobiographique, y était traité exclusivement par des moyens musicaux. Un tel sujet nécessitait de nouveaux timbres (ou un nouveau traitement des anciens timbres), de nouvelles nuances ainsi qu'une plus grande emphase. De ce point de vue, certaines œuvres cérémonielles de Berlioz dépassent toute mesure et explorent les limites de la sonorité. Il est vrai que le *Requiem*, comme la *Symphonie funèbre et triomphale*, furent composés en vue d'être exécutés dans des circonstances très particulières, aux Invalides ou Place de la République pour célébrer le 10e anniversaire de la Révolution de 1830; Berlioz, ainsi, ne manqua pas de mettre à profit les grandioses possibilités acoustiques qui lui étaient offertes. Cependant, l'aspect exubérant et colossal qu'il conféra à certaines œuvres finit par porter préjudice à l'image du compositeur. Malgré la caricature exagérée que l'on donna de son personnage et de sa musique, Berlioz a réussi à s'affirmer comme un musicien exquis et subtil et, surtout, comme un orchestrateur de génie qui sut porter la maîtrise de l'ensemble instrumental à sa plus haute perfection. Il n'est que de citer le scherzo *La Reine Mab* de sa symphonie *Roméo et Juliette* pour se convaincre de sa façon jusque-là inédite de traiter les timbres de l'orchestre.

En un mot, Berlioz a élargi l'orchestre et lui a conféré un rôle plus prépondérant. Dès ses premières œuvres, en effet, il n'hésita pas à se servir du contrebasson, du cor anglais, de quatre trompettes, de trois ou quatre timbales (*Benvenuto Cellini, Symphonie fantastique*), de la clarinette basse, de quatre harpes et même du piano à quatre mains.

La nécessité de plus grandes salles de concert se fit sentir dès lors que l'on voulut augmenter la puissance et le registre de l'orchestre. Ci-dessous, dessin de 1899 qui représente l'ancienne salle de l'Orchestre philharmonique de Berlin, située rue Dessauer.

L'orchestre du Festival de Bayreuth pendant une répétition, en 1882. A Bayreuth, l'orchestre est situé dans une fosse, de telle manière que le public ne peut pas le voir.

Le peintre Fantin Latour imagina Berlioz dirigeant le Tuba mirum *de sa* Grande Messe des Morts *parmi les trompettes du Jugement dernier.*

Toutes les œuvres du grand compositeur français foisonnent d'effets originaux, toujours au service de l'expression musicale. On se souvient de l'emploi sarcastique de la petite clarinette dans la *Symphonie fantastique.* Il alla même jusqu'à utiliser quatre pianos — cas unique dans l'histoire de la musique — dans *La Tempête.* Soulignons encore quelques curieux procédés, comme l'emploi — dont l'effet est plus subtil — de baguettes à tête recouverte d'éponge pour frapper les timbales, ou encore l'attaque des instruments à cordes avec le bois de l'archet *(col legno).* Outre l'usage fréquent de la sourdine par les instruments à vent, Berlioz obtint un effet très particulier en demandant aux joueurs de cor de boucher avec la main le pavillon de leur instrument. Ce procédé permettait d'obtenir des sons voilés, mystérieux ou inquiétants. Berlioz a analysé ces techniques de façon exhaustive dans son célèbre *Traité d'instrumentation;* cet ouvrage magistral, écrit en 1844, est un véritable résumé d'esthétique musicale appliquée; il fait encore autorité aujourd'hui.

Wagner était le contemporain de Berlioz, bien qu'il fût de dix ans son cadet. Sa conception de l'orchestre dramatique s'inspira des innovations radicales de son aîné. Wagner en réalité adapta les principaux apports du musicien français en les accommodant à son propre style, les traitant de façon plus dense et leur conférant un souffle dramatique plus conforme à sa nature germanique.

Les perfectionnements remarquables de certains instruments ouvraient de nouveaux horizons en matière d'orchestration et de recherches de timbres. De par ses nouvelles possibilités, l'orchestre romantique n'a presque plus rien à voir avec l'ensemble classique du siècle précédent. Les principaux protagonistes de ces changements furent les cuivres, appelés à jouer un rôle de plus en plus important, contrairement à ce qui se passait dans l'orchestre de Haydn. Grâce à l'invention des pistons (trompette, cor, au début du XIXe siècle), ils purent enfin émettre tous les sons de la gamme chromatique et exécuter n'importe quelle phrase musicale. Ce perfectionnement technique fut incontestablement le plus important que le romantisme ait apporté.

On peut dès lors s'interroger à juste titre: si Wagner a écrit pour la voix humaine dans le dessein qu'elle fusionne avec l'orchestre, comment celle-ci pouvait-elle se mettre en valeur face à un ensemble instrumental aussi imposant que celui, par exemple, de la *Tétralogie*? La réponse est simple: le traitement de la voix dans l'œuvre de Wagner acquiert une densité et une ampleur nettement supérieures à celles de l'opéra traditionnel. Sa mélodie, ses phrases, l'étendue de ses registres s'ajustent parfaitement au contenu du langage tant harmonique qu'orchestral. Wagner concevait son orchestre comme un corps homogène. Il se préoccupa même de la construction de nouveaux cuivres pour conférer plus de majesté à ses personnages divins. Il alla en outre jusqu'à calculer la sonorité un peu tamisée de l'orchestre qui se trouvait dans la fosse du théâtre. Dans le drame wagnérien, l'orchestre non seulement commente mais intervient directement dans l'action; la fameuse technique du *leitmotiv* facilite non seulement la reconnaissance des personnages à travers le discours instrumental mais précise en outre leurs sentiments, leurs intentions, leurs pensées secrètes. De cette façon l'orchestre se transforme en véritable fil conducteur de l'action qui guide le spectateur à travers le drame.

Le génie de Wagner sut donc tirer parti des étonnantes innovations de Berlioz. La *Marche des Pèlerins* dans *Harold en Italie* influença directement *Tannhäuser.* Le maître français et le maître allemand, s'ils n'allèrent pas jusqu'à sympathiser, témoignèrent toujours l'un pour l'autre du plus profond respect et de la plus grande considération. Liszt joua lui aussi un rôle décisif dans l'évolution de l'orchestre. Mais son œuvre orchestrale, composée surtout de musiques à programme *(Dante Symphonie, Faust, Mazeppa)* n'est pas aussi connue qu'elle le mériterait. Et il serait injuste de ne pas dire que Wagner lui doit énormément.

L'orchestre postwagnérien

Nous venons de voir que Berlioz et Wagner amenèrent l'art de l'orchestration à un niveau encore jamais atteint jusqu'alors. L'impact de leurs œuvres a révolutionné l'écriture orchestrale de façon décisive. Ces progrès furent rendus possibles par l'amélioration progressive du timbre et de la puissance sonore et surtout de la technique des instruments. Naturellement, la formation de l'orchestre obéit à une logique spécifique qui apparaît du reste très clairement dans la distribution des instruments sur la partition. Ils sont en effet classés par famille, et dans chacune de l'aigu au grave, lorsqu'on lit la partition de haut en bas. Voyons donc comment se répartit l'ensemble des instruments sur la partition générale du chef d'orchestre.

Dans la partie supérieure de la page figure tout le groupe des bois; plus bas, dans la partie centrale, figure le groupe des cuivres; ensuite, s'il y a lieu, on trouve des instruments aux timbres chatoyants comme les harpes ou le piano; les percussions sont elles aussi mentionnées; enfin, dans la partie inférieure de la page, on trouve les cordes, base de tout orchestre symphonique.

Les instruments de la famille des bois forment en eux-mêmes un ensemble homogène, puisqu'ils couvrent pratiquement toute la tessiture générale, depuis les sons les plus graves jusqu'aux plus aigus. La flûte et le hautbois sont des instruments sopranos, dont la tessiture est toutefois moins étendue que celle des violons. La clarinette, en revanche, couvre la hauteur des violons et des altos, vu l'étendue de son ambitus. Elle sert ainsi de lien entre les flûtes et les hautbois d'une part, et les bassons d'autre part. Le basson, précisément, joue quant à lui le rôle de baryton basse, assimilable à celui du violoncelle. Ainsi la famille des bois couvre à peu près la même étendue que celle des cordes. Mais à l'unité de couleur de celles-ci, elle ajoutera la diversité des timbres de chacun de ses instruments, donnant à tel thème ou à tel passage le relief qu'il mérite selon le goût du compositeur. Dans l'orchestre du XVIIIe siècle, les bois allaient généralement par paires — deux flûtes, deux hautbois, deux clarinettes, deux bassons — afin de mieux combiner le jeu des voix, de compléter l'harmonie ou de donner plus de puissance aux *tutti*. Au XIXe siècle, en revanche, à partir des dernières symphonies de Beethoven, se généralisa peu à peu l'usage des bois par groupes de trois. Etant donné que chaque famille d'instruments comptait plusieurs éléments, aigus et graves, ce troisième instrument pouvait être une variante du modèle habituel. Ainsi, la flûte fut doublée à l'aigu par le piccolo; le hautbois étendit son registre dans le grave avec le cor anglais; la clarinette fit de même avec la clarinette basse et, enfin, le basson, avec l'imposante présence visuelle et sonore du contrebasson. Ces dédoublements permirent un extraordinaire enrichissement de la palette orchestrale. En outre, les parallélismes de registre avec la famille des cordes se révélèrent très utiles pour toutes sortes de combinaisons instrumentales.

Un fossé énorme sépare cet orchestre de l'ensemble classique du XVIIIe siècle, dans lequel, avant l'apparition de la clarinette, il existait un véritable vide entre le hautbois et le basson. A cette époque les instruments de cette section servaient principalement à renforcer certaines mélodies des cordes. Il existait aussi de grandes lacunes dans le groupe des cuivres. Les instruments de l'époque classique n'avaient en effet rien à voir avec les nouveaux instruments à pistons. D'une certaine façon, on peut dire que Gluck fut le Wagner du XVIIIe siècle. C'est lui en effet qui, par ses innovations, rendit possibles la hardiesse et l'énergie d'un Beethoven, et qui ouvrit à la musique orchestrale de nouveaux horizons.

Ci-dessous: Gustav Mahler dirigeant une répétition de sa Huitième Symphonie. *Egalement intitulée* Symphonie des Mille, *cette œuvre requiert, outre 140 instrumentistes, deux chœurs mixtes, un chœur d'enfants et huit solistes.*

la musique européenne du XIXᵉ siècle, qui reposaient sur des arguments littéraires, permettant ainsi de marier le timbre merveilleux et sensible de la voix à celui de l'orchestre. Sur la base de dédoublements par familles instrumentales et d'un accroissement du groupe des cuivres auquel répondait une grande profusion d'instruments à percussion, ces deux compositeurs allaient concevoir de gigantesques orchestres qui semblaient réaliser enfin le rêve de Berlioz. La *Première Symphonie* de Mahler portait d'ailleurs le sous-titre significatif de *Titan.* Mahler sut combiner les timbres orchestraux de la façon la plus magistrale. Il réussit avec génie à faire chanter tous les instruments, du tuba aux percussions et de la harpe au contrebasson. L'orchestration mahlérienne, claire et transparente, est cependant très différente de celle de Strauss, l'autre grand géant de l'orchestre. Le véritable univers de Strauss fut celui de l'opéra dramatique et du poème symphonique. Strauss était l'héritier direct de Liszt et de Wagner. La somptuosité de son style exigeait un grand déploiement de moyens; sur ce plan, il réussit à concrétiser le profond désir romantique: disposer d'un ensemble orchestral à la fois sensible et grandiose, à la puissance expressive exceptionnelle. La célèbre *Symphonie des Mille (Huitième Symphonie* de Mahler), outre deux chœurs mixtes, un chœur d'enfants et 8 solistes, ne requiert pas moins de 140 instrumentistes. Mahler lui-même dut diriger l'exécution de cette œuvre avec une baguette lumineuse tellement il se trouvait loin de certains musiciens. Strauss, pour sa part, écrivit avec une extraordinaire virtuosité orchestrale; ses poèmes symphoniques, de *Don Juan* à la *Symphonie alpestre,* sont de véritables peintures musicales qui foisonnent d'un grand luxe de détails. Comme exemple de virtuosité instrumentale, il suffit de citer l'audacieux solo de cor dans *Till Eulenspiegel. Salomé* et *Elektra* suffiraient à elles seules pour assurer à Strauss une gloire immortelle.

Etant passé des timides combinaisons des bois par paires à un orchestre plus complexe où les instruments se groupaient par trois, et puisqu'on pouvait en outre déjà compter avec une importante formation de cuivres, pourquoi alors ne pas recourir à un orchestre qui associerait quatre éléments de chaque famille des bois? Ainsi naquit le grand orchestre, dont les noms les plus représentatifs furent, après Wagner, ceux de Mahler et de Richard Strauss; la figure de Bruckner constitua quant à elle un cas à part.

L'orchestre de Bruckner s'enrichit encore parfois — comme ceux de Bach ou de César Franck — de la magnificence de l'orgue; il procède d'une conception stratifiée de timbres qui s'organisent par blocs opposés, à la façon des registres de cet instrument. Le traitement brucknérien de l'orchestre — qui a puisé aux sources wagnériennes — est de type classique et de dimensions modérées, malgré l'emphase de ses *forte.* Bruckner a créé une nouvelle sorte de symphonie qui concilie la forme classique avec un langage chromatique évoquant l'harmonie de *Tristan.* Prédominent chez lui les grands effets de masse orchestrale et les oppositions violentes. Ses *scherzos* témoignent parfois d'une énergie violente, lorsqu'ils mettent en œuvre toute l'«artillerie lourde» des cuivres.

Mahler et Strauss portèrent le grand orchestre à son apogée, qui représentait le couronnement d'une longue évolution et se tournait déjà tout entière — surtout chez Mahler — vers le futur. Dans leurs œuvres, ces deux grands musiciens ont réalisé une synthèse de toutes les innovations de

83

L'école russe et l'impressionnisme français

Les trois chapitres précédents résumaient l'évolution plus ou moins germanique de l'orchestre romantique, de Beethoven jusqu'à Mahler. Il faut cependant tenir compte également de l'éclosion des musiques nationales dans les autres pays; ce phénomène «nationaliste» joua en effet un rôle décisif au milieu du XIXᵉ siècle. Il connut en Russie, avec le Groupe des Cinq, une vitalité telle que la musique de ce pays rayonna avec prestige avant même l'apparition du brillant orchestre russe du XXᵉ siècle.

Le célèbre Groupe des Cinq était composé de Balakirev, César Cui, Moussorgski, Rimski-Korsakov et Borodine. Il insuffla une nouvelle vie à la musique savante tout en poussant son inspiration dans la musique populaire. Les mélodies orientales, par leur timbre vif et chatoyant, conférèrent à la musique russe une couleur orchestrale fort différente de celle des combinaisons occidentales. Elle ne manqua pas, d'ailleurs, d'influencer la conception instrumentale de l'impressionnisme français.

Les conquêtes réalisées par l'école russe dans ce domaine relevaient davantage du traitement des timbres que d'une véritable évolution instrumentale qui se limita d'ailleurs à l'introduction de quelques instruments à percussion typiques. Les œuvres russes de cette époque témoignent toutes d'un grand pouvoir d'évocation descriptive; c'est le cas notamment de l'œuvre de Borodine: *Dans les Steppes de l'Asie centrale.* Le caractère légendaire et exotique fait appel à une palette de couleurs et d'éléments rythmiques qui annoncent déjà le monde irréel et merveilleux de *Shéhérazade,* grande fresque symphonique de Rimski-Korsakov. Le goût prononcé des Russes pour les percussions provenait de la partie orientale de la Russie; il leur permit parfois d'obtenir une véritable polyrythmie, naturellement moins riche que l'ancienne polyphonie.

Même si les cinq membres du groupe ont professé quelques principes identiques, chacun d'entre eux possédait une forte personnalité. Leurs travaux musicaux s'avèrent ainsi fort différents les uns des autres. Moussorgski, le plus caractéristique du groupe, tendit vers une expression poétique réaliste d'une étonnante originalité. Il composa des opéras ainsi qu'un grand nombre de chansons au caractère russe très accusé, autant d'œuvres qui recèlent d'authentiques traits de génie. Balakirev, chef de file du groupe, ainsi que Borodine, conférèrent à la symphonie une couleur slave orientale. Rimski-Korsakov, le plus cultivé de tous, utilisa avec un éclat et une précision inouïs les ressources de la palette orchestrale. Professeur de composition et d'instrumentation au Conservatoire de Saint-Pétersbourg à partir de 1871, il étudia passionnément l'héritage classique et les apports de Berlioz; au travers de ses recherches instrumentales, il se forgea un style propre très original. Son *Traité d'harmonie* conserve aujourd'hui encore une grande valeur pédagogique pour les étudiants de composition et d'instrumentation.

Cette éclosion du génie russe ouvrit l'une des périodes les plus riches et les plus brillantes de l'histoire de l'orchestre, laquelle donna ses fruits quelques années plus tard avec Stravinski, Prokofiev et Chostakovitch.

Tchaïkovski fut une autre figure capitale de cette époque, bien qu'il ne se ralliât pas au Groupe des Cinq. Grand symphoniste et homme de théâtre, il a laissé un nombre considérable d'œuvres magistrales sur le plan du traitement orchestral. Il possédait un sens inné de la subtilité et de la précision dans l'utilisation des timbres. Loin de recourir au grand ensemble symphonique, il n'utilisa guère, comme ses compatriotes, que l'orchestre traditionnel. Ses partitions sont un chef-d'œuvre de justesse dans le choix des timbres. Il suffit de rappeler la sonorité évocatrice et originale du célesta dans la *Danse de la Fée Dragée* du *Casse-Noisette* (ce fut l'une des premières utilisations de cet instrument inventé par Mustel) ou encore le pathétisme qui se dégage de la *Sixième Symphonie,* dans laquelle le compositeur n'emploie pourtant que des moyens tout à fait conventionnels.

Mais peut-être ne faut-il pas séparer de façon aussi tranchée l'orchestration proprement dite du concept de composition. Au cours du siècle, à travers les intuitions de couleurs des Russes et plus on se rapproche de l'impressionnisme musical, les combinaisons instrumentales inédites s'avèrent toujours plus intégrées à la conception globale de l'œuvre. Celle-ci devient ainsi le produit intime de sa construction et de sa couleur, de même que, dans l'impressionnisme pictural, il arrive parfois que la richesse chromatique domine le sujet proprement dit du tableau. Les partitions mentionnent ainsi, désormais, si les violons doivent jouer *punta d'arco, sulla tastiera* ou *sul ponticello;* on enrichit par toutes sortes de précisions la manière dont une note ou une phrase doit être attaquée; la portée elle-même déborde d'images poétiques destinées à créer un équilibre et un climat sonores. Souvenonsnous du *Prélude à l'Après-Midi d'un Faune* de Debussy, dont la musique évocatrice illustre avec finesse les vers saisissants de Mallarmé. Avec son accent bucolique, la flûte y sort du rôle étroit dans lequel elle était confinée jusqu'alors. C'est le monde du symbolisme poétique qu'exprime l'orchestre de Debussy; il recourt ainsi à des images picturales comme celle du nocturne *Nuages,* qui constitue comme une étude dans le gris au moyen d'une riche gamme de nuances. Entre autres pages remarquables, on connaît surtout, chez Debussy, le second mouvement de *La Mer;* il y décrit le «jeu des vagues» en un *scherzo* (dans son acception de jeu, non de forme) qui vaut surtout par la justesse de sa sonorité. Les harpes y jouent un rôle important comme élément résonnant, de même que la pédale «forte» du piano. Le *laisser vibrer* des harpes, des cymbales et du célesta foisonne dans certaines pages, leur conférant un caractère quasi aquatique.

Outre sa poésie suggestive, l'impressionnisme musical français s'est caractérisé par une mise en valeur de la sonorité en soi, de telle sorte que les plus subtiles et imperceptibles nuances y acquièrent une importance capitale, un peu à la manière des touches de peinture dans les tableaux de Monet. Il faut ajouter à cela une conception harmonique beaucoup plus libre qui annonce déjà l'avènement de l'orchestre du XXᵉ siècle. Bien qu'il fût presque le contemporain de Debussy, Maurice Ravel, le magicien de l'orchestre français, s'éloigna délibérément du style de son aîné avec son célèbre *Boléro,* véritable démonstration de technique orchestrale, dans laquelle le thème initial est confié tour à tour à chacun des instruments.

La mise en valeur de la luminosité des timbres fut un trait commun à l'impressionnisme musical français et à l'école nationaliste russe. Il n'est donc pas étonnant que la meilleure orchestration des Tableaux d'une Exposition de Moussorgsky ait été le fait du Français Maurice Ravel.

Il le fit aussi dans la recréation du tableau romantique de *La Valse,* dans l'opéra fantastique *L'Enfant et les Sortilèges* ou dans le néo-classique *Tombeau de Couperin,* sans oublier le ballet bucolique *Daphnis et Chloé.*

En définitive, le style de ces deux musiciens français provient, et ceci est le plus important, d'une conception différente de l'alchimie sonore. Cette nouvelle approche crée une poétique proche de l'univers de Baudelaire et de Mallarmé et s'éloigne ainsi de la tradition germanique qu'avait suivie la musique au cours du romantisme. Cette esthétique différente exigeait une autre utilisation des timbres, qui traduisît mieux le monde symboliste et raffiné de la fin du XIXe siècle. La harpe, ainsi, prit une importance nouvelle en raison de ses qualités intrinsèques, de la richesse de sa gamme sonore et de la résonance mystérieuse due aux vibrations libres de ses cordes. Les instruments à percussion gagnèrent également en popularité, notamment ceux qui offraient une plus grande portée sonore: triangles, cymbales, tam-tam et tambour de basque — élément exotique qui abonde dans les œuvres de caractère espagnol. Les *divisés* aux cordes furent eux aussi très employés; avec eux, apparut une approche différente de la conception de la masse sonore, contribuant ainsi à un certain morcellement de l'ancien son orchestral.

85

La musique orchestrale du XXe siècle (I)

La musique du XXe siècle se caractérise par une remise en question généralisée de tous les ordres établis et de toute la tradition. Elle a procédé à un réexamen des fondements mêmes du discours musical, tant du point de vue formel et stylistique qu'historique. Comme toutes les autres pratiques artistiques, la musique a donc fait l'objet, à l'époque contemporaine, d'une refonte esthétique qui s'appuyait sur des recherches théoriques radicalement nouvelles.

En relatant l'évolution de l'orchestre depuis ses origines, au XVIIe siècle, jusqu'à l'imposant orchestre germanique de la fin du romantisme, nous avons pu constater que celle-ci s'acheminait progressivement vers un déploiement de moyens toujours plus grands, qui aboutit à une formation orchestrale de plus en plus imposante. Chaque conception esthétique a engendré un type spécifique d'instrumentation. Il existe cependant une sorte de dénominateur commun à chaque époque: la logique interne caractéristique de son langage musical dépend notamment du degré d'évolution des instruments. Nous avons traité ce problème dans les chapitres précédents. Sur ce plan, le XXe siècle a bénéficié quant à lui d'un champ beaucoup plus large de possibilités que les époques précédentes. En effet, à l'orée même de l'époque contemporaine, le niveau technique d'exécution et le degré de perfection instrumentale étaient déjà très élaborés.

Après la somptuosité postromantique, le XXe siècle s'est offert le luxe de rechercher et d'approfondir l'essence même du timbre. Cette recherche l'a conduit à mettre à jour de nouveaux aspects dans le traitement des instruments classiques: on découvrit, ainsi, que les cordes du violon pouvaient être frottées — et même heurtées — avec la baguette de l'archet *(col legno)*, produisant une sonorité dénaturée; on se mit également à les frotter de l'archet, presque derrière le chevalet *(sul ponticello)*, là où les cordes ne vibrent pas sur toute leur longueur, ce qui provoque un son métallique et pénétrant; on découvrit également l'usage du trémolo dental pour les instruments à

vent *(frullato* ou *Flatterzunge)*, etc. Le XXe siècle s'est ainsi constitué une palette spécifique de sonorités originales à partir simplement d'une nouvelle utilisation des possibilités des instruments traditionnels. Une partition de Schönberg ou de Berg est souvent constituée d'une telle abondance de détails et d'une telle quantité de nuances que sa lecture en devient extrêmement complexe.

La gamme de timbres de la musique contemporaine est d'une telle richesse qu'elle en est même arrivée à supplanter d'autres éléments musicaux qui semblaient pourtant essentiels, comme la mélodie ou la mesure rythmique. Depuis longtemps, une composition musicale peut se justifier essentiellement par sa couleur. Ainsi, de la simple transformation du timbre d'un même accord fixe, par sa reprise successive sur différents instruments et de son irisation progressive, naît un véritable tableau fait de points multicolores juxtaposés. C'est le cas notamment de la troisième des *Cinq pièces pour orchestre,* op. 16 de Schönberg, qui s'intitule *Couleurs,* ou encore de la «mélodie de timbres», la célèbre *Klangfarbenmelodie* de l'école de Vienne, qui consiste en une suite de notes identiques jouées par des instruments chaque fois différents. En parallèle avec la peinture, peut-être peut-on parler de «pointillisme musical»; cette expression est parfaitement justifiée dans nombre d'œuvres de Webern, en particulier la *Symphonie opus 21* dont les sons entrecoupés de silences restent isolés les uns des autres, tout en étant par ailleurs unis par un inaudible et mystérieux fil conducteur, l'orchestre étant ici réduit à sa plus simple expression.

Tous ces procédés pourraient laisser supposer une certaine superficialité; au premier abord, ils ne semblent pas, en effet, relever d'une véritable nécessité d'expression.

Au début du XXe siècle, la technique d'exécution avait déjà atteint un très haut niveau de perfection, difficile à surpasser. A droite, Concerto, du peintre italien Ottone Rosai.

Ils ne semblent pas non plus relever d'une parfaite adéquation au message à transmettre. Ils sont plutôt le fruit véritable et authentique de l'expressionnisme, mouvement dont la force expressive remit en question toutes les lois techniques et esthétiques établies. Ainsi dans son *Pierrot lunaire,* Schönberg va-t-il utiliser le *Sprechgesang,* forme nouvelle d'expression vocale, à mi-chemin entre le chant et la déclamation, qui répondait tout à fait à ses exigences artistiques du moment. Si la musique du passé, la musique tonale, avait établi des règles d'utilisation déterminées de l'orchestre, la musique atonale compensa quant à elle son manque de rigueur apparent et de référence à une échelle tonale stricte par une palette de coloris beaucoup plus large et par une richesse de timbre héritée, en partie au moins, de l'impressionnisme.

En ce sens, il est extrêmement intéressant d'étudier, par exemple, l'application que fait Schönberg du grand orchestre dans une œuvre à la structure aussi complexe que les *Variations pour orchestre, op. 31.* Toute l'œuvre

La musique du XXe siècle a approfondi les possibilités expressives du timbre à tel point que les autres éléments musicaux, comme la mélodie ou la mesure, se sont vus reléguer au second plan. Des peintures de Braque (en haut) et de Picasso (en bas) évoquent certains instruments de musique.

repose sur un jeu d'oppositions entre une formation de chambre qui peaufine chaque détail musical en miniaturiste et le grand orchestre symphonique. Bien que nous n'ayons jusqu'ici traité que la production de caractère symphonique ou de concertos, il ne faut pas oublier pour autant que c'est surtout dans le domaine du théâtre lyrique que l'utilisation des couleurs spécifiques connut son plus grand épanouissement. Ce fut surtout le cas avec les opéras de l'école de Vienne comme *Moïse et Aaron,* de Schönberg, ou encore *Wozzeck* et *Lulu,* d'Alban Berg. Dans le *Moïse et Aaron* de Schönberg, la voix du buisson ardent est interprétée simultanément par un double chœur: l'un chante et l'autre récite; cette superposition produit un effet des plus originaux.

Il va sans dire que ces œuvres recèlent des innovations importantes, mais plutôt que de les commenter, il faut surtout insister sur le changement de situation qu'a entraîné au XXe siècle l'instauration d'un nouveau langage musical, langage qui permit de se lancer à la conquête de l'inconnu. Ce qui compte avant tout, ce ne sont pas tant les effets nouveaux que la façon avec laquelle certains compositeurs ont su les intégrer presque naturellement à l'évolution du langage musical, en les pliant aux exigences modernes qui étaient nées. La musique du XXe siècle a évolué avec une extraordinaire rapidité. C'est ainsi que l'apparition de l'atonalité eut des retombées dans tous les domaines, rendant possibles l'éclosion de toutes les voies nouvelles qui se sont ouvertes dans le champ musical contemporain.

La musique orchestrale du XXe siècle (II)

Le chapitre précédent traitait de l'utilisation de l'orchestre par l'école de Vienne (représentée par Schönberg, Berg et Webern) et de la musique atonale. Le champ musical contemporain recèle cependant beaucoup d'autres aspects, tout aussi riches et tout aussi importants. Le phénomène du jazz, par exemple, s'est avéré l'un des plus révolutionnaires; l'utilisation d'une trompette ou d'un trombone par un virtuose du jazz n'a effectivement rien à voir avec l'emploi que l'on faisait de

tion traditionnels s'en trouvèrent considérablement élargis. Nous avons déjà évoqué le brillant orchestral propre à l'école russe. Stravinski, par exemple, utilisa une écriture orchestrale toujours caractérisée dans sa facture par une densité empreinte de virtuosité comme en témoigne notamment *Petrouchka, Le Sacre du Printemps* et *L'Oiseau de Feu.* C'est le cas également de l'*Histoire du Soldat,* dont l'orchestration groupe un instrument aigu et un instrument grave de chaque famille: un

violon et une contrebasse, un cornet à pistons et un trombone, une clarinette et un basson, l'ensemble accompagné d'une riche panoplie de percussions. Cette œuvre ne fait appel qu'à sept instruments et un récitant, mais à eux seuls ils réussissent à produire une des musiques de ballet les plus expressives de tous les temps; elle fait entendre une suite de danses modernes: une valse, un tango, un ragtime ou une «marche royale» qui s'inscrit sur un certain rythme de *paso doble,* etc. Les œuvres de Stravinski recèlent encore bien d'autres aspects tout aussi spectaculaires du grand sens instrumental de cet auteur. Ainsi, dans la formation orchestrale de la *Symphonie des Psaumes,* les cordes sont réduites uniquement aux violoncelles et aux contrebasses. S'agit-il uniquement d'un caprice de la part du compositeur ou bien doit-on rechercher une autre explication? Il s'agit en l'occurrence d'une œuvre éminemment religieuse et hiératique, évocatrice de la magnifique sonorité de l'orgue; pour compenser l'absence de la plus grande partie des cordes (premiers violons, seconds violons et altos), Stravinski se vit contraint de multiplier les bois, comme s'il s'agissait de véritables jeux d'orgue.

Ces exemples sont bien sûr trop restreints, mais ils suffisent à eux seuls à prouver combien l'évolution de l'utilisation des timbres connut un riche épanouissement dans les œuvres importantes de la musique contemporaine.

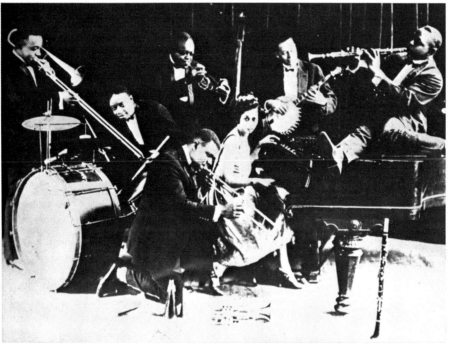

Le jazz, toujours en constante évolution, reste l'une des manifestations artistiques les plus décisives de ce siècle. Cette musique a vu naître des solistes et des compositeurs de tout premier plan. Ci-dessus: le Creole Jazz Band *de King Oliver. L. Armstrong est agenouillé au premier plan.*

ces instruments par le passé. La nouvelle façon dont on les aborda à La Nouvelle-Orléans, sans doute par une certaine méconnaissance, ouvrit un champ insoupçonné de possibilités qui marquèrent en retour la musique de concert. Stravinski sut ainsi mettre à profit ces nouvelles perspectives dans ses productions toujours révolutionnaires. Les apports de la technique de l'improvisation dans l'emploi d'instruments classiques ont permis de découvrir des modes d'exécutions virtuoses complètement ignorés jusque-là. Il va sans dire que les cadres d'interpréta-

On en trouve un exemple, dans un registre radicalement différent, avec la *Musique pour cordes, percussion et célesta* de Béla Bartók, composée en 1936. Dans cette œuvre, une mystérieuse fugue (avec sourdine) naît d'une irréversible érosion du silence — un silence chargé par la présence imminente d'un nouveau conflit. Cette fugue s'élève en une lente spirale d'une densité peu commune pour culminer dans un moment d'une intensité lourde de menace, puis retombe, avec des sonorités effrangées par le chatoiement étrange du célesta, pour retourner peu à peu au néant initial. Cette œuvre vaut par sa sonorité chromatique très tourmentée et quasi pro-

nation sonore et de progresser plus loin sur les voies modernes de l'investigation musicale. Des familles entières d'instruments à percussion dont l'échelle sonore reste vague ont été intégrées à l'orchestre: cymbales, instruments exotiques à membranes (bongos, tom-tom, tambourins), gammes complètes des *tempelblocks* indiens, sonnailles, lithophones, etc. Ces instruments à son indéterminé sont pour ainsi dire devenus l'un des groupes les plus sollicités de la musique contemporaine, utilisés en combinaison avec les instruments à sonorité fixe comme le xylophone, la marimba ou le vibraphone, auxquels on pourrait encore adjoindre le célesta. Les per-

cette évolution. Dès l'entre-deux-guerres, par son approche rigoureusement scientifique de la musique, il imposa magistralement un nouveau style d'écriture: la musique expérimentale. Son chef-d'œuvre, *Ionisation,* est une des pages les plus extraordinaires écrites pour percussions seules.

Il ressort clairement de tout ce qui vient d'être dit que le XXe siècle a porté essentiellement ses préoccupations sur les qualités du timbre. Les prolongements récents des investigations contemporaines en témoignent plus que jamais, que ce soit le piano préparé de John Cage, ou encore l'invention des ondes Martenot, si magistralement utilisées par Messiaen. De même, on sait le rôle de plus en plus prééminent que jouent la musique électronique et la musique concrète (notamment grâce aux travaux de Pierre Schaeffer); autant de révolutions artistiques qui vont de pair avec les progrès de la science acoustique qui s'est attachée à définir le son comme une entité physique. La visualisation des ondes, la manipulation directe sur la bande magnétique du spectre du timbre et la décomposition possible de la superposition des ondes en courbes simples sinusoïdales ont en effet ouvert des horizons infinis à la recherche musicale. Cette évolution a connu des prolongements jusque dans les partitions contemporaines écrites pour instruments traditionnels: celles-ci, à l'instar d'*Atmosphères,* de Ligeti, possèdent désormais une dimension et une sonorité de caractère futuriste.

Il aurait encore fallu explorer nombre d'autres aspects de l'évolution musicale contemporaine, comme, par exemple, la répercussion qu'ont pu avoir sur le timbre les nouvelles graphies des partitions ou encore les œuvres pour orchestres multiples (*La Question sans Réponse* de Charles Ives; *Gruppen,* de Stockhausern). Nous n'avons pas non plus traité des musiques de hasard ou improvisées ni des musiques répétitives. Un exposé aussi restreint ne peut malheureusement pas embrasser toute la richesse de la musique contemporaine. Fort heureusement l'information musicale circule aujourd'hui à une vitesse prodigieuse et cette situation nouvelle joue un rôle décisif dans l'évolution de la création contemporaine. Le plus important reste dans ce domaine que le fossé jadis infranchissable entre l'Orient et l'Occident ait été enfin comblé. L'un et l'autre ont ainsi pu se nourrir de leurs influences réciproques et s'enrichir de manière inestimable.

Ci-dessus: le grand compositeur français Pierre Henry devant les instruments électroniques de l'orchestre de la Télévision française. Page précédente: le compositeur et théoricien allemand Karlheinz Stockhausen (né en 1928), un des pionniers de la musique électronique, dirigeant une répétition de son orchestre.

phétique, mais aussi et surtout par la répartition des instruments qui tente de recréer une sorte d'effet stéréophonique. Dans ses œuvres, Bartók a toujours beaucoup insisté sur les détails les plus insignifiants, comme le nombre des exécutants, la place des instruments à percussion, etc. De là au concept de son stéréophonique ou, plutôt, de relief spatial, il n'y a qu'un pas.

Dans la plupart des œuvres contemporaines, les percussions ont joué un rôle déterminant, si ce n'est prédominant; elles ont permis d'augmenter les transitions dissonantes et l'indétermi-

cussions, qui servaient auparavant à souligner des temps forts ou, par le roulement de timbale, à conduire les crescendos à leur point culminant, sont devenues aujourd'hui un groupe instrumental à part entière. Les fameuses «Percussions de Strasbourg» sont, par exemple, une formation orchestrale exclusivement composée de percussions. De même, on ne compte plus la quantité d'œuvres importantes écrites pour un groupe de percussionnistes par les plus grands compositeurs contemporains, de Stockhausen à Xénakis. D'une certaine manière s'est réalisée la prophétie que contenait le *Manifeste futuriste* qui, en 1913, annonçait une musique faite de bruit seulement, puisque le bruit, avec la machine, était devenu l'élément quotidien de notre société industrielle. Edgar Varèse fut l'un des initiateurs de

L'orchestre de chambre

A l'origine, dans le théâtre antique, le terme *orchestre* désigne la partie semi-circulaire réservée au chœur, unique protagoniste des premières tragédies. Plus tard apparurent les acteurs, qui occupaient un espace rectangulaire correspondant à la scène des théâtres actuels, alors que le chœur lui-même restait à un niveau inférieur. Ainsi naquit le terme d'*orchestre* ou de *fosse d'orchestre,* appliqué, encore de nos jours, à l'espace compris entre la scène et les spectateurs. Le terme d'*orchestre* en vint alors à désigner également les différents groupes instrumentaux qui jouaient dans un théâtre, dans une salle ou dans tout autre lieu où l'on donnait des concerts.

On sait que la musique destinée au culte religieux prit le nom de *musique d'église* et que celle qui accompagnait les représentations théâtrales fut appelée *musique de scène;* par un même phénomène linguistique, la musique composée pour être interprétée dans une *chambre,* c'est-à-dire dans la pièce principale d'un palais ou d'une grande demeure, fut appelée *musique de chambre.* Ce type d'exécution musicale propre à l'époque où le concert public n'était pas encore passé dans les mœurs ne requiert qu'un nombre restreint d'exécutants; ces derniers peuvent être rassemblés dans un groupe de musique de chambre (un trio, un quatuor, un quintette, etc.) ou dans un orchestre de chambre qui, bien qu'il soit lui aussi d'effectif restreint, dépasse le nonet (neuf exécutants).

L'orchestre de chambre a connu de grandes mutations tout au long de l'histoire. De nos jours, il a dû s'adapter aux tendances esthétiques modernes des compositeurs d'avant-garde qui explorent des voies d'expression radicalement nouvelles en matière de couleur, de timbre, de volume ou de dynamique sonore, etc.

Les nombreuses difficultés auxquelles se heurtent les compositeurs contemporains pour créer des œuvres destinées à de grandes formations symphoniques expliquent peut-être la raison pour laquelle la majorité d'entre eux écrivent un nombre respectable de partitions pour une formation de chambre, sans pour autant cesser de composer pour l'orchestre symphonique. Les œuvres pour orchestre de chambre sont en effet celles qui ont le plus de chance d'être créées du fait du coût moins élevé de la mise sur pied d'une exécution publique. Cet aspect économique, en marge des motivations esthétiques, a contribué pour une large part à l'évolution actuelle de cette formation orchestrale.

Avant de dresser un bref historique de l'évolution de l'orchestre de chambre, il convient de marquer clairement la différence entre orchestre de chambre et groupe de musique de chambre. L'orchestre de chambre requiert la participation d'un chef d'orchestre, tandis que le groupe de musique de chambre ne nécessite pas sa collaboration. Il faut toutefois préciser que, dans tout groupe de musique de chambre, il est indispensable pour l'exécution publi-

L'orchestre de chambre, qui fait appel à un nombre d'instrumentistes beaucoup plus réduit que celui de l'orchestre symphonique, offre un large champ d'expérimentation aux compositeurs contemporains.

que de l'œuvre que l'un des éxécutants indique les entrées ou les attaques, les fins des points d'orgue, les gradations des *ritardandos* et les *accelerandos,* les changements de tempo, etc. Les répétitions nécessitent également une personne qui décide de la vitesse d'exécution et des partis pris esthétiques de l'interprétation, mais généralement, dans les duos, trios ou petites formations, tous ces problèmes sont réglés par une discussion et une mise au point préalables. On notera toutefois qu'en raison du grand nombre de difficultés d'interprétation que pose l'approche des partitions contem-

poraines, rares sont les ensembles de qualité qui s'y consacrent. Nombre d'entre eux ont échoué par manque de cohésion; en revanche, lorsqu'il existe un chef d'orchestre, le problème ne se pose pas, car ce dernier impose souverainement son critère d'interprétation et résout par ce choix personnel toutes les incompatibilités qui auraient pu naître de son absence.

Certaines fresques et autres bas-reliefs ont permis d'affirmer que les ensembles musicaux existaient déjà à une époque reculée. Même si ces formations peuvent nous sembler aujourd'hui assez étranges à cause des instruments qu'elles comportaient, elles se définissaient comme des orchestres. Elles possédaient pourtant

moins de neuf musiciens; il faut dire qu'à l'époque, on n'utilisait pas encore les termes *duo, trio, quatuor,* etc. L'orchestre de chambre connut un effectif assez fluctuant jusqu'au moment où il adopta un modèle que l'on pourrait qualifier de classique.

Les œuvres composées au XVIIIe siècle pour la musique de chambre étaient exécutées principalement par des instruments à cordes auxquels venaient s'adjoindre parfois quelques bois ou quelques cuivres.

Cependant, ces musiciens s'écartèrent parfois du modèle classique.

Les orchestres de chambre furent prédominants au cours de ce siècle. Ils étaient composés principalement d'instruments à cordes, auxquels venaient s'ajouter quelques bois ou cuivres, parfois même les deux familles à la fois, comme le fit, par exemple, Jean-Sébastien Bach dans les *Concertos brandebourgeois.* Il convient toutefois de noter que dès 1607, Monteverdi utilisa pour son opéra *L'Orfeo* un orchestre d'une quarantaine de musiciens.

Frescobaldi et Gabrielli en Italie, Schütz en Allemagne, Rameau en France et beaucoup d'autres ajoutèrent des instruments à l'orchestre de chambre jusqu'à égaler le modèle classique qui, sauf quelques variantes qu'ils expérimentèrent eux-mêmes, atteignit sa formation définitive avec Haydn, Mozart, et même le Beethoven de la première époque. Cette formation comprenait un groupe d'instruments à cordes où figuraient des premiers et seconds violons, des altos, des violoncelles et des contrebasses; venaient généralement s'y adjoindre une ou deux flûtes, deux hautbois, deux clarinettes, deux bassons, deux cors, des trompettes et une timbale.

Entre les orchestres conformes à ce schéma classique et les ensembles plus hétérogènes que peuvent imaginer les compositeurs contemporains, il existe une gamme fort étendue de formations musicales qui, d'une façon générale, répondent à la dénomination d'orchestres de chambre. En résumé, dire d'une formation instrumentale qu'elle est un orchestre de chambre sert seulement à signaler la différence entre celui-ci et un grand orchestre symphonique.

91

Composition d'un orchestre symphonique

Tout amateur de musique qui fréquente un tant soit peu les salles de concert a pu remarquer que les orchestres n'adoptent pas tous la même disposition sur scène. Nous allons donc étudier quels sont les divers instruments qui entrent dans la composition d'un orchestre symphonique et les critères qui déterminent leur position la plus adéquate, ainsi que le nombre d'exécutants requis pour chaque type d'instrument.

Il faut noter que l'orchestre symphonique est le plus remarquable regroupement d'imperfections que l'on puisse trouver en musique. Ceci est dû au fait que chacun des instruments qui le composent est imparfait et, en outre, que les gens qui en jouent sont eux-mêmes imparfaits. Il est évident que le degré de perfection atteint par l'orchestre est fonction de la préparation plus ou moins poussée des exécutants, et par ailleurs et de façon décisive, de la personnalité et de la technique du chef d'orchestre.

L'orchestre symphonique se compose de quatre familles d'instruments. La plus importante est celle des instruments à cordes, puis viennent celle des instruments à vent en bois, celle des instruments à vent en cuivre et enfin celle des instruments à percussion.

La famille des instruments à cordes. Elle se divise en trois groupes: instruments à cordes frottées (ou à archets), à cordes pincées et à cordes frappées. Le groupe des instruments à archets — ainsi appelé parce qu'on a besoin d'un archet pour produire le son — est habituellement composé de seize premiers violons, de quatorze deuxièmes violons, de douze altos, de dix violoncelles et de huit contrebasses. Les instruments à cordes pincées que l'on rencontre le plus couramment dans un orchestre symphonique sont les harpes, en général au nombre de deux. Le groupe des instruments à cordes frappées ne comprend que le piano et le clavecin, et encore ce dernier n'est-il plus utilisé que dans les orchestres de chambre et les petits ensembles, étant donné que sa faible puissance sonore le rend inutilisable dans le puissant orchestre symphonique.

La famille des bois. Elle comprend deux flûtes, (piccolo et flûte en sol), deux hautbois, un cor anglais, deux clarinettes (clarinette en mi bémol, appelée aussi *petite clarinette* et clarinette basse), deux bassons et un contrebasson.

La famille des cuivres. Elle comprend quatre cors, trois trompettes, trois trombones et un tuba. Il convient de noter que, contrairement à une opinion très répandue, le tuba est un instrument dérivé du groupe des cors et non de celui des trombones, ce qui aura son importance lorsque nous expliquerons sa position sur scène.

La famille des instruments à percussion. Elle comprend un grand nombre d'instruments et se divise en deux groupes, celui des instruments qui produisent des sons déterminés et celui des instruments qui produisent des sons indéterminés, c'est-à-dire émettant des fréquences imprécises. Dans le premier groupe, on trouve les timbales, le xylophone, le vibraphone, les cloches, la lyre et le célesta; ce dernier instrument, bien qu'étant à percussion, n'a pas de cordes mais des lames, qui sont percutées par des marteaux. Les instruments les plus courants du deuxième groupe sont le tambour, la grosse caisse, le triangle, les cymbales, le gong et les castagnettes.

Après cette énumération des instruments qui composent habituellement l'orchestre symphonique, venons-en à leur répartition sur la scène en commençant par celle des instruments à cordes, qui est l'un des objets de contestation entre chefs d'orchestre. A notre avis, la disposition correcte est celle indiquée par notre schéma N° 1. Pour la justifier, nous établirons une relation entre les instruments de cette famille et la voix humaine, ce qui facilitera la compréhension. Les violons — les premiers comme les seconds — correspondent au soprano parce qu'ils sont les instruments à cordes de tessiture la plus aiguë. Les altos correspondent au contralto, ou mezzo-soprano. Les violoncelles sont le ténor de l'orchestre, et les contrebasses, la basse. La disposition du schéma N° 1 semble donc être la plus naturelle; néanmoins de nombreux chefs d'orchestre répartissent les instruments comme l'indique le schéma N° 2.

Page suivante: Intérieur de la célèbre salle de concert de l'Orchestre Philharmonique de Berlin, inaugurée le 15 octobre 1963. Depuis sa fondation, en 1884, cet orchestre a été dirigé par des chefs aussi prestigieux que Joachim, von Bülow, Nikisch, Furtwängler, Celibidache et von Karajan.

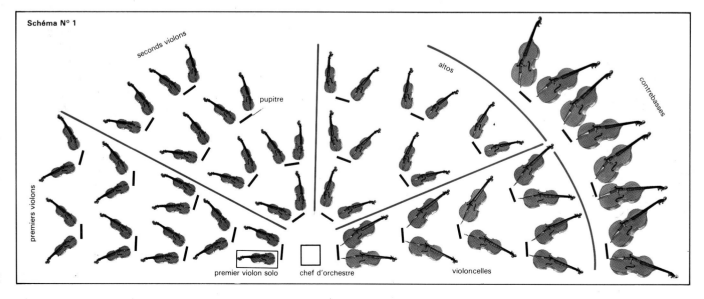

Schéma N° 1

seconds violons
pupitre
altos
contrebasses
premiers violons
premier violon solo
chef d'orchestre
violoncelles

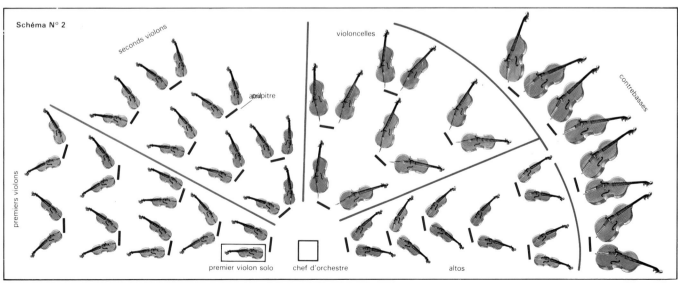

Schéma N° 2

seconds violons

violoncelles

contrebasses

premiers violons

au pupitre

premier violon solo

chef d'orchestre

altos

93

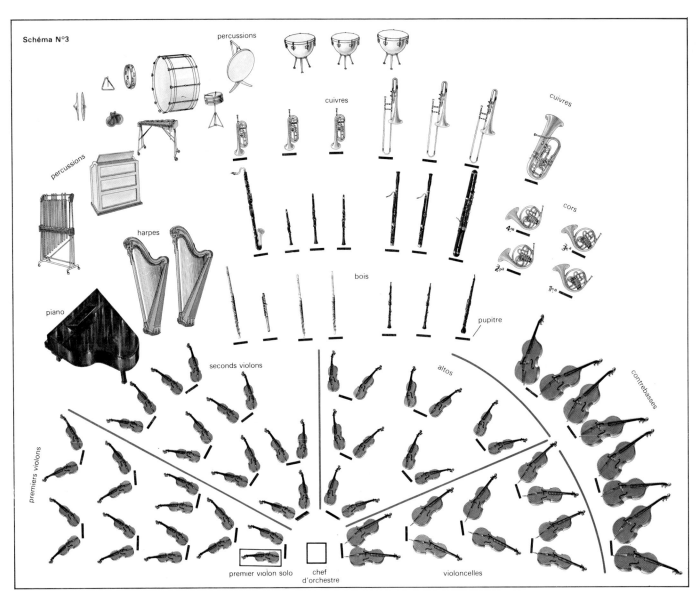

Schéma N°3

percussions
percussions
percussions
cuivres
cuivres
cors
harpes
bois
pupitre
piano
seconds violons
altos
contrebasses
premiers violons
violoncelles
premier violon solo
chef d'orchestre

Sur la photographie de gauche, vue partielle d'un orchestre symphonique. On peut distinguer parmi les deux premiers rangs de musiciens, divers instruments de la famille des bois: deux hautbois, deux flûtes traversières, un piccolo, trois bassons et une clarinette En arrière-plan, on aperçoit quelques joueurs de cor, instrument de la famille des cuivres.

Ce schéma montre que les violoncelles (ténor) sont situés entre les seconds violons (soprano) et les altos (contralto), ce qui ne répond pas à nos propres critères. De plus, une autre raison nous amène à rejeter la disposition indiquée dans le schéma N° 2. Selon cette répartition, les violoncelles ont leurs *ouïes,* ou ouvertures en forme de *F* d'où sort le son, dirigées vers le public; pour leur part les altos, situés à l'extérieur de la scène et à droite du chef d'orchestre, ont leurs *ouïes* dirigées vers l'intérieur de la scène. Les violoncelles, ainsi plus puissants, occupent donc un lieu privilégié dans la mesure où leurs sons atteignent directement le public.

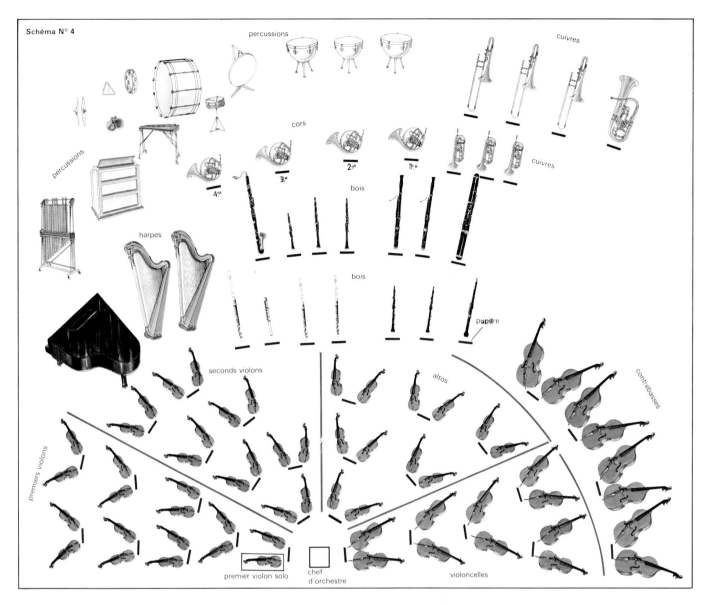

Schéma N° 4

percussions · percussions · triangle · cors · 4ca · 3a · 2a · 1ca · bois · cuivres · cuivres · harpes · bois · pupitre · seconds violons · altos · contrebasses · premiers violons · premier violon solo · chef d'orchestre · violoncelles

C'est la raison pour laquelle il est beaucoup plus difficile d'obtenir un équilibre surtout si la partie que jouent les violoncelles est presque constamment doublée, à l'octave, par les contrebasses, ce qui produit une double colonne d'harmoniques naturels et crée par conséquent de nombreux problèmes. On peut dire que l'idéal est de suivre l'ordre de la tessiture, en répartissant les instruments du plus aigu au plus grave et de gauche à droite.

Quant aux autres instruments qui composent l'orchestre, à l'exception des cors, tous les chefs s'accordent à reconnaître que leur place doit être celle indiquée sur le schéma N° 3. Certains chefs préfèrent pourtant octroyer aux cors la position indiquée par le schéma N° 4. Toutefois, plusieurs raisons, reposant aussi bien sur les caractéristiques de ces instruments que sur leur relation avec les autres instruments de l'orchestre, nous incitent à préférer la disposition du schéma N° 3.

Les cors, étant donné la position dans laquelle ils se trouvent par rapport aux instrumentistes qui en jouent, émettent le son du côté droit de ceux-ci et en arrière. Par conséquent, s'ils sont situés à la droite du chef d'orchestre et du public, leur son se propage vers le centre de la scène et les autres musiciens le perçoivent ainsi beaucoup mieux. Cette précision n'a rien de superflu: les cors sont très importants et bien souvent ils guident tout l'orchestre. En outre, il convient que les quatre cors soient disposés en deux rangées de deux (schéma N° 3) et non pas tous sur une seule rangée qui parte du centre de la scène vers la gauche (schéma N° 4). S'ils adoptent cette dernière répartition, leur son est difficilement audible pour divers groupes instrumentaux, principalement les violoncelles et les contrebasses. D'autre part, le tuba, instrument qui est la basse de la famille des cuivres, se trouve situé à l'autre extrémité de la rangée

(voir schéma N° 4), et donc *séparé* du groupe; ainsi cette grande distance empêche qu'il le couvre par sa puissance naturelle; les deux instruments peuvent jouer selon ce que les chefs d'orchestre appellent l'*orientation symphonique,* c'est-à-dire en sachant quelle est la position de chacune des parties qui composent l'orchestre.

Notons que la disposition des instruments dans une fosse d'orchestre est encore différente. En effet, les instrumentistes doivent tenir compte de deux éléments importants: la place dont ils disposent est moins profonde, mais en revanche plus longue. D'autre part, les basses (violoncelles, contrebasses) doivent se faire entendre aussi bien des autres instruments que des acteurs sur la scène. C'est pourquoi, dans ce cas, ils sont au milieu de l'orchestre. Les bois et les cuivres se situent derrière les violons, mais au bord de la fosse; les percussions seront à l'extrême droite de celle-ci.

95

Le chef d'orchestre

Le rôle du chef d'orchestre, tel qu'on le conçoit de nos jours, est dû à l'évolution de la musique à travers les différentes époques de son histoire.

Toute œuvre musicale exige, pour exister, trois éléments essentiels qui sont le créateur, l'exécutant et l'auditeur. De ces trois éléments, le plus important est sans aucun doute le créateur, puisque sans lui les deux autres n'existeraient pas. Toutefois, la figure du créateur appelle aussitôt celle de l'exécutant, à qui il appartient de donner une vie concrète à la partition.

Mais interprètes comme compositeur ont besoin, pour ne pas tomber dans l'oubli, d'un auditoire; ces trois éléments sont donc indissociables pour qu'une œuvre existe, à tel point que l'on pourrait même dire qu'une partition ne peut prendre vie que par leur nécessaire complémentarité.

Dans le domaine de l'interprétation, la figure du chef d'orchestre est paradoxalement l'une des plus décisives en même temps qu'elle est la dernière à être apparue dans l'histoire musicale. Son importance n'a peut-être jamais été aussi considérable et reconnue que de nos jours.

Le chef d'orchestre n'a conquis sa véritable place qu'avec le romantisme. Sa tâche, à l'heure actuelle, est de synthétiser dans sa propre intelligence de l'œuvre les différentes façons dont celle-ci a pu ou peut être interprétée.

Si l'on remonte dans l'histoire de la direction d'orchestre, on s'aperçoit que les premiers chefs furent soit les clavecinistes, soit les musiciens de la formation orchestrale qui assuraient la partie de continuo.

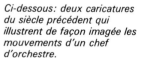

A gauche: suite de caricatures représentant différentes postures du chef d'orchestre Hans von Bülow lors d'une interprétation de l'opéra de Wagner Tristan et Isolde.

Ci-dessous: deux caricatures du siècle précédent qui illustrent de façon imagée les mouvements d'un chef d'orchestre.

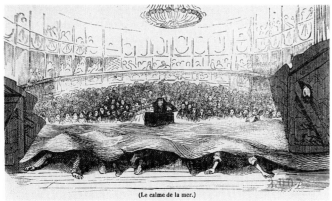

(Le calme de la mer.)

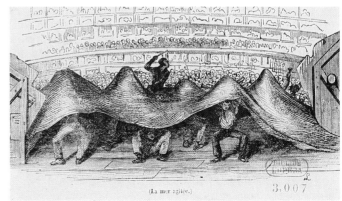

(La mer agitée.)

3.007

A gauche: portrait du chef d'orchestre allemand Hans Pfitzner (1869-1949) réalisé en 1923 par Willi Geiger. A droite: Pierre Boulez. Deux images éloquentes de la concentration profonde que requiert la direction d'un ensemble orchestral.

Etant le seul instrument à jouer presque continuellement, le clavecin était apte à maintenir un flux constant et à pouvoir être suivi avec facilité par le reste de l'orchestre. D'autre part, le terme allemand *Konzertmeister* (maître de concert) désignait ce qu'il est coutume d'appeler aujourd'hui le «premier violon» de l'orchestre. Son rôle consistait à animer l'ensemble instrumental. C'est lui qui indiquait les anacrouses pour marquer les attaques au début des morceaux, ainsi que les changements de *tempi,* les *ritardandi,* etc. De son siège, en l'absence de chef d'orchestre, il se substituait à ce dernier afin de donner les départs aux divers instrumentistes.

Avec l'augmentation du nombre d'instruments de l'orchestre, à la fin du XVIIIe siècle et au début du XIXe, la conduite depuis le clavecin ou depuis le pupitre du premier violon fut peu à peu abandonnée. La nécessité s'imposait désormais de confier la direction de l'orchestre à un musicien indépendant de l'ensemble instrumental.

Jusque-là, et surtout dans les églises, les chefs d'orchestre donnaient le rythme en tapant sur le sol avec un bâton ou une chaussure à semelle de métal. Comme cette façon de diriger était fort bruyante, on eut recours à des moyens différents. L'un d'eux consistait à conduire en tenant à la main une sorte de grand mouchoir blanc afin que les instrumentistes puissent suivre le geste indiquant la mesure, malgré le faible éclairage des lieux.

L'expression visuelle de la division des temps ne nous semble plus aujourd'hui poser de problèmes, mais il importe de relever qu'il a fallu de nombreuses années pour en arriver aux principes de direction modernes en usage aujourd'hui.

En même temps que se transformait le langage musical et, avec lui, l'orchestre, les techniques de conduite virent leur complexité s'accroître. Inversement, grâce à l'évolution de la technique, des indications qu'un chef d'orchestre ne pouvait jadis que très difficilement exprimer s'avèrent aujourd'hui fort simples et d'une grande clarté.

Beaucoup de gens considèrent la technique du geste comme essentielle dans l'art de conduire un orchestre, car elle est la plus évidente, tout au moins du point de vue spectaculaire. Mais il ne faut pas oublier que le fait de donner le *tempo* en marquant la mesure n'est pas la tâche principale et encore moins l'objectif essentiel du chef d'orchestre. Tout bon orchestre sait garder parfaitement la cohérence temporelle propre à la musique grâce à son entente quasi organique; en conséquence, on ne peut réduire le rôle du chef à celui d'un simple «batteur de mesure».

Le chef d'orchestre a en effet une autre mission, d'ordre «plastique», consistant à aider non seulement l'orchestre, mais également le public. Par ses gestes, il soutient, oriente et vivifie en effet l'écoute et l'attention de son auditoire en mettant en valeur tel ou tel instrument, telle ou telle famille d'instruments, tel ou tel passage de la partition.

Pour diriger, le chef d'orchestre utilise habituellement un «outil» dont nous reparlerons plus bas: la baguette. Certains auteurs affirment que Carl Maria von Weber (1786-1826) fut le premier à en utiliser une. En réalité, il ne fit guère que la tirer de l'oubli car, deux siècles auparavant, certains chefs d'orchestre conduisaient déjà leur formation en utilisant des rouleaux de parchemin (ceux-là mêmes qui servaient à copier les partitions). Dès le XVIIe siècle, le *Konzertmeister* employait l'archet du violon, lequel se rapproche d'ailleurs du futur profil de la baguette moderne.

Tout au long de l'histoire musicale, nombreux furent les grands compositeurs qui se consacrèrent également à la direction orchestrale. Ce fut le cas, pour ne citer que les plus prestigieux, de Berlioz, de Mendelssohn et de Wagner, auquel on doit un ouvrage célèbre: *Über das Dirigieren* (1869). Toutefois, ce fut au milieu du XIXe siècle que l'art de la direction prit son véritable essor. Grâce à des figures d'exception comme Hans von Bülow (1830-1894), Arthur Nikisch (1855-1922), Felix Weingartner (1863-1942) et Wilhelm Furtwängler (1886-1954). De nos jours, on ne compte plus les grands noms qui ont su marquer l'art de la direction orchestrale et infléchir à tout jamais son évolution. A tel point qu'il est difficile de faire un choix dans une telle galerie de figures légendaires; citons tout de même Ernest Ansermet, Arturo Toscanini, Bruno Walter, Charles Münch, Herbert von Karajan et Igor Markevitch.

Origines de la direction d'orchestre

Au cours du premier millénaire de l'ère chrétienne, la musique apparaissait aux non-initiés comme une sorte de révélation irrationnelle, jusqu'à ce que le moine bénédictin Guido d'Arezzo découvrît, vers l'an 1025, un système pratique de notation musicale. Cette tentative novatrice fut l'ancêtre direct de l'écriture musicale actuellement en usage. La musique accéda ainsi au rang de langage rationnel et, par là, devint un moyen d'expression appelé à être transmis et développé. Il va sans dire que cela ne manqua pas de bousculer les conceptions de l'époque. La

découverte de Guido d'Arezzo permettait d'établir pour la première fois une communication «explicite» entre les musiciens pendant l'exécution, de façon à ne plus faire dépendre la «logique» musicale de la seule entente spirituelle de la communauté religieuse. Pendant les premiers siècles de notre ère, on avait assisté à un perfectionnement progressif du chant liturgique dont les caractéristiques générales sont la monodie, l'homophonie et la progression diatonique de la mélodie. Au début du XIe siècle, les idées musicales, réunies et affinées, purent

désormais être traduites sur le papier, et la marche d'une voix ou la combinaison de voix purent être déterminées d'avance, ouvrant la voie à la richesse polyphonique de la future école de Notre-Dame et contribuant à l'évolution de l'*organum* pratiqué à Saint-Martial de Limoges.

Quelque cinq siècles après les travaux de Guido d'Arezzo, la polyphonie vocale parviendra à son apogée. Toutefois, à la fin du XVIe siècle, la *Camerata fiorentina* revalorisera la monodie. En l'an 1600, le cantor luthérien Sethus Calvisius, astronome et compositeur,

Ci-dessus: *miniature d'un manuscrit du XIIe siècle qui représente le moine Guido d'Arezzo et son disciple Teobaldo jouant du monocorde. On doit à d'Arezzo l'invention du système de notation musicale actuellement en vigueur.*

A gauche: *miniature des* Psaumes de la Pénitence de Lasso, *représentant le Kapellmeister Orlando di Lasso (1532-1594) à l'épinette, aux côtés des principaux musiciens de son époque.*

publia d'importants ouvrages sur les connaissances musicales parmi lesquels *Exercitationes Musicae...*

Quinze ans plus tard, Michael Praetorius, le plus illustre compositeur allemand de son temps, écrivit le premier volume de sa *Syntagma Musicum,* histoire de la fonction et de la pratique de la musique ainsi que de ses relations avec la poésie.

Concert dans la salle du Conservatoire de Paris. Cette gravure illustre clairement la pratique de la double direction d'orchestre: on peut apercevoir ici un chef d'orchestre pour la formation instrumentale et un autre pour le groupe choral.

Tous deux se distinguent des auteurs catholiques comme Cerone ou Mersenne (qui tiennent la musique pour une manifestation universelle de la volonté de Dieu reposant sur les principes immuables de la loi divine) dans la mesure où le langage sonore est pour eux un art en constante mutation, intimement lié au génie individuel, et qui sert divers aspects de la société, laïcs aussi bien que sacrés.

Martin Luther, en favorisant l'expansion du choral, émancipe la musique d'église. Le chant d'assemblée luthérien introduit des éléments populaires dans la composition des hymnes liturgiques et marie ainsi le «profane et le sacré» dans la finalité exclusive de proclamer la foi. Il supprime du même coup la structure complexe de la polyphonie savante et privilégie les modes majeurs et mineurs, appelés bientôt à devenir prépondérants.

Après le sac de Rome, en 1527, et l'humiliation de Florence trois ans plus tard, l'Italie traversa une profonde crise morale. La *Sacra rapresentazione* et la *Commedia dell'arte* (mélange d'oratorio primitif, de ballet et de musique instrumentale) furent interdites. Les décisions du Concile de Trente, en 1573, entraînèrent inévitablement la suppression de tous les éléments profanes que contenait la liturgie, laquelle se vit de nouveau imposer des normes rigoureuses. Cependant, malgré le génie de Palestrina, l'Eglise catholique perdit son autorité musicale parce que la musique commença à trouver hors de l'institution religieuse, auprès des riches mécènes de la Renaissance, les moyens nécessaires à son développement.

Communauté éminemment mercantile, Venise était le seul Etat d'Italie qui jouissait de la paix intérieure depuis plusieurs générations. Elle fut ainsi un lieu d'éclosion des premières écoles de musique. Le Flamand Roland de Lassus (v. 1532-1594), *Kapellmeister* du duc Albert de Bavière, y vint tout spécialement pour recruter divers musiciens. En 1613, Monteverdi accepta la charge de maître de chapelle de Saint-Marc. Il joua également un rôle décisif dans la diffusion de la musique, notamment en 1639 avec la première d'*Adone* — aujourd'hui perdu — qui amorça le glissement de la musique cultivée par les cercles fermés de la noblesse de cour vers les milieux populaires.

A l'époque baroque, le chef d'orchestre était un personnage presque superflu. L'articulation, une des tâches essentielles du chef d'orchestre moderne, était laissée à l'initiative des musiciens eux-mêmes. Seule l'intervention de voix humaines pouvait justifier la présence d'un interprète plus particulièrement qualifié à jouer le rôle de chef occasionnel. Tout au long de cette période, où la *basse continue* avait un caractère moteur, il appartenait en fait au *Konzertmeister* d'assumer la responsabilité de l'exécution. Les progrès dans l'art musical se situèrent dès lors non plus au seul niveau de la composition, mais également dans le jeu même de l'orchestre.

A l'époque des classiques viennois, on préférait la double conduite. Le *Konzertmeister* conduisait avec son violon, et le chef d'orchestre-compositeur depuis le clavier. En 1792 furent créées les premières *Symphonies londoniennes* de Haydn. Le premier violon était tenu par John Peter Salomon, non seulement directeur de concert, mais également imprésario des «Salomon's concerts». Cette formule de la double direction orchestrale, lorsqu'elle était possible, se maintint largement jusqu'au début du XIXᵉ siècle.

C'est à Beethoven que revient le mérite d'avoir imposé un nouveau type de direction. Au contraire de la musique composée à l'époque précédente, celle des classiques viennois devait déjà être dirigée. Le discours musical ne prenait plus appui sur un principe moteur qui l'organisait spontanément; désormais, l'ordonnancement de la structure propre à la phrase musicale reposait sur la discontinuité. La musique cessa d'être assujettie à des moules de dimensions prédéterminées qu'il suffisait de remplir et devint un acte de libre volonté du compositeur; l'interprète n'avait plus à participer d'un bout à l'autre à un courant continu de musique, mais se voyait désormais confier des interventions spécifiques et ponctuelles, beaucoup plus intéressantes d'un point de vue expressif et technique. Avec ses *Symphonies,* Beethoven imposa en quelque sorte la définition moderne de l'interprète.

Sans oublier les noms de compositeurs-chefs d'orchestre tels que Spontini, Spohr et Carl Maria von Weber, on peut dire que François Antoine Habeneck (1781-1849) fut le premier chef d'orchestre spécialiste des œuvres de Beethoven. Il sut comprendre profondément l'art symphonique du grand maître et en déceler les exigences d'interprétation. La clé de son activité comme chef d'orchestre se trouve dans les répétitions auxquelles il se consacra avec un acharnement inconnu à l'époque.

Les fondateurs d'une tradition (I)

Hans von Bülow (1830-1894) fut le premier chef d'orchestre «légendaire» et, de surcroît, le premier véritable professionnel. Dès l'âge de 20 ans, il devint directeur du théâtre de Zurich, avant de travailler avec Liszt à Weimar. Dans ses concerts, von Bülow mettait l'accent sur des œuvres qu'il avait particulièrement approfondies. Ses admirateurs rapportent que, très souvent, après avoir magistralement interprété une partition, il se tournait vers le public pour lire l'admiration sur les visages et, d'un ton implicite, il suggérait: «Vous voyez? C'est ainsi qu'on doit faire.» Dans ses dernières années, il prit même l'habitude de nouer un contact direct avec son auditoire par toutes sortes de discours et diverses explications. Von Bülow ne craignait pas l'excentricité; par ailleurs, le moins que l'on puisse dire est qu'il se faisait une très haute opinion de lui-même. Il se considérait comme le chef d'orchestre national de l'Allemagne et désirait recevoir partout les honneurs qu'il estimait mériter par son talent. Il est incontestable que son prestige fut immense et que la notoriété quelque peu sacralisée des chefs d'orchestre date de cette époque. Avant de se lancer pleinement dans la carrière de chef d'orchestre, von Bülow avait acquis une grande réputation comme pianiste soliste, en donnant de nombreux récitals et concerts dans la plupart des villes européennes. Avant d'être un virtuose du clavier, il avait espéré se faire connaître comme compositeur. Très jeune, il avait envoyé diverses compositions personnelles à Richard Wagner. Le mage de Bayreuth lui avait répondu en toute honnêteté mais sans méchanceté qu'il se rendrait compte par lui-même et avec le temps des faiblesses inhérentes à ces partitions. Bien des années plus tard, c'est à une autre facette de son talent que Wagner s'adressa: il lui confia le soin de diriger les premières de *Tristan et Isolde* et des *Maîtres Chanteurs*. Ces deux créations importantes permirent à von Bülow de conquérir une renommée internationale, le plaçant désormais comme une figure exemplaire dans la profession. Sa science musicale et

l'autorité évidente que laisse transparaître sa correspondance (notamment avec la description des critiques politiques qui entourèrent la présentation de plusieurs opéras wagnériens comme *L'Or du Rhin* ou les *Maîtres Chanteurs*) tranchent avec la confusion de ses écrits de jeunesse. Néanmoins, tout au long de sa patiente maturation artistique, von Bülow fit toujours preuve d'une inébranlable confiance en soi. En outre, la puissance de son art résidait dans sa volonté farouche de toujours élever ses interprétations à la dignité que lui inspiraient les compositions qu'il devait diriger.

Sa décision de répéter *Tristan* et de présenter l'œuvre au public sans partition eut un impact psychologique considérable. En effet, c'est ainsi que le chef sut donner aux musiciens la confiance et la sécurité nécessaires pour dominer l'exécution. Selon David Wooldridge, l'impact de ces représentations de *Tristan* n'eut pas d'égal dans l'histoire de la direction d'opéra jusqu'à la première, après 137 répétitions laborieuses, de *Wozzeck* dirigée par Erich Kleiber, en 1925.

Dans son étude sur Gustav Mahler, *Style et Idée,* Arnold Schönberg affirma que Mahler, en tant que chef d'orchestre, fut apprécié même par ses ennemis «les plus acharnés». Mahler, de même que d'autres musiciens de son époque, comme Hans Pfitzner et Richard Strauss, fut en même temps chef d'orchestre et compositeur, bien que sa réputation de chef d'orchestre ait aidé à le faire connaître comme compositeur. A côté des «pontifes» de la baguette — le mondain von Bülow, l'élégant et nonchalant Nikisch et le délicat Richard Strauss — Mahler avait un aspect bizarre: sa taille atteignait à peine un mètre soixante; il était d'un tempérament irritable et était souvent emporté par des gestes véhéments; il est décrit comme souffrant de fréquents tics nerveux et se distinguant par une «démarche syncopée» très caractéristique. Par ailleurs, il était pénétré de la plus grande rigueur artistique tant pour lui-même que pour les autres. Doué d'une profonde sensibi-

lité, il était tout entier animé d'un fanatisme artistique «intransigeant». Véritable musicien de combat, il avait résolument choisi de se battre contre la vulgarité dominante. Mahler était sans conteste un «chef d'orchestre né». Il s'attachait au moindre détail avec un souci quasi obsessionnel. Mais le résultat en valait la peine: il obtenait ainsi des mises en scène extraordinaires, car il apportait autant d'attention à la musique qu'aux décors ou à l'éclairage.

Mahler s'associa parfois, mais sans grand succès, avec Richard Strauss pour diriger un orchestre. Ce qui surprend le plus quand on compare les deux maîtres, c'est que, aussi bien comme compositeurs que comme chefs d'orchestre, ils avaient sur les problèmes d'interprétation des points de vue voisins, voire même souvent identiques. Toutefois, alors que Mahler dut se débattre pendant toute sa carrière avec d'innombrables difficultés, Richard Strauss («l'opportuniste», comme l'appelait Mahler) semblait être depuis toujours promis au succès. Chez cet homme, qui jouissait d'une existence libre de tout souci, il était difficile de concilier le style dépouillé du chef d'orchestre et l'ébullition ou l'extravagance de l'écriture musicale.

En comparaison avec Mahler, Strauss fut d'une sobriété frappante, lorsque l'on s'intéresse à repérer dans une partition comment le compositeur s'est placé dans la perspective du chef d'orchestre. En effet, il n'est pas une seule page des compositions mahleriennes qui ne contienne des détails et des indications quant à la direction de l'œuvre. Malgré l'influence de Bülow, le maniement de la baguette chez Mahler, comme l'explique fort pertinemment Schönberg, se fit, avec le temps, de plus en plus simple et de plus en plus subtil. Bruno Walter a rapporté que, pendant ses premières années à Vienne, Mahler gesticulait énormément; mais sa façon de diriger se fit progressivement plus calme, délaissant les débordements excessifs au profit d'une concentration beaucoup plus suggestive et communicative.

A gauche: portrait de Hans von Bülow par Franz von Lenbach. Bülow fut le premier chef d'orchestre «vedette» et le premier véritable professionnel du genre. Il gagna sa réputation universelle en dirigeant les créations de Tristan et Isolde et des Maîtres Chanteurs, de Richard Wagner.

A droite: Richard Strauss au cours d'une répétition à l'Opéra du Grand-Duché de Saxe-Weimar. Directeur musical de l'orchestre de cet opéra, poste qu'il avait obtenu grâce à Bülow, Strauss donna des versions restées célèbres de plusieurs œuvres de Mozart, Glück et Wagner.

Ci-dessous: série de caricatures d'Otto Böchler représentant Gustav Mahler au pupitre. Au cours de ses premières années à la tête de l'Opéra de Vienne, Mahler, qui conduisait toujours assis, se distingua par l'emphase et les débordements de sa gestique.

Les concerts dirigés par Mahler firent toujours date; chacun d'eux fut une expérience inoubliable, à la fois sans précédent et sans égal. Au cours de sa période viennoise, le grand maître ne céda jamais à la routine et encore moins au hasard. Il préparait ses interprétations avec une minutie obsessionnelle comme si elles avaient été les premières et les seules au monde. Cette façon de travailler l'absorbait tout entier à l'Opéra de Vienne, et cette dépense incalculable d'énergie n'était jamais vaine.

Le génie peu commun de Mahler comme directeur d'opéra résidait dans son investissement total dans une œuvre et dans son contrôle absolu de tous les détails de la représentation.

En un sens, on peut affirmer sans conteste que Mahler fut un artiste unique en son genre. Mais sa volonté d'imposer à tous et à toutes choses l'emprise de son prestigieux talent se solda par sa démission de l'Opéra de Vienne en 1907, après des années de dur labeur. Comme directeur musical, il avait joui d'un pouvoir absolu dont il usait sans scrupule, recrutant et licenciant les artistes de façon discrétionnaire et faisant montre d'une tyrannie et d'une extravagance rares. Il s'était déjà distingué auparavant par la même attitude dictatoriale à l'Opéra de Budapest, dont il eut la charge entre septembre 1888 et mars 1891. On peut toutefois supposer qu'une telle démarche, fût-elle excessive, était nécessaire dans une certaine mesure afin que Mahler pût mener à bien ses projets et vaincre les nombreux obstacles qui se dressèrent sur sa route.

Les fondateurs d'une tradition (II)

Le nom du musicien Arturo Toscanini (1867-1957) a toujours suscité les sentiments les plus divers chez les amateurs de musique. Ce grand maître de la baguette a fait l'objet d'une abondante littérature et devint la source de légendes bien avant sa mort. Né à Parme, il reçut à 18 ans son diplôme de violoncelliste et de compositeur au Conservatoire de cette même ville. Il commença sa carrière comme instrumentiste, mais eut rapidement l'occasion de se distinguer à la tête d'une troupe lyrique, en 1886, pendant une tournée à Rio de Janeiro, où il remporta un succès remarqué lors de l'exécution de *Aïda*. Mais sa carrière, déjà prometteuse, connut un tournant décisif en 1892, année où le Théâtre de Verme à Milan l'engagea pour diriger la première de *I pagliacci* de Leoncavallo.

Toscanini fut un des chefs d'orchestre les plus importants de son époque et, assurément, celui qui eut, de loin, la plus grande influence. Il réalisa la transition définitive entre le style de Wagner et l'art propre au début du XXᵉ

voltes des interprètes postromantiques, dont les exécutions laissaient souvent libre cours à une fantaisie débordante...»

Harold C. Schönberg rapporte dans son livre *Les grands chefs d'orchestre* que Toscanini suivit les pas de personnalités comme Carl Muck, Felix Weingartner, Richard Strauss avant de s'imposer comme le chef d'orchestre le plus objectif, et le plus porté à l'interprétation littérale. «Sa conception de la direction d'orchestre bouleversa radicalement la tradition austro-allemande et le concept wagnérien de fluctuation de *tempo*. De plus — continue Schönberg — son objectivité musicale était aussi marquée que la subjectivité d'un von Bülow, et son goût pour la fidélité «littérale» d'une exécution a contribué à la redécouverte de la valeur intrinsèque des grandes œuvres du passé.»

L'école allemande
En 1919, l'Allemagne était plongée dans le plus profond chaos économi-

que et moral. L'Empire austro-hongrois, qui n'englobait pas moins de onze nationalités, était mené vers un déclin irréversible, tout comme son allié allemand. En revanche, dans le domaine de la musique, on assistait au phénomène inverse; l'Allemagne et l'Autriche (c'est-à-dire presque toute l'Europe centrale) connaissaient paradoxalement un nouvel âge d'or.

Les débuts de l'école allemande remontent à 1907 avec le départ de Mahler pour les Etats-Unis. Pour le remplacer à la tête de l'Opéra Impérial de Vienne, on désigna Felix Weingartner (1863-1942), chef d'orchestre auquel on doit la composition de plusieurs opéras. Weingartner n'était pas destiné à réussir là où Mahler s'était imposé pendant dix ans avec un talent inégalé, et où aucun de ses successeurs (Bruno Walter, Richard Strauss, Hans Knappertsbusch et Herbert von Karajan) ne parvinrent à rester pendant un temps plus long encore.

A partir de 1914, Weingartner dirigea l'orchestre de Darmstadt. En ce

siècle. Il va donc sans dire que de sa baguette naquit la technique moderne de la direction d'orchestre. George Szell a dit de lui: «On peut penser ce qu'on veut de son interprétation d'une œuvre particulière, mais c'est un fait qu'il a modifié complètement l'approche de la direction et qu'il a redressé beaucoup de procédés arbitraires de la génération précédente de chefs d'orchestre; de même, il est vrai qu'il a supprimé les habitudes parfois désin-

Ci-dessus à gauche: portrait d'Arturo Toscanini, légendaire chef d'orchestre italien qui commença dès l'âge de 19 ans sa glorieuse carrière. Son nom est indissociablement lié à ceux de la Scala de Milan et à l'Orchestre Phihlarmonique de New York.

Ci-dessus: Wilhelm Furtwängler. On a pu dire de sa baguette qu'elle alliait la spiritualité d'un von Bülow au génie improvisateur d'un Arthur Nikisch.

Ci-dessus à droite: Felix Weingartner, chef d'orchestre qui succéda à Mahler à la tête de l'Opéra de Vienne et qui dirigea l'Orchestre Philharmonique de Vienne de 1911 à 1927.

lieu, il fit la connaissance d'Erich Kleiber (1890-1956), jeune *Kapellmeister* dont l'étoile montait rapidement. Contrairement à Weingartner, ce dernier partageait avec Furtwängler une admiration sans réserve pour l'art de Nikisch, sentiment qui s'accrut encore avec le temps. Kleiber était un travailleur infatigable; la technique de direction qui marqua sa jeunesse n'avait rien de commun avec l'économie souveraine qui caractérisa sa maturité.

Ce fut toutefois en tant que chef lyrique qu'il déploya le plus nettement les qualités spécifiques de son art. Erich Kleiber favorisa la vocation de jeunes chefs d'orchestre comme Mitropoulos et Szell qui, ayant acquis un immense prestige aux Etats-Unis, reconnurent la grande dette qu'ils avaient contractée envers lui.

Après de modestes débuts à Munich et à Strasbourg, Wilhelm Furtwängler (1886-1954) dirigea l'orchestre de l'Opéra de Lübeck (1911-1915), de Mannheim (1915-1920) et de Berlin (1920-1922). A la mort d'Arthur Nikisch, en 1922, il fut désigné pour le remplacer au pupitre du célèbre Gewandhaus de Leipzig. En 1924, il fut nommé à la tête du Philharmonique de Berlin, ville qui était sans conteste à l'époque la capitale mondiale de la musique; Erich Kleiber dirigeait la Staatskapelle; Bruno Walter le Staatsoper; Furtwängler le Philharmonique et Klemperer le Kroll-Oper. Selon David Wooldridge, Furtwängler «avait quelque chose de Parsifal». En effet, ses préoccupations d'ordre philosophique l'éloignaient du familier et du quotidien; il vivait totalement en marge de la transformation en profondeur que l'Allemagne connaissait au début des années trente. A l'opposé de Kleiber,

sa technique de direction était une source permanente de problèmes entre lui et ses musiciens. Mais sa manière d'interpréter la musique était étonnamment spontanée et ardente. Parfois inégale, selon les avis, elle s'abandonnait volontiers à la rêverie. Son répertoire comprenait non seulement les plus grands noms de la musique allemande contemporaine (il créa les *Variations op. 31* d'Arnold Schönberg), mais également ceux de Scriabine, Glazounow, Prokofiev, Stravinski, Bartók, etc. A la fin de sa vie, toutefois, Furtwängler restreignit son répertoire; à de rares exceptions près, il n'interpréta plus que les grands compositeurs du XIXe siècle, comme s'il avait voulu concentrer ses efforts afin de sonder l'âme de Beethoven et de Schubert, de Schumann et de Brahms, de Wagner et de Bruckner.

A côté des figures de Hans Knappertsbusch, Carl Schuricht et Hermann Scherchen, deux noms prestigieux se détachent tout particulièrement dans la galerie des plus grands maîtres de la baguette: Bruno Walter et Otto Klemperer. Walter (1876-1962) débuta à Cologne en 1893, à l'âge de 17 ans. L'année suivante, il fut nommé assistant au Théâtre de l'Opéra de Hambourg. Il y fit sa première rencon-

tre décisive avec Gustav Mahler, qui, plus tard, l'appela à Vienne pour un poste à l'Opéra, offre que Walter refusa, craignant d'être éclipsé par la personnalité écrasante du maître. Il accepta, en revanche, une charge auprès de Richard Strauss à Berlin. En 1913, il fut nommé directeur général du Théâtre de la Cour de Bavière à Munich; mais il rencontra une opposition souterraine croissante qui l'amena à démissionner en 1922. Après quelques années à Berlin, où il fut appelé comme chef au Charlottenburg Oper, il succéda à Furtwängler à la tête du Gewandhaus de Leipzig. En 1933, l'Allemagne nazie le destitua de sa charge car il était juif. Nommé conseiller artistique à l'Opéra de Vienne, il dut bientôt abandonner l'Autriche pour la même raison. En 1939, il s'embarqua pour New York. Aux Etats-Unis, il partagea son temps entre le Philharmonique de Los Angeles et la N.B.C. En outre, il fut invité à diriger l'Orchestre symphonique de New York et, entre 1941 et 1957, fut à la tête, pendant plusieurs saisons, de l'Orchestre du Metropolitan. Sir Neville Cardus a écrit à son propos: «Parmi tous les grands chefs d'orchestre des vingt dernières années, Bruno Walter fut probablement le plus apprécié dans le monde entier. Il ne possédait pas la maîtrise et l'impérieuse autorité de Toscanini; il n'avait pas cette sorte de pouvoir hypnotique de Furtwängler, mais il sut maintenir un équilibre parfait entre l'intelligence et l'imagination, entre la raison et le sentiment.»

Quant à Otto Klemperer (1885-1973), sa qualité essentielle fut de donner la priorité à l'aspect rationnel de l'œuvre d'art, en essayant, dans ses interprétations, d'atteindre à la plus grande objectivité par une approche discursive. Quand il analysait les différentes possibilités d'interprétation, il choisissait toujours la plus sévère et la plus froide, se réservant de refondre dans le meilleur moule toutes les «potentialités» d'une composition déterminée pour les exposer lors d'exécutions futures. Klemperer fut successivement à la tête des orchestres suivants: Cologne (1917-1924), Wiesbaden (1924-1927), Kroll-Oper de Berlin (1927-1931), Philharmonique de Los Angeles (1933-1939), etc. 103

Autres grands maîtres de la baguette (I)

Innombrables seraient les grands noms à inscrire sur la liste des plus prestigieux maîtres modernes de la baguette. Mais nous devons nous limiter aux plus importants.

Serge Koussevitski (1874-1951). Aucun chef d'orchestre de son temps n'eût autant d'impact que lui sur l'évolution de la musique américaine. Il s'intéressait autant aux œuvres contemporaines qu'aux grands classiques; on lui doit d'avoir introduit les compositeurs européens modernes, notamment français et russes, dans les salles de concert américaines. Les interprétations de Koussevitski étaient très colorées. Doué d'une puissante personnalité, il eut une influence extraordinaire, bien qu'il fût parfois critiqué pour sa manière particulière de diriger. Koussevitski avait plusieurs points communs avec Beecham. Tous deux furent en effet à leurs débuts des dilettantes passionnés. De plus, il furent tous deux très fortunés et purent se consacrer à leur art avec une plus grande liberté que leurs confrères. Koussevitski, par exemple, fonda son propre orchestre et créa une maison d'édition de musique russe.

Sir Thomas Beecham (1879-1961). «Cultivé, sophistiqué, indomptable, cynique, sarcastique, satirique, ingénieux...», les épithètes ne manquent pas pour qualifier ce chef d'orchestre d'un genre peu courant. Il semblait n'avoir pas de technique de direction, et pourtant un musicien du London Philarmonic Orchestra, institution qu'il créa en 1932, a pu dire de lui: «Beecham rompt avec toutes les règles, mais personne ne le fait comme lui.» Sur l'estrade, ses mains et son corps s'agitaient dans tous les sens, mais, malgré ces contorsions et cette extravagance, il possédait une maîtrise suffisante pour faire ce qu'il voulait. Il avait une sorte de magie de la grande conduite et ses interprétations ne sombrèrent jamais dans les ornières de l'ordinaire. Véritables créations permanentes, ses exécutions variaient considérablement d'un concert à l'autre.

Charles Münch (1891-1968). «La musique est un art qui exprime l'inexprimable. Elle va beaucoup plus loin que ce que les mots peuvent signifier ou l'intelligence définir. Son domaine est l'impondérable et l'impalpable monde de l'inconscience. La possibilité pour l'homme de parler ce langage est le don le plus précieux qu'il ait reçu, et nous n'avons absolument pas le droit de l'utiliser incorrectement. Que personne ne s'attriste donc de ce que je considère mon travail comme un sacerdoce et non comme une profession. Comme toutes les choses sacrées, la conduite d'un orchestre implique une renonciation totale et une profonde humilité.» Ces paroles de Münch lui-même dessinent un portrait qu'on ne pourrait mieux tracer.

Léopold Stokowsky (1882-1977). On a souvent critiqué chez Stokowsky les constants aménagements qu'il apportait aux partitions et ses innombrables expériences sur les effets orchestraux. Même si l'on admet qu'il était un *showman,* que son respect des partitions était très *sui generis* et que ses transcriptions et interprétations ont pu paraître vulgaires, il est incontestable que pendant les années où il dirigea l'Orchestre de Philadelphie (1912-1936), il en fit l'un des plus brillants ensembles qui aient jamais existé, une merveille de couleurs sonores et de virtuosité.

Rudolf Kempe (1910-1976). La technique de ce grand maître ne repose pas sur une gestique emphatique, mais sur des indications claires et précises; la totale indépendance de mouvement de chaque bras était pour lui une chose naturelle. Son art, imprégné de classicisme, donnait la priorité à la concentration expressive. Kempe savait dominer ses émotions, et sa recherche ardente de l'authenticité le portait à des hauteurs insoupçonnées.

Dimitri Mitropoulos (1896-1960). Sa manière de conduire (sans baguette) fit grande impression à cette époque. Il dirigeait de façon nerveuse et étrange, avec de grands mouvements de la tête, des resserrements d'épaules et des flexions de tout le corps. Au Metropolitan, il désarmait les chanteurs par sa façon particulière de marquer la mesure. Il pouvait diriger les répétitions d'une façon et les représentations d'une autre, comportement-type du chef d'orchestre déroutant. Il avait une mémoire visuelle infaillible; plus une partition était complexe, plus il l'appréciait (Mahler, Strauss, Schönberg, Berg). Il était doué d'une intelligence synthétique remarquable, réunissant dans sa personnalité les rôles de compositeur, de pianiste et de chef d'orchestre. Les enregistrements qu'il a laissés sont très recherchés.

D'origine irlando-polonaise, né à Londres et de nationalité américaine, Léopold Stokowsky (ci-dessus) fit de l'Orchestre de Philadelphie, qu'il dirigea durant vingt-cinq ans, l'une des plus prestigieuses formations qui aient jamais existé.

Sir Thomas Beecham (à gauche) est considéré comme le plus grand chef d'orchestre anglais de tous les temps. Doué d'une exquise sensibilité, d'une grande culture et d'un caractère indépendant, ses interprétations — affranchies de toute règle — reçurent toujours l'approbation du public le plus exigeant.

Sir John Barbirolli (1899-1970). Il fut sans doute l'un des chefs d'orchestre les plus sensibles de toute l'histoire de la musique. Sa personne alliait au calme flegmatique du tempérament anglais le caractère passionné de l'esprit méditerranéen. A en croire les témoins oculaires, on était parcouru de frissons à la vue de cet homme de petite taille, gagné par l'âge et infirme, qui se balançait comme une feuille devant l'orchestre et obtenait cependant de lui des sonorités exprimant à la fois l'ardeur juvénile et la puissance cyclopéenne, sans jamais porter la moindre atteinte à la clarté de la texture orchestrale. Avec sa baguette, en effet, il exposait avec une minutie exemplaire le moindre détail précisé par le compositeur sur la partition. Barbirolli ne fut pas un chef d'orchestre «analytique» et jamais il ne fut rattaché à la vague des «chefs d'orchestre intellectuels». D'une grande force émotionnelle, ses interprétations n'avaient rien, pour autant, d'improvisations inspirées. Elles étaient tout au contraire le fruit mûr de l'union du cœur et de l'esprit.

Fritz Reiner (1888-1963). Il est considéré comme l'un des plus grands chefs d'orchestre du point de vue du travail technique et, de plus, comme un musicien qui «savait tout», pour reprendre l'expression d'un membre du Philharmonique de New York. Véritable maniaque de la précision et de la perfection, il dut sa réussite à son éminente faculté de coordination. Reiner ne fut pas autant apprécié que certains de ses contemporains; irascible, impatient, rude et sarcastique, il apparaissait aux yeux de nombreux instrumentistes comme un «sadique». Dans le domaine de la musique contemporaine, exception faite de celle de l'école dodécaphonique qui ne l'intéressait pas, il surprit par la facilité avec laquelle il déchiffrait n'importe quelle partition. Conscient de sa maîtrise, il chercha à la transmettre à ses élèves, notamment à Leonard Bernstein.

Pierre Monteux (1875-1964). Les musiciens apprenaient beaucoup en travaillant avec lui. Autoritaire, mais sans aucun despotisme, il leur répétait souvent: «Je ne veux pas vous suivre, afin que ce soit vous qui vous mettiez à me suivre.» Doté d'une clarté, d'une précision et d'une souplesse de mouvement peu communes, il fut un excellent chef d'orchestre. Pour Stravinski, Monteux fut, de tous les chefs d'orchestre qu'il avait connus, le moins porté aux débordements spectaculaires d'une gestique exhibitionniste destinée surtout à impressionner le public. Il était tout au contraire soucieux de diriger avec la plus grande sobriété. Son répertoire s'étendait particulièrement de Beethoven jusqu'à la musique contemporaine. Monteux est l'un des musiciens français à avoir donné des interprétations de référence des œuvres de Beethoven et de Brahms: il sut en effet faire valoir le charme et la profondeur de ces compositions sans en amoindrir la rigueur. Il se distingua ainsi par son approche subtile des compositeurs allemands.

Ernest Ansermet (1883-1969). Né en Suisse, il peut néanmoins être considéré comme issu de l'école française du fait de son contact étroit avec la musique et la culture de ce pays. Licencié en mathématique, il enseigna à l'Ecole supérieure de Lausanne tout en poursuivant des études musicales. Ses débuts de chef d'orchestre datent de 1910. Ce n'est qu'après la Libération, grâce à plusieurs disques, que le monde découvrira bientôt que Genève abritait l'un des meilleurs interprètes de Stravinski et de l'école française moderne. Sa culture, sa puissance de travail, sa finesse et sa probité contribuèrent à accroître sa célébrité. Ansermet s'est montré l'un des plus féroces opposants à la musique sérielle. Logicien et philosophe, il a écrit plusieurs articles théoriques sur la musique et son impact social. Enfin, il s'est distingué par son interprétation des dernières œuvres de Bartók, qu'il tenait pour les plus belles manifestations d'ouverture d'esprit et d'invention sonore que la musique moderne ait jamais produites.

A gauche: le chef d'orchestre Pierre Monteux dirigeant une répétition.

Ci-dessous: portrait d'Ernest Ansermet. Ce grand musicien fut non seulement un chef d'orchestre exceptionnel, mais se consacra également à la composition (pièces pour piano, œuvres symphoniques). On lui doit, en outre, nombre d'articles théoriques qui font autorité dans le monde musical.

Autres grands chefs d'orchestre (II)

Nous avons choisi, pour clore ce chapitre, deux grands chefs d'orchestre hongrois, Fricsay et Szell (Szell se fit naturaliser Nord-Américain), ainsi que l'Autrichien Karl Böhm. Alors que *Ferenc Fricsay* (1914-1963) a marqué l'attention du public par son extraordinaire instinct pour l'opéra et pour la musique symphonique, on se souvient surtout de son compatriote *George Szell* (1897-1970), comme d'une figure typique du chef d'orchestre «anti-romantique», perfectionniste au plus haut degré et éminemment analytique. Ainsi, là où Bruno Walter parlait d'âme, Szell parlait de problèmes de style. Szell révolutionna l'orchestre de Cleveland qu'il dirigea de 1946 à 1970, alliant à la souplesse et à la virtuosité américaines le sens de la tradition et la chaleur expressive européens. Contrairement à Toscanini, à qui on a pu le comparer, Szell haussait rarement la voix. Le rôle qu'il joua dans le monde de la musique a disparu avec lui. Szell fut en effet le dernier d'une génération de musiciens dont les origines remontaient au XIXe siècle et qui s'était fixée pour tâche de concilier le souci de la tradition avec la recherche d'une perfection des moyens techniques.

Karl Böhm (1894-1981). La musique fut au centre de la vie de Böhm dès son enfance. Il fut l'élève de Muck, qui décela très tôt son talent. Böhm a inscrit à son répertoire un nombre important de compositeurs, des classiques aux romantiques en incluant notamment, parmi les auteurs du début du XXe siècle, Alban Berg. On lui doit de nombreuses premières auditions, notamment *Die Schweigsame Frau* de R. Strauss qui fut, avec Mozart, l'un de ses auteurs de prédilection.

Les chefs d'orchestre d'aujourd'hui
Nous ouvrirons ce nouveau chapitre avec le chef d'orchestre contemporain le plus populaire, l'Autrichien *Herbert von Karajan* (né en 1908). Sujet d'enthousiasmes délirants autant que de critiques véhémentes, von Karajan jouit d'un prestige universel jamais égalé par aucun de ses collègues.

L'empire de sa baguette s'étend en effet de Vienne à New York, en passant par Berlin, Salzbourg, Milan, Paris et Londres. Cas tout à fait singulier, il a fondé à Salzourg, en 1967, son propre festival d'opéras et de concerts symphoniques. Von Karajan incarne ce type nouveau d'interprètes qui considèrent les moyens qu'offre la technologie moderne comme une part intégrante de leur monde artistique. Le disque et la vidéo ont ainsi permis à von Karajan de faire connaître son style dans le monde entier. La communication généralisée et permanente, ainsi que la démocratisation de l'art appartiennent à l'éthique professionnelle de ce grand maître.

Sir Georg Solti (né en 1912) est une personnalité très originale du monde musical. Sa conception de la direction orchestrale lui a valu, comme à von Karajan, l'admiration inconditionnelle des uns et l'accueil réservé des autres. Solti est un fin révélateur de l'esprit musical propre aux différentes cultures.

*Ci-dessus: Karl Böhm, disparu en août 1981.
A droite: Herbert von Karajan, qui suscite l'admiration ou un rejet catégorique.
Ci-dessous: Rafael Kubelik, l'un des plus grands chefs d'orchestre tchèques.*

Pour Carlo Maria Giulini (à gauche), le plus difficile pour un chef d'orchestre est de trouver l'expression adéquate pour interpréter une œuvre qu'on exécute. Ci-dessus: Leonard Bernstein, plus connu du grand public pour avoir écrit la musique du film West Side Story.

Il n'existe aucune recette préétablie entre la partition qu'il étudie et la version qu'il en donne; c'est-à-dire qu'il n'existe aucun modèle définitif susceptible de guider *a priori* le travail de ce chef hongrois. Pour lui, la musique est un phénomène absolu vécu d'une façon unique à chaque exécution et ne peut donc requérir aucun présupposé. Ce n'est qu'*a posteriori,* après avoir écouté la musique, que certaines hypothèses peuvent être émises.

Carlo Maria Giulini (né en 1914) a exposé dans les termes suivants sa conception de la musique et de la direction d'orchestre: «Il n'est pas nécessaire de beaucoup parler; quelques mots sont suffisants. Les musiciens d'orchestre ne veulent pas de discours, ils désirent jouer de la musique. Il faut expliquer rapidement et clairement les grandes lignes d'interprétation. Un grand orchestre, d'un haut niveau technique, arrive à des résultats qu'on n'obtient pas avec d'autres d'un niveau inférieur, même si les musiciens se consacrent à leur travail avec passion. Il faut une préparation très intense et une haute qualification professionnelle pour que l'orchestre soit à la hauteur de sa tâche. Si on ne dispose pas de la maîtrise technique nécessaire, on ne peut avancer. La mission du chef d'orchestre consiste à donner aux musiciens le sentiment que nous nous sommes tous voués à une grande entreprise au service d'œuvres géniales, laquelle réclame la meilleure part de nous-mêmes; lorsqu'un chef réussit à susciter un tel état d'esprit, chacun se sent partie prenante de cette action extraordinaire, de cet acte mystérieux qui consiste à faire de la musique…»

Rafael Kubelik (né en 1914). Quiconque prétend décrire la façon de diriger de Kubelik ne peut éviter l'emploi d'un mot auiourd'hui presque tabou, tant la pudeur en matière artistique est grande: le mot *cœur.* Si Kubelik est précisément un chef dont l'élan vient du cœur et ne répond pas à une quelconque abstraction, ceci n'implique pas, pour autant, que l'aspect intellectuel reste en marge de son travail. Le pouvoir communicatif de ce travail repose en effet sur un juste équilibre du sensible et de l'intelligible. Doté d'une exceptionnelle sensibilité musicale, Kubelik fait dériver son inspiration de ses diverses «expériences» de l'œuvre qu'il doit interpréter.

Leonard Bernstein (né en 1918) est un artiste à multiples facettes. Il conjugue en effet son travail de chef d'orchestre avec d'autres activités: pianiste, auteur de musiques pour Broadway et Hollywood, compositeur de pièces symphoniques, professeur et poète. Dans sa jeunesse, en dépit du peu de sympathie qu'il éprouvait pour la musique dodécaphonique, il fut.assimilé à l'avant-garde musicale de l'époque. C'est la raison pour laquelle, sans doute, ses interprétations des classiques et des romantiques ne furent jamais totalement acceptées. Bien que ses idées sur Stravinski, Richard Strauss et Bartók soient parfaitement respectées, ses conceptions sur la musique antérieure ont souvent été qualifiées d'erronées. Bernstein est essentiellement une nature romantique: alors que les anciens représentants de la tradition romantique (Furtwängler, Walter) évitaient de briser une ligne musicale, maintenant donc toujours la courbe de la phrase, Bernstein n'hésite pas à la rompre souvent. Ces excès sont peut-être dus au caractère «pédagogique» de son activité de musicien qui s'adresse souvent au grand public. Son autorité lui a permis de s'imposer comme l'un des plus grands chefs contemporains.

Nombreux sont les autres grands chefs d'orchestre qui mériteraient également d'être traités ici. Malheureusement, devant l'ampleur du sujet, nous ne pouvons guère que les citer sans que cela diminue en quoi que ce soit leur prestige: Lorin Maazel, Claudio Abbado, Evgeni Mravinsky, Pierre Boulez, Bernard Haitink, Colin Davis, Sergiu Celibidache…

Les grands orchestres

On entend généralement par orchestre un ensemble d'instrumentistes numériquement réparti et ordonné par familles (cordes, bois, cuivres, percussions, etc.) dans lesquelles il existe la plupart du temps plusieurs instruments identiques. Cette formation est généralement dirigée par un chef d'orchestre.

Dès l'origine, le noyau orchestral fut constitué par les instruments à cordes; les relations entre ce noyau et les instruments à claviers (clavecin et orgue) prirent ensuite une importance particulière dès le XVIIe siècle et au début du XVIIIe siècle. A partir du milieu du XVIIIe siècle, avec notamment l'école de Mannheim, les familles des bois puis des cuivres (au XIXe siècle surtout) gagnèrent de plus en plus en présence et en autonomie. Il va sans dire que le perfectionnement technique des instruments eux-mêmes contribua grandement à cette évolution. Le XXe siècle se distingua surtout par la place nouvelle qu'il fit au groupe des percussions, incluant parfois le piano dans celles-ci.

Au cours du XVIIIe siècle et au début du XIXe, le répertoire de l'orchestre incluait principalement les auteurs des périodes préclassique et classique, ainsi que les premiers romantiques. Par ailleurs, les orchestres s'étaient «spécialisés» et accoutumés assez fréquemment à des styles très personnels, comme l'orchestre de cour des Esterházy, habitué au genre de compositions de son chef Joseph Haydn. En conséquence, on exigeait moins des musiciens d'orchestre à cette époque qu'au cours des périodes suivantes. A la fin du XIXe et au XXe siècle, les orchestres allaient en effet devoir affronter les styles les plus divers. Jusqu'à la seconde moitié du XVIIIe siècle, l'orchestre était une distraction de cour; mais au tournant du siècle, un public plus vaste se forma. Issu de la petite noblesse et de la bourgeoisie, il se substitua à la cour. Ce changement social entraîna la transformation de l'orchestre primitif en une formation de professionnels, tel qu'on la connaît actuellement. Les données que nous possédons sur les XVIIIe et XIXe siècles ne fournissent guère de renseignements précis concernant l'effectif des orchestres dans les concerts et autres manifestations musicales. Nous savons cependant que c'est avec l'apparition des dernières symphonies de Haydn (c'est-à-dire celles qui virent le jour à partir de 1791) que l'orchestre se vit assigner une disposition instrumentale typique. D'après l'instrumentation des partitions haydniennes, en plus du quatuor à cordes (comprenant la contrebasse qu'on lui avait ajoutée), l'orchestre était constitué de 2 flûtes, 2 hautbois, 2 clarinettes, 2 bassons, 2 cors, 2 trompettes et de timbales.

L'Orchestre du Concertgebouw (notre document montre la formation actuelle) donna son premier concert en 1888 sous la direction de Henri Viotta.

Cette formation instrumentale s'est élargie avec le temps. Dans sa *Symphonie héroïque*, Beethoven utilisa trois cors, puis quatre dans la *Neuvième*, en plus des deux trompettes. Dans le deuxième mouvement de cette ultime symphonie, il introduisit trois trombones et dans le dernier mouvement il ajouta le piccolo, le contrebasson, le triangle, les cymbales et la grosse caisse. Cette formation orchestrale demeura approximativement la même à l'époque de Schubert, Schumann et Brahms, lequel recourut néanmoins au tuba dans sa *Seconde Symphonie*. En 1843, dans son *Grand Traité d'instrumentation et d'orchestration modernes*, Berlioz dressa la liste de la formation orchestrale «idéale» selon lui: 21 premiers violons, 20 seconds violons, 18 altos, 15 violoncelles, 10 contrebasses, 4 harpes, 4 flûtes, 2 hautbois, 1 cor anglais, 2 clarinettes, 1 cor de basset (ou clarinette basse), 4 bassons, 4 cors, 2 trompettes, 2 cornets à piston, 3 trombones, 1 tuba basse, 1 ophicléide, 2 paires de timbales (avec 4 timbaliers), 1 grosse caisse et une paire de cymbales.

Une telle prolifération d'instruments à vent, bois et cuivres, exigeait en contrepartie une augmentation proportionnelle des cordes (voire même davantage encore si l'on tient compte du fait que certains compositeurs comme Bruckner et Mahler divisaient les groupes instrumentaux en plusieurs parties). Richard Strauss, Schönberg (dans les *Gurrelieder*) et Messiaen, par exemple, allèrent même jusqu'à exiger des effectifs encore plus importants pour l'interprétation de leurs œuvres.

Les grands orchestres contemporains

L'Orchestre Philharmonique de Berlin occupe une place de choix au sein des grandes formations orchestrales d'aujourd'hui. Il doit son existence à la libre association des musiciens indépendants qui, dès sa fondation en 1882, ont dû fournir un effort considérable pour obtenir cet ensemble parfait. Les débuts furent difficiles jusqu'en 1884, date à laquelle Karl Klindworth prit en main la direction de l'orchestre. Plusieurs compositeurs — Richard Strauss, Tchaïkovski, Grieg, Brahms — se succédèrent à la baguette en tant qu'invités. Sous la direction d'Arthur Nikisch, chef d'orchestre du Philharmonique pendant vingt-cinq ans (1897-1922), l'orchestre berlinois effectua de nombreuses tournées qui lui valurent sa réputation internationale. Succédant à Nikisch, décédé en 1922, Wilhelm Furtwängler fut nommé chef d'orchestre permanent et porta la formation au premier rang mondial. Il demeura à sa tête jusqu'en 1954, à l'exception d'une brève période d'après-guerre, au cours de laquelle il fut remplacé par Sergiu Celibidache. A sa mort, Fürtwangler fut remplacé par Herbert von Karajan, qui permit à l'orchestre de Berlin de confirmer l'autorité qu'il avait acquise.

La date de la fondation du Philharmonique de Vienne reste incertaine, mais semble remonter à 1842, année qui vit son premier concert sous la direction d'Otto Nicolai. La formation viennoise eut à sa tête les plus remarquables chefs d'orchestre du monde, comme Furtwängler, Knappertsbusch, Bruno Walter, Erich Kleiber, Karl Böhm, von Karjan, Kubelik, etc. De plus, il faut souligner que les Viennois ont toujours porté une grande estime à leur orchestre et que, de génération en génération, ils ont ainsi contribué sans relâche à son amélioration.

L'Orchestre Philharmonique de Leningrad a atteint, sous la direction d'Evgeni Mravinski, une perfection dans l'art du phrasé. Les exécutions tirent leur force extraordinaire d'une foi sans défaut dans les grandes œuvres du répertoire russe. Tous ceux qui ont assisté à des concerts donnés par cet ensemble ont loué la maîtrise avec laquelle cette formation orchestrale a su maintenir vivante la tradition grâce à une passion communicative.

L'Orchestre de Cleveland donna son premier concert en 1918 sous la direction de Nikolai Sokolov, qui resta son chef titulaire jusqu'en 1933. Cinq ans auparavant, grâce à un don d'un million de dollars de la part de la famille Severance, l'orchestre put enfin être doté d'une salle de concert digne de ce nom, laquelle reste l'une des plus belles à ce jour: le Severance Hall. La formation s'y produisit pour la première fois le 5 février 1931. De 1933 à 1943, l'ensemble fut dirigé par Arthur Rodzinski, auquel succédèrent Erich Leinsdorf et George Szell. Cleveland jouissait déjà d'un orchestre remarquable à l'arrivée de Szell, mais celui-ci en fit un ensemble symphonique sans égal et laissa un souvenir impérissable chez les musiciens. En 1972, Lorin Maazel lui succéda avec non moins de talent.

L'Orchestre Symphonique de Boston est généralement considéré comme l'«aristocrate des orchestres». Il fut fondé au printemps 1881 par le magnat et mélomane Henry Lee Higginson, qui le subventionna lui-même. Dans le contrat de fondation, Higginson exigea, entre autres, le prix modique des entrées, des concerts hebdomadaires pendant toute la saison, une musique de haut niveau et la responsabilité artistique du chef d'orchestre. Les premiers chefs de l'Orchestre Symphonique de Boston furent Henschel, Gericke et Nikisch, auxquels succédèrent Muck, Monteux, Koussevitski et Münch. De 1962 à 1972, Leinsdorf et Steinberg prirent sa direction, cédant ensuite la place au Japonnais Seiji Ozawa.

L'Orchestre du Concertgebouw d'Amsterdam donna son premier concert en 1888, dans une salle construite tout particulièrement à cet effet. Willem Mengelberg demeura à la tête de la célèbre formation entre 1895 et 1941. L'esprit de cet orchestre, ouvert à une musique nouvelle, conduisit Richard Strauss à se produire en Hollande en 1897 pour y donner son poème symphonique *Mort et Transfiguration*. Mahler dirigea lui aussi cet orchestre en faisant connaître sa *Quatrième Symphonie*. En 1920, Mengelberg organisa le premier des festivals dédiés à Mahler. Immédiatement après la fin de la guerre, Eduard van Beinum, chef d'orchestre adjoint depuis 1931, le remplaça à la baguette. Après sa mort, survenue en 1959, Eugen Jochum et Bernard Haitink se partagèrent la direction de ce prestigieux ensemble.

La voix
humaine

*Convenablement éduquée et travaillée,
la voix humaine peut devenir l'un des
instruments les plus merveilleux qui soient.*

Nature de la voix chantée

La voix, comme phénomène sonore physique, est définie par Johann Sundberg de la façon suivante: «Son complexe, formé d'une fréquence fondamentale (fixée par la fréquence de vibrations des ligaments vocaux) et d'un grand nombre d'harmoniques.» Ainsi, le son que nous appelons «voix», dans son aspect fondamental, est déterminé par la vibration des ligaments vocaux ou cordes vocales. Mais l'on peut se demander ce qui entraîne l'oscillation des cordes, de quelle façon elles vibrent, comment se produit, en définitive, le phénomène de la voix et, plus précisément, celui de la voix chantée.

La mécanique de la voix. L'effet décrit nécessite l'intervention de deux forces antagonistes: une colonne d'air ou une impulsion énergétique et une tension musculaire qui lui oppose une résistance mettant en œuvre une énergie correspondante. Cette impulsion est déterminée par l'activité des poumons, véritable moteur, et par le système musculaire, qui contribue à ce que les fonctions respiratoires s'effectuent correctement dans leur double aspect d'inspiration et d'expiration; sous la pression des muscles abdominaux et du diaphragme, l'expiration porte l'air (le souffle) à travers la trachée et lui fait heurter les deux cordes situées dans le larynx. La colonne d'air, convertie alors en son et amplifiée par la cage thoracique, monte par le pharynx, organe de résonance avec la cavité buccale et les fosses nasales, puis est articulée par les lèvres, la langue et le palais. A chaque organe correspond donc une fonction déterminée. Les poumons jouent un rôle moteur; le larynx entraîne la vibration-phonation; les cavités thoraciques, pharyngées et buccales, les fosses nasales jouent le rôle d'un amplificateur ou résonateur, et les éléments de la bouche servent à l'articulation finale de la voix. Dans son parcours vers l'extérieur, le son (ou fréquence fondamentale créée par la rapide vibration des cordes) va être enrichi par les harmoniques produits par les organes de résonance (complexes); ce sont eux qui, finalement, confèrent à la voix son aspect acoustique, sa particularité et son *timbre* déterminés.

L'organe de phonation-vibration. Dans le mécanisme de la phonation, le larynx joue un rôle essentiel, bien que sa fonction principale à l'intérieur de l'organisme soit d'ordre purement respiratoire. Selon les recherches effectuées par Négus, la phonation n'est en réalité qu'une adaptation fonctionnelle secondaire. Situé à la hauteur de la sixième vertèbre cervicale, entre la trachée et le pharynx, le larynx est un organe constitué de cartilages, de ligaments, de muscles et de muqueuses. Ses éléments fondamentaux dans le mécanisme de la phonation sont les cartilages thyroïdes et cricoïdes; ils forment une cavité à l'intérieur de laquelle on trouve la paire d'*aryténoïdes* dont la contraction et le relâchement entraînent la vibration des cordes qui y sont fixées. En dessous des cordes se situe la glotte, qui varie de forme et de volume en fonction de la position des cordes — qui sont soit écartées (inspiration) soit rapprochées (phonation).

La production de la voix chantée. Le mécanisme d'émission de la voix est donc régi par une grande diversité d'éléments. Le larynx est l'organe dans lequel est produit le son. Mais on peut alors se demander d'où provient exactement cet effet sonore, comment fonctionnent les cordes face à la pression de l'air. Les théories qui semblent actuellement les plus crédibles sont la *myoélastique* et la *neurochronaxique*. Venturini a bien montré que selon la première, l'origine de la vibration réside dans la rupture périodique de l'équilibre établi entre la tension des muscles adducteurs, déterminants pour la fermeture de la glotte, et la pression subglottique (produite par l'air qui force pour sortir). La vibration serait donc un phénomène d'ordre *élastique*. La seconde théorie nous apprend que la régulation du processus de vibrations des cordes se produit, coup par coup, à la suite d'impulsions provenant du système nerveux central. Ainsi, le son serait produit par l'air qui passe entre les ouvertures de la glotte par ces impulsions cérébrales et non pas par une vibration des cordes: il naîtrait d'un mécanisme que Regidor a rapproché de celui qui régit l'émission du son d'une sirène.

La théorie neurochronaxique semble aujourd'hui la plus séduisante, même si elle n'explique que partiellement le phénomène vocal et même si elle rejette les découvertes de la myoélastique ou d'autres théories (ventriculaire, muco-ondulatoire, etc.). Les chercheurs français Garde et Husson sont parmi ceux qui ont le plus contribué à l'expansion des recherches dans ce domaine complexe.

Regidor, ayant estimé et résumé les différentes théories, remarque que, dans certains cas, «sans un courant d'air ascendant il ne peut y avoir phonation», raison pour laquelle tous les mouvements, contractions et altérations du larynx seraient inutiles sans l'intervention de la colonne d'air.

Classification. Dans la voix chantée, de même que pour les autres sons, il faut distinguer la *hauteur* (nombre de vibrations par seconde ou

La formation d'un chanteur demande plusieurs années de travail méticuleux et persévérant, qui peut atteindre jusqu'à cinq ou six ans au moins pour un artiste complet. Ci-dessus: Chanteur, tableau du grand peintre vénitien Giorgione.

cycle), l'*intensité* (énergie dépensée par seconde) et le *timbre* (composantes en harmoniques).

Cette dernière qualité est celle qui définit fondamentalement un son. Il constitue, en réalité, le facteur selon lequel d'ordinaire on classe les différents types de voix. Husson décompose la notion de timbre en cinq qualités: couleur, volume, épaisseur, mordant et vibrato. Selon la couleur, les voix peuvent être claires ou obscures; pour le volume, petites ou denses; pour l'épaisseur, grosses ou minces;

le vibrato, pour sa part, aide à déterminer la qualité d'une voix, son plus ou moins grand appui, la correcte corrélation de ses fréquences.

Sans tenir compte d'autres critères de classification moins rigoureux (morphologiques, relatifs au tempérament, endocriniens, sexuels, etc.), la façon traditionnelle de réaliser une classification des différents types de voix s'appuyait sur les caractéristiques des timbres indiqués ci-dessus. On a établi actuellement les principaux types suivants: chez la femme, *soprano, mezzo-soprano* et *contralto*; chez l'homme, *ténor, baryton* et *basse*. Chacun d'eux, naturellement, admet une série de subdivisions, qu'on réalise à partir des mêmes critères.

Or, cette méthode de classification, avec laquelle on détermine de manière

Pour bien chanter, il est nécessaire de posséder une voix saine. Pour cela, le chanteur doit veiller au bon état et au bon fonctionnement de son appareil phonique et respiratoire et suivre régulièrement les conseils d'un spécialiste.

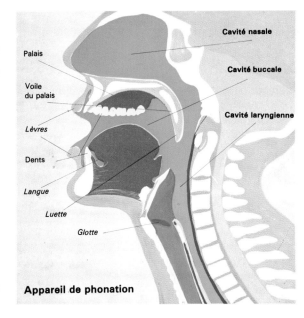

Appareil de phonation

Ci-dessous: une scène de l'opéra Don Giovanni, *de Mozart.*

subjective le caractère de chaque timbre, n'est pas exacte, bien qu'elle puisse être valable et utile dans la pratique. C'est ainsi que des chercheurs ont essayé de qualifier les voix selon une méthode qui offre l'exactitude nécessaire. Husson et Garde ont cru trouver la solution par l'intermédiaire de la *cronaxie du nerf récurrent.* Eclairons rapidement ces notions.

Le cerveau envoie ses impulsions, ses «messages», au larynx par l'intermédiaire de son nerf récurrent, qui se sépare du nerf vague pneumogastrique dans la région thoracique supérieure. Les décharges électriques, qui se répètent en fréquences de millièmes de seconde, provoquent l'activité des fibrilles des cartilages ariténoïdes et, par conséquent, celle des cordes voca-

les, qui se séparent et s'unissent extrêmement rapidement. Le temps que met chaque influx nerveux en parcourant un centimètre le long d'un axone (axe ou prolongement unique d'un neurone ou cellule cérébrale) est dénommé cronaxie. Entre chaque impulsion, le nerf demeure en repos pour un temps très bref, jusqu'à ce qu'il reçoive une autre décharge. En mesurant la fréquence des impulsions, on peut calculer l'excitabilité du nerf récurrent. On a découvert que cette durée, donnée en millièmes de seconde, est différente pour chaque type de voix. Pour mesurer la cronaxie, on utilise ce qu'on appelle un cronaximètre, ou table de Bourguignon. De cette façon, on a pu constituer un tableau dans lequel sont indiquées les

fréquences des voix humaines, en fixant une cronaxie de 0,170 pour la basse profonde et le contralto et, à l'autre extrémité, une cronaxie de 0,055 pour le soprano suraigu; on a établi de manière continue et proportionnelle le reste des cronaxies et tessitures correspondantes. Cela permet de déduire, comme l'indique Regidor, que «les catégories traditionnelles de classification ne fixent que des distinctions terminologiques et d'aucune manière des biotypes (qui n'existent pas)».

Le «pas» ou «passage» de la voix. Il s'agit d'un problème fondamental. Sa solution a exigé l'observation de toutes les écoles de chant à toutes les époques et sous toutes les latitudes. Regidor définit ce passage comme «un changement de position et de sensation dans l'émission vocale à partir d'une fréquence de son déterminée, dans un même registre». Pour obtenir l'homogénéité et la fusion des registres ou positions, la voix, qui dans les notes les plus graves de sa tessiture possède une résonance «de poitrine», doit passer, dans les aiguës (selon les fréquences de chaque type: normalement près de 425 à 500), à une résonance «de tête» afin d'éviter les sonorités ouvertes. Cela entraîne une modification de la position du larynx qui adopte une nouvelle disposition de ses mécanismes vibratoires. Il se produit ainsi ce qu'on appelle une «couverture à pleine voix», sans qu'intervienne le fausset (son non appuyé). C'est une découverte relativement récente que l'on peut considérer comme issue du romantisme, un effet qui n'appartient pas au bel canto le plus pur, le plus classique et le plus strict.

Les différents types vocaux : le ténor

La voix de ténor est la plus aiguë des voix d'homme. Ses cordes vocales mesurent généralement de 1,8 à 2,2 centimètres de longueur. Sa tessiture peut aller, approximativement, et selon chaque type de ténor, du $ré^2$ ou ut^2 au $ré^4$ ou ut^4. Le registre ou position de poitrine s'étend, plus ou moins, dans des conditions optimales, jusqu'au *fa* aigu *(fa³)*, à partir duquel se produit le passage. C'est précisément un ténor, le Français Gilbert Duprez (1806-1896), que l'on considère comme l'inventeur de la technique du passage, découverte en chantant le rôle extrêmement difficile d'Arnold dans le *Guillaume Tell* de Rossini. L'expérience déplut tellement au compositeur qu'il compara le son émis par le chanteur à celui d'un coq que l'on plumerait et il décida de confier l'interprétation de ce rôle à Louis Nourrit (1780-1831), exemple parfait de fausset dans la tradition du bel canto. Quoi qu'il en soit, Duprez surclassa également le fausset dans le registre supérieur.

La tessiture est la partie de l'étendue d'une voix dans laquelle celle-ci peut évoluer avec le maximum d'aisance, au mieux de ses possibilités. L'étendue est l'ensemble des notes que peut émettre une voix, avec plus ou moins de difficulté. Les chiffres qui se situent à côté de chaque note correspondent à la numérotation progressive par octaves en prenant comme référence le *la* du diapason ou *la³*, égal à 440 vibrations par seconde (qu'on mesure en cycles par seconde). Une même note, chantée juste par une voix féminine et masculine, a une octave de différence à l'actif de celle-là, conformément à son nombre de vibrations. Il en résulte que le *la³* de l'homme équivaut au *la⁵* de la femme.

Classification

A partir de la traditionnelle division en *léger, lyrique* et *dramatique,* on peut en faire actuellement une autre, plus ample et détaillée.

Léger. C'est la voix la plus aiguë ; voix aisée et aérienne mais aussi la plus faible et dépourvue de mordant. Son timbre, même à pleine voix, est parfois presque neutre. En lui se combinent et même se confondent les émissions à pleine voix de tête, de fausset et de fausset renforcé. Elle n'est pas nécessairement étendue, mais elle convient

parfaitement aux vocalises. Le passage semble situé près du *fa-fa dièse³.* On a donné également en Italie à ce type de ténor le nom de *tenore di grazia,* quoique cette qualification puisse correspondre en réalité à d'autres types de voix de ténor. Un ténor «de charme» (c'est-à-dire, avec une maîtrise du chant léger, des *sfumature* ou des nuances) ne doit pas être obligatoirement *léger,* mais il peut être également *lyrico-léger* ou même tout à fait *lyrique,* types qu'on étudie ci-après. Un exemple caractéristique de rôle pour ténor léger, qui doit être en

Sur cette page, deux fameux ténors lyriques espagnols, tous deux excellents interprètes du répertoire de l'opéra italien. Ci-dessus : le Roncalais Julián Gayarre. Ci-dessous : le Barcelonais José Carreras.

l'occurrence *di grazia,* est le Nemorino de *L'Elixir d'Amour,* de Donizetti. Tito Schipa fut un remarquable ténor léger.

Lyrico-léger. Voix très proche de la précédente, mais dotée d'une plus grande consistance, surtout dans la zone grave, et d'une plus grande puissance dans l'aigu. Le ténor lyrico-léger a d'ordinaire l'amplitude et la prestance du lyrique dans la zone inférieure et, en particulier, dans le médium, dans le registre appelé moyen, ainsi que l'agilité et la légèreté, l'aisance du léger dans la zone supérieure. Généralement, il possède non seulement une plus grande puissance dans ce registre supérieur, mais également une plus grande étendue. Le passage est également situé près du *fa.* Ce type de voix est idéalement adapté aux exigences vocales des rôles de Ferrando de *Così fan tutte,* d'Ottavio de *Don Giovanni* ou de Tamino de *La Flûte enchantée,* du baron des Grieux de *Manon* ou du duc de Mantoue de *Rigoletto.*

Lyrique. C'est la voix de ténor la plus courante, celle qui témoigne en principe d'un meilleur équilibre entre les différents registres ; la continuité de l'un à l'autre est plus facilement réalisée et la voix possède ainsi une plus grande homogénéité. Le médium est ample et l'aigu offre un éclat et une vibration insurpassables. C'est certainement le type de voix qui offre le maximum de possibilités quant au répertoire, puisqu'il convient aussi bien dans le domaine lyrico-léger que léger, voire dramatique. Un véritable lyrique, ayant l'étendue et l'aisance nécessaires aux ornementations, ainsi qu'une bonne connaissance du style (caractéristiques qui ne sont pas toujours réunies dans ce type vocal), conviendrait mieux dans le rôle d'Arturo des *Puritains* qu'un lyrico-léger ou un léger. Le célèbre Giovanni Rubini (1794-1854) et, très probablement, l'espagnol Julián Gayarre (1844-1890), durent être des ténors lyriques dotés d'une grande souplesse dans le registre aigu. Les rôles du ténor dit *lyrique* sont également très abondants. Dans le répertoire allemand, nous pouvons citer celui de Max dans le *Freischütz ;* dans le français, celui de Roméo de *Roméo et Juliette ;* dans l'italien, celui de Rodolfo, de *La Bohème,* qui requiert un mordant déjà assez considérable. Benjamino Gigli a été dans notre siècle un exemple de lyrique pur.

Francesco Tamagno, qui créa plusieurs opéras de Verdi, notamment Otello. On le voit ci-dessus dans la dernière scène de cet opéra, le jour de sa création.

Jon Vickers, l'un des plus grands ténors dramatiques de ces dernières années, dans une scène de L'incoronazione di Poppea, de Monteverdi (en compagnie de Gwyneth Jones).

«Spinto». Le terme *spinto* revêt en italien, littéralement, le sens d'«aidé», «poussé». On pourrait le traduire par «renforcé». Ainsi, un ténor *spinto* serait un lyrique «renforcé», possédant donc plus de corps et de consistance, une voix située à mi-chemin entre le lyrique pur et le dramatique. Une voix qu'on pourrait définir, de ce point de vue, comme *lyrico-dramatique.* Mais nombreuses sont les nuances et il faudrait apporter plusieurs précisions à ce sujet. Il existe en premier lieu, des voix lyrico-*spinto,* voix lyriques à l'origine et qui ont gagné en ampleur et en caractère au cours du temps. C'est le cas notamment de Giacomo Lauri-Volpi, ténor très lyrique à ses débuts (chantant des rôles *di grazia*), mais dont le répertoire s'est élargi progressivement au cours de sa carrière, à tel point qu'il en vint même à interpréter *Otello.* Cette dénomination peut de nos jours s'appliquer à Placido Domingo, bien qu'il reste lyrique dans son registre supérieur. A titre d'exemple de ce type vocal, on peut citer la partie de Cavaradossi dans *Tosca,* quoiqu'elle puisse parfaitement être interprétée par une simple voix lyrique. La voix de ténor *spinto* pur peut également être qualifiée de lyrico-dramatique. C'est le cas de Radamès dans *Aïda,* de Pollione dans *Norma* ou encore de Manrico dans *Le Trouvère.* La classification de ces voix obéit essentiellement à un critère subjectif, reposant en particulier sur le timbre et sur la puissance. Ces voix sont bien plus obscures, possè-

dent un important registre de poitrine et sont dotées d'un authentique *squillo* (vibration, intensité, sonorité) dans le registre aigu. Citons à titre d'exemple le légendaire Leo Slezak (1873-1946), bien qu'il fût un ténor aux possibilités beaucoup plus larges: son répertoire allait en effet du lyrico-léger jusqu'au dramatique; Franco Corelli est également à classer dans cette catégorie, de même que Carlo Bergonzi, mais seulement pour la couleur de sa voix.

Dramatique. Il s'agit de la voix dont la couleur est la plus sombre et, généralement, celle dont le volume et la puissance sont les plus importants parmi les voix de ténor. Le passage s'y situe vers le *mi³,* ce qui d'une certaine manière l'apparente à la structure vocale d'un baryton lyrique (sans pour autant que celui-ci puisse s'approcher du caractère de celui-là). En Italie, on l'appelle également ténor *di forza.* Voix robuste, puissante, elle manque fréquemment d'habileté dans la réalisation d'effets à voix basse ou pour «filer» (enfler ou diminuer insensiblement) un son. Son étendue n'est d'ordinaire pas excessive: elle atteint difficilement l'*ut⁴* et se trouve très à l'aise dans les phrases amples situées dans le registre moyen ou le premier aigu. Au sein du répertoire italien, on cite traditionnellement comme exemple classique de ce type vocal celui d'Otello, qui reste lié au nom du chanteur qui le créa: Francesco Tamagno (1850-1905); considéré comme le plus grand ténor *di forza* de l'époque, il était doté d'une puissance hors du commun dans l'aigu (bien qu'il ne possédât pas assez de nuances dans le lyrique pour effectuer une interprétation complète du personnage verdien).

Au cours de notre siècle, dans le domaine italien, un nom se détache plus particulièrement dans cette catégorie: celui de Mario del Monaco. Il faut également citer celui du célèbre Enrico Caruso (1873-1921), voix somptueuse, qu'on ne peut toutefois pas assimiler sans autre à ce type vocal, mais plutôt à celui des *spinto.*

Le ténor dramatique joue un rôle très important dans le répertoire allemand, où on le dénomme *Heldentenor.* Le Bacchus d'*Ariane à Naxos* ou le Huon d'*Obéron* sont des rôles typiques pour ce genre de voix. La voix du ténor wagnérien, *Wagnerheldentenor,* en est une variante. Il s'agit d'un ténor possédant les caractéristiques indiquées ci-dessus, mais doté en outre d'une plus grande amplitude, et doté de plus de vigueur et de résistance (l'étendue n'étant pas plus large). Son volume et sa puissance doivent être considérables, car il doit affronter un orchestre très imposant. Les rôles de Siegfried, Tannhäuser ou Tristan relèvent tout à fait de ce type vocal. Citons, parmi les plus grands ténors wagnériens, Carl Burrian (1870-1924), Erik Schmedes (1866-1931), Max Lorenz (1901-1975) et, enfin, le grand Lauritz Melchior (1890-1974), probablement la plus belle voix wagnérienne du siècle, ample, timbrée, souple et étendue. Il faut mentionner également Wolfgang Windgassen (1914-1974), ainsi que Jon Vickers, brillant représentant de ce type de voix alors que celle-ci se fait rare de nos jours.

Basse et baryton

Ces deux types de voix sont parfois confondues, alors qu'il existe une énorme différence de timbre et de tessiture entre une basse profonde et un baryton lyrique. Chez la basse, les cordes vocales mesurent environ 2,4 à 2,5 centimètres; chez le baryton, de 2,2 à 2,4 centimètres. Chez les basses prévaut surtout le registre de poitrine, où la voix, appuyée sur la cage thoracique, peut déployer les sonorités les plus graves. Le passage se produit souvent vers le *ré bémol³*, même si la projection à la tête, l'amplification du son, est en général fort limitée par des problèmes de tessiture. Pour cela, les résonances sont fréquemment recherchées dans les cavités pharyngiennes ou nasales. Sa tessiture moyenne couvre d'ordinaire du *ré¹* au *sol³*. La voix de baryton pur (dramatique ou lyrique) dont le passage se situe au *mi bémol³* possède une structure et une faculté d'émission et de position analogues à celles du ténor, même si les registres grave et moyen sont plus importants, plus sonores et plus étendus. Quoi qu'il en soit, une bonne voix de baryton, dont la tessiture moyenne peut aller du *fa¹* au *la³*, doit atteindre avec une certaine aisance au moins le *fa³* et le *sol³*.

Au début, il n'existait pratiquement pas de différence entre ce que nous entendons par voix de basse et de baryton. Leur timbre et leur tessiture furent assimilés pendant de nombreuses années et les compositeurs n'établissaient pas de réelle différence entre l'une et l'autre. Bach, par exemple, écrivit pour ses cantates et ses passions une partie destinée à la voix masculine la plus grave, la voix «basse». En assignant aujourd'hui les parties à des voix plus sombres (basses) ou plus claires (baryton), on obéit à des critères typologiques. Mozart fut l'un des premiers à différencier dans ses opéras les basses profondes, dramatiques (Sarastro) ou bouffes (Osmin), des barytons (Papageno); il était souvent motivé par le type de voix dont il pouvait disposer.

Classification
Basse profonde. Il s'agit de la voix la plus grave et la plus «rocailleuse». Appelée également basse «noire», elle est dotée d'une consistance et d'une amplitude très grandes dans la zone grave moyenne. Son étendue est d'ailleurs telle que très souvent elle ne parvient pas à la zone de passage. Lorsque le chanteur doit réaliser le changement à la position de tête, n'y étant pas habitué, il n'effectue pas la projection correspondante. C'est dans le répertoire allemand que les rôles de basse profonde sont les plus courants. Nous avons déjà cité celui de Sarastro dans *La Flûte enchantée* et celui d'Osmin dans *L'Enlèvement au Sérail,* avec des descentes jusqu'au *mi¹* ou *fa¹*. Parmi d'autres rôles caractéristiques, rappelons celui de Hunding dans *La Walkyrie,* de l'Ermite dans le *Freischütz* et de Ochs dans *Le Chevalier à la Rose,* qui possède, comme Osmin, un solide caractère bouffe. Il s'agit de la voix la plus grave, dénommée par les Allemands *tiefer Bass.* Relèvent de cette catégorie Ivar Andrésen (1896-1940) ou encore l'Allemand Kipnis, capables d'aborder également un répertoire réservé d'habitude à la basse chantante étant donné les moyens dont ils disposent. C'est le cas aussi de voix plus récentes comme les Allemands Ludwig Weber, Joseph Greindl et Gottlob Frick. Dans le répertoire russe, où les voix de basse sont les plus nombreuses, il faut signaler la partie de Pimen, qui exige une basse authentiquement profonde, non parce qu'elle descend extrêmement bas, mais par la façon dont est traitée toute la tessiture. Dans le domaine italien, où rares sont les rôles prévus pour des voix aussi graves, il faut mentionner le rôle de Ramphis dans *Aïda* ou encore celui de Sparafucile dans *Rigoletto.*

Basse chantante. Il s'agit de la voix la plus commune et la plus reconnaissable; elle convient donc à un grand nombre de rôles, depuis ceux conçus pour de véritables basses jusqu'à ceux écrits pour baryton (comme l'Escamillo de *Carmen).* On doit ranger dans cette catégorie les voix de basse *centrales,* avec une relative solidité dans le grave mais avec une grande amplitude dans le registre moyen, ainsi que les *aiguës* ou *lyriques.* On voit donc que la catégorie de basse chantante rassemble une grande diversité de voix importantes, plus ou moins à l'aise dans les basses et les aigus et plus ou moins amples dans le registre moyen. Ce type vocal se caractérise dans chaque cas par la rondeur, l'équilibre et l'unité entre les différents registres; en effet les parties

dans lesquelles ils doivent intervenir requièrent généralement ce genre de qualités. Il n'est que de rappeler, dans le répertoire italien, le rôle du Padre Guardiano dans *La Force du Destin* ou, plus particulièrement, celui de Philippe II dans *Don Carlos.* Ces personnages sont des rôles très riches, qui montent fréquemment au registre supérieur — limite de nombreuses voix graves — et qui requièrent une continuité du chant ainsi qu'un legato dans le phrasé que toutes les voix de basse ne peuvent atteindre. Les principaux rôles du répertoire français sont confiés eux aussi à des basses chantantes, comme le Méphisto de *Faust.* C'est le cas également pour les deux grands rôles de l'opéra russe: le Boris de *Boris Godounov* et le Dositheus de *Khovantchina.* Le légendaire Feodor Chaliapine (1873-1938) créa toute l'école moderne russe de basses chantantes. Le Bulgare Boris Christov, grand interprète des œuvres russes, est lui aussi un illustre représentant de ce type de voix.

Ci-dessus: une scène de Nabucco, l'un des rares opéras où Giuseppe Verdi réserva le rôle principal au baryton. A gauche: costume qu'Alfred Roller réalisa pour le baron Ochs du Chevalier à la Rose, rôle typique de basse profonde. A droite: la célèbre basse russe, Feodor Chaliapine (1873-1938), portraituré dans le rôle de Boris Godounov.

Baryton dramatique. De timbre obscur, il est parfois très proche de celui de la basse-chantante dans certains emplois. On le nomme également *baryton-basse* ou *baryton héroïque.* C'est une voix puissante, généralement sombre, très ample dans le registre inférieur et dotée de mordant dans le supérieur; le volume de cette voix est souvent important. Un exemple très caractéristique de rôle où ce type de voix est exigé nous est offert par celui de Wotan, principal protagoniste de la Tétralogie wagnérienne, qui doit monter depuis le *la bémol*[1] jusqu'au *fa*[3]. D'autres personnages de Wagner, comme le Sachs des *Maîtres Chanteurs* ou le Hollandais du *Vaisseau fantôme,* ressortissent à ce type vocal. On peut citer ici comme exemples de barytons dramatiques ou barytons-basses, des interprètes tels que Friedrich Schorr, Ferdinand Frantz et, plus récemment, Hans Hotter et Theo Adam. Dans le répertoire italien, où les exigences relatives à la puissance et au volume vocal sont moindres, on peut quand même trouver des rôles de baryton dramatique, notamment le Barnaba de *La Gioconda,* l'Amonasro d'*Aïda* ou le Scarpia de *Tosca.*

Baryton lyrique. De timbre très clair, plus légère et avec moins de caractère que la précédente, mais plus souple dans les passages ornés, c'est la voix caractéristique de l'écriture romantique de Bellini, de Donizetti et du premier Verdi. Il en est ainsi plus particulièrement du répertoire italien où les grands rôles dramatiques sont souvent interprétés par des voix de ce type qui eurent leurs plus grands représentants avec des barytons comme Antonio Tamburini (1800-1876) ou Mattia Battistini (1865-1928); voix lumineuses, parfaitement placées, d'émission légère et d'une grande aisance dans la coloratur. Citons aussi Mario Sammarco (1868-1930) et Giuseppe de Luca (1876-1950) dont les belles voix sont toutefois plus rondes et plus proches du baryton proprement dit que les précédentes. Les rôles de Riccardo dans *I Puritani,* d'Enrico dans *Lucia di Lamermoor,* de Germont dans *La Traviata* requièrent la participation de ce type de chanteur que réclame aussi le répertoire français avec Valentin *(Faust).* On appelle souvent en Italie un baryton «brillant», le lyrique qui est doté d'une grande facilité dans les *fioriture* et dont le timbre est manifestement plus léger.

Celui que l'on nomme en Allemagne *Spielbariton* pourrait être comparé à un baryton dont le volume et les graves s'apparentent à ceux d'une basse-chantante, mais dont le phrasé est clair et souple; il s'agit en outre d'une voix agile dans le registre supérieur. Le Don Giovanni ou le Figaro des *Noces* nécessitent ce type de voix. Les Français nomment *baryton Martin* une voix très lyrique, proche de celle du ténor. Ce nom provient du baryton français Jean-Blaise Martin. C'est une voix très à l'aise dans la partie de Pelléas, avec une étendue du *ut*[2] au *la*[3].

117

Soprano

C'est la voix de femme la plus aiguë. Comme celle du mezzo-soprano ou du contralto, elle se produit essentiellement en régime *biphasé,* à l'inverse des voix de ténor, de basse ou de baryton qui agissent en régime *monophasé.* Cette qualification provient du type de réponse du larynx aux stimulations du nerf récurrent, conformément aux résultats de la méthode neurochronaxique. Appliquée à la voix, cette dernière démontre clairement que si le nombre d'influx (de «messages» envoyés par l'écorce cérébrale) ne dépasse pas les 450 à 500 par seconde (fréquence qui correspond approximativement au *ut⁴* des ténors), le régime sera monophasé. Les fibrilles du muscle thyroaritéñoïde interne se contractent alors «en même temps et tirent, par conséquent, simultanément de leurs insertions contenues dans le bord libre des cordes vocales». C'est ainsi que se produit la voix de poitrine aussi bien chez l'homme que chez la femme. Lorsque la fréquence de ces influx dépasse les chiffres indiqués, les fibrilles du thyroaritéñoïde interne se trouvent presque complètement aplatis; le phénomène de la vibration devient donc impossible et il se produit un déphasage entre l'excitabilité et les fibrilles laryngiennes. Ainsi, chaque influx ne contracte à peu près que la moitié des fibrilles; l'autre moitié le sera à l'impulsion suivante. Les fibrilles musculaires du larynx se divisent ainsi en deux groupes qui répondent à tour de rôle *une fois sur deux.* C'est pourquoi la voix de tête des femmes — ainsi que celle de fausset des hommes — travaille en régime *biphasé* alors que l'extrême limite aiguë, s'obtient dans les voix de poitrine lorsque chaque groupe d'axones (partie filamenteuse des cellules cérébrales) atteint la fréquence de 450 à 500, dans la voix de tête chez les femmes elle se produit à la fréquence de 900 à 1000.

Les cordes vocales de la voix soprano mesurent généralement de 1,4 à 1,9 centimètre et la fréquence optimale de passage se trouve située entre le *mi⁴* et le *fa⁴.* Ce que l'on appelle zone de passage pose d'ailleurs moins de difficultés pour la voix féminine que masculine, et cela en raison du caractère d'euphonie ou de la sonorité de tête, qui procure une émission plus «nuancée». C'est-à-dire que la femme «couvre» le son plus naturellement et avec plus d'aisance que l'homme (en chantant au niveau de son fondamental laryngé, comme l'indique Lopez Temperan).

Une autre caractérisitque de la voix féminine, et plus particulièrement de celle de soprano, réside dans la possibilité d'émettre aisément des sons flûtés (le fameux *flautato* des anciens chanteurs de bel canto). Cet effet, de caractère d'ailleurs plus instrumental que vocal, a surtout été utilisé par les sopranos, non seulement légers, mais aussi dramatiques. Tarneaud décrit de la façon suivante les phénomènes physiologiques qui se produisent lors d'une émission flûtée: «Les cordes vocales acquièrent une tension particulière, mais ne semblent pas animées de vibrations manifestes et laissent passer l'air de la même façon que les lèvres pendant que l'on siffle.»

L'étendue d'une voix de soprano est très variable. Certaines tessitures couvrent avec beaucoup d'aisance un long intervalle compris entre le *ut⁵* et le *fa⁵.*

Classification. La voix de soprano permet une classification analogue à celle du ténor. A la traditionnelle division en *soprano léger, soprano lyrique* et *soprano dramatique,* on peut ajouter le *soprano lyrico-léger,* le *soprano lyrico-spinto* et le *soprano lyrico-dramatique.*

Adelina Patti, chanteuse lyrique italienne qui ouvrit l'ère du soprano-coloratura.

Léger. C'est la voix la plus aiguë, brillant presque exclusivement dans le registre de tête. Elle est de volume réduit mais très étendue et s'illustre par sa virtuosité. Le passage se situant près du *fa dièse⁴* (équivalent au *fa dièse³* du ténor), c'est un type vocal qui a souvent été mal employé. On l'a utilisé fréquemment en raison de son aisance dans le registre aigu et suraigu, pour interpréter des rôles dont l'écriture et le caractère requéraient en fait un autre type de voix, d'une force et d'une densité plus grandes. C'est le cas du rôle de la Reine de la Nuit dans *La Flûte enchantée,* dont l'interprétation idéale nécessite un soprano dramatique qui soit apte aux vocalises. Des rôles classiques de soprano léger sont confiés par exemple à Norina de *Don Pasquale* ou à Despina de *Così fan tutte.* La traditionnelle *Soubrette* du répertoire français, à laquelle on assigne presque toujours des rôles de domestique, illustre également cette voix. L'histoire du chant a révélé de célèbres sopranos légers, notamment Luisa Tetrazzini (1871-1940) et Amelita Galli-Curci (v. 1881-1963). Par la suite, d'autres noms sont devenus célèbres: Erika Köth, Roberta Peters et Mady Mesplé.

Lyrico-léger. Dotée de plus d'amplitude dans les cavités de résonance et de plus de caractère, la voix lyrico-légère possède une plus grande faculté expressive, ainsi qu'une remarquable aisance pour l'ornementation et les *fioriture,* ce qui lui permet de chanter avec beaucoup de caractère et d'intensité des rôles tout à fait légers. Amina de *La Somnambule* appartient à cette catégorie, quoiqu'elle acquiert plus de relief et de nuances si elle est interprétée par une voix ayant plus de volume et dotée d'une grande souplesse. Parmi les grands sopranos-légers de l'histoire, citons tout d'abord Adelina Patti (1843-1919), voix très pure, chaude et sensible, servie par une technique prodigieuse, qui inaugura l'ère du soprano-coloratura. Nellie Melba (1861-1931) fut également à ses débuts une lyrico-légère, quoiqu'elle ait ensuite évolué vers le lyrique. La Brésilienne Bidu Sayão possède une voix lyrico-légère que nous pourrions qualifier de «pure», celle-ci étant toutefois d'étendue assez faible. Actuellement, la voix de Lucia Popp correspond bien à cette catégorie.

Renata Tebaldi, soprano lyrique à ses débuts, devint par la suite lyrique-spinto.

Lyrique. C'est le type de voix le plus commun même s'il est rare d'en rencontrer de véritablement «pur» (comme d'ailleurs dans le cas de n'importe quel type de voix). Qualifiée par les Français «de moyen caractère», elle possède en général un timbre chaud et expressif, un bon équilibre entre les registres et suffisamment de volume. Il existe dans le répertoire italien un rôle qui ne peut être interprété que par un soprano lyrique, celui de Mimi dans *La Bohème*. Dans le répertoire allemand, Agathe dans le *Freischütz* ou Eva dans *Les Maîtres Chanteurs de Nuremberg* en sont deux bons exemples; pour le répertoire français, on peut citer les rôles de Juliette, dans *Roméo et Juliette* et de Marguerite dans *Faust*. Renata Tebaldi à ses débuts, pendant les années quarante, était un soprano typiquement lyrique, comme le sont actuellement Mirella Freni ou Elisabeth Grümmer.

Lyrique-spinto. Le timbre est dans cette catégorie plus pénétrant, plus mordant que celui du soprano lyrique; il a davantage d'épaisseur et l'accent est doté d'une plus grande intensité. Le volume sonore est important. Cette voix interprète les rôles d'Adriana, dans *Adriana Lecouvreur,* de Desdemona, dans *Otello* et de Butterfly dans *Madame Butterfly.* On peut également classer dans cette catégorie certains rôles belcantistes romantiques interprétés généralement par des voix de sopranos lyriques-légers ou légers. On trouve des exemples caractéristiques dans deux opéras de Bellini: La *Somnambule,* déjà cité, et plus particulièrement *Les Puritains* (créé par la voix

ample et remarquable de Giuditta Pasta). Il en est de même pour quelques œuvres de Donizetti: *Anna Bolena, Lucrezia Borgia,* etc. On pourrait qualifier de lyrique-spinto la voix de Renata Tebaldi dans la deuxième période de sa carrière, celle de Montserrat Caballé et celle d'Elisabeth Schwarzkopf, qui interpréta dans sa maturité les rôles mozartiens de Dona Elvira dans *Don Giovanni,* de Fiordiligi dans *Così fan tutte* et de la Comtesse dans *Les Noces de Figaro.*

Lyrique-dramatique. On pourrait également définir cette catégorie par *spinto* tout court. Très proche de la voix précédente antérieuré et souvent confondue avec elle, elle s'en distingue en réalité par un degré supplémentaire dans chacune de ses caractéristiques. Elle a plus d'allure et de mordant, elle est plus solide dans les graves et *squillo* dans les aigus. Les

Ci-dessus: Maria Callas, l'un des meilleurs sopranos dramatiques de ces derniers temps.

rôles de Tosca et d'Aïda appartiennent à cette catégorie, qu'illustrent les voix de Zinka Milanov et de Leontyne Price.

Dramatique. Le timbre est ici assez sombre, surtout dans l'octave inférieure, proche par sa couleur de celui du mezzo, doté d'un puissant registre de poitrine. L'aigu est vibrant, mordant, caractérisé par une sonorité métallique particulière. Il s'agit d'une catégorie qui n'est pas très courante parmi les voix latines et qui apparaît plus fréquemment chez les voix nordiques ou anglo-saxonnes. Les exemples les plus typiques de rôles purement dramatiques pour soprano nous sont donnés par Richard Wagner avec Brünnhilde dans la Tétralogie et Isolde dans *Tristan et Isolde,* et par Richard Strauss avec *Electra,* rôles qui exigent de la cantatrice un effort soutenu et continu dans tous les registres. Par leur nature même, les voix dramatiques féminines sont généralement un peu «pesantes», inhabiles à la coloratur. Il y eut toutefois quelques cas isolés où le caractère dramatique et l'agilité étaient réunis, formant (l'étrange) catégorie des voix dramatiques d'agilité. On peut citer comme exemples de ce type Isabella Colbran (1785-1845), Rosa Ponselle (1897-1981) et, dans une certaine mesure, Maria Callas (1923-1975) et Leyla Genar; ces deux dernières pourraient être qualifiées de «multiples», capables d'interpréter le répertoire lyrique ou lyrique-léger de coloratur. Les rôles qui exigent un soprano dramatique d'agilité sont ceux d'Armide (dans *Armide* de Rossini), de la Reine de la Nuit dans *La Flûte enchantée,* d'Elvire dans *Hernani* et d'Abigail dans *Nabucco.*

Ci-dessous: le soprano espagnol Montserrat Caballé dans une scène de Norma, de Bellini.

Mezzo-soprano, contralto et autres types de voix

Le mezzo-soprano et le contralto sont les voix féminines les plus graves. Leurs caractéristiques s'apparentent beaucoup: importance du registre inférieur, avec de très robustes résonances de poitrine. L'étendue et le timbre, plus ou moins sombre, sont les éléments qui permettent de les différencier. La relation qui s'établit entre elles est similaire à celle qui existe entre les voix de basse et de baryton.

Le mezzo possède généralement des cordes vocales longues de 1,8 à 2,1 centimètres. Le passage se situe en *ré⁴*. L'étendue possible de cette voix va de *sol² à ut⁵, bien que rarement un mezzo authentique surpasse le si bémol ou le si naturel⁴.* Le contralto, qui en principe pourrait aller de *mi² à la⁴,* surpasse difficilement le *sol.* La longueur de ses cordes vocales oscille entre 1,8 et 1,9 centimètre et le passage se produit aux alentours du *ut dièse.* Comme c'est le cas des sopranos et des ténors dramatiques, ces deux types de voix deviennent de plus en plus rares. Il est aujourd'hui fréquent de voir d'authentiques sopranos interpréter des rôles de mezzo-sopranos, et ces derniers interpréter des partitions destinées à un contralto.

Classification des mezzo-sopranos.

On distingue fondamentalement les mezzo-sopranos lyriques des mezzo-sopranos dramatiques selon la couleur, l'intensité et l'étendue.

Lyrique. Il est très proche du soprano, et son passage s'effectue habituellement en *mi⁴.* Ce type de voix est doté d'une grande flexibilité et produit avec aisance des sons flûtés; en général, l'aigu est vibrant et puissant. C'est une voix de ce type qui habituellement interprète le rôle d'Adalgisa, dans *Norma* (en réalité, Bellini l'avait écrit pour un soprano: Giulia Grisi); si l'opéra est chanté dans le ton, le mezzo-soprano est obligé de monter jusqu'au *ut suraigu (ut⁵).* Il existe une variante de cette voix, le *mezzo acuto,* dont le timbre est plus brillant et l'émission plus aérienne, plus proche du soprano que la précédente. Le mezzo-soprano lyrique se caractérise par sa maîtrise de la vocalise et son répertoire appartient essentiellement au XVIIIᵉ siècle et aux débuts du XIXᵉ siè-

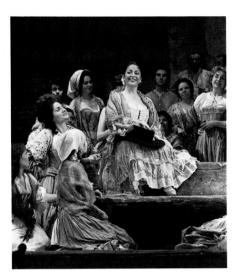

Le mezzo-soprano Teresa Berganza dans une scène de Carmen, *opéra de Georges Bizet (1838-1875).*

cle. Les Espagnoles Conchita Supervia (1895-1936) et Teresa Berganza constituent des exemples remarquables de ce type de voix. Pour la catégorie des voix de mezzo-soprano et parfois de contralto, le répertoire des XVIIᵉ et XVIIIᵉ siècles prend une grande importance puisqu'il était destiné aux voix de castrat. Avec leur disparition, les parties qui leur étaient dévolues passèrent, en raison de la tessiture, aux mezzos ou aux contraltos. C'est le cas par exemple de la partie d'Orphée (*Orphée et Eurydice,* de Glück), créé en 1762 par le castrat Gaetano Guadagni, et que Berlioz réajusta en 1859 pour le mezzo-soprano Pauline Viardet, sœur de Maria Malibran et fille de Manuel Garcia, le fameux ténor et pédagogue espagnol. Les opéras et oratorios de Haendel comptent également de nombreuses parties destinées à ce type de voix et qu'interprètent aujourd'hui des mezzo-sopranos ou des contraltos. On peut citer deux rôles classiques appartenant au répertoire du mezzo-soprano lyrique ou du mezzo-soprano *acuto:* Chérubin, dans *Les Noces de Figaro* et Octavien dans *Le Chevalier à la Rose.*

Dramatique. Ce type de voix est doté d'un timbre plus sombre et plus épais, et le passage s'effectue aux alentours du *ré dièse⁴;* elle possède davantage de mordant et de vigueur. C'est la voix caractéristique d'Amneris dans *Aïda,*

de Laura dans *La Gioconda* et d'Azucena dans *Le Trouvère.* Ces rôles exigent une voix ample et puissante, solide dans les graves, sûre dans les aigus. Dans le répertoire allemand, on ne rencontre généralement pas de rôles clairement destinés à ce type de voix; y sont en revanche assez communes les parties prévues pour une typologie vocale moins déterminée, pour des organes situés à la limite entre le mezzo-soprano et le soprano, tous deux de teintes dramatiques. On pense par exemple aux rôles d'Ortrude *(Lohengrin),* de Vénus *(Tannhäuser)* ou de Kundry *(Parsifal),* tous wagnériens. Parfois, les mezzo-sopranos authentiques rencontrent des difficultés à servir l'écriture de ces partitions; pour cette raison, il est fréquent de voir intervenir les sopranos, quand ils possèdent une densité vocale suffisante et une fermeté éprouvée dans la zone grave. Le dilemme se pose généralement pour les mezzo-sopranos qui pourraient satisfaire les exigences dans l'aigu ou phraser avec aisance dans le passage, mais qui ne possèdent pas une densité vocale dramatique suffisante. Ainsi, de typiques Brünnhilde *(La Walkyrie, Siegfried)* peuvent chanter le rôle de Kundry. Nous pensons par exemple à Lilli Lehmann (1848-1929), à Kirsten Flagstad (1895-1962) et, pour l'actualité, à Birgit Nilsson, bien qu'il faille établir de sérieuses nuances sur le plan vocal-expressif.

Le soprano norvégien Kirsten Flagstad dans le rôle d'Isolde, de Tristan et Isolde, *de Wagner.*

Contralto. Il est difficile d'établir un type quelconque de subdivision parmi les contraltos. Il s'agit d'une voix très caractéristique qui, en principe, si elle est pure, ne laisse aucun doute quant à sa nature. La sonorité ample et grasse de cette voix, ainsi que son timbre sombre, lui confèrent une profonde originalité. La grande Kathleen Ferrier (1912-1953), capable d'exprimer le lyrisme le plus tendre et l'intensité dramatique la plus forte, fut sans doute l'un des derniers véritables contraltos. Aussi n'a-t-elle eu que peu de rivales dans le domaine de l'oratorio et dans celui du *lied*. La littérature wagnérienne contient plusieurs rôles qui exigeraient une voix de contralto pour acquérir leur véritable dimension: Erda ou Waltraute, toutes deux dans la Tétralogie. La meilleure interprétation de Clytemnestre d'*Elektra* nécessiterait une voix de contralto au registre supérieur ample et précis. Dans le répertoire italien, citons notamment comme exemples de rôles destinés à un contralto, la Princesse de *Suor Angelica* et Ulrica d'*Un Bal masqué.* Signalons enfin le rôle de la Sorcière dans *Didon et Enée,* ce qui est d'ailleurs surprenant pour 1689.

Il faut maintenant nous référer à d'autres types vocaux qui n'appartiennent pas à la classification traditionnelle que nous avons définie et analysée plus haut. Ce sont néanmoins des voix qui revêtent ou ont revêtu beaucoup d'importance dans l'histoire de l'art du chant. Certaines d'entre elles ont d'ailleurs été revalorisées de nos jours. En réalité, toutes ces voix, indépendamment de leur origine et de leur formation, rappellent certains types de voix féminines que nous avons examinés, soit par leur étendue, soit par leur couleur.

Castrats. Ce type vocal atteignit sa plus grande splendeur entre les XVIIe et XVIIIe siècles. Les castrats étaient des hommes qui avaient été châtrés dans l'enfance afin que leur larynx ne se développe pas, ce qui les dotait d'une voix analogue à celle des femmes par leurs caractéristiques. En revanche, leurs attributs musculaires et leur résistance suivaient un développement normal, conforme à la constitution masculine, ce qui leur permettait d'avoir une capacité de résonance exceptionnelle, principalement thoracique. La voix du castrat était jugée supérieure à celle de l'homme par la souplesse, l'agilité et la légèreté, supérieure aussi à celle de la femme par l'éclat, la force et le mordant. Elle dépassait même les voix féminine et masculine par l'ampli-

tude de son étendue et par l'extraordinaire durée du *fiato.* Au niveau de son timbre, la voix pouvait être plus ou moins sombre.

Au cours du XVIIIe siècle, de nombreux castrats devinrent célèbres. Parmi les plus fameux, il faut citer en premier lieu Farinelli (1705-1782) et Caffarelli (1703-1783), tous deux élèves du compositeur et professeur Porpora. Il furent de parfaits serviteurs de la musique de Haendel, de Scarlatti ou de Hasse. Citons également les noms de Guadagni (1725-1792), Gioacchino Gizziello (1714-1761), Antonio Bernacchi (1685-1756), Francesco Senesino (1680-1750), Gasparo Pacchiarotti (1740-1821) et de Giovanni Battista Velutti (1781-1861). Ces deux derniers furent en fait les ultimes représentants d'un style et d'une voix; en effet, dès la fin du XVIIIe et au début du XIXe siècle, les voix féminines et plus particulièrement les sopranos allaient détrôner les castrats, notamment en raison de l'interdiction de la castration et des poursuites pénales qu'elle entraînait désormais.

Faussets ou Faussets artificiels. Le règne des castrats se terminant et la primauté étant désormais accordée aux voix féminines, certaines voix masculines voulurent néanmoins maintenir la tradition vocale des castrats en obtenant des effets sonores et un timbre comparables aux leurs. Pour cela, ils imitèrent l'émission de «fausset naturel» des castrats, produisant ainsi la voix de fausset artificiel. Il chantaient dans le registre de tête grâce à une technique spécifique, de telle sorte qu'ils réussissaient à imiter les sons quasi féminins émis par un fausset naturel. Les faussets de la Chapelle Sixtine en sont un exemple très célèbre.

Portrait de Farinelli, pseudonyme de Carlo Broschi, castrat à la carrière prodigieuse.

Contre-ténor. Il s'agit d'une voix masculine qui provient essentiellement d'une amplification de la résonance de tête. Elle ne doit pas être confondue avec les voix que nous venons d'évoquer, puisqu'il s'agit d'une voix d'homme dotée d'un timbre tout à fait spécifique. D'une certaine façon, on pourrait considérer qu'elle dérive de la voix des faussets artificiels. Par son étendue, elle se situe entre le contralto et le soprano. Elle possède un timbre clair, pénétrant et flexible, doté d'une pureté quasi instrumentale. La voix de contre-ténor a la particularité d'être produite par des chanteurs qui travaillent leur propre registre, en recherchant la résonance dans la tête, mais en n'imitant ni la technique des faussets naturel ou artificiel, ni leur mode d'émission, ni même leur timbre. Ce fut un type de voix très cultivé dans l'Angleterre du XVIIIe siècle. Plus récemment, Manuel Garcia s'en est approché avec sa voix dite de *contraltino.* Après être tombé longtemps en désuétude, ce type vocal a reconquis une grande importance, surtout grâce à l'Anglais Alfred Deller, prodigieux contre-ténor. Benjamin Britten a confié le rôle d'Oberon à ce type vocal dans son opéra *Le Songe d'une Nuit d'Eté.* Alfred Deller étant mort, son fils et d'autres contre-ténors remarquables, comme Charles Brett ou James Bowman, perpétuent et renouvellent de nos jours la technique, le style et le répertoire propres à cette voix. L'interprétation de certaines œuvres musicales du XVIIIe siècle, notamment les opéras et les oratorios de Haendel et d'autres compositeurs, peuvent ainsi prendre une dimension exceptionnelle.

Terminons par une simple référence aux voix d'enfants, qui possèdent également des caractéristiques déterminées; elles peuvent s'étendre de celle de soprano jusqu'à celle de contralto, bien que leur étendue soit bien moindre que celle des voix féminines correspondantes. Quoi qu'il en soit, le caractère transitaire et irrégulier des voix d'enfants n'a pas permis et ne permet pas de définir les fondements d'une étude rigoureuse et cohérente de leur fonctionnement. Ces voix agissent naturellement en régime biphasé. Contentons-nous par ailleurs de mentionner les voix de *contre-basse,* sorte d'étrange voix masculine très grave que l'on trouve, quoique rarement, dans les pays slaves. Son prodigieux registre de poitrine lui permet de descendre jusqu'au *fa¹,* voire au *sol¹.* Ces voix s'entendent quasi exclusivement dans le chant folklorique.

Structure et fonctionnement d'un chœur

Le chant collectif a subi d'énormes transformations tout au long de son histoire. Ses origines remontent aux premières manifestations rituelles de l'homme. La musique populaire — celle qui plonge ses racines dans la création des sociétés humaines primitives — a su conserver le goût instinctif de l'homme pour le chant. Par la tradition de ce qu'on appelle musique savante, le chant s'est transformé de mille manières différentes.

Il est difficile de déterminer, ne serait-ce qu'à grands traits, quels ont été les chemins embrouillés qu'a suivis son évolution depuis les époques reculées où la magie et l'art se confondaient jusqu'aux formations chorales les plus diverses qui coexistent de nos jours. L'évolution historique du chant en groupe, dans le domaine de la musique savante, s'avère parallèle, en Occident, à celle du langage musical et de ses formes. D'une certaine façon, elles s'impliquent réciproquement même si l'on peut affirmer qu'au moins jusqu'à l'apparition de la tonalité moderne, la seconde ait déterminé la première. La souveraineté du chant sur la musique instrumentale (qui s'explique par des facteurs religieux, politiques, sociaux, etc., qu'il est impossible d'approfondir ici) est manifeste dans les deux grandes périodes d'organisation modale: la monodie et la polyphonie.

Vers la fin du XVIe siècle, à l'époque de l'élaboration progressive des nouveaux principes tonaux, et en raison de la lente émancipation de la musique instrumentale, le chant choral dut s'adapter à ce nouveau contexte et tendre à une étroite collaboration avec les sonorités des différents ensembles instrumentaux (symphoniques ou de chambre) qui sont apparus depuis lors jusqu'à nos jours. Cette collaboration s'est d'ailleurs révélée très enrichissante pour divers genres musicaux qui, parfois, apparurent comme l'amplification de formes antérieures illustrées par les maîtres de la polyphonie. C'est ainsi que des genres musicaux aussi divers que la cantate, l'oratorio, la messe, l'opéra et même la symphonie naquirent de cette alliance.

Par ailleurs, la musique chorale traitée isolément, sans l'appui des instruments, a vu se développer un répertoire d'œuvres de compositeurs essentiellement symphoniques (en employant le terme dans un sens très général). Ainsi, le chant d'ensemble à plusieurs voix, le chœur *a capella* (sans accompagnement instrumental), dont les origines remontent à l'enfance de la polyphonie (Xe siècle), a pu survivre parallèlement à la production croissante de musique instrumentale. En outre, on put difficilement faire abstraction de la musique chorale, dans la mesure où elle repose directement sur l'exploitation de la voix, laquelle se caractérise par une sonorité et une couleur toujours singulières. La voix est en effet l'une des manifestations essentielles des exigences les plus profondes de l'homme. Convenablement éduquée, elle peut devenir, grâce au chant, l'instrument musical le plus parfait.

Or, qu'est-ce qu'un chœur? Quelle est sa structure et quelles sont les relations qui s'établissent entre les membres qui le composent? Quelles sont les conditions requises pour sa formation et son fonctionnement? Avant de répondre à ces questions, il convient de souligner que si les orchestres actuels diffèrent sensiblement, au niveau de leur constitution et de leur sonorité, des formations instrumentales des époques baroque, classique et romantique (pour ne pas parler des différentes conceptions d'interprétation), il en est de même du chœur.

Aquarelle de Moyaux qui représente une audition de la Passion selon Saint Matthieu, *de Johann Sebastian Bach.*

Le chœur, tel qu'il nous faut l'envisager, consiste en l'association d'au moins deux voix donnant ainsi la possibilité de recréer d'autres lignes mélodiques opposées; le chant collectif, dont l'origine est antérieure à la découverte de la polyphonie — le chant de style monodique par excellence — échappe à nos propos par ses caractéristiques unimélodiques.

Le chœur peut donc être défini comme l'association de plusieurs voix en vue de l'interprétation musicale par le chant. Cette définition générale fait surtout allusion à la représentation physico-sonore du phénomène humain qu'est le chant collectif, mais nous renseigne peu sur ses motifs d'esthétique musicale et sur ses origines; lorsque l'on évoque, par exemple, l'association de voix, on peut penser que la composition numérique d'un ensemble choral doit varier selon l'époque et le style. La détermination du nombre d'exécutants répond plus aux besoins de la musique qu'au simple hasard. Cependant, la force subjective de la création artistique ne peut pas non plus être considérée, à cet égard, comme une cause essentielle. Peut-être serait-il plus pertinent de donner à ces *besoins* une enveloppe embrassant toute une série de facteurs qui, en s'interférant, composeraient et expliqueraient le cadre dans lequel se produisent les événements artistiques. De ce fait, on n'aurait pas à faire de généralisations ni à rechercher quelle fut exactement l'évolution interne des chœurs. Néanmoins, nous pouvons raisonnablement admettre l'hypothèse selon laquelle le nombre de chanteurs des formations chorales s'est accru en fonction des exigences des changements historiques. Ainsi, au temps d'Ockeghem (1430-1495), la Chapelle de Charles VII ne comprenait que quatorze chanteurs. Le chœur de la Chapelle Sixtine en comportait autant sous le pontificat de Sixte IV. Dans les époques antérieures — comme celle de l'Ecole de Notre-Dame — le chant contrapuntique était réservé à une petite élite de chanteurs. L'Ecole de la Capilla Giulia, à Saint-Pierre de Rome, comptait déjà en 1578 — sous la direction de Palestrina — vingt chanteurs. Pour l'interprétation de certains oratorios de Haendel, on employait de grands ensembles choraux, mais ces rares cas ont été exceptionnels dans la première moitié du XVIIIe siècle. Par la suite, Berlioz a requis des chœurs étoffés pour l'exécution de sa musique, et Mahler n'a pas hésité, dans sa *Huitième Symphonie,* à recourir à un effectif d'un millier d'exécutants entre instruments et chœurs.

On s'est ainsi acheminé vers la composition des chœurs tels qu'on les trouve habituellement dans nos salles de concerts. Vastes formations héritées de la période romantique, que leurs caractères de densité et de puissance sonore rendent aptes à interpréter la musique dont ils ont surgi. Utiliser un chœur de ce type comme véhicule sonore de la musique polyphonique est, en principe, à déconseiller. Il vaut mieux réduire le nombre de participants ou, mieux encore, avoir recours à un ensemble choral spécialisé (étant donné qu'il ne s'agit pas seulement d'une question de nombre) afin de parvenir à la netteté de texture nécessaire à cette musique.

La structure interne du chœur peut varier suivant le timbre des voix qui le composent. C'est de là que viennent les dénominations de *chœur mixte* (femmes et hommes) et *chœur de voix masculines* (hommes seuls — cas le plus courant — ou aussi, hommes et enfants — souvent utilisé dans la musique baroque). Un chœur, pour des raisons de tessiture, groupe habituellement quatre types de voix: soprano, contralto, ténor et basse (de l'aigu au grave). Ces voix, qui correspondent naturellement aux quatre parties harmoniques, sont assumées par des organes de femmes ou d'enfants (soprano et contralto) et d'hommes (ténor et basse). Il arrive que l'on soit amené à faire interpréter une œuvre à quatre parties par un chœur composé exclusivement de voix adultes. Dans ce cas, il faut recourir à un dédoublement de voix. L'ensemble peut alors être divisé ainsi: ténor I, ténor II, basse I et basse II. Ce procédé, qu'on peut appeler *divisi,* par analogie avec celui employé pour l'orchestre, est également appliqué lorsque le nombre de parties harmoniques est supérieur à quatre. Dans le chœur mixte, par exemple, les différentes voix restent divisées, donnant lieu à des combinaisons variées, selon que, dans la partition, la distribution se fait en cinq, six, sept parties réelles ou plus. Outre le chœur mixte à quatre voix, il existe d'autres dispositions chorales. On peut citer, notamment le *chœur mixte à trois voix* (soprano, ténor et basse) et le *chœur à voix égales,* dont le chœur à voix d'hommes est un exemple. La combinaison de voix de femmes et d'enfants est appelée *chœur de voix blanches.* Quant au *chœur double,* il s'agit d'une technique chorale de dimensions et de possibilités considérables. Elle consiste en deux ensembles choraux égaux et complets (de quatre voix chacun) qui, par leur caractère autonome, produisent un effet particulier quand ils sont utilisés soit alternativement soit de toute autre façon. On en trouve un exemple dans la *Passion selon Saint Matthieu* de Bach.

Même si elles ne répondent pas à des exigences de même niveau que pour un soliste, les voix du chœur doivent être soignées à l'extrême. Une intense préparation musicale et technique est la condition indispensable à la bonne tenue de l'ensemble. La sélection des voix doit se faire avec le plus grand soin. A cet égard, on tiendra davantage compte du timbre que de l'étendue. De la nature des voix dépendront l'épaisseur, la puissance et la clarté des lignes. De là vient que la proportion des diverses cordes (chacune des voix) d'un chœur doit plutôt répondre au caractère et à la couleur des voix qu'au nombre de leurs composants. De même, et bien que cela puisse paraître paradoxal, dans un chœur, le facteur intensité n'est pas directement lié à la quantité de voix employées. Dans la plupart des cas, un chœur pas très étoffé mais convenablement préparé aura plus de vigueur quant au volume qu'un énorme groupe choral peu satisfaisant du point de vue vocal.

Il est bien évident que la préparation d'un chœur ne se termine pas avec la sélection des voix. En réalité, tout est encore à faire. La connaissance en profondeur des moindres possibilités de la voix est une autre des conditions nécessaires à une bonne interprétation. Celle-ci, à son tour, n'atteindra son objectif que si on a mené à bien une étude exhaustive des idées musicales contenues dans la partition, et si on dispose des moyens techniques appropriés pour leur reproduction sonore. Pour cela, le travail de préparation du chœur comprendra les aspects d'exactitude et de sécurité dans le rythme et la justesse, de ductilité dans l'articulation, de précision dans les accents et les vocalisations, de plus grande compréhension des phrases, etc. L'art du chant n'est pas facile. Il suppose qu'on possède non seulement des dons naturels, mais encore une éducation rationnelle de l'ouïe, de la voix et de la musicalité. «Il faut, disait Weber, dominer l'instrument que la nature nous a donnés, jusqu'à ce qu'il se soumette volontairement et sans effort apparent à toutes les possibilités de l'exécution.»

Les grands chœurs du monde

Au milieu du XIXe siècle apparurent à Vienne, ville de grande tradition musicale, deux des plus importants et des meilleurs chœurs de l'Europe: le Wiener Singverein de la Société des amis de la musique (Gesellschaft der Musikfreunde) et la Wiener Singakademie. Les deux associations, fondées en 1858, perdirent plus tard leur autonomie et furent rattachées à la Konzerthausgesellschaft.

On doit au Wiener Singverein une importante contribution à la diffusion de la musique chorale et symphonico-chorale. Nombreux sont les concerts exécutés sous la direction de musiciens éminents. Il faut signaler entre autres, soit comme permanents soit comme directeurs invités, Berlioz, Rubinstein, Brahms, Liszt, Richter, d'Albert, Löwe, Mahler, Mascagni, Weingartner, Walter, Furtwängler et Richard Strauss. Les hauts niveaux de perfection dans l'interprétation et de qualité vocale atteints dans le passé sont maintenus aujourd'hui par son directeur, Ferdinand Grossmann. A partir de 1945, le Wiener Singverein a été constamment mené par les plus prestigieuses baguettes, comme celle de Herbert von Karajan. Parmi les interprétations les plus connues de cet ensemble se trouvent le *Requiem, La Chanson du Destin* et *Les Nénies,* de Brahms; le *Psaume CL,* de Bruckner; la *Huitième Symphonie,* de Mahler; *Le Livre aux Sept Sceaux,* de Franz Schmidt. De même, ont été présentés en première à Vienne la *Passion selon Saint Matthieu,* la *Passion selon Saint Jean,* la *Messe en si mineur* et l'*Oratorio de la Nativité,* de Bach, la *Troisième Symphonie* de Mahler, et des œuvres de Strauss et de Wolf.

C'est une trajectoire similaire qu'a suivie la Wiener Singakademie, spécialement créée pour l'interprétation d'oratorios. Un de ses directeurs les plus fameux fut Brahms, qui conserva d'étroites relations avec cet ensemble. Il en fut nommé directeur en 1863, ce qui, semble-t-il, le conduisit à fixer sa résidence à Vienne. Ultérieurement, elle fut dirigée par Dessoff, Heuberger, Grädener, Lafite, Bruno Walter, Siegfried Ochs, Löwe, Klenau, Konrath et Nilius. Comme directeurs invités, la Singakademie a eu, entre autres, Weingartner, Heger, Krauss et Strauss. Elle a participé à des concerts importants et révélateurs, notamment

L'âge des célèbres Petits Chanteurs de Vienne oscille entre 10 et 14 ans.

à la première audition à Vienne de la *Huitième Symphonie* de Mahler, sous la direction de Bruno Walter (le Wiener Singverein l'avait présentée à Munich en 1910). En 1913, la Singakademie fut réunie au Konzertverein pour l'inauguration du Konzerthaus. (Le Konzertverein, remplacé en 1938 par la Konzerthausgesellschaft, est, avec la Gesellschaft der Musikfreunde — Société des amis de la musique — une des principales institutions musicales de Vienne.)

Parmi les sociétés chorales indépendantes créées à Vienne, il faut mentionner spécialement l'Association des concerts du Chœur de l'Opéra national, fondée en 1927 par V. Maiwald et qui comprend les meilleurs choristes de l'Opéra. Son premier directeur, Franz Schalk, cultiva systématiquement le chant à voix seules (sans accompagnement). Sous la direction de Clemens Krauss, le Chœur de l'Opéra remporta de brillants succès dans l'interprétation d'œuvres de Strauss. Plusieurs directeurs invités alternèrent avec Krauss dans les tâches de direction. Parmi eux se détachent essentiellement Weingartner, Walter, Toscanini, Furtwängler, Barbirolli, Scherchen et Klemperer.

Il est impossible de ne pas citer, dans cette brève énumération, l'une des chorales mondialement connues: les Wiener Sängerknaben (Petits Chanteurs de Vienne), considérés du point de vue artistique comme les héritiers directs du Séminaire de Saint-Etienne, groupe auquel ont appartenu, entre autres, Haydn et Schubert dans leur jeunesse.

Parmi les chorales anglaises se détache le New Philharmonia Chorus; fondé en 1957, il se fit connaître sous le nom de Philharmonia Chorus. Composé de chanteurs amateurs, il est peu à peu devenu l'un des premiers ensembles de sa catégorie. Son vaste répertoire couvre une grande variété de styles et d'époques: de Bach à Stravinski. Cette formation a réalisé de nombreux enregistrements et a connu des chefs prestigieux: Klemperer, von Karajan, Giulini, Kubelik, Maazel, Boulez, etc. Le chœur, qui mène une activité indépendante, a obtenu des succès retentissants non seulement en Grande-Bretagne mais aussi dans les principales capitales européennes.

La Royal Choral Society est l'une des plus anciennes formations chorales londoniennes. Cet ensemble d'environ 850 voix tire son origine d'un chœur formé et dirigé par Gounod pour l'inauguration du Royal Albert Hall en 1871. En 1872, il fusionna avec le chœur de Barnby, plus particulièrement spécialisé dans l'interprétation d'oratorios. Appelé d'abord Royal Albert Hall Choral Society, il adopta en 1886 le nom de Royal Choral Society.

La London Choral Society, autre ensemble anglais de grande tradition, fut créée en 1903. Fondée et dirigée pendant de nombreuses années par Arthur Fagge (mort en 1943), elle donna son premier concert en octobre de la même année. A partir de cette première saison, au cours de laquelle fut interprété pour la première fois à Londres le *Songe de Gerontius,* d'Elgar, la Société a suivi une politique tendant à équilibrer le répertoire courant avec la création d'œuvres contemporaines. L'une de ses plus mémorables manifestations fut l'audition intégrale du *Messie* de Haendel, interprété dans la cathédrale Saint-Paul sous la direction de John Tobin le 18 mars 1950.

Citons enfin, parmi les chorales londoniennes, le Philharmonic Choir. Cet ensemble de 300 voix fut fondé en 1919 et destiné à l'interprétation aussi bien de musique symphonico-chorale que de musique *a capella* qui exige un grand nombre de chanteurs. Ce chœur

fit sa première apparition à un concert de la Royal Philharmonic Society le 26 février 1919, avec l'interprétation d'un motet de Bach, du *Chant des Hautes Collines* de Delius, et de la *Neuvième Symphonie* de Beethoven. Il donna son premier concert particulier le 2 juin 1920.

New York connaît aussi une grande prolifération d'associations chorales. La Schola Cantorum est l'une d'elles. Ses origines remontent à novembre 1909, date à laquelle Kurt Schindler forma un chœur de 40 femmes pour interpréter *Sirènes* de Debussy, avec l'Orchestre Philharmonique. Cette formation allait devenir le noyau du chœur mixte de 200 voix mis sur pied

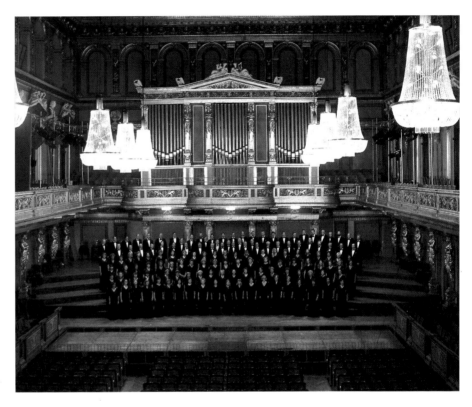

par Schindler en 1910. Le nom actuel de l'ensemble fut adopté deux ans plus tard. Schindler dirigea les concerts de la Schola Cantorum pendant la saison 1925-1926. C'est pourtant Hugo Ross qui, après avoir partagé avec M. Dessoff la saison 1926-1927, devint le directeur permanent de l'ensemble. La Schola Cantorum, sous la direction de Schindler et de Ross, se distingua par des interprétations de musique peu connue, classique aussi bien que contemporaine. Schindler allait même jusqu'à mettre au programme des musiques religieuse et folklorique des provinces basques et catalanes. Parmi les œuvres contemporaines que la formation créa à New York, on peut citer *Sacred Service,* d'E. Bloch, *Perse-*

phone, de Stravinski, *Le Festin de Balthasar,* de Walton, la version de concert de l'opéra *Jules César,* de Malipiero, etc.

Il serait impossible de dresser la liste complète des ensembles choraux de réputation internationale. La place manque également pour citer les ensembles moins connus des salles de concert, mais de haute valeur artistique, sans lesquels pourtant il n'est pas de panorama complet du chant choral contemporain.

Dans cet article, nous nous sommes limités à ne citer que les principaux ensembles choraux de Vienne, Londres et New York. Le choix de ces trois grands centres musicaux est sans

Ci-dessus: le Wiener Singverein, l'un des plus prestigieux ensembles choraux d'Europe.

doute arbitraire, car il existe bien d'autres grandes villes de haute tradition artistique. Mais il nous a été dicté par les mêmes raisons de limitation devant le foisonnement des formations chorales dont la seule énumération nécessiterait un ouvrage complet, si ce n'est plus. Citons toutefois, pour finir, quelques ensembles tout aussi prestigieux que ceux déjà mentionnés: le chœur de la Radiodiffusion de l'Allemagne du Nord, les chœurs des différents théâtres d'opéra (Berlin, Milan, New York, etc.), le Chœur de Lausanne, celui de l'Académie de Leningrad, celui de la Radiodiffusion Bavaroise, le Chœur Bach de Munich, etc. 125

Qualités éducatives du chant choral

Traitant du chant choral, de ses qualités éducatives, musicales et humaines, il convient de rappeler que, jusqu'à l'aube du baroque, la musique fut essentiellement vocale et que ses interprètes, attachés aux chapelles aristocratiques et ecclésiastiques, étaient les seuls véritables professionnels de l'époque. Ultérieurement, la situation évolua jusqu'à la prédominance quasi absolue de la musique instrumentale sur le plan professionnel. La pratique de la musique vocale d'ensemble redevint alors principalement du domaine des *amateurs*, en relation étroite avec les milieux pédagogiques et éducatifs, soit à côté des disciplines éducatives elles-mêmes, soit dans les cercles de culture populaire.

Cette évolution fut une des conséquences les plus importantes des bouleversements qui ont marqué le passage du XVIIIe au XIXe siècle. Sa cause immédiate fut la nouvelle mentalité née de la Révolution française, laquelle se propagea dans les sphères de pensée romantique. A certains égards, nombre de conceptions actuelles de la pratique chorale sont encore étroitement liées à cette vision, d'où, précisément, ses grandeurs et ses servitudes.

Bien entendu, cette frontière historique est fort imprécise et comporte de fréquentes exceptions. L'une des plus importantes est la situation spécifique des régions de l'Europe centrale, où un

Nombreux sont les compositeurs qui ont écrit des partitions chorales pour leurs symphonies, opéras, oratorios, passions, cantates. Certains d'entre eux ont également écrit pour des ensembles choraux non accompagnés (photo ci-dessous).

changement assez semblable s'est produit il y a plusieurs siècles grâce à un concept de participation active imposée par Luther à la liturgie de sa Réforme. Cette participation constitue la base, humaine et musicale, de l'indiscutable supériorité, quantitative et qualitative, dont les pays de tradition luthérienne firent preuve pendant longtemps dans la pratique chorale, profane et sacrée.

Parmi ceux qui furent directement à l'origine de cette évolution radicale, il faut mentionner une série de personnalités qui, confrontées à ces nouveaux courants dominants dans les domaines de la sociologie et de l'esthétique, de l'éthique et de la pédagogie, restructurèrent avec une remarquable identité de vues (et en dehors de toute intention de leur part) les nouvelles voies de la musique chorale.

Des «fraternalistes» français Guillaume Wilhem et Alexandre-Etienne Choron à l'Alsacien Jean-Georges Kastner, de l'idéaliste nationaliste allemand Johann Gottlieb Fichte jusqu'au célèbre pédagogue suisse Johann Heinrich Pestalozzi (premier des théoriciens du rôle de la musique chorale dans l'éducation populaire); des Italiens Vittore Veneziani ou Francesco Milani (jamais complètement délivrés de l'emprise séculaire de l'opéra traditionnel) au très personnel «rédemptorisme ouvrier» du Catalan José Anselmo Clavé, extrêmement nombreuses furent les voix qui s'élevèrent pour défendre dans cette conception inédite du chant choral l'un des meilleurs moyens de répandre la musique dans les couches populaires, contribuant par là à les sensibiliser et à les éduquer.

Comme exemple illustrant certaines de ses nombreuses valeurs éducatives, nous évoquerons son énorme importance dans tout ce qui concourt au nécessaire exercice de l'oreille à la polyphonie, ce à quoi on peut, sans doute, parvenir par d'autres voies. Mais aucune d'elles (étant donné que dans le chant l'homme est son propre instrument) ne permet d'atteindre une identification physiologique aussi complète entre l'émission et l'audition du son. Cette éducation auditive polyphonique, fondamentale dans nos schémas occidentaux et dont, dans beaucoup d'études instrumentales, on s'approche trop tard pour des raisons techniques évidentes, fait partie d'une bonne préparation chorale, même la plus simple. Celle-ci ne doit pas se limiter à superposer des lignes horizontales préalablement apprises, mais doit dès le départ tendre à constituer l'édifice architectural de la polyphonie, c'est-à-dire stimuler dans chaque individu sa capacité d'audition simultanée et éduquer sa faculté d'émettre ou d'entendre une ligne autonome au moment où il est pleinement conscient de la complexité du tissu polyphonique qui l'enveloppe et même de celui qui vient juste de le précéder. En général, une bonne technique soliste vocale ou instrumentale n'implique pas une familiarisation complète avec cette oreille polyphonique si nécessaire; en revanche, le chant choral place inéluctablement l'individu au cœur même des deux dimensions de la musique: la temporelle (sons successifs) et la spatiale (sons simultanés) et l'oblige à une totale reconstruction sonore (hauteur, durée, couleur dynamique, etc.) sans autre appui que sa propre personnalité physique et intellectuelle.

D'autre part, cette absence de soutien mécanique externe de tout instrument qui ne soit pas la voix elle-même débouche directement sur le problème essentiel du phrasé. Car s'il a déjà une grande importance dans le chant individuel, le phrasé en a encore plus dans le chant collectif, où l'interprétation particulière doit s'adapter à un critère unitaire dans lequel se fondent intimement les problèmes techniques, expressifs, psychologiques, vocaliques, respiratoires, harmoniques, mélodiques, rythmiques, de timbre, etc. De là vient qu'un autre des fondements essentiels de la pratique chorale devrait être le travail du phrasé collectif à l'unisson, étant donné que la perfection du phrasé avec tout ce qu'elle comporte est la base de toute interprétation et reconstruction musicales. Le contrôle musculaire et psychologique complet de l'émission de la phrase, étroitement lié à la respiration, à la sensibilité et à l'intelligence, fait naître un geste de tout le corps dans lequel l'individu tout entier se trouve impliqué: le geste musical par excellence. En outre, dans le chant choral, ce contrôle doit s'exercer pleinement pour obtenir une courbe sonore collective et unique qui paraisse naturelle et spontanée, mais qui est le fruit du patient travail communautaire et de la conjonction vers laquelle le directeur a tendu (répétition) et tend (audition) avec son chœur. Bien que toutes ces observations vaillent également pour d'autres aspects de la formation musicale, en aucun d'entre eux peut-être elles n'ont une portée globale aussi équilibrée que dans le chant choral, ni ne peuvent s'appliquer dès les débuts des études techniques ou à des personnes presque sans formation théorique. De là précisément son extraordinaire importance éducative à tous les stades auxquels nous nous sommes référés précédemment: la musique comme moyen de sensibilisation en général, ou la musique en vue d'une vocation ou d'une profession.

Cependant, lorsque nous avons dit qu'il n'existait aucun instrument externe s'interposant entre le chant et son expression musicale, nous aurions dû nuancer cette affirmation en rappelant qu'elle n'est valable que jusqu'à un certain point, car une authentique maîtrise de la voix implique, plus encore que des conditions physiques adéquates, une technique sans doute plus complexe que celle d'un autre instrument. Mais, bien qu'il s'agisse là d'un des problèmes les moins résolus des ensembles choraux (n'oublions pas que la technique vocale est avant tout individualiste), il n'est pas douteux qu'avec une bonne préparation chorale on puisse atteindre un niveau sonore collectif très convenable, surtout si on remplit deux conditions qui ne sont pas toujours réalisées simultanément: à savoir que l'éducation vocale des chanteurs ait commencé dès le début de la scolarité, et que l'exemple vocal soit donné par le directeur lui-même (bien meilleur que quelque explication théorique ou même quelque exercice collectif que ce soit), car c'est lui qui, compte tenu de l'extraordinaire aptitude mimétique des chanteurs, influera sur la qualité et l'homogénéité vocale et sonore de son chœur.

En outre, si on croit vraiment à la valeur sensibilisante et éducative de la musique, il est absolument indispensable de ne pas se limiter au seul domaine réceptif sans essayer d'ouvrir le plus largement possible l'accès au champ de la pratique musicale active. Et pour cela, il n'est pas de meilleur moyen que la musique chorale, car la complexité de la technique instrumentale limite le nombre de ceux qui sont capables de la maîtriser et, de plus, retarde sensiblement les premiers pas en matière de pratique collective. De là vient que tant de gens (même ceux qui ont commencé un jour ou l'autre l'étude d'un instrument) se cantonnent sur le plan musical dans une attitude culturelle passive alors que, au contraire, toute attitude culturelle authentique exige une certaine activité, une certaine créativité. Il ne peut y avoir de véritable culture musicale que dans le cadre, quelle qu'en soit la dimension, de l'action musicale, car c'est seulement en en «faisant» qu'on peut mettre en avant sa propre expression personnelle.

En fait, l'œuvre musicale n'existe que quand elle acquiert à un moment donné une véritable vie sonore, et personne d'autre que celui qui lui donne cette vie (les interprètes) ne participe aussi directement à l'acte artistique, à l'acte créateur.

La musique chorale, pour simple qu'elle soit (simplicité et qualité ne sont pas le moins du monde des concepts opposés) permet d'atteindre cette situation privilégiée à ceux qui ne pourraient pas y parvenir par une autre voie, et ceci au travers d'une activité sociale communautaire et collective, avec toutes les valeurs éducatives, artistiques et humaines qui découlent de l'une et de l'autre activité (musicale et sociale).

Les théâtres d'opéra

Un opéra — qu'il s'appelle opéra, opéra-comique, opéra bouffe, tragédie ou drame lyrique, roman musical, intermezzo ou singspiel — est une pièce de théâtre chantée avec accompagnement d'orchestre, qui réunit dans le même temps le chant, la musique instrumentale, l'action scénique, les arts plastiques (décors, costumes) et la danse. A la différence du théâtre (parlé), l'opéra permet d'exprimer simultanément des sentiments divers et même opposés, ce qui fit s'exclamer Victor Hugo, pourtant rebelle au théâtre lyrique, quand il entendit le quatuor de Rigoletto: «C'est merveilleux, simplement merveilleux! Ah, si je pouvais moi aussi dans mes drames faire parler quatre personnages en même temps et que le public puisse comprendre les mots et les divers sentiments!» Mais pour que le phénomène de l'opéra se produise, il faut qu'il soit représenté, car la musique d'un opéra ne peut à elle seule évoquer l'essence d'un personnage sans l'aide de la scène.

A droite: vue du complexe moderne de l'Opéra de Sydney (Australie) terminé en 1973 et qui comporte, outre un théâtre d'opéra pouvant contenir 1500 spectateurs, une salle de concert d'une capacité de 2700 personnes, une salle de théâtre dotée de 550 fauteuils, une salle pour musique de chambre et cinéma de 420 places, enfin plusieurs salles de répétitions.

Les grands théâtres d'opéra

En 1637, seize ans avant que n'y meure Claudio Monteverdi, un des plus importants compositeurs dans l'histoire de l'opéra, eut lieu à Venise un événement qui joua un rôle décisif quant au développement et à la diffusion de l'opéra: l'ouverture pour la première fois au public, avec entrée payante, d'un théâtre consacré en premier lieu à l'opéra.

Tel que nous le connaissons aujourd'hui, ce genre musical avait fait ses premiers pas à Florence, vers la fin du XVIᵉ siècle, lorsque la soi-disant Camerata Fiorentina s'installa dans le palais de Giovanni Bardi. C'est dans cette même ville qu'eut lieu, le 6 octobre 1600, au palais Pitti, la première d'*Euridice,* à laquelle assista Monteverdi en compagnie du duc de Mantoue, Vincent de Gonzague. Fortement impressionné par cette représentation d'un nouveau type, le duc chargea le grand Monteverdi de la réalisation d'une œuvre de caractéristiques similaires. Le résultat ne se fit pas attendre et, en 1607, Mantoue assista, sous la dénomination de *dramma per*

Intérieur de La Fenice de Venise, célèbre théâtre où furent créées plusieurs œuvres de Cimarosa, Rossini, Donizetti, etc.

musica, à la première de l'*Orfeo* de Monteverdi, pièce que l'on considère comme le premier opéra véritable. En 1612, Monteverdi s'installa à Venise, où s'ouvrit en 1637, à l'initiative de la famille Tron, un théâtre consacré exclusivement à l'opéra: le Teatro San Cassiano, dont la construction avait été commencée en 1629. Sa direction fut confiée à Benedetto Ferrari, auteur du livret de la première œuvre qui y fut représentée, *Andromede,* de Francesco Manelli. Le San Cassiano allait rester en activité jusqu'en 1800. A partir de 1637 et jusqu'à la fin du XVIIᵉ siècle s'ouvrirent à Venise pas moins de seize théâtres comprenant des opéras dans leur répertoire. Parmi eux se détachent plus particulièrement le San Giovanni, le San Paolo (où eut lieu en 1642 la première du *Couronnement de Poppée* de Monteverdi), et le San Moisè, qui donna des représentations d'opéra jusqu'en 1818. Ce dernier théâtre vit la création de cinq opéras

de Rossini, dont *La cambiale di matrimonio,* en 1810.

Presque tous les théâtres édifiés à Venise au XVIIIᵉ siècle le furent à l'initiative de particuliers, ceux-ci conservant la propriété ou la libre disposition d'une ou plusieurs loges, tandis que les pouvoirs publics contrôlaient la construction et plus tard les programmes. Le théâtre lyrique cessa d'être le privilège de quelques-uns pour jouir d'une popularité extraordinaire.

La suprématie des milieux vénitiens de l'opéra se vit très rapidement menacée par les progrès de l'activité napolitaine dans le nouveau genre, dont le principal centre fut le Teatro San Bartolomeo, inauguré en 1654 avec l'opéra de Francesco Cirillo, *Orontee, Reine d'Egypte.* A la fin du XVIIᵉ siècle, Naples fut, sur le plan de l'opéra, la ville la plus remarquable de la péninsule. On y inaugura deux nouvelles scènes, le Teatro dei Fiorentini et le Teatro Nuovo. Des compositeurs comme Alessandro Scarlatti, Alessandro Stradella et Francisco Rossi contribuèrent beaucoup à cette splendeur.

En 1671, on inaugura à Rome le premier théâtre public, le Tordinona, avec la représentation de *Scipione Africano,* de Pier Francesco Cavalli. La même année débutèrent, parrainées par Louis XIV, les activités lyriques de l'Académie royale de musique, qui devint par la suite l'Opéra de Paris. En Allemagne, le XVIIe siècle vit naître un centre de tradition très ancienne: l'Opéra de Hambourg.

Au cours du XVIIIe siècle allaient être inaugurés plusieurs théâtres d'opéra appelés à jouer un rôle très important sur le plan historique. Certains d'entre eux existent encore de nos jours et sont devenus de véritables institutions, ayant subi toutefois les inévitables avatars dus aux reconstructions et autres réformes. Ainsi, en 1732, furent construits le premier Covent Garden de Londres et l'Argentina de Rome; en 1737, l'ancien San Carlo de Naples; en 1740, le Regio de Turin; en 1742, l'Opéra de Berlin; en 1753, l'Opéra de Munich; en 1763, le Neue Kärntnertortheater de Vienne; en 1778, la Scala de Milan; en 1780, le Grand Théâtre de Bordeaux et le Petrovski de Moscou (le prédécesseur immédiat du Bolchoï); en 1792, la Fenice de Venise (reconstruite en 1837) et en 1793, le São Carlos de Lisbonne.

L'inauguration du Theater an der Wien eut lieu en 1801; ce haut lieu de l'opéra allait voir éclore le génie lyrique de Rossini, de Verdi et de Wagner, et assister à l'épanouissement du bel canto. A sa suite, de nombreux théâtres d'opéra ouvrirent leurs portes: en 1817, l'actuel San Carlo de Naples; en 1825, le Bolchoï de Moscou; en 1829, le Regio de Parme; en 1831, l'Opéra de Lyon; en 1847, le Liceo de Barcelone; en 1850, le Real de Madrid; en 1856, l'actuel Théâtre de la Monnaie de Bruxelles; en 1857, le premier Colón de Buenos Aires; en 1858, l'actuel Covent Garden de Londres; en 1860, le Marinski de Saint-Pétersbourg (aujourd'hui Kirov de Leningrad); en 1869, l'Opéra de Vienne; en 1875, l'actuel Opéra de Paris; en 1876, le Festspielhaus de Bayreuth; en 1880, le Costanzi de Rome; en 1881, l'Opéra de Prague; en 1883, le premier Metropolitan de New York; en 1891, l'Opéra de Zurich et en 1898, l'Opéra-Comique de Paris.

Les quarante premières années du XXe siècle ne furent pas prodigues d'inauguration de théâtres; la demande en l'espèce était probablement déjà suffisamment satisfaite. Quelques nouvelles scènes virent néanmoins le jour: l'actuel Colón de Buenos Aires en 1908; le précédent Deutsche Oper de Berlin en 1912; le nouvel Opéra de Marseille en 1924; l'Opéra de Chicago

Extérieur du Théâtre San Carlo de Naples, d'après une gravure réalisée vers 1840.

en 1929; l'Opéra de San Francisco en 1932 et l'actuel Théâtre du Festival de Glyndebourne en 1937.

Au cours de la Deuxième Guerre mondiale, de nombreux théâtres d'opéra furent détruits. Le premier à renaître de ses cendres fut la Scala de Milan, qui reprit ses activités dès 1946. Les théâtres allemands et autrichiens furent eux aussi particulièrement touchés, mais grâce à un grand effort de renouveau on put inaugurer, en 1951, le nouvel Opéra de Francfort; lui succédèrent, en 1955, ceux de Hambourg et de Vienne; en 1957, celui de Cologne; en 1960, celui de Leipzig; en 1961, celui de Berlin et en 1963, celui de Munich. Ce dernier, à la différence des précédents, fut reconstruit selon une fidèle reproduction de l'édifice antérieur. De cette période datent également la Piccola Scala de Milan (1955), le nouveau Festspielhaus de Salzbourg (1960) et la reconstruction du Grand Théâtre de Genève (1962). Au cours des quinze dernières années, on inaugura le Metropolitan de New York dans le Lincoln Center (1966), l'Opéra de Washington dans le Kennedy Center (1971), l'Opéra de Sydney (1973), le nouveau Regio de Turin (1976) et l'Opéra de Pretoria (1981).

Telle est, succinctement relatée, l'histoire des théâtres d'opéra les plus illustres, ceux qui sont apparus comme d'incontestables foyers du développement culturel.

L'Opéra de Vienne

On peut affirmer, avec une quasi-certitude, que Vienne est la capitale musicale du monde; seule Londres est en effet en mesure de rivaliser avec elle: ces deux cités prestigieuses peuvent s'enorgueillir de compter de nombreux amateurs avisés et se distinguent par le nombre et la qualité des manifestations musicales qu'elles organisent en leurs murs. Toutefois, Vienne s'est forgé une image quasi légendaire que ne possède pas la capitale britannique: elle a en effet été le lieu d'élection de la plupart des grands compositeurs de la fin du XVIIIe et du XIXe siècle.

Le genre lyrique, quant à lui, bénéficiait à Vienne d'une tradition déjà bien établie grâce à l'existence de scènes des plus prestigieuses. Le Kärntnertortheater fut en effet inauguré en 1708; le Theater bei der Hofburg fut ouvert en 1748 et de nombreux opéras célèbres y furent créés: *Orfeo ed Euridice* et *Alceste*, de Gluck, *L'Enlèvement au Sérail, Les Noces de Figaro, Così fan tutte,* de Mozart, *Le Mariage secret,* de Cimarosa; citons encore le Theater auf der Wieden, où fut donné la première de *La Flûte enchantée,* de Mozart, et le Theater an der Wien, où eut lieu la création du *Fidelio* de Beethoven.

Au cours des années antérieures à l'inauguration du nouvel Opéra, Vienne fut témoin du succès des œuvres de Rossini, de Donizetti et de Verdi, ainsi que de la création de *Der Waffenschmied,* de Lortzing, et de celle de *Martha,* de von Flotow; Wagner lui-même y dirigea en 1861 une représentation de *Lohengrin.* La même année fut entreprise la construction de l'imposant édifice du nouvel Opéra dans le style de la Renaissance française, sous la direction des architectes Eduard von der Nüll et August Siccard von Siccardsburg. Les travaux revinrent à plus de six millions de florins or. La salle possède une capacité d'accueil de 2260 spectateurs. L'Opéra de Vienne, qu'on connut jusqu'en 1918 sous le nom de Hofoper (Opéra de la Cour), fut inauguré le 25 mai 1869 avec une représentation du *Don Giovanni* de Mozart.

Son premier directeur fut J. F. von Herbeck qui, entre autres œuvres, donna la création viennoise du célèbre *Aïda,* de Verdi. Franz Janner lui succéda de 1875 à 1880 et engagea Hans Richter comme chef d'orchestre, lequel monta pour la première fois à Vienne *L'Anneau du Nibelung* de Wagner et *Samson et Dalila* de Saint-Saëns. William Jahn dirigea l'Opéra de 1880 à 1896 et poursuivit la même collaboration avec Richter; par ailleurs, il engagea pour l'ensemble fixe les artistes qui avaient interprété en 1882 la première de *Parsifal* à Bayreuth: Amalie Materna, Hermann Winkelmann, Theodor Reichmann et Emil Scaria.

Vue extérieure de l'Opéra de Vienne, inauguré en 1869 sous le règne de François-Joseph. Au cours des XVIIe et XVIIIe siècles, les représentations d'opéra dépendaient de la cour impériale.

De 1897 à 1907, sous la remarquable direction de Gustav Mahler, l'Opéra de Vienne connut une des périodes les plus fastes de son histoire. Mahler n'était pas seulement un extraordinaire compositeur et un grand chef d'orchestre, il était aussi un véritable homme de théâtre et sut insuffler à la prestigieuse institution un nouvel élan ainsi qu'une profonde authenticité. Au cours de cette décennie, Mahler a effectué un travail semblable à celui que Toscanini mena à bien à la Scala de Milan. Il signa des représentations exemplaires: la *Tétralogie* de Wagner, le *Fidelio* de Beethoven, les cinq opéras les plus connus de Mozart, *Louise* de Charpentier, *Le Corregidor* de Wolf, *Aïda* et *Falstaff* de Verdi, *La Veuve joyeuse* de Franz Lehar.

Comparée à celle qui la précéda, la période (1907-1911) pendant laquelle Felix Weingartner dirigea l'Opéra de Vienne fut marquée par une certaine décadence. Hans Gregor, son successeur de 1911 à 1918, eut plus de succès; il donna pour la première fois à Vienne des œuvres comme *Le Chevalier à la Rose* de Richard Strauss, *La Fanciulla del West* de Rossini, *Pelléas et Mélisande* de Debussy et *Parsifal* de Wagner.

A la fin de la Première Guerre mondiale, l'Opéra fut débaptisé pour prendre le nom de Staatsoper (Opéra d'Etat). Franz Schalk en assura la direction musicale et artistique onze ans durant, de 1918 à 1929. Pendant quatre ans, de 1920 à 1924, il fut assisté par Richard Strauss. Cette période n'enregistra aucune création mondiale d'importance, mais connut les premières viennoises des opéras *La Femme sans Ombre* de Richard Strauss, *Boris Godounov* de Moussorgski et *Turandot* de Puccini.

Clemens Krauss dirigea l'institution de 1929 à 1934. Mais sa démission pour partir à Munich, puis à Berlin, fut considérée comme une grave erreur politique; ses successeurs furent à nouveau Felix Weingartner (1934-1936) puis Bruno Walter (1936-1938). Tout au long de cette décennie, au cours de laquelle Vienne vécut dans une ambiance joyeuse et insouciante, l'Opéra bénéficia du concours d'interprètes confirmés comme Lotte Lehmann et de nouveaux artistes comme Nemeth, Novotna, Kern, Ursuleac, Konetzi, Olszewska, Dermota, Kiepura, Tauber, Völker, Schorr et Rode.

En 1938, l'*Anschluss* incita nombre d'artistes comme Bruno Walter, Lotte Lehmann, Elisabeth Schumann, Richard Tauber, Alfred Piccaver, Friedrich Schorr, Alexander Kipnis et Emmanuel List à quitter l'Autriche et la vie musicale auxquelles ils étaient si attachés.

Après une période très difficile et chaotique, tant sur la plan artistique qu'administratif, Karl Böhm fut nommé directeur de l'institution en 1943. Sa première tâche fut d'inaugurer un cycle consacré à Richard Strauss à l'occasion de son quatre-vingtième anniversaire. La première œuvre représentée — en présence du compositeur — fut le *Capriccio*. Le 30 juin 1944, Böhm dirigea une représentation du *Crépuscule des Dieux* de Wagner, la dernière qui fut donnée dans le vieil Opéra. En septembre de cette même année, le théâtre fut en effet fermé sur l'ordre de Goering et, le 12 mars 1945, presque totalement détruit par les bombardements. Quelques jours plus tard, le 1er mai, la compagnie offrit dans la Volksoper, et sous la direction de Krips, *Les Noces de Figaro* de Mozart.

Pendant les dix années que dura la reconstruction de l'édifice, la compagnie joua régulièrement dans l'historique Theater an der Wien, avec Franz Salmhofer comme directeur général et Karl Böhm, Josef Krips et Clemens Krauss comme directeurs musicaux.

Etant donné que, de l'ancien édifice, ne subsistaient plus que les murs extérieurs et le foyer, Boltenstern, l'architecte à qui fut confiée la reconstruction, décida de réédifier le reste sans se sentir d'aucune façon lié par l'architecture d'origine. Il créa ainsi une salle aux lignes plus modernes et d'une plus grande sobriété que la précédente; sa capacité était de 2220 spectateurs. La scène fut dotée des derniers perfectionnements techniques. Le coût total des travaux s'éleva à 260 millions de schillings. Le jour de l'inauguration, le 5 novembre 1955, avec la représentation de *Fidelio* dirigée par Böhm, le parterre et les cinq balcons du théâtre vibrèrent de façon particulière aux connotations politiques de l'œuvre de Beethoven. En 1956, aigrement critiqué car il abandonnait soi-disant trop souvent son poste, Böhm démissionna de sa charge de directeur musical. Il fut remplacé par Herbert von Karajan, qui présida jusqu'en 1964 avec beaucoup de succès aux destinées du grand théâtre viennois; il donna un relief particulier au répertoire italien et réalisa en outre de fréquents échanges avec la Scala de Milan.

L'Opéra de Vienne poursuit sa carrière avec un répertoire éclectique et

Sardanapale, dans une chorégraphie de Paul Taglioni et avec une musique de Hertel, fut le premier ballet représenté à l'Opéra de Vienne, le 16 juin 1869. Ci-dessous: photographie d'une représentation donnée dans ce théâtre.

des distributions où se produisent les membres de l'ensemble fixe, dont beaucoup jouissent d'un prestige international, et, en qualité d'artistes invités, les chanteurs les plus en vue de l'actualité. En 1981, c'est à Lorin Maazel que revint l'honneur d'être nommé directeur artistique de la prestigieuse institution.

L'Opéra de Paris

L'Opéra de Paris fut fondé par Louis XIV en 1669 sous le nom d'Académie Royale de Musique. Il fut accueilli au cours de sa déjà longue vie dans treize salles différentes. L'une des premières fut le Palais Royal, le théâtre le plus important de la scène lyrique française pendant le *grand siècle* et siège de l'Opéra depuis 1671 jusqu'à sa destruction par un incendie en 1763. Plus tard, l'Académie donna ses spectacles au Théâtre Montansier de 1794 à 1820, puis dans la salle de la rue Le Pelletier (1822-1874).

Tandis qu'il était installé dans la salle de la rue Le Pelletier, l'Opéra de Paris connut une période particulièrement féconde avec de fréquentes représentations des œuvres de Meyerbeer, Auber et Herold. Il accueillit en outre les premières mondiales de *Guillaume Tell* de Rossini, *La Favorite* de Donizetti, ainsi que *Les Vêpres siciliennes* et *Don Carlos* de Verdi. Ainsi vit-il défiler des interprètes aussi prestigieux que Laura Cinti-Damoreau, Marie Cornélie Falcon, Pauline Viardot-Garcia, Adolphe Nourrit, Gilbert Duprez, Marie Sass et Jean-Baptiste Faure. A cette époque, le ballet de l'Opéra de Paris bénéficiait déjà d'une grande célébrité. Au cours de son histoire, qui débuta sous le règne de Louis XIV, il eut l'avantage de compter avec la collaboration de figures aussi importantes que Jean-Georges Noverre (1727-1810) et Serge Lifar (né en 1905).

Pour la construction du siège actuel de l'Opéra, cent soixante projets furent présentés; fut retenu celui de Charles Garnier (1825-1898) qui, selon les goûts du Second Empire, créa un édifice somptueux, aux proportions vastes et au style surchargé. Avec une superficie de 11237 m², l'ensemble compte 172 mètres de longueur, 124 de largeur et pas moins de 79 de hauteur. Les couloirs, les salons, les terrasses, le vestibule, la scène et les autres installations occupent proportionnellement plus d'espace que la salle elle-même, qui a une capacité de 2131 spectateurs. La scène est l'une des plus grandes du monde, avec 36 mètres de hauteur, 26 de profondeur et 53 de largeur. Le foyer est baroque à outrance, avec une grande profusion de dorures et de miroirs. Sur la façade

se détache le groupe central *La Danse* de Carpeaux, et sur la coupole, l'*Apollon* de Maillet. Le vestibule se caractérise par son grand perron, ses colonnes et ses degrés en marbre, ainsi que ses rampes en onyx. Quatre-vingt-neuf ans après l'ouverture de ses portes au public, la salle fut ornée d'un plafond peint par Marc Chagall. Ce nouveau décor présente évidemment un contraste très accusé par rapport au reste de l'édifice.

L'inauguration du Palais Garnier eut lieu le 5 janvier 1875, avec un acte de *La Juive* de Halévy, une scène des *Hugenots* de Meyerbeer et le ballet *La Source* de Minkus et Delibes; étaient présents, entre autres personnalités, le président de la République française, Mac-Mahon, et le jeune roi d'Espagne, Alphonse XII.

Le premier directeur de l'Opéra, à son nouveau siège, fut Halanzier, à qui succédèrent, de 1879 à 1884, Vaucorbeil, puis Ritt et Pierre Gailhard, qui, en 1887, offrirent pour la première fois une représentation en *matinée* et, en 1891, montèrent avec un succès extraordinaire la première version parisienne du *Lohengrin* de Wagner. De 1893 à 1908, d'abord avec Bertrand, puis avec Capoul et enfin seul, la direction du théâtre incomba à Gailhard, qui célébra en 1905 la millième représentation du *Faust* de Gounod au Palais Garnier. De 1908 à 1914, Broussan et Messager élargirent notablement le répertoire de l'Opéra de Paris. Pour leur première saison, ils offrirent des représentations de *Rigoletto* avec Enrico Caruso et Nellie Melba, et de *Boris Godounov* avec Chaliapine.

A droite: tableau représentant le grand escalier de l'Opéra de Paris, somptueux et surchargé comme tout le reste de l'édifice.

A partir de 1914 et jusqu'en 1945, la direction de l'Opéra de Paris incomba à Jacques Rouché qui, selon les termes de Stéphane Wolff, «le dirigea avec autorité, dévouement et compétence. Comme il était doté d'une fortune personnelle, il ne réclama jamais un centime en plus de la subvention prévue et, s'il se trouvait face à un déficit, il le comblait au moyen de sa fortune personnelle, simplement parce qu'il estimait qu'il s'agissait là de son devoir, dès lors qu'il pouvait le faire». Durant ces trente années, Rouché créa soixante et onze opéras et soixante-treize ballets; de plus, il put s'assurer la collaboration des Ballets russes de Diaghilev. En 1926, il présenta pour la première fois le classique défilé du corps de ballet; en 1928, il engagea la compagnie complète de l'Opéra de Vienne, et ce pour six œuvres; en 1936, il entreprit des réformes qui améliorèrent notablement l'appareillage de la scène (notamment grâce à la construction d'un cyclorama). Hormis de brèves interruptions, le théâtre fonctionna pendant toute la Deuxième Guerre mondiale et fut miraculeusement épargné par le conflit. En 1944, on y donna la deux millième représentation du *Faust* de Gounod. Après la Libération, l'Opéra fut rouvert le 23 octobre 1945, et l'on présenta à cette occasion une autre œuvre de Gounod: *Roméo et Juliette.*

Après le départ de Rouché en 1945, l'Opéra de Paris vit son prestige international sérieusement entamé. Malgré

Vue nocturne de la façade de l'Opéra de Paris, dont l'appellation officielle est, de nos jours, celle d'Académie de musique de Paris.

les fortes subventions qu'il reçut, il se cantonna trop souvent dans la routine et la médiocrité, donnant l'impression de se contenter de subsister et de ne satisfaire que ses seules nécessités internes. La compagnie, selon certains, était trop nombreuse et le répertoire trop limité. Au cours de ces vingt-six années, la vie de l'Opéra de Paris ne fut donc guère brillante. Directeurs et administrateurs se succédèrent à sa tête: Maurice Lehmann, Georges Hirsch, Jacques Ibert, A. M. Julien, Georges Auric et René Nicoly. Malgré tout, la vieille institution fut encore le lieu de quelques événements exceptionnels. Y eut lieu la création mondiale du ballet *Le Palais de Cristal,* œuvre qui reposait sur une musique de Bizet et une chorégraphie de Balanchine, en hommage au Ballet de l'Opéra de Paris. L'Opéra accueillit également en 1948 la compagnie du Covent Garden pour la création de *Peter Grimes* de Britten, ainsi que les compagnies d'opéra du San Carlo de Naples, de l'Opéra de Vienne et du Bolchoï de Moscou; s'y produisirent également les prestigieux ballets du Bolchoï et du Kirov de Leningrad.

Après une courte période d'intérim assurée par Bernard Lefort, l'Opéra de Paris revint au rang des premières scènes mondiales sous l'impulsion du président Georges Pompidou et de ses

ministres Valéry Giscard d'Estaing et surtout André Malraux. L'auteur de cette renaissance fut Rolf Liebermann, qui avait jusque-là dirigé l'Opéra de Hambourg de 1959 à 1973 et présida aux destinées du Palais Garnier de 1973 à 1980; on lui doit d'avoir porté l'Opéra de Paris au plus haut niveau par un choix judicieux de splendides productions et un défilé ininterrompu de prestigieuses figures musicales internationales. Sir Georg Solti, qui au début fut son conseiller artistique, dirigea le premier spectacle de cette nouvelle étape avec la représentation des *Noces de Figaro* de Mozart, qui fut donnée au Théâtre de la cour du Palais de Versailles dans une étonnante mise en scène de Giorgio Strehler. Les fonctions de la nouvelle direction du Palais Garnier furent inaugurées quelques jours plus tard avec *Orfeo* (avec un montage de René Clair) et par une nouvelle représentation des *Noces de Figaro.*

De 1980 à 1982, la gestion de Bernard Lefort fut conditionnée par la réduction des budgets alloués à l'Opéra. Néanmoins, en grand administrateur, il sut réussir à maintenir un niveau très honorable. Bernard Lefort a malgré tout été l'objet de vives critiques et n'a pas pu soutenir la comparaison avec l'«ère Liebermann». Devant cette situation, le Conseil des Ministres a donc décidé de confier la direction de l'Opéra à Massimo Bogianchino, qui est entré en fonctions en 1983.

Le Covent Garden de Londres

La façade néo-classique du Covent Garden de Londres s'élève dans un lieu qui était très pittoresque; c'est là en effet que se tenait le célèbre marché aux fruits et légumes si bien illustré par Bernard Shaw dans son *Pygmalion.* Sous le nom de Covent Garden, trois édifices ont occupé le même site dans Bow Street; deux d'entre eux ont été partiellement détruits par des incendies qui éclatèrent en 1808 et 1856.

La première de ces salles fut animée par l'acteur John Rich. Ce théâtre avait été conçu par l'architecte James Shepard et il se situait à l'endroit même qu'avait occupé le jardin d'un couvent, d'où son nom. Au cours de ses premières années d'existence, le Covent Garden programma toutes sortes de spectacles théâtraux. Il fut inauguré le 7 décembre 1732 avec *The Way of the World,* drame de William Congreve. La première œuvre musicale à y être représentée fut *The Beggar's Opera,* de Pepusch. Le nom de Haendel est intimement lié à cette première période, puisque *Atlanta, Berenice* et *Alcina* y furent créés. Hormis certaines périodes, Haendel participa à la direction du théâtre depuis son inauguration en 1732.

A la suite de l'incendie de 1808, on édifia le second Covent Garden. Il fut construit dans le style néo-classique par l'architecte Robert Smirke et inauguré en 1809 avec la représentation du *Macbeth* de Shakespeare. La version anglaise de l'opéra de Weber *Der Freischütz* obtint un tel succès lors de sa création en 1824 que le directeur du théâtre invita vivement le musicien allemand à composer un nouvel opéra. Weber lui proposa ainsi plus tard *Oberon*, qui fut créé sous sa propre direction le 12 avril 1826. Weber devait décéder deux mois plus tard à Londres.

L'opéra fit son entrée définitive au Covent Garden à partir de 1847; ce fut l'époque du Royal Italian Opera, avec un répertoire presque exclusivement consacré à l'opéra italien. A cette date, l'intérieur du théâtre fut réaménagé par Albano. De 1851 à 1879, le Covent Garden connut un essor exceptionnel sous la direction de Frederick Gye.

Un incendie survenu le 19 septembre 1808 détruisit le premier édifice du Covent Garden. Le second (gravure ci-dessous) fut construit dans le style néo-classique et inauguré en septembre 1809.

Après l'incendie de 1856, on construisit le troisième et actuel Covent Garden. L'édifice, conçu par Eduard M. Barry, peut accueillir 2200 spectateurs. Il fut inauguré le 15 mai 1858 avec *Les Huguenots* de Meyerbeer, opéra dans lequel joua la célèbre Giulia Grisi. L'arrivée à la tête du Covent Garden, en 1884, de Sir August Harris mit fin aux sérieuses difficultés économiques que le théâtre éprouvait et constitua même le début de l'une des pages les plus glorieuses de son histoire. En 1892, année où pour la première fois la Tétralogie wagnérienne y fut représentée dans son intégralité, sous la direction de Gustav Mahler, le théâtre reçut la dénomination de Royal Opera House. A la mort de Harris, en 1896, le syndicat du Grand Opéra présida avec beaucoup de finesse aux destinées du Covent Garden, jusqu'à sa fermeture entraînée par la Première Guerre mondiale.

A la fin du conflit mondial apparut une figure déterminante de la vie de l'opéra en Grande-Bretagne, Sir Thomas Beecham, qui dirigea le Covent Garden lors des saisons d'été de 1919 et 1920. Les représentations furent interrompues en 1921.

A partir de 1924, il fut dirigé pendant quinze ans par divers syndicats, organisations et compagnies. Bruno Walter fut, de 1924 à 1931, son chef d'orchestre principal. A cette époque, le Covent Garden se vit octroyer la première subvention officielle de son existence. Il accueillit en 1928 les Ballets russes de Diaghilev, qui remportèrent un succès triomphal. L'année 1932 marqua le retour de Beecham, qui en assuma la direction artistique jusqu'en 1939. Pendant la Deuxième Guerre mondiale, le Covent Garden fut transformé en une salle de bal appelée «Moca Café-Palais de Danse».

Ses bâtiments échappèrent miraculeusement aux destructions. L'institution put ainsi recommencer son activité dès le 20 février 1946; cette reprise fut célébrée par une représentation du ballet de Tchaïkovski *La Belle au Bois dormant*. Karl Rankl dirigea le Covent Garden de 1946 à 1951. Rafael Kubelik lui succéda à ce poste de 1951 à 1958. Il céda la place à George Solti de 1961 à 1971 qui fut ensuite remplacé par Sir Colin Davis à partir de 1971.

En 1946, le théâtre fut loué par l'éditeur Boosey & Hawkes, qui le céda en 1949 au Covent Garden Opera Trust que présidait lord Keynes. Il fut transformé en Société anonyme de l'Opéra Royal du Covent Garden et sous-loué au Ministère du travail, qui allait le contrôler pendant quarante-deux ans.

Avec ce nouveau type d'organisation, aussi bien l'opéra que le ballet virent s'élargir l'horizon de leurs possibilités. En effet, la brillante gestion de Sir David Webster, son administrateur général de 1945 à 1970, lui permit d'obtenir d'importantes subventions de l'Etat; John Tooley succéda à Webster en 1970.

Après la Deuxième Guerre mondiale, le Covent Garden a été l'un des théâtres qui ont su maintenir l'équilibre le plus parfait entre un authentique rayonnement international et une attention constante prêtée aux compositeurs nationaux. Furent ainsi créés à cette époque *Billy Budd* et *Gloriana* de Britten, *Troïlus and Cressida* de Sir William Walton, *The Midsummer Marriage* et *The Knot Garden,* de Sir Michael Tippet.

Le soutien accordé aux compositeurs originaires de Grande-Bretagne ou des pays membres du Commonwealth s'est également étendu aux très nombreuses compagnies qui prolifèrent dans l'ensemble du Royaume-Uni; le Covent Garden a ainsi contribué au prodigieux développement de l'école de chant britannique.

Photographie de l'intérieur de la salle du Covent Garden de Londres, siège du Royal Opera et du Royal Ballet. La scène mesure quarante mètres en largeur et autant en profondeur.

Pour ne citer que quelques exemples, il suffit de rappeler que le Covent Garden a joué un rôle décisif dans la carrière de voix aussi prestigieuses que Normann Bailey, Janet Baker, Stuart Burrows, Charles Craig, Geraint Evans, Peter Glossop, Heather Harper, Elisabeth Hawood, Rita Hunter, Donald Mac Intyre, Gwyneth Jones, Kiri Te Kanawa, Yvonne Minton, Peter Pears, Margaret Price, Joan Sutherland, Josephine Veasey, Jon Vickers et David Ward.

L'histoire du théâtre londonien ne se limite naturellement pas à ces chanteurs. La scène du Covent Garden a en effet accueilli les principaux artistes du monde entier. On prend toute la mesure de son prestige lorsque l'on sait que la célèbre soprano Maria Callas la choisit tout spécialement pour faire ses adieux définitifs, le 5 juillet 1965, dans une représentation de la *Tosca* de Giacomo Puccini.

L'opéra londonien a parfois été invité à monter ses spectacles dans d'autres salles lyriques importantes, comme la Scala de Milan. Son orchestre et ses chœurs ont réalisé plusieurs enregistrements de haut niveau.

Le Covent Garden doit son grand prestige actuel au fait qu'il ouvre de façon quasi quotidienne onze mois par an. En outre, chaque saison propose en moyenne vingt-cinq opéras et trente-cinq ballets différents.

Les opéras de Berlin

Durant la première année de son règne, Frédéric le Grand fonda dans la ville de Berlin (dans l'actuel secteur oriental) la Hofoper, qui prit plus tard le nom de Deutsche Staatsoper Unter den Linden, en relation avec l'avenue où elle était située. La construction de ce théâtre fut confiée à l'architecte von Knobelsdorff; l'édifice fut inauguré le 7 décembre 1742 avec l'opéra de Karl Heinriche Graun *César et Cléopâtre*. Au cours des premières années de son existence, cette salle ne donna que des opéras italiens interprétés par des artistes italiens. En revanche, les membres du corps de ballet étaient français. En 1806, avec l'entrée des troupes napoléoniennes, la compagnie fut dissoute. Elle ne reprit ses activités qu'en 1811, sous le nom de Théâtre Royal; l'institution était désormais sous le contrôle de la bourgeoisie qui opéra de profonds changements dans son fonctionnement et sa programmation.

Gaspare Spontini en fut le directeur musical de 1819 à 1842. Malgré la tendance francophile de sa programmation, le théâtre fut le lieu de la création mondiale du *Freischütz*, de Weber, en 1821, œuvre qui allait influencer de façon décisive la toute jeune existence de l'opéra allemand. En 1843, un incendie endommagea gravement l'édifice qui fut reconstruit très rapidement d'après les plans originaux. A cette occasion, il fut équipé d'un éclairage au gaz (l'électricité ne fit son apparition qu'en 1887). Le théâtre put ainsi rouvrir dès 1844, sous la houlette de Meyerbeer, alors directeur général de la musique en Prusse. Sous son autorité, l'opéra connut une période particulièrement florissante; son répertoire était encore constitué principalement d'œuvres de compositeurs étrangers, hormis quelques exceptions, comme la création mondiale des *Joyeuses Commères de Windsor,* une œuvre de l'un des chefs d'orchestre du théâtre, Otto Nicolai.

A partir de 1891, la direction de ce théâtre fut assurée successivement par Felix Weingartner, Karl Muck, Richard Strauss et Leo Beck. Le Ministère prussien de la culture en assuma la direction de 1918 jusqu'à la Deuxième Guerre mondiale, période au cours de laquelle s'illustrèrent des intendants ou des directeurs musicaux aux nom prestigieux: Max von Schillings, à nouveau Leo Blech (qui dirigea, en 1925, la création mondiale de *Wozzeck,* d'Alban Berg), Otto Klemperer, Heinz Tietjen, Wilhelm Furtwängler, Clemens Krauss, Robert Heger, Johannes Schüler, Werner Egk, Herbert von Karajan et Karl Elmendorff.

L'Opéra Unter den Linden fut entièrement détruit par les bombardements de la Deuxième Guerre mondiale. A la fin du conflit, et avec l'aide soviétique, la compagnie reprit son activité à l'Admiralspalast avec une représentation de *Orfeo,* de Gluck; elle reçut à cette occasion la dénomination toujours en vigueur de Deutsche Staatsoper. Furtwängler, Solti, Keilberth, Kleiber, Scherchen et Knappertsbusch présidèrent aux destinées de cette institution. En 1951, à l'occasion de la création d'un opéra contre la guerre (*Le Procès de Lucullus,* de Brecht et Dessau), le gouvernement décida la reconstruction du théâtre, qui avait été détruit lors du dernier conflit mondial.

Ce nouveau théâtre fut inauguré le 4 septembre 1955. Il avait été conçu par Richard Paulick conformément aux plans de l'ancien édifice et fut élevé à la même place dans Unter den Linden. Sa contenance était de 1500 spectateurs. L'inauguration fut célébrée par une représentation des *Maîtres Chanteurs de Nuremberg,* sous la direction de Franz Konwitschny, nouveau directeur musical qui resta en fonctions jusqu'en 1962.

De nos jours, le répertoire de la Deutsche Staatsoper de Berlin est constitué d'une cinquantaine d'opéras et de plusieurs ballets (sa compagnie chorégraphique attitrée est d'un très haut niveau). Le théâtre se compose d'un personnel permanent de deux mille cent personnes; soixante-quatre d'entre elles forment la compagnie de chant, qui constitue la base presque exclusive des spectacles représentés.

La Komische Oper est un autre grand théâtre de Berlin-Est. Cet opéra a été dirigé par le célèbre directeur et metteur en scène Walter Felsenstein. La Deutsche Oper, plus connue des Berlinois sous le nom d'Opéra de Charlottenburg, se situe à Berlin-Ouest. Cet opéra est parvenu à dépasser son rival de l'Est grâce à une plus grande animation et en affichant un répertoire plus international et plus moderne. Toutefois, le fait qu'il bénéficie d'un plus grand soutien dans les circuits d'information et de publicité occidentaux a sans doute exercé une influence sur le plus grand prestige dont il semble bénéficier.

L'Opéra de Charlottenburg possède une capacité d'accueil de 2300 spectateurs. Il fut inauguré le 7 décembre 1912 avec *Fidelio.* Il fut jusqu'en 1924 la propriété d'une fondation privée, mais la ville en fit à cette date l'acquisition et il reçut la dénomination d'Opéra municipal. Ce nouveau départ marque le début d'une courte mais florissante période au cours de laquelle le théâtre atteignit un niveau artistique élevé grâce à des chefs d'orchestre comme Bruno Walter, Robert Denzler et Fritz Stiedry ainsi qu'à de grands administrateurs comme Tietjen, Singer et Ebert. A la fin de cette brillante période, le théâtre reprit son ancien nom de Deutsche Oper.

Sous le Troisième Reich, il fut administré par le baryton Wilhelm Rode, lequel était placé sous le contrôle direct de Gœbbels; de la même façon, Göring couvrait les activités de la Staatsoper. Le théâtre fut détruit en 1944 au cours d'un bombardement.

Après la guerre, il reprit son activité au Theater des Westens. Ferenc Fricsay le dirigea pendant deux années seulement.

Son édifice fut finalement reconstruit dans la Bismarckstrasse, à l'endroit même où s'élevait l'ancien Opéra de Charlottenburg; il rouvrit ses portes le 24 décembre 1961 en reprenant le nom de Deutsche Oper de Berlin. On y donna à cette occasion le *Don Giovanni* de Mozart. Réalisé par l'architecte Fritz Bornemann, son bâtiment est l'un des plus modernes et des mieux équipés d'Allemagne. L'orchestre et les deux corbeilles permettent d'accueillir 1800 spectateurs dans des conditions de visibilité exceptionnelles.

De 1965 à 1971, la Deutsche Oper fut placée sous la direction de Lorin Maazel, auquel succéda en 1981 l'Espagnol Jesus Lopez Cobos.

Le théâtre de la Deutsche Staatsoper, à Berlin-Est, fut totalement détruit par les bombardements lors de la Deuxième Guerre mondiale; il fut reconstruit en 1955 sous la direction de l'architecte Richard Paulick, d'après les plans de l'ancien édifice. A droite: vue intérieure et façade de l'édifice, d'après des gravures du XIXe siècle.

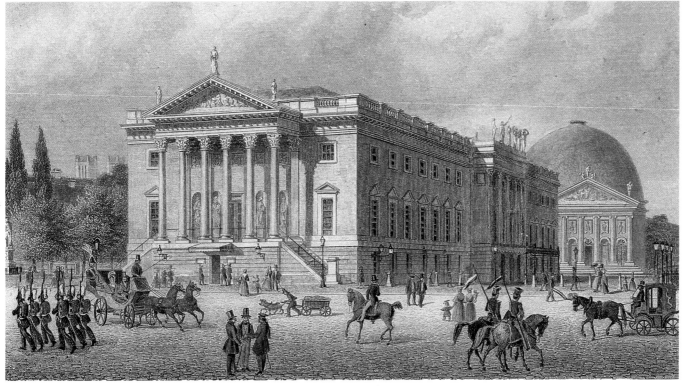

139

La Scala de Milan

De par son histoire glorieuse et sa situation actuelle, la Scala de Milan s'est affirmée comme l'un des centres d'opéra les plus importants et les plus influents de notre époque. Son édifice fut construit à la suite d'un incendie qui détruisit, en 1776, le Théâtre Royal Ducal de la capitale lombarde. L'impératrice d'Autriche confia sa construction à l'architecte Giuseppe Piermarini di Foligno. Son appellation de *Teatro alla Scala* provient de son emplacement qu'occupait jadis l'église Sainte-Marie-de-la-Scala, fondée au XIVe siècle par Régine de la Scala, épouse du duc de Milan, Barnabé Visconti.

Ce théâtre fut inauguré le 3 août 1778 avec la représentation de l'opéra de Salieri *Europa riconosciuta,* figurant aux côtés de deux ballets complémentaires. Mais il fallut attendre 1840 pour que l'architecte Sanquirico donnât au théâtre son aspect actuel. En 1854, le bâtiment fut doté d'une nouvelle entrée principale, communiquant avec la place du Dôme par la galerie Vittorio-Emmanuele.

Cet édifice fut agrandi en 1867. L'électricité y fit son apparition dès 1884. On restaura le bâtiment en 1921, et la scène, quant à elle, subit un réaménagement total en 1938. En 1943, pendant la Seconde Guerre mondiale, un bombardement causa au théâtre de graves dommages, mais épargna fort heureusement la scène. La reconstruction fut très rapide grâce à l'architecte Luigi Lorenzo Secchi et la Scala put ouvrir à nouveau ses portes au public le 11 mai 1946.

La scène de la Scala mesure 39,99 mètres de large, 25,33 à 30,75 mètres de haut et 6,09 mètres de profondeur. La salle, en hémicycle, mesure quant à elle 29 mètres de profondeur et 21 mètres de large; elle peut contenir trois mille personnes, réparties entre l'orchestre, cent cinquante-six loges sur quatre étages et deux galeries. La salle est superbe et fait l'objet d'un entretien minutieux, comme toutes les dépendances du théâtre. Bien qu'il ne soit pas très grand, le foyer se veut agréable par sa simplicité. Le hall contient quatre statues grandeur nature de Rossini, Bellini, Donizetti et Verdi. Des bustes de Puccini et de Toscanini trônent dans le foyer du premier étage.

La Scala peut s'enorgueillir d'une histoire prestigieuse qui a fait d'elle le bastion incontestable de l'opéra italien. Elle doit sa réussite au fait qu'elle a su s'attacher la collaboration directe des compositeurs les plus représentatifs de la péninsule au XIXe siècle. Rossini, le premier, offrit une œuvre à la Scala: *La pietra del paragone.* Elle y fut représentée cinquante-trois fois l'année de sa création (1812). Rossini créa aussi à la Scala *Aureliano in Palmira, Il Turco in Italia, La gazza ladra* et *Bianca e Falliero.* Il faut en outre signaler que trente-deux des cinquante-deux opéras représentés en ce lieu de 1823 à 1825 furent des œuvres de Rossini. Peu après, en 1827, Bellini y créa *Il pirata,* qui fut considéré comme une authentique révélation, puis plus tard *La straniera* et *Norma.* Donizetti collabora également avec la Scala. Il y créa de nombreux opéras dont *Anne Boleyn, L'Elixir d'Amour, Lucrèce Borgia* et *Marie Stuart.*

Giuseppe Verdi commença sa carrière à la Scala, où il créa ses quatre premiers opéras: *Oberto, conte di San Bonifacio, Un giorno di regno, Nabucco* et *I Lombardi.* Avec *Nabucco* (1842), il remporta un succès éblouissant. Après avoir créé *Ernani* à Venise et *I due Foscari* à Rome, Verdi revint à la Scala en 1845 avec *Giovanna d'Arco.* Il abandonna la Scala pendant vingt-quatre ans jusqu'en 1869, date à laquelle il y créa sa seconde version de *La forza del destino.* A cette dernière œuvre s'ajoutèrent la création européenne d'*Aïda,* les nouvelles versions de *Simon Boccanegra* et *Don Carlo,* puis enfin les créations triomphales de ses deux derniers opéras, *Otello* (1893) et *Falstaff* (1897).

Héritier des traditions de l'opéra italien, Giacomo Puccini créa quant à lui à la Scala trois de ses œuvres: *Edgar* (le deuxième de son catalogue), *Madame Butterfly,* qui lui valut un échec historique lors de sa création en 1904, et *Turandot,* qui fut créé en 1926 sous la direction de Toscanini, deux ans après la mort de Puccini.

Pendant de nombreuses années, la Scala ne représenta pratiquement que des opéras italiens, mais vers la fin du XIXe siècle elle commença à élargir ses horizons. Progressivement, elle inséra dans ses programmes les œuvres de Wagner, Gluck, Strauss, Debussy, Charpentier, Dukas, Borodine, Moussorgski, etc.

Ci-dessous: Toscanini dirigeant l'orchestre de la Scala en 1950, prestigieux théâtre auquel il fut lié à différentes périodes de sa vie.

A sa réouverture, la Scala fut dirigée par Arturo Toscanini, qui sut en renouveler le répertoire et la doter d'une organisation moderne, lui conférant ainsi une autorité incontestable. Il présida aux destinées de la Scala à trois reprises, de 1898 à 1903 (période où les œuvres de Wagner furent inscrites au répertoire), de 1906 à 1908 et de 1921 à 1929. C'est au début de cette dernière période que fut créé sur son initiative l'«Ente Autonomo», qui constitue depuis lors la structure administrative et financière régissant la vie des principaux théâtres d'opéra italiens.

Hormis Toscanini, l'histoire de la Scala a toujours été liée à d'importantes figures de la direction orchestrale. Parmi celles qui ont entretenu avec la prestigieuse institution une collaboration durable ou fructueuse, citons les noms de Faccio, Campanini, Mugnone, Vitale, Marinuzzi, Panizza, Serafin, Furtwängler, Walter, De Sabata (successeur de Toscanini de 1929 à 1953), von Karajan, Giulini, Mitropoulos (qui mourut sur la scène de la Scala lors d'une répétition, le 2 novembre 1960), Gavazzeni, Kleiber et Abbado.

Mais la Scala n'a pas été qu'une scène lyrique de grand renom. Elle doit en effet une grande part de son prestige à ses fameux cycles de concerts: Liszt et Paganini s'y produisirent comme solistes; en outre, d'éminents musiciens comme Richard Strauss,

Casals et Stravinski assurèrent la direction de nombre de ces représentations. La Scala a également accueilli de fréquentes manifestations chorégraphiques qui ont toujours soulevé beaucoup d'enthousiasme. Ces spectacles de danse sont riches d'une longue tra-

Ci-dessous: façade de la Scala de Milan. La prestigieuse institution ouvrit ses portes le 3 août 1778 avec la représentation de l'opéra de Salieri, Europa riconosciuta.*Ci-dessus: affiche publiée lors de son bicentenaire.*

dition, qui remonte à Salvatore Vigano et qui a culminé avec Carla Fracci.

Malgré les efforts déployés par Mussolini au cours de la période fasciste pour faire de l'Opéra de Rome le premier théâtre lyrique d'Italie, la Scala a continué d'occuper le premier plan. Ayant été partiellement détruit, son édifice fut reconstruit et rouvrit ses portes pour une nouvelle et glorieuse étape le 11 mai 1946, avec un concert mémorable dirigé par Arturo Toscanini, qui célébrait ainsi son retour en Italie. Jusqu'en 1972, la Scala allait être administrée par Antonio Ghiringhelli. Sous sa direction, le théâtre connut une florissante politique artistique. En 1972, Ghiringhelli céda la *sovrintendenza* à Paolo Grassi, lequel fut remplacé par Carlo Maria Badini.

La Scala possède un musée théâtral, fondé en 1913. Elle abrite en outre un théâtre de chambre, la Piccola Scala, inauguré en 1955, ainsi que des écoles de chant et de danse.

La compagnie de la Scala a également monté des spectacles à l'étranger, notamment, à partir de 1950, à Londres, Munich, Vienne, Berlin, Edimbourg, Bruxelles, Moscou, Washington et, en 1981, dans différentes villes du Japon.

Fidèle à son histoire, la Scala perpétue la tradition en inaugurant sa saison le 7 décembre, jour de la fête de saint Ambroise, patron de la ville de Milan.

Le Bolchoï de Moscou

Le Bolchoï de Moscou est actuellement un des centres artistiques les plus célèbres et les plus importants du monde. Son origine remonte au XVIIIᵉ siècle, époque à laquelle les premiers théâtres apparurent en Russie. Les amateurs d'art lyrique purent ainsi assister à des spectacles de leur choix. Le contexte socio-politique n'avait pas jusque-là permis l'ouverture de telles salles de spectacles, mais, à partir du XVIIIᵉ siècle, elles commencèrent à apparaître, et plus particulièrement à Saint-Pétersbourg et à Moscou. Les imprésarios italiens et français s'en disputaient la gestion et des compagnies étrangères y travaillaient régulièrement.

Le 17 mars 1776 fut une date décisive dans l'histoire du théâtre moscovite. C'est à cette date, en effet, que l'impératrice Catherine concéda au prince Urusov le privilège «d'être le régisseur de toutes les représentations théâtrales de Moscou pendant une période de dix ans, à l'exclusion de toute autre personne, afin que de cette manière aucun préjudice ne lui soit causé». Par sa sollicitude, Urusov allait asseoir les bases d'une politique artistique qui porte encore ses fruits: «Formons de bons comédiens russes et, avec le temps, si les circonstances le permettent, également un bon ballet.» Les premiers spectacles lyriques furent donnés dans le théâtre privé du prince

Ci-dessous: façade du Bolchoï de Moscou. Bien qu'il accorde une attention particulière aux compositeurs soviétiques contemporains, le répertoire du Bolchoï repose surtout sur les œuvres de grands maîtres russes et étrangers de l'époque classique.

Vorontov; il s'agissait d'un bâtiment en bois comme la plupart des édifices moscovites de l'époque.

Urusov reçut une aide financière de l'Anglais Maddox qui, en 1780, assuma la direction du principal centre des activités théâtrales de Moscou; toutefois, il se trouvait sous le contrôle économique de l'Etat et agissait selon les directives artistiques d'un comité composé des interprètes eux-mêmes. Le 30 décembre de la même année, la compagnie inaugura le Théâtre Petrovsky, dans lequel elle établit son propre siège. Curieusement, les mêmes artistes interprétaient alors indifféremment des opéras, des comédies et des dramès. Le genre lyrique s'y imposa cependant peu à peu et les Moscovites finirent par appeler leur théâtre «Maison de l'Opéra».

En 1783, Maddox fit construire le Vauxhall. Cette salle d'une capacité de cinq mille spectateurs était destinée à des représentations d'opéra-comique et de ballet. Vingt-deux ans plus tard, en 1805, un incendie ravagea le Petrovsky, lequel fut reconstruit et à nouveau détruit par les flammes en 1812. Pendant vingt ans, la compagnie moscovite mena une existence itinérante et joua de salle en salle, car elle ne possédait plus de bâtiment attitré.

La première salle du Bolchoï fut inaugurée le 7 janvier 1825, avec une œuvre originale de Verskovsky et Alkhaber intitulée *Le Triomphe des Muses;* cette œuvre consistait en un mélange de ballet, de pantomime et de drame. L'édifice, de style italien, avait été conçu par les architectes Bovet et Mikhaïlov; il s'élevait sur l'emplacement même de l'ancien Petrovsky, situé sur l'actuelle place Sverdlov, aux vastes et superbes perspectives. Dès lors, les représentations théâtrales eurent lieu au Petit Théâtre («Mali») et les spectacles d'opéra et de danse au Grand Théâtre («Bolchoï»). Au cours des premières années de son activité, deux œuvres de Glinka y furent créées.

En 1853, un nouvel incendie détruisit partiellement le théâtre. Il fut rénové par l'architecte Alberto Cavos, qui en conserva le style néo-classique tout en en agrandissant les dimensions; il le rendit par ailleurs plus somptueux et en améliora nettement l'acoustique. Cette salle est toujours celle du Bolchoï depuis son inauguration, le 20 août 1856. Sa façade arbore huit colonnes ioniques et un frontispice couronné du quadrige d'Apollon. Avec son parterre et ses cinq balcons, la salle peut contenir 2100 places (à peu près l'équivalent du personnel titulaire de ce théâtre); la scène présente une superficie de 26 x 23 mètres et elle a fait l'objet d'importantes améliorations techniques en 1943 et 1950. Jusqu'à la Révolution de 1917, le Bolchoï s'intéressa vivement à l'opéra italien. En dépit de la concurrence du Théâtre Marinsky de Saint-Pétersbourg, il réussit à créer des opéras de Verstovski, Tchaïkovski et Rachmaninov.

Le régime soviétique issu de la Révolution bolchevique procéda à une réorganisation et à un changement d'orientation du Bolchoï. Les activités du célèbre théâtre reprirent le 8 avril 1918 avec la représentation d'un acte de *Russlan et Ludmilla* de Glinka, et d'un acte de *Sadko* de Rimski-Korsakov. En 1924, en raison de l'affluence du public, le Bolchoï étendit ses activités au Zimin, salle d'opéra située dans la rue Pouchkine.

Durant la Deuxième Guerre mondiale, la compagnie transféra ses activités au Théâtre Kouïbychev; elle y donna quelque dix mille représentations et concerts pour l'armée, dont certains eurent même lieu sur le front. A la fin des hostilités, le Bolchoï allait vivre une période particulièrement florissante de son histoire. Il créa des opéras et des ballets de Prokofiev, Chostakovitch, Khatchatourian et d'autres compositeurs.

A partir de 1954, le ballet du Bolchoï fut considéré comme le premier ambassadeur à l'étranger des activités du grand théâtre moscovite. La longue tradition chorégraphique du Bolchoï, comme celle du Kirov de Leningrad (autrefois le Marinsky de Saint-Pétersbourg), aboutit à la formation

Ci-dessous: scène des Sylphides, *ballet en un acte sur une musique de Frédéric Chopin, représenté par la compagnie du Bolchoï.*

d'un grand corps de ballet dirigé par la célèbre Galina Ulanova, puis par Maïa Plissetskaïa qui céda la place à Ekaterina Maximova, puis par Vladimir Vasiliev.

Même si le Bolchoï s'est toujours attaché la collaboration d'artistes invités, la base de ses spectacles a constamment bénéficié d'une compagnie permanente; celle-ci peut s'enorgueillir d'avoir travaillé avec des chefs d'orchestre aussi éminents que Golovanov, Samosoud et Melik-Pachaïev, ainsi que des chanteurs comme Nechdanova, Davidova, Chaliapine, Koslovsky, Pirogov, Sobinov, Reisen, Mikhaïlov, Lemechev, Nielepp et Ivanov. Plus récemment, elle s'est atta-

ché la collaboration prestigieuse de chefs d'orchestre comme Rojdestvensky, Rostropovitch, Khaikin ou Simonov, et d'artistes comme Vichnevskaia, Milachkina, Arkhipova, Avdeieva, Smolenskaia, Ognitsev, Andjaparidze, Lisitsvan, Petrov et Kibkalo; rares sont cependant ceux qui ont pu faire une carrière d'envergure internationale. Au cours des dernières années, la compagnie a néanmoins permis à certaines de ses vedettes d'effectuer des tournées à l'étranger; ce fut le cas notamment d'Elena Obrastsova, Vladimir Atlankov, Youri Mazourok et Yevgeni Mesterenko.

Les années 1961 et 1964 furent deux dates importantes dans l'évolution du Bolchoï. En 1961, il élargit en effet son auditoire en utilisant une salle du Palais des Congrès du Kremlin pouvant accueillir 6000 spectateurs; en 1964, il effectua sa première tournée à l'étranger et fut invité à se produire sur la scène prestigieuse de la Scala, pour y

donner les opéras les plus célèbres du répertoire russe, notamment *Boris Godounov, Sadko, Le Prince Igor, La Dame de Pique* et *Guerre et Paix.* Le succès de cette initiative conduisit le Bolchoï à se rendre à Montréal, Varsovie, Berlin, Paris (1969), à nouveau à Milan (1973), et aux Etats-Unis (1975).

Le répertoire se compose de 32 opéras et de 32 ballets. Le Bolchoï offre généralement une moyenne de 50 représentations mensuelles et joue pratiquement toujours à guichets fermés. Ceci s'explique non seulement par le fait qu'il ait bénéficié d'une grande publicité, mais également par la qualité de ses spectacles et ses prix d'entrée très abordables.

Le Metropolitan de New York

L'opéra commença à connaître un certain essor à New York à partir de 1825, lorsque l'Academy of Music, principale scène de la ville, ne put satisfaire les exigences d'une classe sociale qui désirait avoir elle aussi accès à la propriété d'une loge. L'obtention d'une loge était alors considérée comme le symbole d'une position sociale élevée. Ainsi, quelque soixante-quinze hommes d'affaires fortunés décidèrent de construire un nouveau théâtre d'opéra. Le projet en fut confié à l'architecte Joshua Cleaveland Cady. Celui-ci édifia un théâtre à la façade certes peu attirante, mais qui était doté en revanche d'une salle splendide et spacieuse pouvant accueillir quelque 3500 spectateurs; la scène toutefois était de dimensions assez modestes. Il

Ci-dessus: affiches des dernières représentations de l'ancien Metropolitan. Ci-dessous: le nouvel édifice, œuvre de W. K. Harrison.

s'agissait en l'occurrence du premier Metropolitan Opera House, édifié par souscription.

Il fut inauguré le 22 octobre 1883 avec le *Faust* de Gounod et il fonctionna jusqu'en 1966; au cours de cette période, deux cents opéras différents y furent représentés.

La première saison du Metropolitan, sous la direction d'Henry Abbey, se solda par un déficit très lourd qui nécessita un changement de direction. S'ouvrirent ainsi, de 1884 à 1891, les «années allemandes» du théâtre, qualifiées de la sorte parce que le répertoire allemand y était largement privilégié. C'est ainsi que furent introduites aux Etats-Unis, sous la direction de Leopold et Walter Damrosch, les œuvres les plus importantes de Wagner.

En 1891 commença ce que l'on a pu appeler le *Golden Age* du Metropolitan, qui se prolongea jusqu'en 1903. Henry Abbey avait alors repris la direction du théâtre, mais il mourut en 1896 et fut remplacé par Maurice Grau. Cet âge d'or fut surtout dû au fait que le théâtre accueillit beaucoup de grands interprètes, parmi lesquels Marie Brema, Nellie Melba Emma Eames, Lillian Nordica, les frères Edouard et Jean de Reszke, Pol Plançon, Francesco Tamagno et Victor Maurel.

De 1903 à 1908, Heinrich Conried prit à son tour la tête du Metropolitan où il essaya de créer des spectacles de grande qualité. Dès sa première saison, il eut la chance de présenter un jeune ténor napolitain destiné à devenir une figure exceptionnelle de l'histoire du Metropolitan, Enrico Caruso. La même année, Conried donna la première représentation de *Parsifal* qui ait jamais eu lieu hors de Bayreuth, contrevenant ainsi aux prescriptions mêmes de Wagner. Il invita en outre au Metropolitan le grand Gustav Mahler, qui dirigea en 1907 *Tristan et Isolde.*

De 1908 à 1935, le Metropolitan fut dirigé par Giulio Gatti-Casazza. Sous son impulsion, ce théâtre allait connaître une nouvelle ère de gloire. Au cours de ses six premières années d'administration, Gatti-Casazza s'attacha la collaboration du célèbre Arturo Toscanini.

La direction de Gatti fut riche en événements. Il offrit en 1910 la création mondiale, de retentissement international, de *La fanciulla del West* de Puccini, avec Emmy Destinn, Enrico Caruso et Pasquale Amato, sous la direction de Toscanini. Il donna en 1913 la première américaine de *Boris Godounov,* laquelle fit sensation; peu après, le public put assister à trois autres créations importantes: *Madame Sans-Gêne,* de Umberto Giordano, en 1915; *Goyescas,* de Enrique Granados, en 1916, et le triptyque puccinien *Il tabarro, Suor Angelica* et *Gianni Schicchi,* en 1918.

Caruso mourut prématurément en 1921, à l'âge de 48 ans; il avait déjà mis fin à sa carrière l'année précédente sur la scène même du Metropolitan en interprétant *La Juive,* de Halévy. Cet excellent chanteur s'était produit à New York dans cinquante opéras différents, au cours de six cents représentations. On tenta de remédier à son absence par l'invitation de trois célèbres ténors: Beniamino Gigli, Giovanni Martinelli et Giacomo Lauri-Golpi. La relève allait ensuite être assurée par une nouvelle génération de grands interprètes, comme Lauritz Melchior, Lucrezia Bori et Feodor Chaliapine.

Ce fut en 1931 que débutèrent les programmes radiophoniques hebdomadaires (la soirée du samedi) consacrés à l'art lyrique. Ces programmes étaient appelés à une immense popularité. En 1935, année où Gatti se retira, une figure de premier plan fit son apparition sur la scène du Metropolitan: Kirsten Flagstad. Ce fut la dernière artiste figurant dans la longue liste de célébrités que le directeur italien avait fait venir à New York.

De 1935 à 1950, Edward Johnson assura la direction générale du théâtre. Son entrée en fonctions coïncida avec la fondation du Metropolitan Opera Guild, destiné à être un support des activités de l'établissement du même nom. Certaines difficultés financières incitèrent Johnson à se contenter de chanteurs locaux, favorisant ainsi la découverte ou la consécration d'artistes américains comme Helen Traubel, Rise Stevens, Astrid Várnay, Richard Tucker, Robert Merrill, Regina Resnik, Dorothy Kirsten et, en collaboration avec la Metropolitan Opera Auditions of the Air, Eleanor Steber, Patrice Munsel et Leonard Warren. Au terme de son mandat, en 1950, Johnson était en mesure de dresser un bilan positif de sa politique artistique; il avait en effet su s'entourer de chefs d'orchestre prestigieux comme Bruno Walter, Thomas Beecham, Fritz Busch, Georg Szell et Fritz Reiner.

En 1950, Rudolf Bing prit la direction de l'opéra; il devait occuper ce poste jusqu'en 1972. Durant les premières années de son mandat, il renouvela les mises en scène en engageant des chefs d'orchestre de premier plan et des metteurs en scène de Broadway et de Hollywood. Par ailleurs, il décida d'allonger la durée des saisons théâtrales et d'augmenter sensiblement les prix des billets d'entrée; en contrepartie, il doubla le nombre d'abonnés et réussit en une saison à faire en sorte que le théâtre affichât pratiquement complet à chaque représentation. En 1953, quelques réformes scéniques furent réalisées et, en 1955, pour la première fois dans l'histoire du Metropolitan, une artiste noire parvint à s'imposer (lors d'une présentation du *Bal masqué* de Verdi): la contralto Marian Anderson.

En 1960, le grand baryton américain Leonard Warren mourut lors d'une représentation de *La Force du Destin.* Avec lui s'éteignait l'une des figures les plus illustres de l'ère ouverte par R. Bing.

En 1966, le vieux théâtre ferma ses portes, ce qui provoqua une déception générale; Bing et ses collaborateurs transférèrent alors le siège de l'institution au Lincoln Center.

Le nouveau Metropolitan, conçu par l'architecte Wallace K. Harrison, fut inauguré le 16 septembre 1966 avec l'opéra de Samuel Barber, *Anthony and Cleopatra.* Grâce à sa conception très moderne, ses dimensions, son confort et son décor, le Metropolitan se situe au premier rang des grandes scènes lyriques mondiales. Sa superficie est quatre fois plus grande que celle du bâtiment précédent (45 mètres de large sur 70 de long). Le Metropolitan possède une salle de 3788 places, dotée sous tous les angles d'une visibilité parfaite, et une scène bénéficiant des plus récents perfectionnements techniques. La façade, avec ses grandes arcades et ses imposantes baies vitrées, permet de contempler depuis l'extérieur les vastes halls superbement rehaussés par de magnifiques fresques de Marc Chagall.

Par ailleurs, le public peut y admirer des œuvres d'art de Duffy, Maillol et Lehmbruck; il peut enfin, s'il se rend au premier sous-sol, visiter le Founder's Hall, véritable musée exposant des tableaux et des bustes des plus illustres chanteurs de l'histoire du Metropolitan. Le coût total de l'ouvrage s'est élevé à quarante-six millions de dollars.

Le nouveau Metropolitan a permis de découvrir, parmi beaucoup d'autres interprètes, des voix aussi prestigieuses que celles de Teresa Berganza, Fiorenza Cossotto, Shirley Verrett, Marilyn Horne, Grace Bumbry, Alfredo Kraus, Plácido Domingo, José Carreras, Luciano Pavarotti, Frederica von Stade, Kiri Te Kanawa et Lleana Cotrubas. Cette simple liste constitue à elle seule la preuve éclatante de la vitalité artistique et du rayonnement exceptionnel du Metropolitan. Lorsque Bing quitta le théâtre en 1972, celui-ci accueillait alors un million de spectateurs par an; le budget saisonnier atteignait près de vingt millions de dollars. Göran Gentele lui succéda, mais il mourut avant même que sa première saison fût achevée.

Au cours des saisons 1973-1974 et 1974-1975, la direction générale de l'institution fut assurée par Schuyler G. Chapin, mais ce poste disparut l'année suivante avec la mise en place d'une gestion collective dont Anthony A. Bliss assuma la direction exécutive. Le poste de directeur musical, créé à partir de 1977-1978, fut confié à James Levine.

La saison d'opéra du Metropolitan se déroule généralement sur quarante semaines, au cours desquelles deux cent cinquante représentations de près de vingt œuvres différentes sont données; une tournée de six semaines à travers les Etats-Unis clôt la saison. 145

Le Théâtre Colón de Buenos Aires

Après la disparition du Teatro Argentino de La Plata, à la suite d'un incendie survenu en 1977, le Théâtre Cólon de Buenos Aires est désormais le seul établissement argentin à offrir régulièrement des spectacles lyriques et il est incontestablement le centre musical le plus important de toute l'Amérique latine. Il existe néanmoins en Argentine d'autres théâtres que le Cólon, mais ceux-ci fonctionnent généralement en faisant appel à ses artistes et à son matériel. C'est le cas de villes comme Córdoba, Rosario, Mendoza, Santa Fe et Tucumán.

Le Cólon vit le jour essentiellement pour satisfaire à la demande des nombreux immigrants italiens qui se rendirent en Argentine entre 1890 et 1914. L'édifice actuel est un mélange de différents styles architecturaux; la salle, avec son parterre et ses six corbeilles, a une capacité de 2500 places assises, plus 1000 debout. La scène mesure 25,25 mètres de large et 34,50 de profondeur.

La salle actuelle n'est pas la première que Buenos Aires ait édifiée sous ce nom. Dès le XIXe siècle, le premier Cólon ouvrit ses portes; ce théâtre de 2500 places fut inauguré le 25 mai 1857 avec une représentation de *La Traviata,* interprétée par Sofia Vera Lorini et Enrico Tamberlick. Ce premier Opéra n'eut que trente ans d'existence, mais, en comparaison de l'activité parallèle d'autres scènes, il connut une vie artistique très riche et très intense, témoignant ainsi de l'intérêt pour l'art lyrique que connaissait la capitale argentine. C'est dans le premier Cólon que se produisirent des chanteurs comme Enrico Tamberlick, Julián Gayarre, Francesco Tamagno, Adelina Patti, Giannina Russ, Mattia Battistini, Gemma Bellincioni, Fernando de Lucia, Victor Maurel, Luisa Tetrazzini et Antonio Scotti.

Pour toutes sortes de raisons, notamment politiques, la réalisation de l'actuel Cólon s'est avérée d'une lenteur désespérante, puisqu'il fallut attendre pas moins de vingt années pour la mener à terme.

Avec le Metropolitan de New York, le Théâtre Cólon de Buenos Aires est la salle d'opéra la plus importante du continent américain.

Le premier projet fut élaboré par l'architecte Francisco Tumburini, mais celui-ci mourut, de même que son successeur Victor Meano. Aussi, est-ce une troisième personne, Julio Dormal, qui fut chargée de terminer l'édifice.

L'actuel Théâtre Cólon de Buenos Aires, l'une des salles d'opéra les plus prestigieuses du monde, put finalement être inauguré le 25 mai 1908 (soit cinquante et un ans après l'ouverture du premier édifice) avec l'*Aïda* de Verdi sous la direction de Luigi Mancinelli. L'on peut s'étonner de l'ouverture d'un théâtre aussi important dans une ville qui dépassait alors à peine le million d'habitants; sans doute faut-il en chercher les raisons dans l'origine européenne d'une grande partie de la population qui n'avait rien perdu, en émigrant, de son très vif intérêt pour le théâtre lyrique.

Le répertoire du Cólon se constituait essentiellement d'opéras italiens, français et allemands, mais la production des compositeurs argentins n'a pour autant jamais été délaissée. On y créa ainsi dès la première saison, en 1908, l'opéra *Aurora* que le gouvernement avait commandé spécialement à Ettore Panizza. Depuis lors, le théâtre a organisé des concours annuels et quelque cinquante opéras de trente compositeurs argentins différents ont pu être montés au Cólon. La scène du grand théâtre a ainsi vu naître les œuvres d'auteurs aussi différents que Felipe Boero, Carlos López Buchardo, Pascual de Rogatis, Constantino Gaito, Juan José Castro et Alberto Ginastera. Parmi les derniers opéras argentins qui y furent créés, se détachent plus particulièrement *La Voix de Silence* (1969), de Mario Perusso, et *Médée* (1973), de Claudio Guidi-Drei.

La programmation du Cólon est très diversifiée et elle a su faire alterner avec bonheur l'indispensable attention à la production lyrique du XXe siècle (Stravinski, Prokofiev, Hindemith, Janáček, Roussel, Honegger, Berg, Britten) avec le souci d'une distribution faisant appel à des artistes consacrés; l'éclectisme d'un tel répertoire jouit de la faveur du public de Buenos Aires, qui sait en apprécier la valeur. Pratiquement, tous les chanteurs importants sont montés sur la scène du Cólon. Il serait fastidieux d'en faire ici l'énumération, mais il suffit de citer, à titre d'exemple, les noms de Enrico Caruso, Feodor Chaliapine, Titta Ruffo, Tito Schipa, Beniamino Gigli, Claudia Muzio, Ninon Vallin, Lily Pons, Maria Callas et Renata Tebaldi. Le Cólon s'est également illustré par ses

Ci-dessus: vue de l'intérieur de la salle de spectacles du Théâtre Cólon; on distingue une partie du parterre et trois des six somptueuses corbeilles dont la salle est dotée.

ballets et ses concerts. Les Ballets russes de Diaghilev (avec Nijinski, Pavlova et Karsavina) y furent invités, ainsi que des solistes prestigieux comme Pablo Casals, Artur Rubinstein, Claudio Arrau et Yehudi Menuhin. Le Cólon a également accueilli les plus grands chefs d'orchestre, notamment Toscanini, Furtwängler, Kleiber, Mascagni, Pizzetti, Respighi, Busch, Strauss, Weingartner, Monteux, Wolf, Ansermet et Böhm.

Du point de vue chronologique, 1925 marque une date importante dans l'évolution du Cólon, puisqu'il disposait alors de fonds importants et put ainsi se doter d'un orchestre, d'un chœur et d'un ballet permanents. Soulignons en outre que le Cólon était le seul établissement disposant de deux orchestres indépendants: l'un destiné à l'opéra, l'autre, l'Orchestre Philharmonique de Buenos Aires, réservé aux concerts et au ballet.

Ces années de prospérité virent également éclore des écoles de musique, d'art lyrique et de danse, qui dépendaient de l'Institut supérieur d'art. On leur doit un important travail pédagogique.

En 1931, le Cólon commença à être financé par la Municipalité de Buenos Aires. Au cours de la Deuxième Guerre mondiale, l'Argentine, Buenos Aires en particulier et le Cólon lui-même accueillirent un grand nombre d'artistes de renom qui s'étaient vus dans

l'obligation de fuir l'Europe en guerre. En 1967, le Cólon fit l'objet de travaux de grande envergure destinés à développer et à moderniser ses installations, à l'exception de la salle de spectacles. L'édifice, d'une superficie de 9000 m², fut réaménagé de façon à doubler l'espace occupé, principalement par l'utilisation du sous-sol qui abrite désormais des ateliers, des magasins, des bureaux, des salles de répétition et un restaurant. En outre, la salle se vit pourvue d'un système à air conditionné. On interrompit néanmoins les travaux en 1972 et, parmi d'autres projets, on abandonna celui de la rénovation de la scène.

Au moment de la dévaluation du peso, le Cólon connut de graves difficultés financières. Sa direction voulut y remédier, notamment en n'engageant pratiquement plus que des artistes argentins. Mais cette décision déclencha les critiques de la presse et du public qui craignaient de voir ainsi diminuer considérablement le prestige international et le niveau artistique de leur institution. Fort heureusement, cette crise a pu être surmontée et le Cólon a retrouvé sa place parmi les grandes scènes lyriques mondiales.

En 1980, le Cólon a modernisé son installation technique d'éclairage de la scène. Par ailleurs, il est devenu l'un des rares théâtres pourvus de tous les équipements nécessaires afin de réaliser ses spectacles de façon autonome.

L'édifice du Cólon domine une ample perspective urbaine. Il est très bien aménagé, spacieux et confortable; il possède en outre une salle de conférences et une bibliothèque.

Festivals et salles de concerts

Le Centre Manuel de Falla est le premier édifice important qui ait été édifié sur la colline de l'Alhambra (Grenade) depuis que Charles V y fit construire en 1527 son palais Renaissance. Le Centre se compose principalement de la maison où vécut Falla, aujourd'hui transformée en musée, d'un centre d'études (comprenant une bibliothèque, des archives, une discothèque, une salle de conférences, 9 amphithéâtres, 9 studios insonorisés, une salle d'expositions et différents services administratifs). Il dispose également d'un auditorium doté d'une salle de concerts de 1311 places, d'une scène centrale qui couvre une superficie de plus de 180 m², capable d'accueillir un orchestre symphonique avec chœur. La situation de la scène permet d'obtenir deux salles de 414 et 897 places. L'auditorium fut inauguré le 10 juin 1978. Le Centre accueille régulièrement le Festival international de musique de Grenade.

Les festivals de musique

Au cours des dernières années, surtout à partir de la Deuxième Guerre mondiale et plus précisément tout au long des années cinquante, les festivals de musique se sont multipliés. Au printemps et en été, de nombreuses villes d'importance diverse, voire même de petits villages, organisent leur propre festival. On a ainsi assisté à l'éclosion d'une nouvelle forme de manifestation artistique qui revêt désormais beaucoup plus un air de fête qu'un aspect pompeusement officiel.

Mais, qu'est-ce qu'un festival de musique? «Avant tout, une fête, un ensemble de manifestations artistiques qui sortent de l'ordinaire pour atteindre le niveau d'une manifestation exceptionnelle, célébrée dans un site prédestiné. Le festival brille ainsi d'un prestige particulier qu'une courte période de temps permet seule de maintenir. Ce caractère d'exception lui est conféré non seulement par la haute qualité des œuvres produites (tant classiques que de caractère expérimental) et par la recherche de la perfection dans leur réalisation, mais également par l'harmonie de ces œuvres avec le milieu où elles sont présentées, créant ainsi une atmosphère spécifique à laquelle contribuent le paysage, l'esprit d'une ville, l'intérêt collectif de ses habitants, la tradition culturelle d'une région.» Cette tentative de définition fut élaborée en 1957 par les membres de l'Association européenne des festivals de musique.

Un festival est donc tout d'abord une fête de nature exceptionnelle, qui se démarque des habitudes et qui condense en peu de temps toute ou partie de l'activité d'une saison. Musique, théâtre, opéra, danse sont ainsi représentés dans un cadre généralement touristique ou principalement culturel. De ce fait, l'élitisme régnant en certaines circonstances a cédé la place à une participation massive et à une fréquentation plus populaire. Les représentations artistiques n'en ont nullement pâti, car elles ont ainsi retrouvé un second souffle et un nouveau sens.

Au cours des trois dernières décennies, la prolifération des festivals a suivi la progression générale du tourisme. En outre, la radio, la télévision et les mass media en général ont contribué à une diffusion de plus en plus massive de la musique et à faire naître un intérêt réel, dénué de tout à priori vis-à-vis de ces manifestations.

Quelles sont les origines du festival? Dans un souci de synthèse, nous choisirons un fil conducteur qui permette de remonter jusqu'à la situation présente à partir de quelques dates déterminantes.

Pisistrate, qui gouverna Athènes entre 560 et 528 av. J.-C., est consi-

Affiches publicitaires des festivals de musique de Bath (Grande-Bretagne) et de Besançon (France).

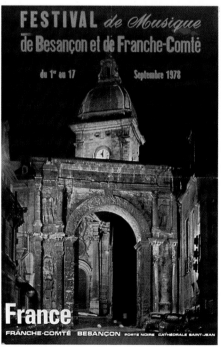

déré comme le fondateur des Panathénées, célébrées annuellement dès l'époque classique. Ces fêtes, données en l'honneur de la déesse Athéna, comprenaient des concerts et des représentations théâtrales, des courses et des concours d'athlétisme.

Au Japon, les festivals ont une origine strictement religieuse. Le 15 mai de chaque année, une procession de 300 personnes, vêtues selon l'usage en cours entre les VIIIe et XIIe siècles, se remémore ses origines religieuses en sortant de l'ancien palais impérial de Kyoto pour gagner les temples de Kamigamo et de Shimogamo, sur les rives du fleuve Kamo. A son arrivée, la danse «Azumaasobi» est exécutée aux sons d'une musique traditionnelle interprétée par un orchestre impérial de six membres. D'autres festivals japonais, notamment celui de Sagi-Mai (20-27 juillet), ont choisi comme symbole le héron, qui est prétexte à une danse exécutée dans le temple de Yasaka, à Tsuwano.

En Europe, nous trouvons également de lointains antécédents historiques qui ne sont pas sans rappeler ces commémorations rituelles. En Angleterre, en 1724, Thomas Bisse, chancelier de Hereford, prit l'initiative de créer le Three Choirs Festival. Les trois chœurs de Gloucester, Hereford et Worcester organisaient à tour de rôle ce festival dans l'une de ces trois villes, pour y interpréter de la musique religieuse à des fins de bienfaisance. Des œuvres de grande envergure y furent données, principalement celles de Purcell et de Haendel. Le contexte historique, néanmoins, impliqua un dépassement de cette stricte finalité charitable. Par la suite, il s'opéra une fusion entre la structure aristocratique de la vie musicale et la situation propre à la bourgeoisie.

Le *Beggar's Opera* tournait en dérision l'*opera seria* italien. En Italie même, Benedetto Marcello railla le *Teatro alla moda.* En Allemagne, le changement revêtit un double aspect esthétique et social. L'influence de la sensibilité mélodique italienne transforma les mentalités et on assista à l'éclosion des premiers concerts publics à entrée payante, dans le cadre bourgeois du Collegium Musicum. En France, Anne Danican (Philidor) fonda, en 1725, le Concert spirituel des Tuileries, le premier dans le pays à être ouvert au public.

La motivation sociale n'appauvrit pas le niveau artistique de la manifestation. Tout au contraire, elle garantit sa véritable signification.

Haendel a joué un rôle décisif dans l'histoire du festival. Il essaya en effet de «rendre les hommes meilleurs» par le biais de la musique. Aussi, après sa mort, et en hommage aux valeurs morales et artistiques de son œuvre, naquirent une série de petits festivals. En plus de ceux de Norwich (1770) et Liverpool (1784), il faut citer ceux de Birmingham (1768) et York (1791), consacrés presque exclusivement à son œuvre. En 1784 eut lieu à Londres la Commémoration Haendel: deux concerts furent donnés à l'abbaye de Westminster et un autre au Panthéon, qui réunirent 250 instrumentistes et 276 chanteurs.

Le nom de Haendel resta uni pendant de nombreuses années à l'esprit de la plupart des festivals. Les premières manifestations américaines, organisées à Boston dès 1815, sont nées grâce à l'initiative des sociétés Haendel et Haydn. En Autriche, lors du Carême et pendant la semaine de Noël, apparurent les Musikalische Akademien, organisées à partir de 1772.

Affiches des festivals de musique de Stresa (Italie) et Wroclaw (Pologne).

Au cours du XIXe siècle, la conception du festival suivit l'évolution des courants nationalistes et patriotiques. En 1810, G. P. Bischoff organisa à Frankenhausen (Thuringe) deux grandes auditions musicales avec un orchestre de 200 interprètes. Leur succès fut retentissant: au cours des années suivantes, les Musikfeste se multiplièrent avec, au programme, les oratorios de Haendel et Haydn, mais également des œuvres de Mozart, Spohr, Paer, etc. Les villes voisines participèrent à leur tour à ces festivals, encourageant la création de sociétés chorales. En 1817, Schornstein et Burgmüller inaugurèrent les festivals

rhénans avec, à l'affiche, des œuvres de Beethoven et Bach. Pendant leur premier siècle d'existence, ces festivals purent s'enorgueillir du concours des plus grands chefs d'orchestre comme Spontini, Spohr, Mendelssohn, Berlioz, Liszt, Brahms et Richard Strauss, entre autres.

A l'exemple des réunions légendaires autour du roi Arthur, plusieurs ensembles choraux exclusivement masculins organisèrent des manifestations de caractère populaire, surtout en Allemagne. La Suisse vit éclore à son tour nombre de fêtes populaires à coloration folklorique. La plus célèbre d'entre elles est la Fête des vignerons (1851). L'influence de Wagner et du théâtre de Bayreuth gagna bientôt toute l'Europe. Puissant pôle d'attraction de ce sanctuaire de la musique et du mysticisme germaniques, l'opéra wagnérien, et plus généralement romantique, sut marier admirablement l'ardeur sensuelle et le pouvoir spirituel de la musique et de la poésie avec une mise en scène souvent exceptionnelle par ses qualités de synthèse.

Wagner conçut bientôt son activité créatrice en fonction du «festival» proprement dit, puisque ce mot était devenu pour lui synonyme d'«art total».

Le XXᵉ siècle n'a pas rompu avec le sens du rite, de la fête et des solennités que revêtaient ces manifestations. L'époque moderne est même allée à la redécouverte de l'essence profonde du «spectacle», célébration ancestrale qui ne signifie pas évasion, mais plénitude. Les civilisations anciennes, très proches de la nature, savaient entourer d'une fête les événements naturels: la récolte, l'initiation, le mariage, la mort. La fête n'avait alors qu'un seul objectif: féconder la nature et inculquer aux hommes les pouvoirs naturels et surnaturels par le biais des cérémonies religieuses, des rites magiques, de la musique, de la danse, des masques et déguisements, etc.

L'histoire renferme de nombreux exemples du pouvoir et de l'influence exercés par la musique sur le comportement des hommes. L'*ethos* musical grec en est un illustration parfaite. De même, le drame sacré du Moyen Age n'est pas étranger à la survivance actuelle de la tradition festivalière.

Plus tard, lors des festivités de la Révolution française, furent réunis au Champ-de-Mars 2400 chanteurs et 1200 instrumentistes. Cette grandiose manifestation devait servir à idéaliser l'esprit de la nation. Les mouvements de masse ont toujours vu en la musique une inséparable alliée. Le «mythe de l'éternel retour» s'accomplit inéluctablement, ainsi que l'a prédit Mircea Eliade. Aujourd'hui, les célébrations qui portent le nom de festival n'offrent pas toutes des caractéristiques analogues et, malgré leur origine commune, manifestent une identité propre selon la tradition et les situations géographiques. En fait, le festival moderne constitue une forme très évoluée d'un aspect partiel de la fête ancienne. En Europe, récemment, on a prétendu rechercher un lien commun aux festivals de musique par la définition d'une «Europe de la Culture». C'est ainsi qu'en 1951 naquit l'Association européenne des festivals de musique au sein du Centre européen de culture, créé par l'écrivain suisse Denis de Rougemont. Sans prétendre à l'uniformité, cette association a pour objectif l'union de la culture européenne à travers la musique, considérée comme l'expression authentique et spécifique du génie propre de l'Europe. L'Association européenne des festivals de musique, dont le siège est situé à Genève, a précédé de plusieurs années la fondation du Marché commun et de la Communauté européenne. Animée du même esprit, elle s'est fixé pour but de remplacer les rivalités stériles par la ooopération et de favoriser les échanges; cette politique d'ouverture est une forme judicieuse de la sauvegarde de la culture européenne. A partir de 1967, l'Association s'est cependant ouverte à d'autres continents en incorporant en son sein les festivals d'Israël et d'Osaka.

Actuellement, l'Association comprend 39 festivals: Athènes, Barcelone, Bath, Bayreuth, Bergen, Berlin, Besançon, Bordeaux, Bratislava, Bregenz, Budapest, Dubrovnik, les Flandres, Florence, Grenade, Graz, Helsinki, Hollande, Israël, Istanbul, Linz, Ljubliana, Lucerne, Lyon, Montreux-Vevey, Munich, Osaka, Pérouse, Prague, Salzbourg, Santander, Strasbourg, Stresa, Varsovie, Vérone, Vienne, Wroclaw, Zagreb et Zurich.

Certains de ces festivals sont organisés selon une tradition ou des caractéristiques particulières qu'il convient de souligner. Le plus célèbre d'entre eux, le Festival de Bayreuth, fut inauguré avec la première représentation de l'*Anneau du Nibelung*, le 13 août 1876. Il conserve aujourd'hui tout son formidable attrait d'autrefois en raison de sa fidélité à l'esprit artistique de Richard Wagner, qu'ont su lui conserver les petits-fils du compositeur, Wieland, puis Wolfgang Wagner.

Concert de musique de chambre au festival d'Aix-en-Provence de 1973. Les anciens monuments de la ville servent de décor à cette manifestation.

Une scène de l'opéra de Mozart Così fan tutte, *lors d'une représentation du Festival de Salzbourg, organisé chaque année en août.*

En Italie, le Maggio Musicale Fiorentino permit de nouvelles approches du spectacle musical. Vérone, en revanche, est le point d'attraction des amateurs de l'opéra italien. Chaque représentation rassemble plus de vingt mille spectateurs dans l'amphithéâtre romain.

En Espagne, le Festival de musique et de danse de Grenade, fondé en 1952, groupe de prestigieux orchestres, solistes et groupes de chambre dans le merveilleux site de l'Alhambra. Le Festival de Santander, fondé également en 1952, connaît un nouvel essor. Toutefois, le Festival international de musique de Barcelone (créé en 1962 et dû à l'initiative des Jeunesses musicales et de la Mairie) s'est situé au premier plan ces dernières années et constitue, en octobre, une rencontre entre la ville et la musique.

En Suisse, depuis 1938 et grâce aux efforts de Toscanini, le Festival de Lucerne est célébré aux mois d'août et septembre, au bord du lac des Quatre-Cantons.

Les Flandres, de même que la Hollande, et avec un grand effort de décentralisation, ont su créer un festival qui embrasse tout le territoire. Les villes au passé historique revivent la musique comme autrefois, dans le décor des anciennes abbayes, cathédrales et béguinages.

Celui de Salzbourg, en Autriche, peut être considéré comme le festival par excellence. Dans le souvenir constant de son célèbre fils, Wolfgang Amadeus Mozart, la petite ville des princes-archevêques réunit les mélomanes du monde entier pendant les mois de juillet et août pour leur offrir les remarquables productions de ses opéras, concerts symphoniques, récitals de *lieder* ou sérénades. Herbert von Karajan et Karl Böhm (jusqu'à sa mort en 1981) ont contribué au succès du Festival de Salzbourg, qui fut inauguré en 1922 avec une représentation de *Jedermann* d'Hofmannsthal, grâce au dynamisme de Max Reinhardt.

En Europe, il existe également d'autres festivals non affiliés à l'Association européenne, mais qui ne sont pas moins prestigieux pour autant. Parmi les plus remarquables, il faut citer:

En *France:* Aix-en-Provence, d'un grand intérêt pour la mise en scène de ses productions d'opéras dans la cour de l'archevêché. Prades, créé en 1960 par Pablo Casals. La Rochelle, avec ses Rencontres internationales d'art contemporain. Les célèbres Chorégies d'Orange, sur la scène du théâtre romain. Vaison-la-Romaine, avec une attention particulière pour le chant choral. Paris, avec le Festival d'automne et le Festival du Marais.

Allemagne: Darmstadt, avec ses célèbres Internationale Ferienkurse für Neue Musik, où viennent s'illustrer un éventail de compositeurs aussi remarquables que Boulez, Stockhausen, Kagel lors des Semaines européennes.

Grande-Bretagne: il faut signaler à Londres, au même titre qu'un festival, les PROM, ou Promenades Concerts, qui ont lieu en été depuis 1895. Glyndebourne, avec ses représentations d'opéras très réputées. Edimbourg, un des festivals les plus importants d'Europe, fondé en 1947.

Italie: Venise, avec sa célèbre Biennale. Spoleto, où le compositeur Giancarlo Menotti a axé plus particulièrement son Festival des Deux Mondes sur la musique contemporaine.

Beaucoup d'autres pays célèbrent chaque année des festivals et des semaines de musique d'une grande qualité. Ainsi, il faut rappeler à titre d'exemple, aux Etats-Unis, ceux de Ravinia (Chicago), Tanglewood (Boston), Hollywood Bowl (Los Angeles) et celui de Marlboro. Au Canada, le Festival d'Ottawa. En URSS, le Festival de Printemps (Leningrad) et celui d'Eté (Moscou). En Bulgarie, les Semaines musicales de Sofia. Au Portugal, le Festival Gulbenkian, à Lisbonne, et le récent Festival Bach de Madère. Hong Kong célèbre également chaque année son Festival des arts, avec des représentations d'opéra chinois et de musique occidentale.

Les festivals locaux sont innombrables et ont proliféré dernièrement. Sous la dénomination de British Arts Festivals se regroupent 22 manifestations échelonnées entre mars et novembre. La France, pour prendre un autre exemple, organisa plus de 100 festivals pendant l'été 1981.

Les festivals de musique — de Salzbourg à Spoleto ou de Bayreuth à Woodstock — ont servi de modèle aux autres manifestations similaires, principalement en théâtre et en cinéma. Ils ont en outre contribué à l'entrée de la culture dans le domaine musical, facteur fondamental dans le large contexte culturel de la civilisation actuelle. Leur influence va au-delà de la pure interprétation musicale dans la mesure où ils contribuent à un rapprochement des classes sociales et où ils constituent un moyen de coopération et d'échange, un indubitable véhicule de la pensée actuelle, un message artistique des interprètes, un essor dans la qualité et enfin une stimulation pour un large public qui s'enrichit de nouvelles générations de mélomanes, attentives au message spirituel et humain de la musique.

Si, comme l'a dit Flaubert, «l'art est l'état d'âme d'un jour de fête», les festivals de musique représentent l'un des plus riches moyens de diffusion et de popularisation de la musique.

Histoire et aventure du Festival de Bayreuth

Wagner fêta ses 59 ans le 22 mai 1872. Ce même jour, il posa la première pierre de son Festspielhaus, «son» théâtre, situé sur une colline au nord de Bayreuth. La construction du prestigieux édifice n'allait être terminée que quatre ans plus tard. Mais en ce jour d'inauguration, le grand maître descendit de la colline, sérieux, silencieux, songeur. Nietzsche nous a laissé la description de ce moment: «Il regardait autour de lui avec des yeux révulsés dans leurs orbites... Il vivait complètement cet instant. Ce même jour, Wagner vit en lui-même ce qu'il avait été, ce qu'il était et ce qu'il serait.»

L'instinct et la profonde expérience de l'homme de théâtre qu'il était l'avaient amené à la conclusion que la pérennité de son œuvre nécessitait la construction d'une scène qui lui fût propre. Il aurait dit de son théâtre à Dresde, Zurich ou Vienne: «Le réussir est l'espérance de ma vie.» Dans ses années d'exil, il désirait au moins un théâtre «provisoire, simple, presque de bois, pensé uniquement en fonction de son but artistique», pour représenter la Tétralogie. Wagner entrevit la concrétisation de son rêve lorsqu'il reçut l'appui soudain du mécénat de Louis II de Bavière. Le célèbre architecte Gottfried Semper, ami de Wagner à l'époque de Dresde, reçut la commande de deux projets: une scène provisoire au Palais de Cristal de Munich et un théâtre monumental au bord de l'Isar.

Cependant, le projet échoua lorsque Wagner fut forcé de quitter la capitale bavaroise.

Il conçut alors l'idée de choisir une ville provinciale. Les grandes capitales — Paris, Vienne, Berlin, Munich — ne s'étaient guère montrées enthousiastes à la «musique de l'avenir». Hans Richter attira alors l'attention de Wagner sur la ville de Bayreuth. Celle-ci lui avait témoigné un excellent soutien dans le passé, et son théâtre baroque, édifié à la demande de la margravine Guillermine, femme cultivée et amie de Voltaire, possédait la plus grande scène de l'Allemagne de 1870. Wagner n'avait été qu'une seule fois de passage à Bayreuth, en 1835. Il y revint trente-six ans après pour visiter le théâtre de la margravine, et eut la révélation que tel était bien le lieu qu'avait élu son destin. La petite et gracieuse ville hésita à peine. Le banquier Feustel et le maire Muncker ne voulurent pas renouveler l'erreur de Munich et obtinrent des corporations l'autorisation de donner à Wagner les terrains dont il avait besoin. Le financement des travaux de construction rencontra cependant de nombreux obstacles et à plus d'une reprise le musicien se retrouva au bord du

Vue de la façade du Festspielhaus ou Théâtre Richard-Wagner, conçu par l'architecte Brückwald entre 1872 et 1876.

découragement. Mais le grand maître, fort de sa profonde conviction artistique, ne se laissa pas pour autant abattre par les coups passagers du sort et mena à bien le projet grandiose auquel il avait voué sa vie et sa musique.

Le «leitmotiv» de la famille Wagner
De 1876 à 1973, le Festspielhaus fut la propriété privée de la famille Wagner et ses membres, jusqu'à nos jours, furent responsables de son organisation et de son sort. Bien qu'avec une conception différente, avec des contradictions et un astucieux opportunisme, les Wagner ont toujours poursuivi les mêmes objectifs: perpétuer la mémoire de leur glorieux ancêtre, en conservant à son œuvre l'exclusivité de la scène du théâtre; résister à toutes les attaques et utiliser les courants d'opinion favorables; faire du Festival le *modus vivendi* des trois générations; rendre définitif cet édifice qui était provisoire; assurer le contrôle familial de l'ensemble wagnérien de Bayreuth; le nationaliser tout d'abord, puis rendre universel l'intérêt d'une «œuvre éternelle». Tout cela reposait solidement sur une organisation efficace, qui, dans les meilleurs moments de son histoire, parvint à de merveilleux résultats artistiques.

L'administration du Festspielhaus a connu cinq étapes. La première reste marquée par la forte personnalité de Cosima.

Tenace et inébranlable, elle lutta fermement pour consolider et insérer l'œuvre de son mari dans une société bourgeoise qui considérait encore Wagner comme le dangereux anarchiste de 1849. Non sans difficultés et méfiances envers son ascendance française, elle obtint que le répertoire du théâtre s'étendît à toutes les œuvres postérieures à *Rienzi.* Elle se refusa, en revanche, à entreprendre toute réforme scénique. La grande dame de Bayreuth n'oublia jamais combien son mari s'était montré insatisfait de la réalisation de ses œuvres jusqu'à la fin de ses jours. Wagner ne vécut pas suffisamment longtemps pour développer un style typiquement bayreuthien dans la représentation de ses drames musicaux, mis en scène selon la conception naturaliste de l'époque. Il eut néanmoins d'audacieuses intuitions romantiques à propos de l'orchestre et du théâtre «invisibles», qu'il mit en pratique de façon remarquable. Mais, en 1880, il manquait encore trop de moyens pour s'attaquer à la scène.

Devant ces difficultés, Cosima se pencha avec ardeur sur le style. C'est en ce sens qu'en 1894, elle créa une école et qu'elle confia à Julius Kniese la direction des chœurs. Son principal objectif était d'obtenir la plus grande clarté possible dans la prononciation du texte chanté. L'accentuation emphatique des syllabes, qui résultait de ce système, fut baptisé «crachat de consonnes» et donna à Bernard Shaw l'occasion d'un de ses célèbres sarcasmes: «Bayreuth est le lieu du monde où l'on chante le moins bien.» Cosima forma cependant la véritable première génération d'interprètes wagnériens, assurant ainsi la consolidation du Festival et de son cycle annuel; ces progrès décisifs permirent aux œuvres de Wagner de s'imposer enfin dans les répertoires de tous les théâtres d'opéra.

Le poids d'un nom

L'étape suivante, sous la direction de Siegfried Wagner, ne se traduisit pas par de grands changements dans l'orientation du Festival. Contrairement à son père, Siegfried fut un homme qui supporta l'inévitable avec résignation. Sa propre production musicale a sombré presque entièrement dans l'oubli. Il aurait fallu distinguer dans le chef d'orchestre qu'il était d'une part le chef d'orchestre invité, décourageant le public venu assister à ses concerts pour la célébrité de son nom, et d'autre part le solide et savant

artisan de la fameuse fosse de Bayreuth. Le metteur en scène qu'il était ne s'éloigna jamais de la voie esthétique tracée par sa mère, mais rénova avec sensibilité les techniques utilisées: élimination progressive des décors peints, recherche plastique dans l'utilisation de la lumière électrique, des projections. Vivant de près les ferveurs pangermanistes de son beau-père Houston Stewart Chamberlain, Siegfried Wagner se montra toujours partisan d'internationaliser l'œuvre de Bayreuth. Il était conscient que le Festspielhaus ne pourrait rester ouvert à long terme que grâce à l'élargissement de son public. Le Festival était paraît-il financé par les entrées, certains dons privés et par les honoraires de Siegfried Wagner en tant que chef d'orchestre itinérant. Entre 1920 et 1930, le Festival n'attira pas les foules. En 1930, Siegfried prit la grande décision d'engager Toscanini pour diriger *Tristan und Isolde* ainsi que la nouvelle et coûteuse mise en scène de *Tannhäuser.* Il voulait par là attirer le «grand public». Le succès fut retentissant. Cependant, la mort récente de sa mère, la tension et la fatigue que lui valut la mise en scène de *Tannhäuser* et la confrontation avec son agaçant chef d'orchestre furent sans doute à l'origine de la crise cardiaque qui terrassa Siegfried en plein Festival. Il laissait une veuve et quatre enfants, dont l'aîné avait tout juste 13 ans.

Ci-dessous: Cosima Wagner et son fils Siegfried Wagner. A droite: l'épouse de ce dernier, Winifred; tous trois furent les défenseurs acharnés du Festival de Bayreuth.

La responsabilité historique assumée

Il est aisé de mettre en parallèle la vie de Cosima et celle de Winifred Wagner. Les deux femmes eurent en effet de nombreux points communs. Toutes deux étaient beaucoup plus jeunes que leurs maris: Richard Wagner avait vingt-quatre ans de plus que Cosima, et Siegfried vingt-huit de plus que Winifred. Elles devinrent également très vite veuves, se voyant contraintes d'assumer la dure tâche de défendre le Festival ainsi que les complexes intérêts artistiques et matériels de l'héritage wagnérien. Toutes deux menèrent à bien leur mission dans un esprit conservateur dû en grande partie aux situations d'urgence auxquelles elles durent faire face. Cosima mourut à l'âge avancé de 92 ans, entourée de la sincère vénération de certains et du respect officiel quasi général. Winifred, quant à elle, fut marquée jusqu'à la fin de sa vie, en 1980, par les déboires politiques de sa gestion.

Winifred Williams était d'origine anglaise et devint orpheline à l'âge de 2 ans. Elle fut adoptée par le vieux Karl Klindworth, élève de Franz Liszt et vieil ami de Richard Wagner. Elle grandit dans le merveilleux cadre du jardin de Klingsor, où l'on sait que Wagner puisa une bonne part de son inspiration. Elle avait 17 ans lorsqu'elle fut présentée à Siegfried Wagner, qu'elle épousa le 22 septembre 1915. Leurs enfants naquirent à peu d'intervalle les uns des autres. Tous vécurent avec joie la réouverture du Festival et le succès de 1930. Puis soudain la situation changea; la solitude et le silence succédèrent à la gloire.

Winifred ne se heurta pas aux incompréhensions auxquelles dut faire face Cosima. L'intendant et directeur Heinz Tietjen, le metteur en scène Emile Pretorius et le chef d'orchestre Wilhelm Furtwängler mirent tout leur cœur dans le Festival. La liste des grands artistes qui y collaborèrent fut impressionnante, mais rapidement la conception scénique prit inévitablement une direction pangermanique. Adolf Hitler, le chancelier du Reich, fréquentait Wahnfried et le Festival. Winifred n'avait-elle pas atteint l'un des buts si longtemps poursuivis par Cosima et Siegfried: à savoir la protection de Wagner et de son œuvre par l'Etat allemand, puis leur intégration «définitive»? Winifred ne renia jamais son amitié personnelle pour Hitler; cependant, son instinct et l'expérience familiale dont elle hérita ne la laissèrent pas se perdre dans l'enivrant triomphalisme de la «Grande Allemagne». Le Festival de Guerre fut ordonné personnellement par Hitler contre sa volonté. En 1943 et 1944, les *Maîtres Chanteurs,* dans une remarquable version de Furtwängler, rassemblèrent un millier de soldats avant un des ultimes mirages d'une victoire impossible. Bayreuth fut ensuite bombardé. Wahnfried s'écroula et, située seulement à cinquante mètres de là, la tombe de Richard et Cosima fut miraculeusement épargnée. Après la défaite et l'occupation, le Festspielhaus fut transformé en théâtre d'opérette à l'usage des troupes noires américaines. On y donna en outre un *Fidelio,* un *Tiefland* et une *Madame Butterfly,* entre autres concerts dignes de ce nom.

Après la guerre, on reconnut de toutes parts qu'un nouvel essor de Bayreuth était nécessaire. Après le processus de dénazification, Winifred confia à ses fils Wieland et Wolfgang la direction du Festival. Wieland Wagner avait 34 ans lorsque le fervent courant du wagnérisme mondial rendit possible la réouverture en 1951. Le fils aîné de Siegfried n'avait pas fait la guerre, sur décision personnelle d'Hitler. Wieland avait ainsi profité de ses années de paix pour s'interroger sur lui-même. Très intelligent, il comprit que la catastrophe de l'Allemagne allait sanctionner la faillite du vieux Bayreuth. Il avait prévu le bouleversement social et économique du «miracle allemand», et tenta alors avec succès de sauver Wagner et Bayreuth.

En 1951, la situation économique générale était encore critique, mais le *boom* européen donna vite à Bayreuth

Hitler en présence de Wieland et Wolfgang, les deux fils de Winifred et Siegfried Wagner. Le Troisième Reich assura la protection du Festival de Bayreuth.

les possibilités d'un financement jamais atteints jusque-là et permit une affluence massive de visiteurs de tous les pays. Cette heureuse conjoncture entraîna la rénovation technique totale du Festspielhaus sans que soient altérées sa vraie physionomie ni les caractéristiques de son acoustique particulière et de son excellente visibilité. Mais elle facilita surtout un nouveau mode de mises en scène au rythme de trois ou quatre années de programmation de chaque œuvre, ce qui contrastait fortement avec la situation antérieure à 1945. Tandis que Wolfgang se révélait être un brillant intendant, Wieland affichait d'extraordinaires talents de metteur en scène. Il rechercha le style tout comme son aïeule Cosima. Cependant sa démarche ne se situa pas du côté de la nostalgie du théâtre bourgeois ni même dans la distanciation brechtienne, mais à la jonction des illusions romantiques de son grand-père et des inquiétudes de l'homme sans art de l'après-guerre. Wieland rendit à l'œuvre wagnérienne son identité première pour redécouvrir l'idée poétique sous-jacente du début. Les éléments de l'«œuvre d'art total» furent remodelés selon son inspiration archétypique. Le style du nouveau Bayreuth, le seul qui soit parvenu à rendre visible dans toutes leurs dimensions les géniales intuitions de Richard Wagner, s'étendit à de nombreuses scènes lyriques dans le monde entier. Wieland fut reconnu comme le maître suprême de la cérémonie lyrique. Bayreuth avait enfin atteint le sommet auquel voulait parvenir Richard Wagner. Cependant, Wieland mourut prématurément d'un cancer du poumon, à 49 ans, en octobre 1966, cinq mois seulement après avoir ressenti les premiers symptômes.

Son *Tristan und Isolde* fut monté jusqu'en 1970, pour les adieux historiques de Birgit Nilsson et Wolfgang Windgassen. *L'Anneau*, qui paraissait pouvoir transformer la conception de l'œuvre, perdit peu à peu sa force maintenant que lui faisait défaut le génie visionnaire de Wieland. Il fut représenté pour la dernière fois en 1969. *Parsifal,* dans sa version de 1951, jamais remodelé quant à l'essentiel, fut toujours représenté jusqu'en 1973. Certains théâtres utilisent encore des mises en scène de Wieland, mais sans âme et de façon sclérosée. Wieland Wagner a laissé son nom dans les encyclopédies. Il a légué aux metteurs en scène du monde entier sa vanité, sa grande passion, ses erreurs et ses excès; mais malheureusement, il a emporté dans sa tombe l'honnêteté extraordinaire qui présidait à sa tâche, son amour pour l'œuvre de Wagner et le secret de son sentiment plastique exceptionnel. Les vers que son grand-père avait écrits à la mort de Karl Tausig semblent s'adresser à lui. Ils ont été repris dans le programme général du Festival de 1967:

Etre mûr pour la mort,
d'une longue vie est le fruit que nous gagnons.
Etre mûr pour l'atteindre
au printemps de la vie florissante,
telle fut ta victoire, tel fut ton sort.
Plus que nous, c'est ton sort et ta victoire que nous pleurons
aujourd'hui.

Une scène du premier acte de l'opéra de Richard Wagner, Lohengrin, *dans une version de l'œuvre présentée au Festival de Bayreuth.*

Un administrateur efficace face à une crise d'identité

Wolfgang Wagner, de deux ans plus jeune que Wieland, n'avait pas bénéficié des privilèges, en temps de guerre, qu'Hitler avait accordés à son frère. Il fut en effet envoyé comme combattant sur le front de l'Est. Certains virent en lui le membre le plus démocrate de la famille Wagner.

La comparaison entre Wieland et Wolfgang rappelait un peu celle de Richard et de Siegfried. Du vivant de Wieland, Wolfgang resta en effet toujours au second plan. Le public considérait Wieland comme un artiste de génie, tandis qu'il ne voyait en Wolfgang qu'un consciencieux intendant.

Wolfgang a été confirmé dans ses fonctions par la Fondation que Winifred avait créée afin d'éviter les tensions entre ses héritiers et d'empêcher à sa mort la dispersion des extraordinaires archives de Wahnfried, probablement l'une des plus complètes concentrations de documents qui soient concernant un grand artiste disparu. Ainsi, cent ans après son inauguration, le Festspielhaus était-il toujours dirigé par un membre de la famille Wagner, un descendant direct de Richard.

Wolfgang Wagner a proposé des solutions adéquates pour faire face à l'actuelle crise artistique de Bayreuth. Cette crise connaît une double origine. D'une part, les grands chefs d'orchestre wagnériens ont pratiquement disparu; d'autre part, on ne trouve que rarement de réelles voix de soprano dramatique ou de ténor héroïque. Il n'est pas possible aujourd'hui d'assister à une représentation musicalement fidèle à l'originale de *L'Anneau du Nibelung,* de *Tristan et Isolde* et même des *Maîtres Chanteurs de Nuremberg.* Wolfgang a tenté de dépasser ce problème en apportant des améliorations techniques au Festspielhaus et en maintenant des prix d'entrée qui, comparés à ceux du Festival de Salzbourg, demeurent abordables. La deuxième cause de la crise qui a frappé Bayreuth réside dans le fait que les metteurs en scène modernes, quelle que soit leur origine, ont réinterprété l'œuvre de Wagner comme le symptôme des crises de la société bourgeoise. Pierre Boulez, qui a été le véritable catalyseur d'une nouvelle esthétique à Bayreuth entre 1975 et 1980, affirme que chez Wagner le musicien génial a prêté le flanc à la philosophie confuse et à l'idéologie scabreuse et xénophobe qui caractérisèrent l'auteur du *Judaïsme dans la Musique,* triste figure intellectuelle dans l'Europe de Hegel et de Marx. Hans Mayer, Robert Gutmann, Ludwig Marcuse, Hans Jürgen Syberberg et bien d'autres encore ont perçu les contradictions qui imprègnent l'œuvre wagnérienne. Ce phénomène de contestation a été amplifié encore par certaines publications de masse comme l'hebdomadaire *Der Spiegel*; à cela se sont greffés divers bouleversements scéniques à l'encontre de Wagner. Ce mouvement de radicalisation débuta dès 1970 avec un montage munichois de *L'Anneau du Nibelung* sans musique, dû à Ulrich Helsing. Il se poursuivit avec des mises en scène démystificatrices de la *Tétralogie* à Milan, Marseille, Kassel et Leipzig; il culmina enfin avec la célébration du centenaire du Festspielhaus, en 1976, lorsque Wolfgang Wagner confia cette œuvre monumentale au jeune metteur en scène français, Patrice Chéreau, qui accepta la redoutable tâche en repensant fondamentalement toute la dramaturgie wagnérienne. Le Rhin apparaît alors canalisé et sale; les ondines sont présentées comme des aventurières de la nuit; Wotan comme le chef d'une bande de scélérats; l'intérieur du Walhalla rappelle celui de Wahnfried; les walkyries transportent les morts dans un cimetière victorien; Mime apparaît comme un juif avare; Siegfried comme un stupide vagabond qui revêt un smoking pour épouser Gutrune; Hagen comme un gangster de Chicago...

Ce type de mise en scène procédant par *collage* laisse apparaître, à son tour, autant les hypothétiques contradictions internes de l'œuvre wagnérienne, que la profonde crise d'identité de la société néo-capitaliste et son esthétique ambigüe. Il n'existe aujourd'hui point d'œuvres qui puissent rivaliser avec celles de Mozart, de Verdi ou de Wagner. En ce qui concerne ce dernier, on prétend compenser l'amoindrissement de la qualité musicale du spectacle actuel par une mise en scène partielle, sinon partiale, et par des techniques d'acteur propres à la culture contemporaine de l'image. L'«œuvre d'art totale», conçue si solidement par son auteur, ne peut résister à de telles expériences. Elle y perd en premier lieu l'essence profonde de son contenu. Le spectateur est ainsi privé de tous repères linguistiques et musicaux d'origine: Wagner est doublement écarté et nous ne sommes plus en présence que d'un parti pris le plus souvent arbitraire. Les complices ou initiés de toutes sortes n'ont pas manqué d'applaudir à cette dénaturation flagrante de l'esprit du Ring, ignorant que le vieux mage de Bayreuth, ce démiurge et médium de l'Occident, les avait pourtant mis en garde en paraphrasant Bakounine: «De tout ce que l'on entendra, rien ne subsistera, y compris vous-mêmes qui applaudissez ici, ignorants de votre destin.»

Le scandale de 1976 partagea profondément le public de Bayreuth et, au-delà, les passionnés de Wagner. En dehors de Boulez et Chéreau, Wolfgang Wagner voulait faire appel à de célèbres chefs d'orchestre, comme Daniel Barenboim et Sir Georg Solti, ainsi qu'à des metteurs en scène aussi audacieux que Jean-Pierre Ponelle. Le fait de s'interroger sur l'avenir du Festival conduit inéluctablement à de nouvelles méditations sur le «cas» Wagner, mais aussi, inévitablement, sur le dépassement ou l'aggravation de la crise de notre culture.

Le Festival de Salzbourg

La ville de Salzbourg représente le cadre presque idéal pour un festival de musique. Son merveilleux paysage, son climat agréable en été et l'intérêt historique de ses édifices ajoutent à sa grande tradition musicale, qui remonte aux services liturgiques célébrés dans sa cathédrale au cours du premier tiers du XVIIe siècle.

En 1870, après une période de décadence des activités musicales salzbourgeoises, fut fondé le *Dommusikverein und Mozarteum.* Cette institution artistique fut créée dans le dessein de promouvoir diverses activités musicales et, en particulier, d'aviver l'intérêt pour la musique religieuse. Entre 1877 et 1910 eurent lieu huit festivals consacrés à Mozart, comportant des concerts et des représentations d'opéras, dirigés par des personnalités aussi prestigieuses que Richter, Mahler, Strauss, Mottl, Muck et Schalk. Entre 1910 et 1914 fut construite la salle du Mozarteum, encore aujourd'hui l'un des principaux centres d'activité du Festival. Après l'interruption due à la Première Guerre mondiale, le Festival se tint annuellement à partir de 1920.

Il semble que la date d'inauguration du Festival remonte au 22 août 1920, jour où fut représentée devant la cathédrale l'œuvre de Hofmannsthal, *Jedermann.* Depuis lors, cette représentation revient régulièrement à l'affiche du Festival.

L'année 1926 marqua le début de la riche collaboration entre le Festival et l'Orchestre Philharmonique de Vienne. Dès 1925, Max Reinhardt exploita les étonnantes possibilités théâtrales de la Felsenreitschule, séculaire école d'équitation dont la création remontait à 1662. C'est pour l'inauguration du Festspielhaus que fut produite l'œuvre de Goldoni: *Arlequin, Valet de Deux Maîtres.* La Felsenreitschule, qui est devenue l'un des lieux les plus caractéristiques du Festival, a elle aussi été le témoin de grandes productions, comme celle de *Fidelio* de Beethoven,

La ville de Salzbourg, située à l'ouest de l'Autriche, près de la frontière allemande, se voit richement décorée chaque année à l'occasion du Festival. Ci-dessous: une vue du Festspielhaus.

réalisée par Bruno Walter, ou celle du *Don Juan* de Mozart, par Wilhelm Furtwängler.

La salle du Festspielhaus, d'une capacité de 1383 spectateurs, est connue depuis 1960 sous le nom de Kleines Festspielhaus, pour la différencier du nouveau Grosses Festspielhaus.

Jusqu'au début de la Seconde Guerre mondiale, la direction de la plupart des spectacles d'opéras de Salzbourg incomba à de prestigieuses personnalités telles qu'Arturo Toscanini, Richard Strauss et Bruno Walter. A l'exception de quelques artistes invités, les principaux collaborateurs du Festival de ces années furent les meilleurs interprètes attachés aux Opéras de Vienne et de Munich. Le répertoire comprenait principalement des œuvres de Mozart, de Richard Strauss, le *Fidelio* de Beethoven et certaines œuvres de Weber, de Gluck et de Verdi.

Le Festival fut marqué par les exécutions mémorables d'Arturo Toscanini qui, entre 1935 et 1937, dirigea *La Flûte enchantée, Les Maîtres Chanteurs, Falstaff* et *Fidelio.*

Des circonstances politiques bien connues écartèrent ensuite du festival Toscanini ainsi que Bruno Walter. Wilhelm Furtwängler, Karl Böhm et Vittorio Gui prirent alors le relais.

En 1944, la guerre empêcha la création de l'œuvre de Strauss *Die Liebe der Danae,* dont la préparation était déjà au stade de la générale.

Après deux ans de silence dû à la guerre, le festival reprit ses activités normales en 1946. Son objectif prit une coloration nouvelle avec des représentations d'œuvres contemporaines comme *La Mort de Danton,* de Gottfried von Einem (1947); *Antigone,* de Karl Orff (1949); *Roméo et Juliette,* de Boris Blacher (1950); *Le Procès,* de von Einem (1953); *Pénélope,* de Rolf Liebermann (1954); *Légende irlandaise,* de Werner Egk (1955), etc. Mozart, toutefois, continua à occuper une place d'honneur. Des chefs d'orchestre comme Furtwängler et Böhm offrirent d'inoubliables versions des œuvres du grand génie salzbourgeois, avec le concours d'interprètes prestigieux comme Elisabeth Schwarzkopf, Irmgard Seefried, Lisa della Casa, Christa Ludwig, Anton Dermota, Cesare Siepi et Erich Kunz.

L'importance croissante du festival fit que la scène où se déroulaient la plupart des représentations, le Festspielhaus, devint insuffisante, tant par sa capacité que par ses ressources techniques. On en vint ainsi à construire un nouvel édifice, le Grosses Festspielhaus. Il fut érigé sous la direction de l'architecte Clemens Holzmeister sur le site même de l'ancien archevêché, dont on ne conserva que la façade et le foyer. Cette nouvelle salle, moderne et confortable, permet une visibilité totale depuis ses 2371 places réparties sur deux niveaux. La scène a été dotée des moyens techniques les plus perfectionnés. Elle peut varier, en largeur, entre 14 et 30 m; elle atteint une hauteur de 9 m et une profondeur de 23 m. La fosse peut contenir 120 musiciens et, cela va de soi, son acoustique est parfaite. Le Grosses Festspielhaus fut inauguré le 26 juillet 1960 avec une représentation du *Chevalier à la Rose,* dirigée par Herbert von Karajan et interprétée par Lisa della Casa, Hilde Güden, Sena Jurinac, Otto Edelmann et Erich Kunz.

En 1962, H. von Karajan remporta un grand triomphe avec *Il trovatore,*

La représentation des œuvres de Mozart — le fils favori de Salzbourg — constitue une constante du festival de musique que célèbre cette ville. Ci-dessous: une scène de son opéra Don Juan.

interprété par Leontyne Price, Giulietta Simionato, Franco Corelli et Ettore Bastianini. A partir de 1966, recherchant un résultat plus spectaculaire, ce grand chef d'orchestre assuma, en plus de la direction musicale, la mise en scène d'œuvres comme *Carmen* et *Boris Godounov.* Ses versions contrastaient avec les adaptations scéniques de Strehler ou de Ponnelle et avec la direction musicale de Böhm.

En 1970 fut célébré solennellement le cinquantième anniversaire de ce grand événement musical que constitue le Festival de Salzbourg, lequel a su également donner une nouvelle importance aux mises en scène sans toutefois sombrer dans des innovations trop révolutionnaires. En 1974, Salzbourg fêta les 80 ans d'un de ses plus fidèles collaborateurs: Karl Böhm. Herbert von Karajan, quant à lui, natif de Salzbourg, créa en 1966 son propre festival, célébré chaque année à Pâques.

Aujourd'hui, avec des manifestations faisant appel à des artistes mondialement renommés, le Festival de Salzbourg reste pratiquement le plus onéreux du monde si l'on s'en tient au prix des places. C'est pourquoi de nombreux mélomanes n'assistent qu'à des sérénades ou à des matinées.

Les Festivals de Glyndebourne, Edimbourg et Aldeburgh

La Grande-Bretagne est un pays de longue tradition en matière de festivals de musique. En 1715 fut fondé le Three Choirs Festival et, dès 1784 jusqu'en 1791, furent organisés les premiers festivals consacrés à un seul compositeur: Haendel. La tradition se perpétue aujourd'hui grâce aux importantes manifestations célébrées chaque années à Glyndebourne, Edimbourg et Aldeburgh.

Le Festival de Glyndebourne
Le Festival de Glyndebourne est le plus ancien et le plus prestigieux du pays. Les promoteurs de ce festival furent le mécène John Christie, ainsi que sa femme, la soprano Audrey Mildmay.

Près de leur demeure, non loin de Lewes, dans la région des South Downs, comté de Sussex, les Christie firent construire un théâtre d'une assez modeste capacité d'accueil (300 places). Devant un public peu nombreux, il fut inauguré le 28 mai 1934 avec une mémorable représentation des *Noces de Figaro* de Mozart. Fritz Busch en assura la direction et l'affiche rassem-

Le Festival de Glyndebourne, le plus prestigieux des festivals de musique célébrés chaque année en Grande-Bretagne, date de 1934 et fut créé par les Christie. La beauté et le calme de ses lieux comme la chaleur de ses représentations font de Glyndebourne le pôle d'attraction de tous les mélomanes.

bla des interprètes de grand talent comme Auliki Rautawaara, Audrey Mildmay (qui joua une délicieuse Susanna), Luise Helletsgruber, Roy Henderson et Willi Domgraf-Fassbaender. Dès le jour même de son inauguration, le festival revêtit une singularité qu'il n'a jamais perdue. Ainsi, de la gare londonienne Victoria, les spectateurs sont transportés en trains spéciaux pendant un peu plus d'une demi-heure jusqu'à Glynde, où des véhicules les attendent pour les emmener au théâtre. Par ailleurs, au moment de la première longue interruption du spectacle, le souper est servi au restaurant, ou dans un *self-service*, ou encore en plein air, si le temps le permet, dans la

verte prairie où les spectateurs en tenue de soirée peuvent ainsi se détendre.

Le lendemain de l'inauguration du festival, une représentation de *Così fan tutte* maintint le haut niveau de qualité obtenu le jour précédent. Cependant, l'assistance était encore très peu nombreuse — bien qu'elle augmentât légèrement les jours suivants — et le premier Festival de Glyndebourne se solda par un déficit important pour les Christie. Toutefois, le sérieux dont avait fait preuve cette entreprise généreuse et audacieuse porta finalement ses fruits.

C'est dès 1939 que se développa le véritable Théâtre de Glyndebourne, avec une capacité de 600 spectateurs (800 aujourd'hui). Il avait déjà obtenu une adhésion progressive de la part du public. Cependant, la Seconde Guerre mondiale fit interrompre les représentations. Les activités reprirent en 1946 mais, peu après, une grave crise ayant pour objet le mécénat des Christie mit en péril l'existence du festival. Il est aujourd'hui géré par la Glyndebourne Festival Society et par le Glyndebourne Arts Trust, fondé en 1954.

Fritz Busch décéda en 1951. Il fut remplacé par Vittorio Gui, lequel avantagea fortement l'opéra italien et fut à son tour remplacé par John Pritchard et Bernard Haitink. Audrey Mildmay mourut en 1953 et John Christie en 1962. Ce dernier était de dix-huit ans plus âgé que son épouse. En 1959, Carl Ebert se retira et Günther Rennert prit sa succession.

Devant le succès de ce festival, la faible capacité de son théâtre devint rapidement problématique, notamment quant à la location des places au dernier moment. Pour pallier cet inconvénient, il fut décidé de donner de chaque œuvre plusieurs représentations.

Le Festival d'Edimbourg

Avec l'aide de la Glyndebourne Society naquit en 1947 un autre festival britannique: celui de la ville écossaise d'Edimbourg. Son fondateur et premier directeur (de 1947 à 1949) fut un homme étroitement lié au Festival de Glyndebourne, Rudolf Bing. Celui-ci céda son poste à Ian Hunter, qui fut ensuite successivement remplacé par Lord Harewood, Peter Diamand et John Drummond. Doté d'un budget élevé grâce à l'aide officielle et à l'intervention du British Council, le Festival d'Edimbourg put immédiatement afficher un programme très ambitieux.

Ce festival, qui se déroule pendant trois semaines durant les mois d'août

et de septembre, offre en effet un très large éventail de possibilités: opéra, concerts symphoniques, musique de chambre, récitals, auditions chorales, ballets, théâtre dramatique, expositions, cycles cinématographiques ainsi que des récitals de poésie, de jazz, de musique pop et même spectacles folkloriques ou de cabaret. Ces multiples manifestations parallèles ont contribué à lui conférer un aspect très particulier. La cérémonie d'ouverture du festival s'accompagne de nombreux défilés dans toute la ville, qui vibre ainsi à l'unisson de ce grand événement artistique annuel.

Ce festival a réussi à atteindre un équilibre harmonieux, tant en ce qui concerne sa programmation que ses interprètes ou encore son assistance. Les principaux concerts y sont donnés sur la scène du Usher Hall, salle de 2600 places. La faiblesse du Festival d'Edimbourg réside toutefois dans l'absence d'une authentique scène d'opéra. Les représentations d'art lyrique se déroulent en effet au King's Theatre, dont la scène mesure seulement 6 m de large, 6 m de haut et 18 m de profondeur; la capacité de la salle est quant à elle de 1473 spectateurs.

Ci-dessous: l'Orchestre de Chambre Polonais, sous la direction de Jerzy Maksimiuk, lors d'un concert au Festival d'Aldeburgh. Fondé par Benjamin Britten en 1948, ce festival privilégie plus particulièrement la musique contemporaine.

Inauguré le 18 août 1906, le King's Theater n'en a pas moins été le témoin de plusieurs événements marquants du Festival d'Edimbourg.

Le Festival d'Aldeburgh

En 1948, l'Angleterre vit naître un autre festival de musique: celui d'Aldeburgh. De caractère plutôt informel et régi par des principes assez particuliers, ce festival fut fondé par l'une des personnalités les plus prestigieuses de la vie musicale britannique: Benjamin Britten, qui s'assura la collaboration d'Eric Crozier et de Peter Pears.

La ville d'Aldeburgh est située sur la côte du Suffolk, la région natale de Britten. Son festival, sans délaisser pour autant d'autres aspects, privilégie les œuvres du grand musicien ainsi que celles d'autres compositeurs anglais. Ce festival a ainsi vu la création d'œuvres diverses: *Let's make an Opera* (1949), de Britten; *A Dinner Engagement* (1954), de Lennox Berkeley; *Noyes Fludde* (1958) et *A Midsummer Night's Dream* (1960), de Britten; *English Eccentrics* (1964), de Malcolm Williamson; *Punch and Judy* (1968), de Harrison Birtwistle, et *Death in Venice* (1973), de Britten.

Après la mort de Britten survenue en 1976, le Festival d'Aldeburgh continua à rendre hommage à son fondateur. C'est ainsi que l'on inaugura l'édition du Festival de 1981 avec une représentation de *Prodigal Son*.

Salles de concert

Vers 1740, les classes privilégiées d'Europe éprouvèrent l'urgente nécessité de disposer de salles de concert publiques, qui répondent enfin aux exigences issues de l'évolution des techniques et des genres musicaux. Jusque-là, dans la plupart des cas, les concerts avaient en effet lieu dans des locaux non destinés à cet effet et face à des publics non avertis. Les théâtres, par exemple, étaient ainsi fréquemment utilisés pour des auditions au cours desquelles la musique servait de préambule aux représentations scéniques. Les tavernes et les salons de quelques demeures se transformèrent également en petites salles de concert; elles jouèrent assurément un rôle d'importance dans la diffusion de la musique, mais ne pouvaient offrir, pour d'évidentes raisons d'espace et de sonorité, que des œuvres de musique de chambre.

La construction des premières salles de concert proprement dites date du milieu du XVIIIe siècle. La Holywell Music Room de Oxford (1742) et la salle de l'ancien Gewandhaus de Leipzig (1781) reflètent bien l'évolution de la situation résultant, entre autres facteurs, de l'essor de la bourgeoisie. La bourgeoisie montante réclamait en effet de nouvelles formes de concert qui traduisent mieux ses conceptions et son importance sociale.

Vienne, qui disposait de plusieurs palais et théâtres pour ses manifestations musicales, dut attendre 1829 pour voir naître une salle exclusivement consacrée à la musique. De nos jours, cette ville abrite deux grandes salles de réputation internationale qui accueillent les meilleurs orchestres, interprètes et chefs d'orchestre du monde: le Musikverein et le Konzerthaus. La première, de style classique, date de 1867-1869. Elle fut conçue par l'architecte danois Theophil Hansen. Cette salle, d'une capacité de plus de 2000 spectateurs, se distingue par sa somptuosité, ses tons clairs et ses lambris dorés. Les cariatides qui ornent sa galerie datent de 1911.

Construit en 1913 sous la direction des architectes Baumann, Fellner et Helner, le Konzerthaus offre une architecture résultant de la juxtaposition de deux esthétiques différentes: l'intérieur y est de style néo-classique et l'extérieur de style moderne. D'apparence réduite, le premier étage compte néanmoins trois salles qui peuvent respectivement accueillir 2030, 893 et 414 auditeurs.

Londres peut également s'enorgueillir d'une longue tradition, avec des salles comme le Royal Albert Hall, construit en 1871 dans le style victorien. A la suite de la destruction du Queen's Hall en 1941, le Royal Albert Hall devint la première salle de concert de Londres. Toutefois, en raison de son énorme capacité d'accueil — 10000 personnes — de sa grande hauteur et de sa forme elliptique, le son ne se propage pas partout avec la même uniformité, ce qui nuit à la qualité acoustique des auditions. Signalons que l'espace des fauteuils d'orchestre a été conçu pour que les auditeurs puissent s'asseoir, rester debout et même s'allonger. Parmi les concerts prestigieux donnés au Royal Albert Hall, citons ceux qui furent dirigés par Richard Wagner en personne, dans le cadre du cycle «Wagner Festival Concerts» qui se déroula en 1877.

Edifié en 1893, le Queen's Hall comportait une grande et une petite salle. Après la démolition du St. James's Hall en 1905, le Queen's Hall devint le centre principal des activités musicales de Londres jusqu'à sa destruction lors du bombardement du 10 mai 1941, au cours de la Deuxième Guerre mondiale.

Le Royal Festival Hall fut achevé en 1951. Conçu selon l'architecture anglaise moderne, il dispose de 3000 places et l'originalité de son architecture intérieure en fait une salle de concert exemplaire. Les parties latérales de l'édifice sont pourvues de balcons en saillie et le plafond est conçu selon les normes acoustiques les plus parfaites. Les créateurs de cet édifice furent J. L. Marwin et R. Mathew.

New York est dotée d'une salle prestigieuse construite en 1891: le fameux Carnegie Hall. L'intérieur de cet édifice présente l'aspect d'un théâtre à quatre étages; extérieurement, en revanche, il ne correspond pas aux fonctions auxquelles il a été destiné. Avec le Avery Fisher du Lincoln Center, le Carnegie Hall constitue le foyer de l'activité musicale de New York.

Le Avery Fisher Hall, primitivement dénommé Philharmonic Hall, date quant à lui de 1962. De style fonctionnel, il est installé dans l'enceinte du Lincoln Center, complexe de théâtres et de salles de concert situé à Broadway, qui comprend, entre autres, le Metropolitan Opera House et le New York State Theater. En 1973, Avery Fisher, afin d'améliorer l'acoustique absolument déplorable de cette salle, fit don d'une somme considérable. Mais l'amélioration ne se produisit qu'en 1976, grâce aux six millions de dollars qu'apportèrent Fisher et d'autres puissants industriels pour que l'aménagement de la salle puisse enfin être réalisé. Cyril M. Harris fut chargé de mener à bien ce projet de rénovation. Actuellement, cette salle est le siège de l'Orchestre Philharmonique de New York.

La première Philharmonie de Berlin fut construite en 1888 sur l'emplacement d'une ancienne salle de patinage de style néo-clasique. Elle fut détruite durant la Deuxième Guerre mondiale.

L'architecte Hans Scharoun sut doter cette enceinte de conditions acoustiques parfaites. La particularité de cette salle réside en ce que les galeries et les tribunes ont été disposées tout autour de l'orchestre.

La ville allemande de Leipzig vit se construire également, en 1888, un édifice qui devint le modèle et le prototype des futures salles de concert: le nouveau Gewandhaus de Leipzig. Il fut conçu par Gropius et Schmieden dans le plus pur style classique. Les murs sont recouverts de bois et la partie haute offre un jeu de pilastres, ce qui favorise notablement son acoustique.

La Maison de la Radio berlinoise, datant de 1929, fut reconstruite fidèlement selon l'ancien plan, quarante ans plus tard. En forme de trapèze, elle possède comme la précédente une excellente acoustique. La Berliner Musikhochschule est une autre salle de concert bien connue. Cet édifice d'une grande sobriété a été construit en 1954.

La fameuse Salle Pleyel est l'une des salles de concert les plus célèbres de Paris. Elle fut construite en 1830 par la maison d'édition du même nom, dans la rue Rochechouart. Reconstruite en 1927, elle est dotée de trois salles. La plus grande d'entre elles possède une capacité de 3000 personnes et compte deux galeries supplémentaires. En accord avec les principes de l'acoustique, sa base épouse une forme trapézoïdale et son plafond présente une pente prononcée en direction des gradins. Outre la Salle Pleyel, Paris peut s'enorgueillir de lieux de concert très fréquentés comme le Palais des Congrès et le Théâtre des Champs-Elysées.

Entre autres salles de style baroque, il convient de citer plus particulière-

Les étonnantes qualités acoustiques du siège de l'Orchestre Philharmonique de Berlin font de cette salle de concert une des meilleures et des plus réputées du monde.

ment la Tonhalle de Munich (1895), détruite en 1944, la Musikhalle de Hambourg (1904-1908) et le Mozarteum de Salzbourg (1914). La tendance moderniste des débuts du siècle favorisa la construction de divers édifices d'intérêt artistique. Parmi eux figurent la Salle Smetana de l'Hôtel de Ville de Prague (1906-1911), due aux architectes O. Polivka et A. Balsánek, et le Palais de la Musique catalane, à Barcelone. Achevée en 1908, cette merveilleuse salle, superbement ornementée, est l'œuvre de Lluis Domènech i Montaner.

Nombreuses sont les salles qui mériteraient également d'être mentionnées. Contentons-nous de n'en citer que quelques-unes comme l'Ancien Club Mobilier de Leningrad (1834-1839), le Concert Hall de Liverpool (1849), le Palais des Beaux-Arts de Bruxelles, la Finlandia-Halle de Helsinki, œuvre d'Alvar Aalto, le Victoria Hall de Genève, etc.

Grands interprètes

La conception selon laquelle toute œuvre musicale doit faire l'objet d'une interprétation appropriée a connu une évolution importante tout au long des siècles. Jusqu'au milieu du XVIIIᵉ siècle, les interprètes jouissaient d'une relative liberté créatrice, ce qui leur permettait de développer sans contrainte leur inspiration et de traiter avec une désinvolture surprenante l'œuvre qu'ils exécutaient. L'idée originale du compositeur s'en trouvait ainsi souvent dénaturée. Mais, dès la fin de ce siècle, c'est-à-dire à partir du moment où les partitions furent entièrement écrites, la première et principale qualité du concertiste résida désormais dans le fait de respecter totalement l'inspiration du compositeur et d'interpréter l'œuvre avec une fidélité scrupuleuse. A gauche et à droite: Nicanor Zabaleta, remarquable virtuose espagnol de la harpe et Artur Rubinstein, l'un des plus prestigieux interprètes de la pensée et de l'œuvre musicale de Chopin.

Les instruments à clavier et leurs interprètes

Au début de notre siècle, la musique ancienne a fait l'objet d'un regain d'intérêt. Pratiquement étouffé au XIXᵉ siècle par la brillante et progressive évolution du piano, le clavecin allait alors reprendre de l'importance et entreprendre un long et difficile chemin pour s'imposer comme l'instrument le plus approprié à l'interprétation de la musique pour clavier des XVIIᵉ et XVIIIᵉ siècles. Cette attention nouvelle portée aux particularités techniques et musicales de cet instrument jusque-là délaissé ne manqua pas d'attirer l'attention des compositeurs contemporains, qui lui consacrèrent dès lors certaines pages d'une importance toute significative. L'une de ces œuvres, le *Concerto pour clavecin et cinq instruments* de Manuel de Falla, fut dédiée à l'une des clavecinistes les plus prestigieuses du monde: Wanda Landowska (1879-1959).

Née à Varsovie, Wanda Landowska apprit le piano à 4 ans et fut considérée, dès l'âge de 21 ans, comme l'un des grands interprètes de cet instrument. En 1895, à Berlin, elle étudia la composition et le contrepoint avec les maîtres Urban, Rudolph Ganz et Joseph Hofmann. Elle s'installa ensuite à Paris en 1900 où elle eut de nouveaux contacts qui lui permirent de goûter au domaine de la musicologie; ce fut alors pour elle le début d'un grand travail de recherche. Dès lors, tous ses efforts eurent pour but la construction d'un clavecin, sa connaissance et son étude approfondie pour pouvoir interpréter, avec la plus grande fidélité possible, les œuvres de ses compositeurs favoris: Bach, Rameau et Mozart.

Ralph Kirkpatrick est l'un des continuateurs les plus brillants de l'œuvre et de l'art de Wanda Landowska. Né à Leominster, dans le Massachusetts, en 1911, il entreprit comme elle des études musicologiques très poussées. Entre autres travaux, on lui doit l'édition de quelque 60 sonates de Scarlatti et des *Variations Goldberg.* En 1964, il fut nommé professeur de l'Université de Californie et en 1965 de celle de Yale. Kirkpatrick s'est également forgé une réputation d'excellent clavicordiste. Il a réalisé de nombreux enregistrements discographiques dont celui du *Clavecin bien tempéré,* interprété précisément au clavicorde.

Le clavecin, oublié au XIXᵉ siècle, revécut au XXᵉ grâce à Wanda Landowska.

La Schola Cantorum Basilensis forma un autre des grands clavecinistes et musicologues de notre siècle: Gustav Leonhardt. Né à Graveland, en Hollande, en 1928, il joua pour la première fois à Vienne en 1950. Sa manière d'utiliser les registres, son articulation, sa prodigieuse technique et sa connaissance des clavecins de différentes époques et de différents pays, lui permirent d'enregistrer des œuvres de J. S. Bach, C. P. E. Bach, Johann K. Kerll, Jean de Macque et bien d'autres. L'instrument sur lequel il a réalisé ses enregistrements est l'un des plus parfaits du point de vue de sa reconstitution, tant sur le plan esthétique que technique et sonore.

L'école de Leonhardt forma, entre autres, Bob van Asperen, claveciniste et musicologue né à Amsterdam en 1947. Membre fondateur du Quatuor Hotteterre, il collabora à des mouvements comme celui du Collegium Aureum et du Leonhardt Consort et travailla avec des solistes comme Frans Brüggen, Lucy von Dael et Max von Egmond. Il doit sa réputation de claveciniste avant tout à ses réalisations parfaites de basse continue. Ses enregis-

trements des *Sonates Wüttenberg* de C. P. E. Bach lui valurent le Prix Edison.

Alan Curtis, élève lui aussi de Leonhardt, aime particulièrement jouer les œuvres du XVIIIᵉ siècle. Grand spécialiste de la musique ancienne, il a édité dernièrement les œuvres de Couperin.

Faute de place, nous nous contenterons malheureusement de ne citer que certains des autres grands noms du clavecin contemporain, comme Huguette Dreyfus, Kenneth Gilbert, Colin Tilney, Rafael Puyana, etc.

Dans le domaine de l'orgue, l'un des plus remarquables organistes de notre temps reste Helmut Walcha. Né à Leipzig en 1907, il devint aveugle à 16 ans. Il poursuivit ses études dans sa ville natale avant de devenir organiste de la Thomaskirche de Leipzig et de la Friedenkirche de Francfort. Prestigieux interprète de Bach, il préfère jouer sur des instruments originaux ou proches d'eux, dans leur reproduction, utilisés à l'époque du *Kantor* de Leipzig. Il a enregistré, entre autres, l'œuvre pour orgue de Bach.

Dans le panorama contemporain des grands pianistes, deux figures prestigieuses se détachent tout particulièrement: celles d'Artur Rubinstein et de Vladimir Horowitz. Radicalement différents quant à leur conception respective de la musique et leur style d'interprétation, ils ont en commun la haute qualité de leurs exécutions et constituent tous deux des figures de références dans l'histoire du piano. Né à Kiev en 1904, Vladimir Horowitz fut l'élève de Félix Blumenfeld. Dès l'âge de 20 ans, il se fit une renommée en Europe occidentale, en commençant par Berlin. Peu après avoir visité Londres, il s'embarqua pour les Etats-Unis. Il allait rencontrer la consécration universelle grâce à son interprétation, en 1930, du *Concerto pour piano et orchestre en ré mineur* de Rachmaninov, avec le London Symphony Orchestra dirigé par Mengelberg. Malgré ses déplacements peu fréquents, Horowitz est, au niveau international, l'un des rares pianistes qui soit incontestable. Son extraordinaire technique, liée étroitement à une étude méticuleuse des différentes caractéristiques des styles musicaux, contribue à faire de lui un «virtuose» au sens propre du terme.

Le tempérament artistique de Rubinstein, vigoureux et poétique à la fois, différait de l'éclat attachant dont se pare Horowitz. Né à Lodz (Pologne) en 1887 et mort à Genève en 1982, il étudia le piano à Berlin avec Bartsch et Breithaupt et la composition avec Kahn et Max Bruch. Il se révéla rapidement être un enfant prodige et dès l'âge de 12 ans il joua avec l'orchestre de Berlin. Dès 1905, il entreprit des tournées de concerts dans le monde entier. Lors de la Seconde Guerre mondiale, il s'exila aux Etats-Unis et finit par se faire naturaliser Nord-Américain en 1946. On peut dire des interprétations de Rubinstein qu'elles sont empreintes d'un léger mysticisme. Leur incontestable qualité de dessin ressort tout particulièrement dans la traduction des œuvres de Chopin.

Arthur Schnabel fut une autre grande figure des virtuoses du clavier. Il naquit à Lipnik (Autriche) en 1882 et mourut à Axenstein (Suisse) en 1951. Il effectua ses études à Vienne. Il se distingua non seulement comme excellent concertiste, mais aussi comme remarquable pédagogue. En 1933, l'Université de Manchester lui décerna le titre de Docteur en musique. Il reçut également nombre d'autres titres similaires en Autriche et en Allemagne. Son succès reste pour une part attaché à ses étonnantes interprétations pianistiques des *Sonates* de Beethoven.

Héritier de la tradition pianistique de Liszt, surnommé par la critique internationale le «noble poète du piano», Claudio Arrau est né à Chillán (Chili) en 1903. Il donna son premier concert à l'âge de 5 ans. A 20 ans, il entreprit des tournées aux Etats-Unis où il joua notamment avec l'Orchestre Symphonique de Boston, sous la direction de Pierre Monteux. Il étudia à Berlin avec Martin Krause, élève de Liszt. Son nom reste associé à la musique romantique de Brahms et de Schumann.

Elève de Heinrich Neuhaus, le grand pianiste et pédagogue russe Sviatoslav Richter naquit en 1914 en Ukraine. Il étudia tout d'abord avec son père. Il remporta le Prix Staline en 1949. Il commença sa carrière de concertiste à l'âge de 28 ans et connut son premier succès international en 1960.

Wilhelm Kempff reste l'un des plus grands pianistes de ce siècle. Il naquit en 1895 à Jüterbog (Allemagne), au sein d'une famille de musiciens. Pendant deux ans, il suivit les cours à l'Ecole supérieure de musique de Berlin. Il entreprit ensuite des tournées dans le monde entier. De 1924 à 1929, il dirigea l'Ecole supérieure de musique de Stuttgart. Comme pianiste, il s'intéressa aux répertoires classique et romantique, et demeure surtout connu pour ses interprétations de Beethoven.

Autre grand pianiste allemand, Alfred Brendel naquit à Wiesenberg (Moravie) en 1931. Il étudia avec Paul Baumgartner et fut également l'élève d'Edwin Fisher et d'Edward Steuermann. Ce fut le prix qu'il remporta au Concours Busoni qui l'encouragea à entreprendre une carrière pianistique. Son répertoire s'étend de Haydn à Schönberg. Il s'intéresse plus particulièrement à la musique de Schubert, Beethoven, Liszt et Mozart (surtout à ses concertos pour piano).

En Italie, Arturo Benedetti Michelangeli et Maurizio Pollini figurent au

premier plan des grandes figures du clavier. Né à Brescia en 1920, Michelangeli appartient à cette rare classe d'artistes préoccupés d'atteindre à la plus haute perfection dans le travail et considérant cet aspect comme la condition préalable indispensable. Maurizio Pollini possède une technique puissante et sûre. Il jouit d'une grande réputation internationale. Né à Milan en 1942, il fut l'élève de Michelangeli. Grand interprète des classiques, il se distingue également comme un ardent défenseur de la musique du XXe siècle.

Alicia de Larrocha apparaît elle aussi comme une pianiste de renommée mondiale. Née à Barcelone en 1923, elle fut l'élève de Frank Marshall et l'héritière de la tradition interprétative de Granados. Dès 1965, elle effectua d'innombrables tournées dans le monde entier. Connue à l'échelon international pour ses enregistrements et interprétations des œuvres de Granados et Albéniz, elle doit également son prestige croissant à ses merveilleux talents d'interprète des répertoires classique, romantique et impressionniste.

Beaucoup d'autres grands pianistes mériteraient autant d'attention que les précédents. Mais leur nombre déborde le cadre de cette étude et nous nous contenterons de citer parmi les plus représentatifs les noms de Stefan Askenase, Wilhelm Backhaus, Julius Katchen, Daniel Barenboim, Walter Gieseking, Alexis Weissenberg, Rudolf Serkin, Murray Perahia, etc.

A gauche: la pianiste espagnole Alicia de Larrocha jouant avec le compositeur Federico Mompou. Ci-dessous: le pianiste et chef d'orchestre Daniel Barenboim.

Les instruments à archet et leurs virtuoses

Le groupe des instruments à cordes frottées, constitué par le violon, l'alto, le violoncelle et la contrebasse, est apparu au début du XVIe siècle. Dès lors, à l'histoire de chacun des membres du «quintette» va s'associer le nom de grandes figures, virtuoses et maîtres de différentes écoles qui ont contribué au cours de ces siècles à l'évolution des techniques. Il convient ainsi de citer Paganini, Spohr, Sivori, Ernst, Vieuxtemps, Sarasate et Joachim pour le violon; Duport, Romberg, Servais, Piatti et Popper pour le violoncelle; Dragonetti, Bottesini et Koussevitzki pour la contrebasse. L'alto, quant à lui, ne joua qu'un rôle secondaire pendant de longues années; en effet, dans la plupart des musiques du XVIIIe siècle, on l'utilisait seulement pour doubler à l'octave la partie des basses. Ainsi, et pour d'autres raisons encore, le nombre d'altistes virtuoses reste sensiblement inférieur à celui des interprètes d'autres instruments. Nous ne citerons donc que le compositeur Karl Stamitz (1745-1801), pour avoir été l'un des premiers à réserver une partie indépendante à cet instrument,

Le grand violoniste russe, nationalisé Nord-Américain, Jascha Heifetz fut un enfant prodige. Il entreprit ses premières tournées comme concertiste dès l'âge de 12 ans.

et Lionel Tertis (1876-1975), pour avoir enrichi le répertoire de l'alto pour la transcription de nombreuses œuvres écrites à l'origine pour le violon.

Parmi les grands violonistes de notre siècle, il faut citer tout d'abord Fritz Kreisler, Autrichien né à Vienne en 1875. Il étudia le violon avec Hellmesberger à Vienne, puis avec Massart à Paris. Fort d'une grande technique et d'une profonde sensibilité, il fit connaître son tempérament artistique en réalisant des tournées dans le monde entier. Il mourut à New York en 1962.

Autre grand violoniste de notre époque, le Tchèque Jan Kubelik (1880-1940) avait été formé quant à lui au fameux Conservatoire de Prague. Il était le père du chef d'orchestre bien connu, Rafael Kubelik. Né à Mischle (Prague), il débuta à Prague et à Vienne à l'âge de 18 ans et, à 20 ans, à Londres. Considéré comme un remarquable virtuose, les critiques le surnommèrent le «second Paganini». Il se vit décerner la médaille Beethoven (1902) et la médaille Paganini (1905). Kubelik était surtout apprécié pour le sens qu'il donnait à chacun des passages d'une composition, respectant néanmoins la conception globale du style du compositeur.

Jascha Heifetz fut l'un des plus grands violonistes de notre temps. C'est par son père qu'il eut ses premiers contacts avec la musique. Né à Vilna, Lituanie, en 1901, il étudia à l'école de musique de sa ville natale. A l'âge de 9 ans, il fut admis comme le plus jeune élève des fameuses classes d'Auer du Conservatoire impérial de Saint-Pétersbourg. A 12 ans, il partit en tournée et sillonna la Russie, l'Allemagne et la Scandinavie, remportant partout de grands succès. Un an plus tard, il joua au Gewandhaus de Leipzig sous la direction d'Arthur Nikisch. Dès lors, il honora de sa présence les salles de concert les plus prestigieuses du monde.

Trois ans plus tard naquit à Odessa un autre violoniste d'une qualité exceptionnelle: Nathan Milstein. Il reçut ses premières leçons musicales de sa mère. Après avoir suivi des études au Conservatoire de Saint-Pétersbourg sous l'autorité de Stoljarski et d'Auer, il fit la connaissance du grand violoniste Eugène Isaye. Milstein débuta à l'âge de 10 ans au

Conservatoire Glazounov. A 19 ans, il entreprit sa première tournée en Russie, accompagné du grand pianiste Vladimir Horowitz. En 1925, il quitta son pays natal et forma un trio avec le même Horowitz et le violoncelliste Gregor Piatigorski. Milstein doit une bonne part de sa renommée à ses étonnantes interprétations des sonates pour violon de Bach.

Odessa vit naître également quatre ans plus tard, en 1908, le grand violoniste David Oistrakh à qui Chostakovitch a dédié les *Concertos pour violon* N^{os} *1* et *2*. Il débuta à Moscou en 1933, et en 1937 remporta le premier prix au Concours international de Bruxelles. Comme tout grand interprète, il se vit obligé d'entreprendre de nombreuses tournées. Il se présenta pour la première fois à Paris et à Londres en 1953, puis seulement un an plus tard aux Etats-Unis. Il se consacra également à la direction d'orchestre, mais s'imposa surtout comme un interprète d'un grand tempérament qui savait tirer de son violon des sons d'une richesse et d'une qualité rarement égalées. Oistrakh mourut à Amsterdam en 1974.

Yehudi Menuhin est l'un des plus prestigieux violonistes vivants. Né à New York en 1916, il étudia la musique dès l'âge de 4 ans. Il suivit l'enseignement de Louis Persinger, Adolf Busch et Georges Enesco. Sa première apparition publique remonte à 1924. Mais c'est surtout son interprétation des concertos de Bach, Beethoven et Brahms, en 1929 avec l'Orchestre Philharmonique de Berlin, dirigé par Bruno Walter à Berlin, Dresde et Paris, qui lui valut la conquête de sa renommée de grand virtuose. Sa première prestation à l'Albert Hall de Londres, à l'âge de 13 ans, provoqua l'admiration du public. Bartók lui dédia la *Sonate pour violon solo* et Elgar son *Concerto pour violon*.

Remarquable violoniste, Henryk Szeryng s'affirma lui aussi comme un enfant prodige. Il vint au monde à Varsovie en 1918. Il suivit les cours de Carl Flesch à Berlin jusqu'à l'âge de 13 ans. Il fit ensuite à Paris la connaissance d'Enesco et de Jacques Thibaud. Il commença sa carrière en 1931 à Varsovie, Bucarest, Paris et Vienne. A la fin de la guerre, il s'installa à Mexico où il occupa un poste de professeur à l'Université nationale. Szeryng prit la nationalité mexicaine en 1946.

Ci-dessus: Yehudi Menuhin, l'un des grands virtuoses actuels du violon, aux côtés de son fils Jeremy, dans leur chalet en Suisse.

Il a réalisé de nombreux enregistrements discographiques et s'est vu attribuer cinq fois le Grand Prix du disque.

Isaac Stern est l'un des plus grands violonistes de notre époque. Sa virtuosité exceptionnelle l'a amené à voyager dans tous les pays. Né en Russie en 1920, il s'installa avec sa famille aux Etats-Unis alors qu'il était encore enfant. Stern débuta en 1934 à San Francisco avec l'Orchestre Symphonique de cette même ville. En 1943, il se produisit à New York et dès lors commença une importante carrière de concertiste. Il participa en effet à de nombreux festivals, dont ceux d'Edimbourg (1953) et de Prades (1951, 1952).

Parmi les grandes figures du violon contemporain, il faut mentionner également les noms d'Itzhak Perlman et de Pinchas Zukermann — tous deux élèves de l'Ecole Julliard — ainsi que ceux de Joseph Suk — père et fils — Igor Oistrakh, Felix Ayo, Gidon Kremer, Christian Ferras, etc.

Dans le domaine de l'alto, Cecil Aronowitz est considéré comme l'un des plus grands interprètes de notre siècle. Il naquit à King William Town (Afrique du Sud) en 1916. Il étudia tout d'abord le violon avec Rivarde et la composition avec Williams. Il n'aborda l'alto que plus tard. Il fut le premier altiste du Boyd Neel Orchestra, du London Players et de l'English Chamber Orchestra. Aronowitz fut membre fondateur de l'ensemble Melos. Il mourut à Ipswich en 1978.

William Primrose est l'un des altistes actuels les plus connus. Il naquit à

entreprit très jeune des tournées de concerts. Avec Cortot et Thibaud, il forma un trio célèbre. En 1919, il fonda l'Orchestre Casals à Barcelone, et le Festival de Prades en 1950. En 1956, il s'installa définitivement à Porto-Rico où il mourut en 1973.

Pierre Fournier, né à Paris en 1906, est lui aussi une grande figure du violoncelle moderne. A l'encontre de certaines écoles qui considèrent le vibrato comme l'unique possibilité expressive de cet instrument, Fournier accorde une grande importance au domaine de l'archet. Il a interprété de la musique de chambre avec Schnabel, Primrose, Szigeti, etc. Pierre Fournier a également reçu nombre de prix importants.

Né en Russie en 1927, au sein d'une famille de musiciens, Mstislav Rostropovitch remplit toujours les salles de

Ci-dessus: photographie de Pablo Casals. Ce dernier mena parallèlement trois brillantes carrières de violoncelliste, de chef d'orchestre et de compositeur.

Glasgow en 1903 et mourut dans l'Utah (USA) en 1982. Après avoir tout d'abord étudié le violon avec Ysaye, il joua comme altiste dans le London String Quartet et dans l'Orchestre Symphonique de la NBC. Il se produisit comme soliste à plusieurs reprises. Rappelons enfin que c'est à son intention que Bartók écrivit son *Concerto pour alto.*

Au premier plan des violoncellistes s'inscrit incontestablement la figure mythique de Pablo Casals. Sa grande sensibilité, sa puissance expressive et sa prodigieuse technique ont soulevé l'admiration passionnée de tous les pays où il a joué. Il naquit à Vendrell (Tarragone) en 1876. Après avoir suivi des études à Barcelone et Madrid, il

Ci-dessus: photographie de l'illustre violoncelliste russe Mstislav Rostropovitch, lors de son séjour à Lausanne en octobre 1977.

concerts. Après l'avoir entendu, un critique viennois déclara à son sujet qu'il avait conçu une nouvelle idée sur la façon de jouer du violoncelle. Le style de son interprétation encouragea de nombreux compositeurs à écrire diverses œuvres pour cet instrument. Shostakovich, Prokofiev et Britten lui dédièrent leurs œuvres. Connu surtout comme instrumentiste virtuose, Rostropovitch est également un brillant chef d'orchestre.

En plus des virtuoses précédemment cités, le monde du violoncelle peut s'enorgueillir de figures de premier plan comme Siegfried Palm (interprète bien connu de musique contemporaine), Janos Starker, le Roumain Radu Adulesco, Paul Tortelier, etc.

Autres grands instrumentistes

Tout au long du XVIIIe siècle, plusieurs instruments du groupe des bois (comme la flûte, le hautbois, la clarinette et le basson) et des cuivres (comme le cor et la trompette) occupèrent une place privilégiée au sein de nombreux concerts orchestraux et de chambre. Nombre de virtuoses de l'époque stimulèrent l'inspiration des grands compositeurs.

Aujourd'hui, ces instruments sont arrivés à un degré de perfection de facture inconcevable aux époques précédentes.

La popularité dont jouit Jean-Pierre Rampal, flûtiste né à Marseille en 1922, résulte d'une intense activité comme interprète soliste et musicien de chambre. Il suivit des études dans sa ville natale et à Paris. Il fut le fondateur du Quintette à Vent français et de l'Ensemble baroque de Paris. A partir de 1945, il entreprit de grandes tournées dans le monde entier. Il poursuit un inlassable travail pédagogique au Conservatoire de Paris ainsi que dans différents autres lieux. Né à Belfast en 1939, James Galway s'est affirmé lui aussi comme un flûtiste de premier plan grâce à sa parfaite technique. Il suivit l'enseignement de John Francis, Geoffrey Gilbert, et, à Paris, les cours de Crunelle et Rampal. Il a occupé la place de premier flûtiste dans différents orchestres. Depuis 1975, il exerce une grande activité comme interprète de musique de chambre, surtout en tant que soliste. Entre autres grands flûtistes, rappelons également les noms d'Aurèle Nicolet, connu pour ses prestations au sein de l'Orchestre Bach de Munich; Werner Tripp, excellent virtuose autrichien; Claude Monteux, remarquable interprète de Mozart; d'autres instrumentistes se sont plus particulièrement tournés vers la musique ancienne, jouant généralement sur des instruments d'origine; il s'agit de David Monrow, déjà disparu, René Clemencic, créateur du Clemencic Consort, du grand virtuose Franz Brueggen, etc.

Doué d'une grande technique respiratoire, d'une maîtrise du legato et d'un phrasé excellent, Heinz Holliger est considéré à juste titre comme l'un des meilleurs hautboïstes du monde. Né à Langenthal (Suisse) en 1939, il fit des études aux Conservatoires de Berne et de Bâle. En 1962, il étudia le hautbois au Conservatoire de Paris avec Cassagnaud et Pierlot, et la composition avec Varèse et Boulez. Il occupa le poste de premier hautboïste dans l'Orchestre de Bâle ainsi que celui de professeur de hautbois à l'Ecole supérieure de Fribourg. Des compositeurs comme Berio, Křenek, Penderecki, Henze et Stockhausen lui ont dédié plusieurs œuvres. Parmi les très nombreux enregistrements discographiques de Holliger se détachent plus spécialement les œuvres pour hautbois et piano de Schumann, à côté de Brendel, et les concertos pour hautbois de Vivaldi. D'autres hautboïstes comme Han de Vries, Lothar Koch, Maurice Bourgue, Neil Black, etc., se sont révélés comme instrumentistes de premier plan.

Le flûtiste virtuose Jean-Pierre Rampal est également un grand pédagogue et consacre une partie importante de sa carrière à l'enseignement.

Benny Goodman, fameux clarinettiste américain et musicien de jazz, est né à Chicago en 1909. Il interpréta comme soliste le concerto de Mozart avec l'Orchestre Philharmonique de New York. Certains compositeurs comme Copland, Hindemith et Bartók ont composé plusieurs œuvres à son intention. Parmi les plus grands clarinettistes de ce siècle, il faut citer Jack Brymer, né à South Shields, Angleterre, en 1915. Brymer suivit des études à l'Université de Londres. De 1947 à 1963, il fut engagé par Sir Thomas Beecham comme premier clarinettiste du Royal Philharmonic Orchestra; il occupa cette même fonction dans le London Symphony Orchestra de 1963 à 1971. A cette époque, il se consacrait parallèlement à la musique de chambre et se produisait dans des récitals en tant que soliste. Il fut l'un des fondateurs des ensembles Wigmore, London Baroque et Prometheus.
theus.

D'autres clarinettistes ont joui également d'une grande réputation. Il s'agit de Robert Hill, membre du London Sinfonietta; Hans Rudolf Stadler, premier clarinettiste de l'Orchestre de la Tonhalle de Zurich et membre du Zurich Clarinet Trio; Alfred Prinz, etc.

Le clarinettiste Benjamin David Goodman, plus connu sous le nom de Benny Goodman, s'affirma dans les années trente comme un exceptionnel interprète de swing.

Très tôt, Michael Chapman ressentit une profonde vocation pour le basson. Né à Londres en 1934, il commença des études au Royal College of Music avec Archie Camden et surtout Vernon Elliot. De 1959 à 1962, il fit partie du London Philharmonic Orchestra. En Italie, il suivit les cours d'Enzo Nuccetti. En 1964, il fit partie du Northern Symphonic Orchestra.

Parmi ses enregistrements se détachent le *Concerto pour basson en si bémol majeur* et la *Symphonie concertante en mi bémol majeur* de Mozart, réalisés avec le concours de l'Academy of St. Martin-in-the-Fields sous la direction de Neville Marriner.

Klaus Thunemann possède une technique et une musicalité hors du commun. Né à Magdebourg en 1937, il étudia la musique dans sa ville natale, puis à Berlin-Ouest. Avant de s'installer à Hambourg, il joua pendant deux ans avec l'Orchestre Municipal de Münster, puis avec la Nord-Deutsche Rundfunk. En 1965, il remporta un prix à la Hochschule für Musik de Hannovre. Membre fondateur du Trio Concertare avec la claveciniste Hedwige Bilgram et le flûtiste Paul Meisen, il joua également avec le hautboïste Heinz Holliger et les flûtistes Jean-Pierre Rampal et Aurèle Nicolet. On lui doit, entre autres, l'enregistrement discographique des concertos pour basson, cordes et continuo de Vivaldi.

Alan Civil est l'un des plus grands virtuoses du cor. Né à Northampton en 1929, il suivit les cours d'Aubrey Brain, puis de Willi von Stemm à Hambourg. Au cours des années 1953 et 1955, il occupa le pupitre de premier cor du Royal Philharmonic Orchestra sous la direction de Sir Thomas Beecham, puis en 1957 celui de l'Orchestre Philharmonique; il assuma la même charge au sein de l'Orchestre Symphonique de la BBC au cours des dernières années de cette formation. Il travailla par ailleurs avec divers ensembles de chambre. Parmi les nombreux enregistrements radiophoniques et discographiques qu'il a réalisés, les quatre concertos pour cor de Mozart, dirigés par Otto Klemperer, restent une de ses plus belles réussites. Le cor connut également d'autres virtuoses. Citons, entre autres, les noms de Dennis Brain, fils du célèbre Aubrey Brain, Anthony Chidell, Wolfgang Tomböck, etc.

Maurice André est indéniablement l'un des plus célèbres trompettistes du monde. Il vit le jour à Alès, en 1933, et poursuivit ses études au Conservatoire de Paris. En 1954, il remporta le premier prix au Concours international de Genève, puis celui de Munich en 1963. Depuis 1967, il est professeur au Conservatoire de Paris. Maurice André brille aussi bien dans la musique baroque que dans le répertoire contemporain. L'un des nombreux aspects de son art consiste à réussir les trémolos les plus limpides et à obtenir un son et un accord d'une grande pureté, autant de qualités qui lui valurent de nombreux grands prix du disque.

Nicanor Zabaleta est l'un des plus grands virtuoses de la harpe. Né à San Sebastian en 1907, il suivit l'enseignement du Conservatoire de Madrid avant de se rendre à Paris pour parfaire sa formation sous l'autorité de Marcel Tournier. Dès ses débuts dans la capitale française en 1925, il consacra tous ses efforts à l'exploration de l'immense richesse de son instrument et s'attacha à faire renaître le répertoire original pour harpe de différents compositeurs espagnols et portugais des XVIᵉ et XVIIᵉ siècles, ainsi que les œuvres de C. P. E. Bach, Telemann, Beethoven, Spohr, Dussek, etc.

Notre siècle a vu surgir nombre de grands guitaristes, mais parmi eux c'est à Andrés Segovia que revient la première place. Né à Linares, Jaén, en 1893, ce grand autodidacte joua un rôle éminent en révolutionnant la technique de jeu de la guitare, instrument qu'il contribua par ailleurs à diffuser largement. Plusieurs compositeurs, comme Castelnuovo-Tedesco, Ponce, Falla, etc., ont écrit pour lui nombre de partitions.

Le plus grand virtuose contemporain de la guitare, Andrés Segovia (ci-dessus), a remporté de nombreux succès dans le monde entier. Son travail musical lui valut en 1980 l'obtention du Prix National de Musique.

Considéré comme l'un des meilleurs trompettistes de notre temps, Maurice André (à gauche) brille tout autant dans la musique baroque que dans le répertoire contemporain.

171

Histoire
de l'enregistrement
sonore

Plus d'un siècle s'est maintenant écoulé depuis la découverte des principes théoriques de l'enregistrement et de la reproduction du son. Ce système a été durement critiqué par quelques-uns, et de nos jours encore certains le contestent, au nom de l'essence de la Musique vivante; mais il a également suscité des éloges sans réserve de la part de ceux qui sont convaincus de l'indéniable qualité du son que permettent d'obtenir les techniques actuelles très sophistiquées. Depuis les premiers cylindres striés d'Edison recouverts de papier d'étain, dont on peut voir quelques exemplaires sur la photo ci-contre, en passant par les premiers disques de Berliner, le saut technologique des années trente, l'apparition de la stéréophonie et ses développements ultérieurs, ainsi que celle de la cassette d'enregistrement de plus en plus fidèle, jusqu'à la production du disque compact et l'apparition probable des techniques digitales, que de chemin a été parcouru. Au terme de cette évolution décisive, le disque est universellement considéré de nos jours comme un des véhicules les plus importants de la diffusion de la culture.

Prises de position et prologue

«Le disque est le certificat de décès de la musique; il n'y a rien en lui qui puisse avoir une valeur esthético-artistique. Le disque n'est que la projection, la photographie morte d'un espace déjà vécu. Cela a provoqué une violente polémique à laquelle je ne veux pas prendre part; je dis seulement que celui qui a entendu reconnaît parfaitement les lacunes du disque par rapport au véritable espace musical. J'ai entendu, j'ai une idée très claire en la matière, je n'en ai pas changé et jamais je n'en changerai.»

Ces paroles furent prononcées en 1972 devant les caméras de la Radio-Télévision espagnole par le grand chef d'orchestre et pédagogue roumain, Sergiu Celibidache, l'une des plus grandes personnalités de notre époque. Abordons maintenant d'autres figures bien différentes.

«Il est aujourd'hui surprenant de constater qu'il y a moins de quarante ans, le gramophone était pratiquement considéré comme un jouet ou presque; de ce fait, il n'occupe pas encore sa juste place, celle qui le situerait avec la radio comme l'un des deux grands moyens de communication musicale de notre siècle. Le son phonographique existe de plein droit, c'est un art né de la technologie. La qualité du son enregistré s'est améliorée, surtout dans les vingt dernières années, au point qu'aujourd'hui l'auditeur peut écouter à son domicile un son identique, voire même meilleur, que celui produit dans la salle de concert.»

Ces quelques phrases de John Culshaw, qui tranchent avec les précédentes, ont été publiées le 18 avril 1977 à Londres dans un supplément du *Times,* à l'occasion du centenaire de l'enregistrement sonore. Avec Berliner, Edison, Legge, Schiller, Bell et Lieberson, John Culshaw est l'un des grands protagonistes de l'histoire du disque. Nous aurons l'occasion d'évoquer la mémoire de tous ces véritables pionniers, car l'histoire de l'enregistrement sonore ne se réduit pas à la seule évolution des machines, de leur technique et de leur lent perfectionnement. Elle est avant tout l'histoire des hommes et des femmes qui se risquèrent à la mise au point de cette découverte qui révolutionna nos rapports à la musique.

Mais Celibidache ne fut pas le seul à dresser un violent réquisitoire à l'encontre des procédés discographiques. Depuis les premiers temps de l'histoire de la musique enregistrée, nombre de grandes figures refusèrent en effet de se prêter aux possibilités qu'offrait cette technique révolutionnaire. Fort heureusement, en contrepartie, nombreux furent ceux qui reconnurent à la technique du disque sa valeur historique indéniable et qui collaborèrent à l'enrichissement des archives phonographiques internationales. C'est ainsi que nous possédons aujourd'hui l'inestimable souvenir de musiciens aussi prestigieux que Wladimir Horowitz, Josef Szigeti, Sergei Rachmaninov, Dinu Lipatti, Fritz Reiner, Bruno Walter, Wanda Landowska. Georges Szell, Artur Rubinstein, Herbert von Karajan ou Jean Kajanus. Grâce à leurs enregistrements, ces maîtres ont pu être étudiés, leur technique et leur interprétation analysées facilement. La liste que

Ci-dessous: le phonographe d'Edison. Les principes de l'appareil, qui permirent des développements étonnants, résidaient dans un cylindre gravé, une manivelle et un stylet lecteur connecté à un diaphragme vibrant.

nous venons de dresser couvre près d'un siècle d'histoire de la musique, au cours duquel les techniques, quant à l'enregistrement, la gravure et la restitution du son, ont considérablement évolué. En 1927, le cinquantenaire de l'invention du gramophone n'eut pas autant d'écho que la célébration, en 1977, de son centenaire. Nous ne pouvons aujourd'hui envisager l'histoire du disque en séparant l'invention (la production du son au travers d'un matériau divers) de l'industrie (la commercialisation massive des sons reproduits par des appareils construits à cette fin). Après avoir été, au début et pendant plusieurs années, distinctes l'une de l'autre, elles sont aujourd'hui inséparables.

L'historien britannique Desmond Shawe-Taylor a décelé dans l'histoire de la phonographie quatre périodes: une première étape de découvertes et d'expérimentation, allant de 1876 à 1900; une période de réalisation des premiers enregistrements commerciaux en série, qui s'achève avec l'introduction du système d'enregistrement électrique et qui couvre la période entre 1900 et 1925.

La troisième phase s'étendra jusqu'en 1950 et sa fin coïncidera avec l'apparition du disque de longue durée ou *long-play* (LP) au moyen du microsillon. Enfin, l'ultime étape verra l'invention de la stéréophonie, le perfectionnement des magnétophones, l'invention des cassettes et, beaucoup plus récemment, la diffusion du système quadriphonique. L'exploitation commerciale actuelle du système d'enregistrement digital, ainsi que le changement du dispositif de lecture et de format des disques, permettent de penser que nous sommes aujourd'hui au seuil d'une nouvelle étape. D'autres facteurs parallèles, tels que le perfectionnement et la standardisation des techniques vidéo, l'augmentation considérable de la durée des disques, l'amélioration des cassettes et même le futur remplacement du disque par d'autres éléments de communication ou de codification des données sonores, indiquent une importante modification des systèmes actuels de «conservation du son». N'oublions pas non plus des inventions apparemment «mineures», comme l'adaptation de la stéréophonie à des émissions radiophoniques en ondes moyennes, l'enregistrement direct ou la combinaison de l'image et du son sur le vidéo-disque. Mais revenons-en aux débuts de la découverte de l'enregistrement, au

Photo ci-dessus: Charles Cros, poète et physicien français qui, en 1877, présenta à l'Académie des sciences de son pays une étude formulant le principe théorique de l'enregistrement et de la reproduction du son au moyen d'un appareil qu'il appela paléophone.

Thomas Alva Edison travailla pendant trois mois sur des principes identiques à ceux de Cros (que le jeune inventeur américain ne connaissait d'ailleurs pas), et en un mois il réussit à construire le premier phonographe, le 6 décembre 1877. Ci-dessous: Edison dans son atelier.

dernier quart du siècle passé. A cette époque, Liszt était encore la figure la plus prestigieuse du romantisme; Brahms s'assurait un rôle de premier plan à Vienne; Richard Wagner inaugurait son théâtre à Bayreuth, tandis que Gustav Mahler n'était qu'un étudiant et que Bruckner entamait une lutte de longue haleine contre la critique musicale. Moussorgski parvint à créer *Boris Godounov* et Hans von Bülow se rendit en Amérique pour la première fois, où il fut consacré comme la première «étoile» de la direction d'orchestre. Schönberg et Ives avaient à peine 3 ou 4 ans et Alban Berg n'était même pas né. Ce fut au cours de ces années qu'on inventa le phonographe et que l'enregistrement du son devint une réalité.

Les premières tentatives

Avril 1877. Le poète et physicien français Charles Cros (1842-1888) présenta à l'Académie des sciences une étude sur un appareil de son invention qu'il appela *paléophone*. Il en exposa le principe de la manière suivante: «Si une membrane munie d'un stylet trace un sillon sous l'action d'un son, ce sillon fera vibrer la membrane lorsque son stylet repassera dans le sillon et on retrouvera le son initial.» Il s'agit là du principe de base de la reproduction du son et même du disque. Mais tout ceci n'en resta qu'à un projet théorique, puisque Cros ne parvint jamais à réaliser ce *paléophone*.

Août 1877. L'Américain Thomas Alva Edison (1847-1931) commença à mettre au point dans son laboratoire de Menlo Park, dans le New Jersey, une machine susceptible de «recueillir des sons». Celle-ci repose sur un principe analogue à celui du *paléophone* de Charles Cros (bien qu'Edison ait alors ignoré les découvertes du savant français). Le 29 novembre, après trois mois de travail intense, les plans de la «machine parlante» sont terminés et le jeune savant en entreprend la construction avec ses collaborateurs.

6 décembre 1877. Il existait déjà, avant Edison, un étrange appareil consistant en un cylindre strié, recouvert d'un papier d'étain et actionné par une manivelle; le stylet était relié à un pavillon acoustique. Edison chanta à proximité de ce pavillon la chanson d'enfant *Mary had a little lamb*; en replaçant le stylet sur le point de départ des sillons du cylindre et en actionnant à nouveau la manivelle, la voix d'Edison réapparut, confuse et dénaturée, mais reconnaissable, dans le petit pavillon: on venait de réaliser le premier enregistrement de l'histoire.

Applications du gramophone

Thomas Edison donna à sa nouvelle invention le nom de «phonographe», terme d'origine grecque qui signifie, d'après son étymologie, «voix écrite».

Le 22 décembre 1877, Edison présenta son invention dans les bureaux de la revue *Scientific American,* à New York. L'un des témoins relata cet événement de la manière suivante: «La machine se mit en marche et nous demanda comment nous nous sentions, s'intéressant à notre état de santé; elle nous interrogea pour savoir si nous aimions sa forme et son nom, «phonographe». Elle nous dit qu'en *elle* tout allait bien et nous fit ses adieux avec un cordial «Bonne nuit, »messieurs». Toutes ces phrases étaient parfaitement audibles et claires, non seulement pour nous, mais également pour les douze personnes ou plus réunies autour de l'appareil.»

Dès le lendemain, l'événement défraya la chronique des journaux. Deux jours plus tard, Edison déposa une demande officielle de brevet d'invention ainsi formulée: «Pour des améliorations dans la fabrication d'une machine parlante.» La découverte d'Edison produisit beaucoup d'effet sur le public. Ce savant, à peine âgé de 30 ans, fut immédiatement considéré comme une célébrité et devint une idole populaire que les gens surnommèrent «le sorcier de Menlo Park».

Le brevet d'invention fut accordé le 19 février 1878. Les experts n'avaient jamais rien vu de semblable au cours de leur vie. Ils furent déconcertés par la simplicité de l'appareil et un journaliste lui donna même le nom de «flûte à pavillon».

Quelques mois plus tard, Edison publia un article dans la *North American Review,* analysant les applications possibles du phonographe. Il mentionnait notamment la possibilité d'écrire des lettres sans l'aide d'un sténographe. Son utilisation dans les boîtes à musique et les jouets, l'édition «de livres phonographiques qui parleraient aux aveugles sans aucun effort de la part de ceux-ci», la collaboration dans les cours de langues et la liaison possible avec le téléphone. Thomas Edison n'a pas évoqué la possibilité d'utiliser le phonographe pour enregistrer la musique.

C'est également en 1878 qu'un groupe d'hommes d'affaires fonda la Edison Speaking Phonograph Company, afin d'exploiter les possibilités

Sur l'illustration ci-dessus, le public de l'Exposition universelle de Paris, en 1889, assiste avec étonnement à la présentation du phonographe. Ci-dessous: l'inventeur du téléphone, Graham Bell, qui se proposa d'améliorer l'invention d'Edison.

industrielles de la nouvelle «machine parlante». Parmi eux se trouvait Gardner Hubbard, beau-père d'Alexander Graham Bell, l'inventeur du téléphone.

En marge de l'enthousiasme populaire, Edison ne tarda pas à prendre conscience de deux choses: d'une part, qu'il n'allait guère profiter personnellement de sa récente découverte, car sa «dureté d'oreille» juvénile s'était transformée en une surdité chronique; d'autre part, que le phonographe comportait encore beaucoup d'imperfections. Il produisait en effet un son dur et métallique et les «s» étaient presque complètement perdus. En outre, après cinq ou six auditions, le cylindre était inutilisable. Edison en arriva à la conclusion que le phonographe nécessitait encore de nombreuses améliorations techniques. Mais il fut amené à se désintéresser de tout ce qui était lié au phonographe et préféra s'attaquer, à la fin de 1878, au problème de l'éclairage par l'électricité.

D'autres savants s'attachèrent à pousser plus avant la découverte abandonnée par Edison. Graham Bell fut un de ceux qui lui témoignèrent le plus vif intérêt. Il avait pu connaître en détail la machine d'Edison grâce à son beau-père. Dès 1880, il fonda les Laboratoires Volta à Washington, avec l'aide de Chichester Bell et de Charles Tainter. Bell décela très vite les défauts primaires du phonographe. Selon lui, ils résidaient principalement dans la feuille d'étain qui servait de surface d'enregistrement. Il mit alors au point un nouveau prototype en remplaçant la feuille d'étain par la cire. Les brevets en furent déposés au Smithsonian Institute le 20 octobre 1881.

Cette nouvelle machine produisait un son meilleur, mais celui-ci restait encore en-deçà du volume d'écoute. Bell poursuivit alors ses recherches dans ce sens et apporta plusieurs perfectionnements importants: il remplaça notamment le lourd stylet d'Edison par une aiguille plus légère et installa sur l'appareil un moteur électrique. Quelque temps plus tard, Bell et ses associés fondèrent l'American Graphophone Company, dont l'usine fut construite à Alexandrie, en Virginie.

Peu après, Graham Bell dépêcha quelques collaborateurs auprès de Thomas Edison afin de suggérer à ce dernier de s'associer avec lui dans la commercialisation du phonographe; à cette fin, Bell était même disposé à renoncer à son label «graphophone». Selon divers témoignages, il semblerait qu'Edison ait réagi assez violemment à cette proposition et renvoyé sans ménagement les émissaires de Bell.

Furieux à l'idée que d'autres s'attachaient à perfectionner sa propre invention, Edison se consacra à nouveau à sa machine — à son «fils préféré» comme il l'appelait — avec un esprit des plus créatifs. Le 16 juin 1888, à cinq heures du matin, après soixante-douze heures de travail ininterrompu, il sortit de son laboratoire, réveilla un photographe alors assoupi et se fit tirer plusieurs fois le portrait, fatigué mais souriant, devant son nouveau prototype. La nouveauté de ce phonographe résidait en un cylindre de cire alimenté par des piles. Sans tarder, Edison fonda alors l'Edison Phonographic Works, Inc.

Cet épisode de l'histoire allait connaître une fin pour le moins inattendue. En juillet de la même année, Graham Bell et ses associés cédèrent à l'homme d'affaires Jesse H. Lippincott le droit exclusif à la vente du gramophone aux Etats-Unis pour la somme de 200000 dollars. Ce contrat à peine signé, Lippincott se rendit chez Edison, qui espérait réaliser la fabrication en série de son nouveau phonographe, mais qui manquait d'argent pour cela. Lippincott acquit les droits du brevet d'Edison pour la somme de 500000 dollars, tout en laissant à l'inventeur les droits de fabrication, comme il l'avait fait avec Bell et Tainter. Le

La section de montage d'une fabrique de phonographes, au début du siècle.

14 juillet 1888, Lippincott constitua la North American Phonograph Company et eut l'astucieuse idée d'instituer une série de franchises territoriales qui lui permettaient dès lors de contrôler toute l'industrie des «machines parlantes» aux Etats-Unis. Sans le savoir ni le vouloir, Edison et Graham Bell furent ainsi contraints de «travailler ensemble».

Cette «collaboration» ne dura cependant que peu de temps. Lippincott se révéla être un médiocre chef d'entreprise et les trois premières années d'existence de sa North American Phonograph Company se soldèrent par une suspension de paiements. Le scandale Lippincott permit à Edison de contrôler la Compagnie. Le «tandem» Bell-Edison ne pouvait guère, dès lors, durer plus longtemps, et en 1894 la Compagnie déposa son bilan. Deux ans plus tard, en 1896, Edison créa sa propre entreprise, la National Phonograph Company, récupérant même la plupart des franchises territoriales établies par Lippincott. Une petite entreprise locale, créée pendant la courte période de collaboration entre Bell et Edison, lui résista toutefois. Conservant son indépendance, elle continua à distribuer des gramophones sur lesquels elle adopta plus tard les cylindres phonographiques d'Edison. Située dans le district de Columbia, cette firme, qui s'appelait alors Columbia Phonograph Company, allait devenir la fameuse Columbia Broadcasting System, plus connue à l'échelon international sous le sigle CBS.

Naissance du disque

Lors de ses premières expérimentations, outre le cylindre qui devait être l'élément de base du phonographe, Edison utilisa une superficie plane de forme circulaire, faite de carton ou de feuille d'étain, selon les cas, qui tournait sur une spirale. Il lui donna le nom de «disque plat». Il finit, cependant, par le rejeter pour ne garder que le seul cylindre. Cette galette plane et circulaire était pourtant appelée à jouer un rôle décisif dans le développement de l'enregistrement, mais le «disque plat» n'entrait alors pas dans les projets d'Edison. Emile Berliner sut en tirer profit. Cet Américain d'origine allemande fut engagé par les laboratoires d'Alexander Graham Bell en 1878. Six ans plus tard, indépendamment de Bell, Berliner entreprit une série d'expériences particulières dans le domaine de l'acoustique. Ses travaux aboutirent à l'enregistrement sur un cylindre phonographique de la page vocale *The Lord's Prayer*. Cet enregistrement, actuellement conservé aux archives de la BBC, revêt une importance primordiale puisque, avec lui, pour la première fois dans l'histoire une «machine parlante» s'appliquait à l'enregistrement «en série» d'une composition musicale.

Ci-dessous: gramophone à cornet. Cet appareil constitua une troisième étape dans le processus de la reproduction du son; le disque vint remplacer plus tard son cylindre.

L'apport de Berliner à la phonographie ne se limita pas à cette seule innovation. A partir de 1885, le chercheur américain commença à travailler sur un nouvel appareil reproducteur basé non pas sur le cylindre d'Edison, mais sur la superficie ronde et plate qu'avait délaissée le père du phonographe. Berliner l'avait découverte par l'intermédiaire de Hubbard, beau-père de Graham Bell.

Berliner progressa peu à peu dans ses investigations. En 1887, il mit au point une méthode de modulation du son, qui consistait à graver latéralement un sillon sur la surface du «disque plat» d'Edison. En 1888, quelques jours avant que Lippincott ne formât l'entente Edison-Bell, Berliner fit la première démonstration publique de son appareil, auquel il n'avait pas encore donné de nom particulier. Peu après, il déposa une demande de brevet pour son produit, «destiné à l'enregistrement et à la reproduction», qui en gros consistait en un disque plat parcouru par une aiguille suivant le sillon à sa surface; Berliner allait le baptiser enfin du nom de «disque».

Emile Berliner n'en resta pas là. Il inventa et fit breveter un système de production en série de copies à partir

Ci-dessous: Emile Berliner (1851-1929), inventeur breveté du disque phonographique ainsi que d'un procédé de reproduction industrielle des disques.

d'un disque original, selon le même système qu'il avait inventé pour l'enregistrement. Etant donné la simplicité des conditions d'impression (qui consistaient en une astucieuse transposition dans le monde des sons de la méthode d'impression des empreintes digitales), le système de Berliner connut un succès immédiat et l'on se lança sans tarder dans la fabrication en série d'enregistrements. Il était désormais possible d'écouter de la musique à domicile.

Un commerce en expansion

Peu après que Berliner eut entrepris ses activités commerciales, sous l'appellation «enregistrements et reproductions phonographiques», Thomas Edison le mit en garde en arguant de ses droits exclusifs sur tous les appareils portant la marque «phonographe». Berliner eut alors immédiatement l'idée de faire breveter son invention sous la marque «gramophone», considérant en particulier que sa machine différait de celle d'Edison par l'utilisation de disques plutôt que de cylindres.

L'ingénieux appareil reproducteur de Berliner dépassait techniquement celui d'Edison et celui de Bell. Il permettait de restituer un son très supérieur, qui possédait une plus grande gamme dynamique dans la reproduction; l'appareil nécessitait seulement un petit cornet pour l'amplification; sa maniabilité dans l'utilisation et le transport des disques était bien plus grande que celle des appareils à cylindres.

Vers 1897, le gramophone de Berliner avait conquis une certaine notoriété. La National Gramophone Company vit affluer de plus en plus de commandes. Pionnier dans les techniques du *marketing,* Eldridge Johnson ne fut pas étranger à cette prospérité commerciale. Sous sa direction technique, les gramophones commencèrent à se vendre 25 dollars pièce, somme compétitive par rapport au prix de vente des phonographes et graphophones. Berliner et Johnson comprirent vite la nécessité d'étendre leur commerce hors des Etats-Unis. En 1898, ils fondèrent des succursales en Angleterre et en Allemagne. La filiale anglaise s'appelait alors Gramophone and Typewriter Company (c'est-à-dire, Compagnie de Gramophones et Machines à écrire), et devint par la suite la fameuse firme EMI.

Le lancement de la marque allemande fut assuré par une publicité insérée dans les pages de la première revue mondiale consacrée aux enregistrements, la *Phonographische Zeitschrift*; cette marque prit dès lors le nom sous lequel nous la connaissons encore actuellement: Deutsche Grammophon Gesellschaft. Vers 1900, Eldridge Johnson, doué d'une intuition géniale, acheta au peintre Francis Barraud les droits de reproduction du tableau intitulé *His Master's Voice (La Voix de son Maître)*, destiné à devenir l'image de marque la plus célèbre de l'histoire du disque. Mais avant de reproduire le célèbre chien «Nipper» sur l'étiquette de ses disques, Johnson dut convaincre Barraud de changer un élément de son tableau primitif: en effet, l'appareil auquel «Nipper» prêtait son attention n'était pas un gramophone de Berliner, mais un phonographe d'Edison! La modification voulue ayant été apportée à cette composition, Johnson utilisa alors pour la première fois le tableau comme marque de la Gramophone Company aux

Ci-dessus: le fameux tableau de Francis Barraud intitulé His Master's Voice (La Voix de son Maître); *Eldridge Johnson, associé de Berliner dans son entreprise de gramophones, en acquit les droits de reproduction à la fin du siècle passé. A l'époque, personne n'aurait pu prédire que cette composition deviendrait un symbole mondialement connu.*

Etats-Unis, sous le numéro de registre 34890. La composition de Barraud fut utilisée un peu plus tard en Angleterre, puis l'association du chien et du gramophone finit par acquérir une telle popularité que l'entreprise décida de changer son nom, du moins sur le continent européen, en adoptant le titre du tableau de Barraud.

En 1902, Berliner et Johnson implantèrent une nouvelle firme aux Etats-Unis, la Victor Talking Machine Company. Comme Berliner transférait progressivement ses intérêts commerciaux et artistiques en Europe, les deux associés se mirent d'accord pour que le père du gramophone ne garde que 40% de participation à l'entreprise, Johnson obtenant, avec les 60% restants, le contrôle virtuel de la nouvelle compagnie. Cette entreprise était également destinée à une longue et brillante carrière; après divers avatars, elle devint célèbre sous le sigle RCA.

Peu après que la Victor ait été fondée, Berliner établit une filiale de la compagnie en Russie. Cette expansion eut pour heureuse conséquence l'enregistrement massif des interprétations du légendaire Féodor Chaliapine.

Johnson ne resta pas non plus inactif, puisqu'il lança en 1900 sur le marché un modèle perfectionné du gramophone de Berliner, le «Victor», dont la principale caractéristique résidait dans l'incorporation au meuble du pavillon extérieur. C'est également à cette époque que se produisit une amélioration de la technique discographique: l'enregistrement sur les deux faces du disque. Celui-ci fut mis au point par une petite entreprise européenne qui, avec le temps, devint une filiale de la Gramophone Company / La Voix de son Maître: la Odeon Record Company. Berliner voulut introduire ce progrès dans ses entreprises, mais Johnson s'y refusa, et la Victor n'enregistra ses disques sur les deux faces qu'en 1923.

Améliorations et essor du disque

Le gramophone de Berliner fit rapidement la conquête de l'Europe, où furent créées des filiales de la firme américaine. La publicité parue dans un périodique français — on peut en voir ci-dessus une reproduction — vantait la sensation de réalité que produisent les enregistrements.

Emile Berliner sut édifier autour de son gramophone un véritable empire industriel et commercial. Il est fascinant de constater que la plupart des grandes entreprises discographiques ont pris naissance au travers des activités de l'expansion de Berliner. Cela est tout à fait perceptible sur de nombreux points, dans la mesure où les brevets ont obligé les différentes firmes à maintenir leur label d'origine. Ainsi, par exemple, la RCA américaine utilise encore sur ses disques l'emblème de La Voix de son Maître, l'image de «Nipper» devant le gramophone. En scindant la Victor et la Gramophone, Johnson, qui était l'acquéreur du tableau de Francis Barraud et contrôlait 60 % de la firme, avait en effet priorité dans l'utilisation de la marque déposée sur la His Master's Voice anglaise, laquelle conserva le droit de l'utiliser en Europe.

Vers 1905, la conquête du marché international des appareils reproducteurs de son par le gramophone était devenue réalité. Le disque prouvait ainsi qu'il était le véhicule idéal de la transmission de messages sonores, et particulièrement sur le plan musical où sa supériorité sur le cylindre phonographique augmentait chaque jour davantage. Edison lui-même fut contraint d'admettre cette dure réalité. Il conserva ses chaînes de production de cylindres et de phonographes, mais son sens commercial lui fit installer un système de fabrication de gramophones et de disques plats.

C'est au cours de ces années que l'élaboration d'un répertoire fut assurée par les entreprises qui se mirent à enregistrer les grands artistes de l'époque. Ainsi, dès 1904, les premiers interprètes de l'œuvre de Verdi, Tamagno dans le rôle d'Otello et Maurel dans celui de Iago, enregistrèrent des fragments de cet opéra. Adelina Patti, une des grandes voix de la seconde moitié du XIXᵉ siècle, réalisa quelques enregistrements en 1905, à l'âge de 62 ans. En 1906, une année avant sa mort, Joachim, presque octogénaire, accepta de laisser à la postérité des témoignages de son talent. C'est alors que surgit la prestigieuse figure d'Enrico Caruso et que commença l'ascension de Chaliapine. Il faut savoir que la filiale italienne de la Gramophone Company édita dès 1903 le premier opéra intégral de toute l'histoire du disque : *Ernani,* de Verdi, dans une version comprenant quarante disques gravés sur une seule face.

En 1913, Arthur Nikisch enregistra, à la tête du Philharmonique de Berlin, la *Cinquième Symphonie* de Beethoven pour la Gramophone Company; on constate d'ailleurs avec admiration que la qualité sonore de cet enregistrement est de nos jours encore très acceptable et transmet une image saisissante de la technique de direction de Nikisch. En 1917, la Victor américaine décida de suivre l'exemple européen et réalisa quelques enregistrements avec l'Orchestre Symphonique de Boston.

Peu après, une nouvelle «vedette» apparut sur la scène du monde discographique: Arturo Toscanini, qui enregistra son premier disque en 1921. Malgré sa réticence pour les études du son, il fut, avec Furtwängler, l'un des interprètes qui enregistra le plus de disques. Furtwängler entreprit également sa carrière phonographique dans les années 20 pour la Deutsche Grammophon. Les trois quarts de leurs enregistrements furent réalisés en direct.

Vers 1923, la situation se modifia. La radio, de plus en plus perfectionnée, surtout grâce aux recherches de Marconi, fit sensiblement baisser la vente des appareils reproducteurs de disques, et ce recul, six ans avant la grande crise de 1929, se fit sentir dans l'industrie. Dans les années 1920, les jeunes avaient alors pour ambition de devenir «vedette» de la radio. A l'heure actuelle, où de nouvelles vedettes du disque apparaissent chaque semaine sur les ondes, un désir aussi ardent peut nous paraître un peu excessif. Leur intérêt s'orienta ensuite vers le cinéma. Le gramophone n'occupait plus désormais que la troisième place.

La fin de l'ère acoustique

Une nouvelle ère était sur le point de naître. Toutes les industries se montrèrent prêtes à tourner la page. Les enregistrements acoustiques disparurent pour laisser la place aux enregistrements électriques.

Les premières expériences dans ce domaine semblent avoir été réalisées par les Anglais Lionel Guest et H. O. Merriman, qui recherchaient déjà en 1919 la possibilité d'utiliser l'énergie électrique dans la reproduction du son. En 1920, grâce à un système électronique primaire, Guest et Merriman enregistrèrent l'hommage prononcé devant la tombe du Soldat inconnu à l'Abbaye de Westminster. Ce fut un événement sans précédent. Toutefois, Guest et Merriman semblent ne pas avoir été les seuls à réaliser les premiers cette nouveauté. En effet, en 1919, un certain Joseph P. Mawfield et d'autres membres des Laboratoires Bell commencèrent à expérimenter en secret les possibilités techniques d'enregistrement utilisant l'électricité. En Angleterre, sans même que Guest et Merriman ne s'en doutassent, la His Master's Voice avait également donné à ses techniciens la possibilité de travailler à des expériences similaires.

Tous ces efforts isolés visaient le même objectif: remplacer le cornet d'enregistrement et d'amplification du gramophone, son diaphragme et son aiguille, par un microphone condensateur, un tube amplificateur et une aiguille ou un bras phonocapteur doté d'une puissance électromagnétique. Etant donné que l'énergie engendrée par un processus électrique était considérée comme supérieure à celle qu'aurait pu fournir tout autre système

acoustique, il était facile d'imaginer que le sillon d'un disque «entraîné» par un processus électrique aurait un meilleur niveau sonore et serait capable de reproduire une gamme.

A partir de 1925, tous semblèrent se mettre d'accord pour lancer dans le commerce le nouveau système. Les historiens ont attribué le mérite du premier enregistrement électrique de musique classique à Alfred Cortot, qui enregistra en 1925 des œuvres de Schubert et de Chopin dans les studios Camden de la Victor américaine. On rapporte cependant que Columbia enregistra un mois avant Cortot la première œuvre classique gravée selon un système électrique. L'année suivante, on fixa définitivement la vitesse de rotation des disques à 78 tours par minute.

En 1921, le grand précurseur cinématographique David Ward Griffith avait inséré pour la première fois une chanson dans le contenu d'une pellicule. L'effet sonore était obtenu par synchronisation d'un gramophone avec la bande d'images de son film *Dream Street;* en 1925, au moment de la naissance de l'ère électrique, apparut *Le Chanteur de Jazz.* Si on ne la considère pas comme la première pellicule parlante de l'histoire du cinéma (elle fut en effet précédée de *Don Juan*), elle en est restée la plus célèbre grâce à l'interprétation inoubliable du fameux Al Jolson.

La photographie de droite représente un orchestre en plein travail d'enregistrement, vers 1905. Une telle installation n'est en rien comparable aux équipements très sophistiqués dont disposent aujourd'hui les studios d'enregistrement. Ci-dessus: une des presses que l'on utilisait au début du siècle pour la copie industrielle des disques.

La guerre des vitesses

Au début des années 1930, malgré la crise mondiale, le disque avait enfin retrouvé sa première place et s'était attiré les faveurs du public. Léopold Stokovski réalisa à Philadelphie des enregistrements qui restent encore aujourd'hui très fameux. Ses plus célèbres sont ceux de la *Première Symphonie* de Brahms et de la *Septième* de Beethoven. De la fructueuse collaboration entre le «magicien Stoky» et l'ingénieur du son naquirent des disques d'une qualité acoustique supérieure à tous ceux de l'ère du gramophone. Les techniques de reproduction du son s'améliorèrent et les appareils reproducteurs purent garantir une transcription musicale de plus en plus fidèle. Au déut de 1930, le jeune ingénieur britannique Alan Dower Blumlein, qui travaillait pour la His Master's Voice, déposa le brevet d'un système d'enregistrement en stéréophonie. En 1931 mourait Thomas Alva Edison, celui-là même qui, un jour de 1877, avait donné naissance à cette singulière histoire. La Voix de son Maître parvint à réaliser plusieurs enregistrements en utilisant le système stéréophonique mis au point par Blumlein, mais jugea cette technique irréalisable commercialement et décida de l'abandonner. Son entreprise était alors occupée à un projet ambitieux, les «Society Series».

Les «Sociétés Musicales» entreprirent un immense effort d'élargissement du répertoire discographique. L'idée, avancée par Walter Legge, pourrait se résumer ainsi: les périodiques et les revues spécialisées annoncent la création d'une Société «X», par exemple, «Sonates de Beethoven», avisant qu'un grand musicien se chargerait d'interpréter les œuvres choisies (pour le cas cité, Arthur Schnabel); ceux qui sont intéressés à acquérir les enregistrements en question doivent souscrire à cette société, et cela leur donne droit à l'obtention immédiate des enregistrements.

Le travail des sociétés musicales de l'époque fut fondamental. Grâce à elles, des auteurs comme Hugo Wolf ou Frederick Delius ont pu commencer à se faire connaître du public. La Société Sibelius diffusa les versions des *Symphonies* du compositeur finlandais, réalisées par Kajanus, Koussevitzki et Beecham; la Société Gustav-Mahler créa les premières versions sur disque de la *Neuvième Symphonie* et du *Chant de la Terre,* toutes deux dirigées par Bruno Walter. Pour la première fois, les grands opéras de Mozart furent enregistrés intégralement en public, lors du Festival de Glyndebourne; s'ajoute encore à cet ensemble l'enregistrement complet par Sir Thomas Beecham de *La Flûte enchantée,* à la tête de l'Opéra de Berlin.

Les progrès se précisèrent peu à peu. En 1935, la firme allemande Telefunken-AEG expérimenta un nouvel appareil, le «magnétophone» qui permettait l'enregistrement sur bande magnétique. L'année suivante, des ingénieurs de la BASF, une autre entreprise allemande, enregistrèrent au magnétophone la *Symphonie No 39* de Mozart dirigée par Sir Thomas Beecham. Cette première bande existe encore aujourd'hui et possède une qualité sonore étonnante. En 1937, la chaîne de radio NBC se permit le luxe de former un orchestre pour Arturo Toscanini. Quatre ans plus tard, Leopold Stokovski se rendit à Hollywood pour collaborer avec Walt Disney dans *Fantasia,* film qui nécessita une approche nouvelle et inattendue de la visualisation musicale.

La Seconde Guerre mondiale n'arrêta pas cette rapide évolution; à cette époque, en effet, furent enregistrés des concerts historiques de Furtwängler, Toscanini, De Sabata et Knappertsbusch.

Le magnétophone apparut un demi-siècle après les premiers appareils d'Edison et marqua la naissance de l'enregistrement sur bande. Ci-dessous: l'ancêtre du magnétophone (1927).

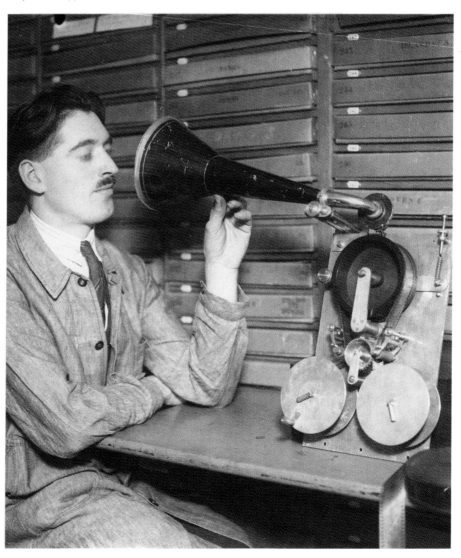

Le film Fantasia, *produit par Walt Disney,* *proposa une approche originale en faisant* *de l'image cinématographique un véhicule* *populaire de la musique.*

Bien qu'il ait été mis au point quinze ans *auparavant, le disque* long play *n'a été* *connu du public qu'au début des années* *cinquante.*

Après la fin de la guerre, la nouvelle firme Decca britannique proposa les sigles FFRR *(Full Frequency Range Recording)* et HI-FI *(High Fidelity).*

Apparition du LP

Au milieu des années vingt, Thomas Edison se vit écarté de l'industrie nord-américaine. Victor et Columbia adaptèrent leurs équipements aux enregistrements électriques, et la National Phonograph Company fut reléguée au second plan. A cette époque, l'infatigable chercheur essaya alors de prendre une avance technologique qui lui permettrait de faire une nouvelle carrière. En l'espace de quelques mois, il étudia un système qui rendrait possible la diffusion de la musique sur un disque d'une durée de temps supérieure aux quatre à six minutes habituelles du 78 tours. Il allait bientôt avoir 80 ans, mais il n'avait rien perdu de son enthousiasme. Il poursuivit donc son objectif, qui consistait en la fabrication d'un disque au sillon microscopique pouvant atteindre trente minutes d'écoute. Mais l'industrie déjoua ses projets: Edison conçut son disque pour une vitesse de 80 tours, et le reste des sociétés opta pour celle de 78 tours. Edison se vit alors dans l'impossibilité de pousser plus loin son invention.

En même temps qu'Edison, la firme Brunswick-Balke-Collender développa un type de disque qui pouvait offrir quarante minutes de musique. Mais cette innovation ne fut pas non plus exploitée. Finalement, en 1931, la RCA lança un disque d'une durée supérieure à la normale, d'une vitesse de 33 $\frac{1}{3}$ tours/minute (vitesse standard aujourd'hui). Mais elle se heurta au refus des commerçants et du public, qui ne voulaient nullement modifier la vitesse de leurs phonographes.

En 1948, l'esprit était différent. L'industrie chimique fabriqua une nouvelle matière plastique aux usages multiples, le chlorure de polyvinyl, qui permettait entre autres de reproduire des copies d'enregistrements au bruit de fond extrêmement réduit. La souplesse de ce nouveau disque permettait d'y graver un microsillon d'une longue durée. Une équipe de techniciens de la Columbia-CBS, dirigée par un des «pères» de la musique, Peter Goldmark, se consacra à l'étude de cette possibilité et, dès la fin des années quarante, le *long play,* tel que nous l'appelons aujourd'hui, fut prêt à être commercialisé.

La Columbia Co. des Etats-Unis, devenue après la guerre la Columbia Broadcasting System (CBS), lança dans le commerce le disque de longue durée, extérieurement identique au 78 tours, mais différent par sa vitesse de rotation, plus lente (33 $\frac{1}{3}$ tours/minute), et par son sillon plus fin (appelé «microsillon»). A la différence de la durée habituelle d'une face de disque de 78 tours, variant de quatre à sept minutes, le *long play* (LP) offrait désormais en moyenne une demi-heure de musique par face. Presque immédiatement, l'ancienne Victor Co., déjà indépendante de La Voix de son Maître et connue sous le nom de RCA Victor, déclara la guerre au *long play* de Columbia et préconisa l'instauration commerciale du disque de 45 tours/minute, d'une durée de cinq minutes par face, qui devait s'écouter sur un tourne-disque à changement automatique et multiple. La «guerre des vitesses» constitua un événement.

Pendant ce temps, l'Europe restait dans l'expectative. La critique anglaise prédisait une courte vie au LP. La Voix de son Maître déclara de son côté qu'elle continuerait d'éditer ses enregistrements sur des disques de 78 tours. En Allemagne, la Deutsche Grammophon resta éloignée de la polémique et se consacra à l'expérimentation du «micrograde variable», système dans lequel le pas du sillon — étroit ou large — varie selon les écarts dynamiques du son. Ce procédé fut utilisé avec succès par toutes les entreprises phonographiques à partir des années soixante. Seule la jeune Decca londonienne prit parti dans la bataille et se déclara favorable à la diffusion du disque de longue durée. En janvier 1950, la RCA comprit que le microsillon avait gagné la partie et commença à éditer ses premiers disques «longue durée».

Du cylindre au disque compact

En 1952 fut présentée à New York la première pellicule en Cinerama. C'est avec elle qu'apparut le système de multiplicité des pistes sur une même bande sonore. Le public remarqua que le son parcourait l'écran d'un bout à l'autre. Les compagnies qui commençaient à faire leurs preuves dans ce domaine comprirent que, en utilisant des canaux d'induction différents, il était relativement facile de graver un signal « gauche » et un signal « droite » sur une bande magnétique d'un demi-pouce. Mais comment transférer cette technique sur le sillon d'un disque ? Certains connaisseurs se rappelèrent alors les expériences que le jeune Blumlein avait réalisées en 1930.

Les techniques de reproduction du son gravé connurent un nouvel essor en 1957. Patronnée commercialement par la société américaine Columbia, qui avait déjà lancé le procédé « longue durée », cette nouveauté prit le nom de stéréophonie. Étymologiquement, le terme signifie « solidité du son », et se réfère à la possibilité de conférer au matériel sonore reproduit une troisième dimension, celle de relief et de directionalité, en plus de celles de hauteur et d'intensité que lui apportait déjà le disque LP. Le son stéréophonique est produit généralement à travers deux canaux selon une technique d'enregistrement à plusieurs microphones (au moins deux). À l'écoute, on peut ainsi percevoir la source sonore selon une disposition spatiale, à droite, à gauche et au centre d'un espace donné, et reconstituer l'ambiance d'une salle de concert. Les avantages sont multiples ; Michel Philippot en a retenu quatre : amélioration de l'audition grâce à la « répartition des compétences » entre les canaux ; augmentation de la gamme dynamique du *pianissimo* au *fortissimo* ; localisation des sources sonores ; création d'un « espace sonore d'environnement » grâce à la distance de séparation des enceintes acoustiques.

Le principe de la stéréophonie ne fut pas découvert par Columbia ; nous avons en effet déjà parlé de l'activité expérimentale de Blumlein, mais il y eut également d'autres expériences précoces en 1931, en Allemagne (Berlin et Königswusterhausen). La transmission stéréophonique par radio se concrétisa dès 1953. Cependant, l'adaptation de ce système au milieu discographique supposa la réussite commerciale du premier. La réaction des firmes phonographiques fut unanime : en Angleterre, Decca, firme une fois de plus pionnière à l'échelon national, transforma son sigle FFRR en FFSS *(Full Frequency Stereophonic Sound)* ; en Allemagne, Deutsche Grammophon devança ses concurrents et lança sur le marché ses premiers enregistrements « stéréo » dès 1958.

Goddard Lieberson allait enrichir le répertoire CBS-Columbia des œuvres complètes de Schönberg, de Webern et de Stravinski ; Bruno Walter adopta la « stéréo », de même qu'Otto Klemperer à Londres. La période 1957-1967 allait être celle d'un grand essor sur les plans

Les chaînes stéréophoniques fabriquées aujourd'hui industriellement comportent tous les éléments nécessaires à une restitution du son de très haute qualité. Aux éléments traditionnels — platine, ampli, tunner, lecteur de cassette — sont venus s'ajouter des éléments très sophistiqués : équaliseur, lecteur de disques compacts, télécommandes.

artistique et technique, à tel point que l'on a pu la qualifier de « décennie prodigieuse ».

Au cours des années soixante, l'enregistrement stéréophonique avait complètement remplacé l'ancien système. Les recherches en ce domaine avaient débouché sur l'utilisation de magnétophones à plusieurs pistes, trois tout d'abord, puis quatre, plus tard huit et, enfin, seize. À la fin des années soixante-dix, on vit même apparaître des appareils équipés d'une table d'enregistrement de 48 pistes.

Cette période connut, sur le plan technique, un essor fulgurant, qui dépassa de loin les progrès déjà réalisés au cours des quatre-vingts années précédentes. La « cassette » fit son apparition ; on perfectionna les systèmes d'élimination du bruit de fond (l'Américain Ray Dolby y contribua pour une bonne part) ; on vit naître la « tétraphonie » ou système de propagation du son à travers quatre canaux. Ce nouveau système fut adopté à l'échelon international sous le terme impropre de « quadriphonie » ou même de « quadrophonie ».

Le « Quad Sound » a été mis au point dans le domaine cinématographique pour les besoins du film musical de Walt Disney et Stokovski *Fantasia.* Il consistait à l'origine en un traitement spécifique de la bande-son du film. Cette bande de 35 mm, de largeur supérieure à celle de la bande magnétique normale, comportait quatre lignes sonores, qui, reproduites dans la salle de spectacle, captivaient véritablement le spectateur. Plus tard, le Cinema Scope et les projections en Cinerama, au moyen de bandes de 70 mm, ont augmenté peu à peu le nombre de canaux utilisés pour la reproduction du son de la pellicule. On est même allé jusqu'à en utiliser 120 dans les nouvelles superproductions.

Une fois de plus, Columbia fut la première entreprise à lancer sur le marché des disques quadriphoniques. Des recherches relatives à l'éventuelle utilisation commerciale de cette nouvelle technique avec le microsillon furent menées parallèlement par plusieurs firmes : l'américaine RCA, les japonaises Sansui, Hitachi, Dynaco, JVC, et la canadienne Electro-Voice.

Cependant, malgré l'intérêt qu'elle avait suscité chez des artistes comme von Karajan, Ormandy ou Leonard Bernstein (enregistrement du *Sacre du printemps* de Stravinski), la tétraphonie ne connut pas le succès commercial. La principale raison de cet échec tient au fait qu'elle imposait un nouveau standard d'enregistrement et de support que le marché n'a pas adopté. On vit plutôt se développer une foule d'appareillages électroniques, souvent de conception et de fabrication japonaises, dont la fonction est d'apporter une correction de tonalité et de fréquence au son. L'équaliseur a ainsi gagné sa place parmi les éléments de la chaîne stéréo moderne. Cet appareil segmente la plage des fréquences sonores en différents paliers qu'il est possible de mettre en valeur *í* ou, au contraire, d'atténuer en fonction de ses goûts ou de la configuration du lieu d'écoute, lequel absorbe plus ou moins certaines fréquences.

La technique japonaise Dolby Sound Surround (DSS) va plus loin. Elle reprend la configuration multienceintes de la tétraphonie sans pour autant nécessiter un changement du support musical. Au son initial est simplement ajouté l'ensemble des sons périphériques ou « effets de salle » qui font la spécificité d'un lieu d'écoute. Le procédé fonctionne avec au moins deux paires d'enceintes dont une est disposée derrière l'auditeur. Yamaha a

commercialisé au début de l'année 1989 une machine qui a fait date dans ce domaine. Le Digital Sound Processor 100 a en mémoire des bibliothèques de paramètres qui lui permettent, en fonction du style de musique écouté, de recréer une enveloppe sonore « jazz club », « petit théâtre » ou « musique de chambre ». D'autres constructeurs, tel Marantz, se contentent de commercialiser à des prix grand public des systèmes Dolby Sound Surround afin de tirer parti des œuvres enregistrées avec ce procédé. Venu du cinéma, le DSS était surtout présent au début sur les bandes sonores des productions audiovisuelles. Des chanteurs-compositeurs novateurs comme Serge Gainsbourg ont été les premiers à l'utiliser.

Mais la grande nouveauté musicale est apparue au début des années quatre-vingt avec le son numérique et son support : le disque compact (ou disque optique) que nous présentons en détail dans le chapitre suivant.

Ci-dessous : un radio-lecteur de cassettes portable. Le baladeur connaît un très grand succès auprès des jeunes.

Face à la technologie triomphante du disque optique, les Japonais ont mis au point la cassette magnétique Digital Audio Tape (DAT) qui, tout en assurant une qualité de son numérique, présente le grand avantage de permettre l'enregistrement et l'effacement. Les éditeurs musicaux de nombreux pays, dont la France, ont vu dans ce produit une menace pour leur métier et bloquent la sortie de titres sur ce support.

Dernière nouveauté : le Compact Disc Vidéo ou CDV. Présenté en novembre 1987 par l'éditeur Polygram (Philips), le CDV allie le son numérique à l'image. Leonard Bernstein a été un des premiers dans le domaine classique à enregistrer un CDV présentant la *Deuxième Symphonie* de Gustav Mahler en deux heures de son et d'image. Quant aux chanteurs modernes, ils trouvent dans le CDV un support naturel à leurs clips vidéo.

La diffusion de la musique restera probablement attachée à la numérisation dans les années à venir. Par contre, le support physique du disque optique pourrait bien être concurrencé par les nombreux réseaux de communication qui se tissent actuellement.

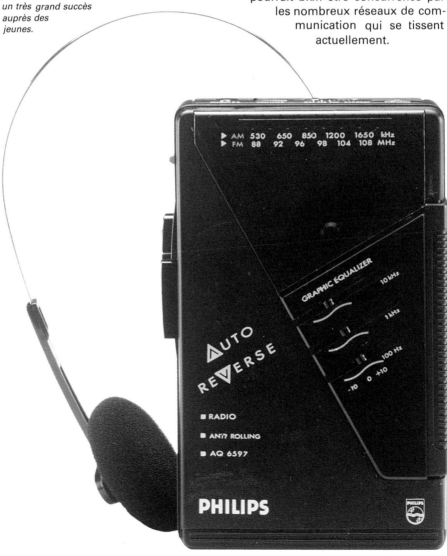

Nouvelles techniques

Jusqu'en 1950, la fabrication d'un disque présentait quelques difficultés et le résultat final était souvent discutable. Une légère faille dans l'une des étapes — de l'enregistrement à la fabrication — pouvait provoquer des imperfections dans le son de toute une édition. De nos jours, les différentes phases de fabrication d'un microsillon sont si mécanisées qu'il est rare de produire des disques défectueux résultant d'une erreur de pressage ou d'une distorsion dans la surface des positifs. L'intervention créative et technique de l'homme est néanmoins décisive dans deux domaines, celui de l'interprétation même de l'œuvre et celui du travail chaque jour plus important de l'ingénieur du son et du producteur. Le travail de l'ingénieur du son consiste à reproduire, avec le plus de fidélité possible, le son produit à l'origine par les interprètes. Beaucoup pensent au contraire que son travail relève d'un véritable trucage du contenu sonore réel. Mais cela n'est guère le cas que dans les enregistrements de musique moderne contemporaine.

Le producteur ou directeur artistique est la personne qui a la tâche la plus importante dans la réalisation d'un enregistrement. Nous citerons à titre d'exemple le nom de John Culshaw. Le monde du disque lui doit beaucoup. Dès les premiers pas de la stéréophonie, Culshaw se donna pour but de faire « vivre » à l'auditeur un enregistrement avec la même intensité que dégageait une véritable représentation. Il y parvint dans le domaine de l'opéra. La distance entre la réalité musicale et la réalité discographique lui fit cependant commettre quelques erreurs. On sait, en effet, qu'il délaissa certaines personnalités au profit d'autres musiciens moins importants. Culshaw découvrit ainsi Solti, lança von Karajan et Birgit Nilsson ; mais il ne fit pas appel à Windgassen, Knappertsbusch, Varnay ou encore Böhm. Culshaw ne nourrissait aucunement à leur égard de mauvaises intentions, car il admirait ces artistes ; mais il ne mit tout simplement pas leur talent à contribution, estimant qu'ils ne pouvaient en rien servir la tâche qu'il s'était fixée.

Artistes et enregistrements

Nombreux furent donc les artistes qui collaborèrent avec les pères de la musique enregistrée (Edison, Berliner, etc.) pour la réalisation d'enregistrements qui constituent aujourd'hui, dans l'ensemble, de véritables joyaux historiques. Le premier grand artiste qui persévéra dans le domaine du son fut le célèbre Hans von Bülow. En 1891, Edison enregistra sur cylindre son interprétation au Carnegie Hall de la *Symphonie « Héroïque »*, de Beethoven. Josef Hoffmann, Eugène Ysaye et Pablo Sarasate furent également enregistrés par Edison avant 1900.

Nombreux sont en contrepartie les enregistrements qui, une fois réalisés, sont restés dans l'ombre. Dans ces échecs patents, l'ingénieur et le producteur ont joué un rôle important, mais la plus grande responsabilité en incombe à l'interprète. Les conditions de réalisation d'un enregistrement sont si particulières que beaucoup d'artistes se sont dressés contre cette technique. Ainsi, comme nous l'avons déjà indiqué précédemment, les deux plus éminents chefs d'orchestre de la première moitié du XXe siècle, Wilhelm Furtwängler et Arturo Toscanini, ont affiché leur plus grand mépris pour le disque. Les enregistrements que l'on connaît proviennent pour la plupart de concerts en direct. Le cas de Sergiu Celibidache, mentionné au début de cette étude, est à mettre en parallèle avec celui de Yevgheni Mravinski, légendaire chef d'orchestre de la Philharmonique de Leningrad. Sviatoslav Richter, quant à lui, déteste les studios et préfère que l'on enregistre son travail en direct. Au contraire, Sir Thomas Beecham fut si satisfait de l'enregistrement de son premier disque, en 1910, qu'il continua jusqu'à sa mort, survenue en 1961. Herbert von Karajan et Leonard Bernstein constituent des cas extrêmes, puisque presque tout leur répertoire est enregistré sur disque, certains ayant même fait l'objet de différentes éditions. Mais la personnalité la plus étonnante de l'histoire du disque est celle d'Eugène Ormandy, qui n'effectua pas moins de 3 000 enregistrements avec l'Orchestre de Philadelphie.

La recherche de la reproduction parfaite du son a été un travail de longue haleine. Le disque compact et son lecteur, représentés ci-dessous, constituent l'un des derniers aboutissements de ces investigations. L'enregistrement digital et la lecture au moyen d'un rayon laser ont permis la disparition du bruit de fond et insufflé au disque une nouvelle vie.

L'avenir du disque

De nos jours, le disque a pour fonction de diffuser la culture et l'art, dans le cadre de la politique culturelle de vulgarisation des grandes œuvres musicales, littéraires ou théâtrales, de divulgation d'œuvres inconnues du public, qui méritent cependant d'être estimées à leur juste valeur. Fort heureusement, cette politique fut engagée dès la naissance du disque. Jusqu'en 1960, par exemple, Gustav Mahler fut peu interprété, mais dès 1924, Oskar Fried avait réalisé un enregistrement intégral (en 24 faces !) de la *Deuxième Symphonie*. Telle est l'orientation même qu'a suivie le disque, et dont les adeptes ne manquèrent pas. En ce sens, la déclaration de novembre 1976, faite à la conférence de l'Unesco à Nairobi, revêt une importance capitale. Elle souligne en effet que le phonogramme ou son enregistré est une « matière culturelle » et une œuvre de création artistique *comparable au livre,* méritant les mêmes droits quant à la protection de ses auteurs et interprètes.

Les techniques les plus modernes contribuent dans une large mesure à une plus grande expansion de l'enregistrement. Depuis quelques années, la musique bénéficie des dernières techniques de l'électronique et de l'optique, qui lui donnent une nouvelle dimension en favorisant sa plus large diffusion. Tel est le cas du disque optique, ou disque compact.

Cette technique a été mise au point conjointement par le néerlandais Philips et le japonais Sony. Le son numérique introduit l'informatique dans le monde musical. La technique utilisée pour les disques vinyle ou disques « noirs » était « analogique » : le signal sonore est modulé en fonction de la source sonore originale. Avec le procédé numérique, le son est tronçonné des milliers de fois par seconde en de minuscules cellules sonores auxquelles on attribue une valeur numérique parmi plus de 65 000 possibilités de « bits ». Chaque numéro correspond à une amplitude exacte à un moment donné. La transcription physique de ces informations est assurée sur le disque par un langage binaire constitué de creux et de bosses. Pour décrypter ces sillons chaotiques, on utilise une technique optique : le rayon laser. Suivant que le faisceau rencontre une surface plane ou creuse, il est réfléchi différemment, et un capteur peut retranscrire l'information contenue sur le disque. L'utilisation du rayon laser permet de supprimer le contact physique avec le support musical lors de la lecture. Mieux : une

Le vidéodisque permettant la reproduction du son et de l'image numérique sur un téléviseur stéréo est le tout nouveau maillon de la chaîne audiovisuelle de demain. Cet appareil peut lire trois formats de disques vidéos compacts : le CD-clip (12 cm), avec 5 min d'image et son, suivies de 20 min de son seul ; le CD-vidéo (20 cm), avec 20 min par face d'image et son, et enfin le CDV (30 cm), avec 60 min de lecture image/son par face.

pellicule transparente protège les sillons du disque compact des agressions extérieures. Ainsi le disque ne s'use pas et il conserve ses qualités initiales : une gamme dynamique très supérieure à celle du disque vinyle, des textures clarifiées et un bruit de fond définitivement supprimé.

Le procédé numérique est utilisé comme moyen de reproduction, mais aussi, en amont, lors de l'enregistrement des œuvres. Toute la chaîne de fabrication du disque est alors effectuée avec des signaux numériques, notamment la phase intermédiaire du mixage. Chaque disque compact possède un code qui précise son « degré de numérisation » en fonction de la technique utilisée aux trois phases de sa fabrication : prise de son, mixage et pressage. Les disques récents sont DDD (D pour « digital », c'est-à-dire numérique, en anglais), alors que les rééditions des vieux enregistrements sont ADD ou AAD suivant que l'ancienne technique analogique est présente à la prise de son et/ou au mixage.

Le succès du disque compact (ou CD) est total. Lancé commercialement en 1983 en France, il dépassait le disque traditionnel en avril 1985 en termes

d'unités vendues. Les Français ont acheté 26 millions de disques compacts en 1988 et 260 millions de disques ont été vendus dans le monde durant la même période. La vente des platines laser suit cette courbe ascendante avec une progression spectaculaire de 25 % des ventes entre 1987 et 1988 en France. Parallèlement au disque compact 12 cm, qui peut contenir plus d'une heure de musique, les éditeurs ont lancé au début de 1989 le « CD Single », l'équivalent du 45 tours qui peut contenir trois titres de chansons de variétés.

À l'échelon mondial, le succès du disque compact est également spectaculaire et irréversible. En 1988, il a connu un bond de 56 % de ses ventes. Son marché est estimé à 10 milliards de dollars, représentant 650 millions d'unités vendues au Japon, aux États-Unis et en Europe. En 1988, 15,6 milliards de dollars ont été dépensés dans le monde pour la musique, avec respectivement 18,2 % en disques vinyle, 38,6 % en disques compacts et 43,2 % en cassettes. On prévoit pour 1992 un marché de 18,6 milliards de dollars, dont 58 % pour les disques compacts, 34 % pour les cassettes et seulement 8 % pour les disques vinyle.

Ainsi, d'ici au milieu des années quatre-vingt-dix, les compagnies de disques n'éditeront sans doute plus que des disques compacts. Comme le 78 tours en son temps, le disque « noir » 33 tours deviendra une denrée rare, réservée à certains mélomanes et aux collectionneurs, qui contestent la perfection froide et désincarnée du son numérique.

Source des illustrations

2-3 Bayerisches National Museum, Munich. 4-5 Archives Salvat. 6 Musées royaux des beaux-arts, Bruxelles; Ashmolean Museum, Oxford/Oronoz; Musée des instruments de musique, Milan/Archives Salvat. 7 Musée instrumental, Bruxelles; Staatliches Museum für Völkerkunde, Munich/Archives Salvat. 8 Galerie Estense, Modène; Oronoz. 9 Archives Salvat; Archives Salvat; Musée instrumental, Bruxelles/Archives Salvat. 10 Archives Salvat. 11 Giorgio della Roca. 12-16 Archives Salvat. 17 Oronoz; Archives Salvat. 18 Archives Salvat. 19 Archives Salvat; Musée des Thermes, Rome/Archives Salvat. 20 Oronoz; Musée instrumental, Bruxelles. 21 Archives Salvat. 22 Salmer; Musée instrumental, Bruxelles. 23 Archives Salvat. 24 Salmer; Archives Salvat; Archives Salvat. 25-27 Archives Salvat. 28 Archives Salvat; Salmer. 29 Oronoz; Archives Salvat. 30 Schack Galerie, Munich; Musée instrumental, Bruxelles. 31 Archives Salvat; Musée instrumental, Bruxelles. 32 Musée instrumental, Bruxelles. 33 Archives Salvat; Archives Salvat; Musée instrumental, Bruxelles. 34 Archives Salvat. 35 Zardoya. 36 M. Wiesenthal. 37 Archives Salvat. 38 Firo-Foto; Archives Salvat; Firo-Foto. 39 G. A. Rossi. 40 Firo-Foto; Archives Salvat; Archives Salvat. 41 Firo-Foto. 42 Bibliothèque nationale, Madrid/Archives Salvat. 43 Archives Salvat; Firo-Foto; Firo-Foto; Firo-Foto; Photo Recherches. 44 Firo-Foto. 45 Oronoz. 46 Archives Salvat; Universitetsbibliothek, Utrecht. 47 British Museum; Archives Salvat. 48 Archives Salvat. 49 The Bettmann Archive, Inc.; Oronoz. 50 M. Thonig/Zefa. 51 Salmer. 52 Salmer; Titus. 53 Musée instrumental, Bruxelles. 54 The Bettmann Archive, Inc. 55 Archives Salvat; Titus. 56 Archives Salvat; Titus. 57 Oronoz; Archives Salvat; Archives Salvat. 58 Archives Salvat. 59 Yale Joe/Time Life Picture Agency. 60 G. dagli Orti. 61 Archiv für Kunst und Geschichte; Archives Salvat. 62 Salmer; Three Lions, Inc. 63 Three Lions Inc. 64-65 Archives Salvat. 67 Fisa. 68 Phonogram International. 70 Salmer. 71 Archiv für Kunst und Geschichte. 73 Phonogram International. 74 et 77 Archiv für Kunst und Geschichte. 78 Bibliothèque de l'Opéra, Paris/Archives Salvat. 79/81 Archives Salvat. 82 Henriette Hoffmann, Munich. 83 Archives Salvat. 85 Giraudon. 86 Titus. 87 Archives Salvat; Titus. 88 Archives Salvat; Bernard Perrine. 89 Bernard Perrine. 90 Phonogram International. 91 Morhn/Zefa. 92 Archives Salvat. 93 Salmer; Archives Salmer. 94 Archives Salvat; G. Manos/Magnum/Zardoya. 95 Archives Salvat. 96 Archiv für Kunst und Geschichte; Bibliothèque de l'Opéra, Paris; Bibliothèque de l'Opéra, Paris. 97 Archives Salvat; BBC. 98 Bayerische Staatsbibliothek, Munich; Fabbri. 99 Bibliothèque de l'Opéra, Paris/Archives Salvat. 101 National Theater, Munich; Archiv für Kunst und Geschichte; Archives Salvat. 102 Titus; Archives Salvat; Archives Salvat. 103 J. Reader/Zardoya. 104 Archives Salvat; Zardoya. 105 Bavaria Verlag; Archives Salvat. 106 S. Lauterwasser/Polydor; W. Neumeister/Polydor; S. Lauterwasser/Polydor. 107 Readers/Camera Press/Zardoya; Polydor. 108 Phonogram International. 110 Colette Masson. 112 Titus. 113 Archives Salvat; Colette Masson. 114 Rotges Sintes; Phonogram International. 115 Giancarlo Costa; Colette Masson. 116 Bavaria Verlag. 117 Colette Masson; Musée russe de Leningrad/Archives Salvat. 118 Archives Salvat. 119 Archives Salvat; R. Rbo/Magnum/Zardoya; Colette Masson. 120 Colette Masson; Archives Salvat. 121 Archives Salvat. 122 J. P. Ziolo. 124 Phonogram International. 125 S. Lauterwasser. 126 Posterfield/Chickering/Photo Researchers. 128 Shostal. 130 Giancarlo Costa. 131 Archives Salvat. 132 E. Lessing/Magnum/Zardoya. 133 Bavaria Verlag. 134 Giraudon. 135 Studio Benser/Zefa. 136 Mary Evans Picture Library. 137 Shostal. 139 Mary Evans Picture Library; Archiv für Kunst und Geschichte. 140 Archives Salvat. 141 Firo-Foto; K. Kerth/Zefa. 142 Shostal. 143 The Image Bank. 144 Shostal; Salmer. 146 Salmer. 147 Shostal. 148-149 Firo-Foto. 150-151 Archives Salvat. 152 Viva. 153 Bavaria Verlag. 154 K. Gœbel/Zefa. 155 Bavaria Verlag; Archiv für Kunst und Geschichte. 156 Archives Salvat. 157-158 Shostal. 159 S. Lauterwasser. 160 Guy Gravett/Camera Press/Zardoya. 161 Clive Barda. 162 Archiv für Kunst und Geschichte. 164 Photo W. Neumeister/Polydor. 165 E. Lessing/Magnum/Zardoya. 166 Bibliothèque nationale, Paris/Archives Salvat. 167 Alicia Noé; Tom Blau/Camera Press/Zardoya. 168 The Bettmann Archive, Inc. 169 Ian Berry/Magnum/Zardoya; Magnum/Zardoya; Contifoto. 170 Ullstein Bilderdienst; Dennis Stock/Magnum/Zardoya. 171 Photo W. Neumeister/Polydor; Archives Salvat. 172-174 Arnold Newman, avec l'aimable autorisation du National Historic Site, West Orange, New Jersey/Archives Salvat. 175 The Bettmann Archive, Inc.; National Portrait Gallery, Washington/Archives Salvat. 176 Bibliothèque nationale, Paris/Archives Salvat; Archives Salvat. 177 Roger-Viollet. 178 Archives Salvat; Ullstein Bilderdienst. 179 Mary Evans Picture Library. 180-182 Roger-Viollet. 183 Archives Salvat. 184/187 Polydor. 185-186 Archives Salvat.